本书受教育部人文社会科学重点研究基地云南大学西南边疆少数民族研究中心、云南大学民族学与社会学学院资助

"一带一路"沿线国家人口与社会研究丛书

A Study on the People-to-people Ties between
China and the Five Mekong Countries

中国与湄公河五国民心相通研究

许庆红 等◎著

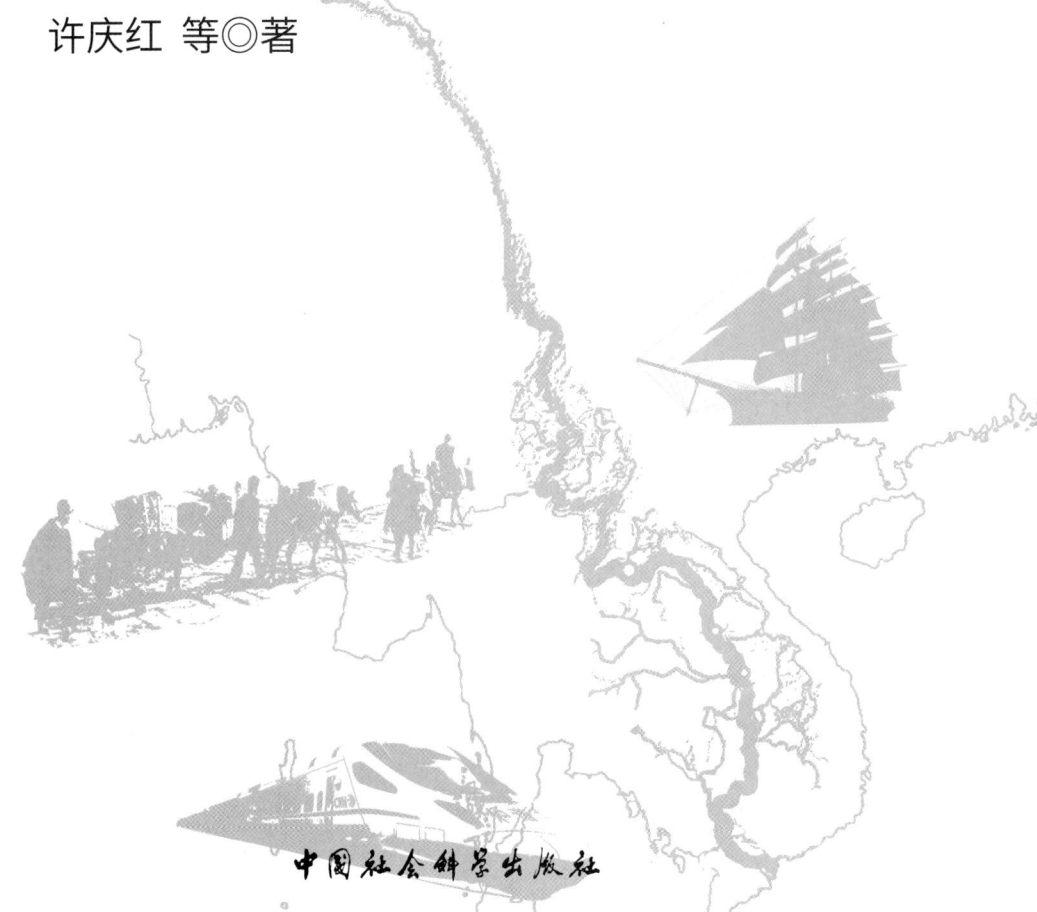

中国社会科学出版社

图书在版编目(CIP)数据

中国与湄公河五国民心相通研究/许庆红等著.—北京：中国社会科学出版社，2022.6
ISBN 978-7-5203-9318-8

Ⅰ.①中… Ⅱ.①许… Ⅲ.①交流文化—研究—中国、东南亚②友好往来—研究—中国、东南亚 Ⅳ.①G125②D822.233

中国版本图书馆 CIP 数据核字(2021)第 231748 号

出 版 人	赵剑英
责任编辑	马　明　孙砚文
责任校对	许　惠
责任印制	王　超

出　　版	中国社会科学出版社
社　　址	北京鼓楼西大街甲 158 号
邮　　编	100720
网　　址	http://www.csspw.cn
发 行 部	010-84083685
门 市 部	010-84029450
经　　销	新华书店及其他书店

印　　刷	北京明恒达印务有限公司
装　　订	廊坊市广阳区广增装订厂
版　　次	2022 年 6 月第 1 版
印　　次	2022 年 6 月第 1 次印刷

开　　本	710×1000　1/16
印　　张	23.75
插　　页	2
字　　数	335 千字
定　　价	128.00 元

凡购买中国社会科学出版社图书，如有质量问题请与本社营销中心联系调换
电话：010-84083683
版权所有　侵权必究

目　录

第一章　民心相通：夯实"澜湄合作"建设的民意基础 …………（1）
　第一节　民心相通的理论内涵 ……………………………（2）
　第二节　民心相通相关研究 ………………………………（7）
　第三节　澜湄合作机制建设相关研究 ……………………（14）
　第四节　研究设计 …………………………………………（21）

第二章　中国与缅甸民心相通现状研究 ……………………（27）
　第一节　缅甸中资企业员工对中国的认知程度 …………（28）
　第二节　缅甸中资企业员工对中国的情感性评价 ………（43）
　第三节　缅甸中资企业员工的行为倾向 …………………（76）
　本章小结 ……………………………………………………（87）

第三章　中国与老挝民心相通现状研究 ……………………（90）
　第一节　老挝中资企业员工对中国的认知程度 …………（91）
　第二节　老挝中资企业员工对中国的情感性评价 ………（107）
　第三节　老挝中资企业员工的行为倾向 …………………（144）
　本章小结 ……………………………………………………（156）

第四章　中国与柬埔寨民心相通现状研究 …………………（159）
　第一节　柬埔寨中资企业员工对中国的认知程度 ………（160）

· 1 ·

第二节　柬埔寨中资企业员工对中国的情感性评价 ………… (176)
　　第三节　柬埔寨中资企业员工的行为倾向 …………………… (207)
　　本章小结 ………………………………………………………… (217)

第五章　中国与泰国民心相通现状研究 …………………… (219)
　　第一节　泰国中资企业员工对中国的认知程度 ……………… (219)
　　第二节　泰国中资企业对中国的情感性评价 ………………… (236)
　　第三节　泰国中资企业员工的行为倾向 ……………………… (270)
　　本章小结 ………………………………………………………… (281)

第六章　中国与越南民心相通现状研究 …………………… (284)
　　第一节　越南中资企业员工对中国的认知程度 ……………… (285)
　　第二节　越南中资企业员工对中国的情感性评价 …………… (300)
　　第三节　越南中资企业员工的行为倾向 ……………………… (335)
　　本章小结 ………………………………………………………… (348)

第七章　推进中国与湄公河五国民心相通的对策建议 ……… (351)
　　第一节　中国与湄公河五国民心相通的比较分析 …………… (352)
　　第二节　对策与建议 …………………………………………… (361)

主要参考文献 ……………………………………………………… (369)

后　记 ……………………………………………………………… (376)

第一章

民心相通：夯实"澜湄合作"建设的民意基础

当今百年变局和世纪疫情交织叠加，世界进入动荡变革期，不稳定性、不确定性显著上升。民心相通是中国与沿线国家不断交往、交流、交融的过程。在新形势下高质量共建"一带一路"将面临更多的全球性挑战，民心相通工作具有更加重要的意涵。当前"五通"之一的民心相通建设尚处于起步阶段，需要在整体性宏观战略指导下分区域逐步推动与落实，重点针对与中国政治互信度高，地缘相近、文缘相通、血缘相亲的国家和地区开展民心相通工作。大湄公河次区域经济合作（GMS）是中国与湄公河国家重要的发展合作机制。2015年11月，中国与湄公河五国（缅甸、泰国、老挝、柬埔寨、越南）建立了澜沧江—湄公河合作机制（简称澜湄合作）。① 澜湄合作机制是大湄公河次区域经济合作的深化发展，不仅涉及经济合作，也包括人文交流、文化合作、民间交往等方面，是推进人类命运共同体建设的重要机制。推进中国与湄公河五国的民心相通建设，有利于促进澜湄合作机制的共通融合发展，为共建人类命运共同体夯实民意基础。

澜湄合作机制框架下中国与湄公河五国民心相通状况是本书关注

---

① 《澜沧江—湄公河合作首次外长会举行 澜湄合作机制正式建立》，2015年11月13日，人民网（http://world.people.com.cn/n/2015/1113/c1002-27813282.html）。

的重点。因此，本章内容主要从四个部分进行阐述。第一节主要阐述民心相通的理论内涵，包括民心相通的概念界定，以及"一带一路"建设与民心相通的关联性；第二节从民心相通的指标体系研究与推进民心相通的对策研究两个方面进行文献梳理；第三节回顾澜湄合作机制建设的相关研究，探讨澜湄合作机制的重点以及民心相通与澜湄合作机制建设有关内容；第四节主要阐述本书构建的民心相通的测量指标体系。

第一节 民心相通的理论内涵

民心相通既是"一带一路"建设中的重要内容，也是中国哲学社会科学领域研究的重点议题。因此，本节首先对民心相通进行概念界定，然后论述民心相通与"一带一路"建设的逻辑关系。

一 民心相通的概念界定

民心相通是"一带一路"建设的重要环节。自 2013 年提出"民心相通"概念以来，国家政府智库和国内不同领域的学者基于不同的理论研究视角对"民心相通"进行概念的内涵界定。

1. 民心相通的提出

民心相通官方政策主要是国家思想方略的阐述和体现，是各国政府和人民了解中国"一带一路"建设内容和理念的一个窗口。"民心相通"概念，是习近平主席于 2013 年 9 月在哈萨克斯坦的纳扎尔巴耶夫大学所作的《弘扬人民友谊 共创美好未来——在纳扎尔巴耶夫大学的演讲》中提出。[①] 2013 年 10 月，习近平主席在《携手建设中国—东盟命运共同体——在印度尼西亚国会的演讲》中首次对民心相

[①] 习近平：《弘扬人民友谊 共创美好未来——在纳扎尔巴耶夫大学的演讲》，《人民日报》2013 年 9 月 8 日第 3 版。

通的内涵进行了概括,"民心相通"概括来说主要是指"讲信修睦、合作共赢、守望相助、心心相印、开放包容"。① 2015年3月,发改委、外交部、商务部联合发布的《推动共建丝绸之路经济带和21世纪海上丝绸之路的愿景与行动》(以下简称《愿景与行动》)中把民心相通的范围概括为教育、文化、旅游、卫生、科技、就业、民间交流七个方面。② 国家层面对于民心相通的定义,更多体现了概括性和整体性。

2. 民心相通的理论阐释

基于国家对民心相通概念和内容的界定,学者们从不同的理论视角提出了更具体化、多元化和有针对性的概念内涵。

第一类是从概念的内涵与外延角度对民心相通进行理论阐释。这部分学者在界定民心相通的内涵时也划分民心相通所包含的不同层次、不同方面的外延。郭宪纲、姜志达认为,民心相通是指"一带一路"沿线国家和地区人民在目标、理念、情感和文明方面的相互沟通、相互理解、相互认同,民心相通包含目标通、理念通、情感通、文明通四个方面。③ 徐绍华等认为民心相通中的"民"是指人民大众,"心"是指心理情感、思想价值观念,"相"是指相互交往,"通"是指沟通理解顺畅;所谓"民心相通"是指人民大众在心理情感、思想价值观念和行为实践方面的彼此沟通、相互理解、相互支持、相互合作、相互帮扶等,具体来说包含心理层面的情感认同、观念层面的价值认同和行为层面的实践认同。④

第二类是从概念的"种属"关系角度为民心相通下定义,运用这

---

① 习近平:《携手建设中国—东盟命运共同体——在印度尼西亚国会的演讲》,《人民日报》2013年10月4日第2版。
② 《推动共建丝绸之路经济带和21世纪海上丝绸之路的愿景与行动》,人民出版社2015年版。
③ 郭宪纲、姜志达:《"民心相通":认知误区与推进思路——试论"一带一路"建设之思想认识》,《和平与发展》2015年第5期。
④ 徐绍华、蔡春玲、李海樱:《从心开始:中国与东南亚南亚国家民心相通的对策思路》,《创新》2017年第2期。

一视角对民心相通进行概念界定的学者主要从民心相通的本义归类阐释。张胜军将民心相通定义为民心相通是具有人民性、平等性和相互性的新时代中国特色社会主义的和平外交思想的重要组成部分。[1]李自国将民心相通的概念界定为各国的普通民众和社会精英在彼此的交往互动中推进相互间的了解、好感、信任,从而形成互惠共赢的开放合作理念。[2]黄端、陈俊艺认为民心相通主要是指"一带一路"沿线国家和地区的民众在相互的交流交往与合作中加深对彼此的了解、认识,进而建立友好往来和互信,达到心理情感上的相互理解、观念上的相互认同,同时形成文化的相互尊重和包容的氛围,最终构建人类命运共同体。[3]

综合以往学者对于民心相通的定义,本书认为,民心相通主要是指不同区域、不同国家的人民群众在思想价值观念上的相互沟通、相互理解与相互认同。

二 "一带一路"建设与民心相通

"一带一路"建设是国家提出的构建人类命运共同体的国际合作倡议,其核心理念是共商、共建、共享,强调共同发展、共同安全和共同治理。"一带一路"建设中的"五通"主要是指以政策沟通、设施联通、贸易畅通、资金融通、民心相通。

习近平总书记多次强调"民心相通"的重要性,多次指出"国之交在于民相亲。搞好'一带一路'建设,必须得到各国人民的支持,必须加强人民的友好往来,增进相互了解和传统友谊,为开展区域合作奠定坚实的民意基础和社会基础"。只有重视民心相通建设,

---

[1] 张胜军:《民心相通:新时代中国特色大国外交的理论特质和重要原则》,《当代世界》2019 年第 5 期。
[2] 李自国:《"一带一路"愿景下民心相通的交融点》,《新疆师范大学学报》(哲学社会科学版)2016 年第 3 期。
[3] 黄端、陈俊艺:《民心相通是"一带一路"建设取得成功的关键点和落脚点》,《发展研究》2017 年第 5 期。

才能促进政策沟通、设施联通、贸易畅通和资金融通的发展，才能促进"一带一路"沿线国家和地区的人民对于"一带一路"建设的参与感和认同感，才能推进人类命运共同体建设。

"一带一路"建设与民心相通的内在契合性是学者们民心相通研究中的一个重要方面，从不同的研究视角阐述"一带一路"建设与民心相通的关系，可以使研究者对民心相通建设中出现的问题和影响因素的了解更具全面性和针对性。

1. "一带一路"合作机制的发展方向

民心相通建设为多元主体参与机制。为了更明确民心相通的建设方向，首先要理解"一带一路"倡议是一种发展导向型的区域经济合作机制。具体而言，"一带一路"建设的参与主体主要包含政府与企业两大类的六个主体：中国政府与中资企业、东道国政府与东道国企业、第三方国家政府与第三方国家企业。除此之外，还有多元化的非政府组织。这些参与主体之间理论上存在十余种合作机制，而且每一种参与主体都有自己的利益诉求。因此，构建服务于可持续发展、高质量发展的合作机制是一项复杂的任务。[①]

2. 民心相通与其他"四通"的关系

民心相通与其他"四通"紧密关联、相互影响，"五通"缺一不可。"一带一路"建设中的"五通"具有内在逻辑关联性，民心相通是推进"一带一路"其他"四通"建设的重要保障，同时也是"一带一路"建设"五通"最终落脚点。张广兴、张晗、张盈盈认为"五通"内在逻辑关系如下：政策沟通是"一带一路"建设的重要保障，设施联通是"一带一路"建设的先决条件，贸易畅通是"一带一路"建设的直接体现，资金融通是"一带一路"建设的必要支撑，而民心相通则是"一带一路"建设的社会基础和民意基

[①] 李向阳：《"一带一路"的高质量发展与机制化建设》，《世界经济与政治》2020年第5期。

础。① 黄端和陈俊艺则从"五通"的内容构成与实现的难易程度来分析"五通"的关系。从内容形态上看，其他"四通"的表现形式主要是有形的、可见的、浅层的，主要关注的经济层面，民心相通更多的是无形的、不可见的和深层次的表现形态；从实现的难易程度上来说，其他"四通"的实现难度相对要低一些，且这"四通"间的共通性和相容性好，而民心相通实现难度更大，与其他"四通"间的共通性和同质性差。②

3. 民心相通的作用和意义

民心相通为"一带一路"建设的高质量发展奠定社会根基和民情民意社会氛围，是"一带一路"建设的重要构成，与"一带一路"建设向纵深发展关系密切。李自国认为民心相通为"一带一路"建设的其他"四通"提供社会基础保障，有利于增进对"一带一路"建设的认识度和认同度，有利于形成更加开放包容的共同合作理念，有利于向"一带一路"沿线国家展现中国真实正面的形象，从而强化对中国的信任度，还为贸易和投资提供有利的社会环境。③ 同时，郭业洲认为，民心相通是推进其他"四通"建设的先行条件，民心相通是双边多边国际关系构建的重要根基，是"一带一路"建设的重要构成内容，是当代全球化发展的客观要求和构建人类命运共同体的重要体现，符合"一带一路"沿线国家寻求共同发展、共赢发展的需要。④ 杨辉则认为"民心相通"的作用主要体现在三个方面，第一方面表现为"民相亲"与稳定、友好发展的国家交往关系的相互促进作用，第二方面表现为"民心相通"是实现国

---

① 张广兴、张晗、张盈盈：《"民心相通"：推进"一带一路"战略的社会根基》，《河北师范大学学报》（哲学社会科学版）2017 年第 2 期。
② 黄端、陈俊艺：《民心相通是"一带一路"建设取得成功的关键点和落脚点》，《发展研究》2017 年第 5 期。
③ 李自国：《"一带一路"愿景下民心相通的交融点》，《新疆师范大学学报》（哲学社会科学版）2016 年第 3 期。
④ 郭业洲：《"一带一路"民心相通报告》，人民出版社 2018 年版，第 80—82 页。

际对话和国家关系、国际冲突、民族冲突等缓和的钥匙，第三方面表现为"民心相通"有利于提升中国的国际形象、国际影响力和软实力。①

第二节 民心相通相关研究

目前国内学者对于民心相通的研究主要是从理论层面和实践层面进行探究。理论层面研究主要包含民心相通的概念内涵、逻辑体系、目标原则、影响作用、评价体系等；实践层面的研究主要包括分区域、分国别、分领域探讨民心相通建设过程中的问题、影响因素以及解决对策。本书主要探究中国与湄公河国家的民心相通现状，因此本节关于民心相通研究的文献梳理主要侧重于民心相通的测量指标体系研究和推进民心相通的对策研究。

一 民心相通的测量指标体系研究

民心相通是具有宏观性的理论概念，为了更好地在实际研究中对民心相通进行测量，国内外的学者基于不同的理论和学科视角提出了相应的测量方法。

1. 北京大学"一带一路"五通指数研究课题组提出的民心相通指标

民心相通既是官方的政策内容，同时也是一个抽象性和概括性的学术概念。2016年国家信息中心"一带一路"大数据中心首次提出民心相通测量指标，2017年北京大学"一带一路"五通指数研究课题组制定了测量民心相通的指标体系，该指标体系成为后来学者测量民心相通指标研究的参考重要。

---

① 杨辉：《民心相通——"一带一路"建设的社会根基》，经济日报出版社2018年版，第44—48页。

北京大学"一带一路"五通指数研究课题组提出的测量民心相通指标体系，包含了旅游活动、科教交流、民间往来3个二级指标，以及旅游目的地热度、来华旅游人数、科研合作、百万人拥有孔子学院数量、中国网民对该国的关注度、该国网民对中国的关注度、友好城市数量、民众好感度8个三级指标（见表1-1）。[①] 国家信息中心"一带一路"大数据中心所制定的民心相通测评指标，包括旅游与文化、人才交流、双边合作期待3个二级指标，以及友好城市、交流活跃程度、人员往来便利化、孔子学院或孔子课堂、人才联合培养、对方合作期待度、中方合作期待度在内的7个三级指标。[②]

依据北京大学"一带一路"五通指数研究课题组提出的民心相通指标体系，其他学者也提出了类似的测量指标。李蕊含提出了与北京大学"一带一路"五通指数研究课题组相似的衡量民心相通的评价指标，同样包括3个二级指标和8个三级指标，3个二级指标是旅游交流、科教文卫、民间合作，8个三级指标分别为入境外国游客人数、游客签证便利化程度、百万人拥有孔子学院总数量、高等教育学历学位互认、中外合作办学机构与项目数量、签署卫生合作协议、友好城市数量、国际志愿者交流。[③] 孙飞红所采用的测量民心相通的指标体系划分更细致，包含的二级指标和三级指标更多，二级指标包括教育、科技、旅游、城市交往、企业合作和媒体6个方面，三级指标则包含孔子学院与课堂数量、来华留学生数量、中国到该国的留学生人数、国外在中国专利申请情况、中国在国外专利申请情况、来华旅游人数、友好城市结对子数、华人商会与社团数量、中资企业数目、

[①] 北京大学"一带一路"五通指数研究课题组：《"一带一路"沿线国家五通指数报告》，经济日报出版社2017年版，第162—166页。
[②] 国家信息中心"一带一路"大数据中心：《"一带一路"大数据报告（2018）》，商务印书馆2018年版，第27页。
[③] 李蕊含：《"一带一路"沿线五国互联互通评价研究》，硕士学位论文，东华大学，2017年，第22—25页。

中国对"一带一路"国家投资、"一带一路"国家对中国投资、主流媒体对中国好感度12个方面。①

表1-1　　　　　　　　　民心相通指标体系

一级指标	二级指标	三级指标	指标含义	数据源
民心相通	旅游活动	旅游目的地热度	中国网民对该国旅游目的地的关注度	国家发改委互联网大数据分析中心提供
		来华旅游人数	该国当年来华旅游人数	《中国旅游统计年鉴2013》
	科教交流	科研合作	中国与该国学者合作发表的论文数目	Web of Science 数据库
		百万人拥有孔子学院数量	使用相对数量，中国在该国每百万人拥有孔子学院的数目	孔子学院总部
	民间往来	中国网民对该国的关注度	中国网民通过互联网对该国的搜索量	国家发改委互联网大数据分析中心
		该国网民对中国的关注度	该国对中国政府网站的搜索量	国家发改委互联网大数据分析中心
		友好城市数量	中国与之建立友好城市关系的数目	中国国际友好城市联合会
		民众好感度	中国民众对该国的好感度	专家打分

资料来源：北京大学"一带一路"五通指数研究课题组：《"一带一路"沿线国家五通指数报告》，经济日报出版社2017年版，第166页。

2. "五度"指标体系

除了可量化研究的民心相通指标体系划分，一些学者侧重从质性研究视角划分衡量民心相通的指标体系。赵可金提出的"五度"指

---

① 孙飞红：《"一带一路"沿线国家与中国民心相通程度分析》，《中国经贸导刊（中）》2020年第11期。

标体系体现了质性研究视角下的民心相通指标体系。他运用社会网络模式构建民心相通的理论基础，认为民心相通是基于人民群众互动交往的软实力机制，按照"一带一路"区域双边多边合作机制的紧密程度，具体构建了包含联通度、熟识度、参与度、治理度和认同度的"五度"指标体系（见表1-2）。联通度主要是指基础设施的互通情况；熟识度主要是指人员交往的频率和熟悉程度；参与度包含参与范围、参与规模、参与程度、参与质量、参与效果等方面；治理度是指衡量政府、企业和民间组织等多元主体参与治理的制度化水平与全球治理指数；认同度是指对于"一带一路"的共同认知与评价。其中熟悉度、参与度、认同度与民心相通的直接关联性更强，而联通度、治理度更偏向于从间接层面衡量民心相通程度。整体上赵可金所构建的衡量"一带一路"国际"朋友圈"建立情况的"五度"指标体系，更偏向于宏观性、整体性的划分。

表1-2　　　　　　　　　　"五度"指标体系

概念	指标	指标的含义
民心相通	联通度	基础设施的互通情况
	熟悉度	人员交往的频率和熟悉程度
	参与度	参与范围、参与规模、参与程度、参与质量、参与效果等
	治理度	衡量政府、企业和民间组织等多元主体参与治理的制度化水平与全球治理指数
	认同度	对于"一带一路"的共同认知与评价

资料来源：赵可金：《"一带一路"民心相通的理论基础、实践框架和评估体系》，《当代世界》2019年第5期。

二　推进民心相通的对策研究

中国在推进与"一带一路"沿线国家民心相通建设中，由于不同国家和地区的政治制度、经济发展、社会发展、文化习俗、法律制度、语言沟通、利益等因素的差异，民心相通建设遇到较大的挑战。为解决民心相通建设出现的问题，学者们依据国家"一带一路"建设的战略方针，以及推进与不同国家的民心相通中的积极因素和促进不同领域的民心相通建设的有利因素，提出了具有建设性的对策。

1. 从中国传统的人文观念挖掘推进民心相通的策略

民心相通是"一带一路"倡议的重要构成，"一带一路"倡议是具有中国特色社会主义的发展战略，中国传统的优秀文化所包含的实现民心相通的历史文化观念、思想体系，强调人民之间的交往互动、人民的主体性，为民心相通构建了多元包容的交流理念。

庄礼伟认为要推进民心相通建设首先要区分"文化交流"与"人文交流"在概念上的差异，民心相通更侧重于人与人的交流交往，中国式的"人文交流"可以促进民心相通的有效发展。如要促进"人文交流"，一是要不回避不同价值观的交流，二是要依靠国人在日常广泛的跨国活动中所展现的良好形象和友好姿态，三是要充分发挥民间组织的力量、推动跨国民间社会的形成，四是要从单向的"人文交流"转换为双向互动、双向交往、共同生活与工作的"一起工作"模式。[①]

李诗和、徐玖平认为中国传统儒家文化的"忠恕之道"是实现民心相通的核心规范。"忠恕之道"所包含的仁爱、推己及人、换位思考的思想，尊重、包容和平等对待他人主体性精神，与"一带一路"沿线国家和地区所信仰的三大宗教文化的精神内核具有一致性。所以"忠恕之道"可以更好地实现民心相通建设，为全世界不同族群的人们构建平等交流和对话的平台，实现不同文明的互通、互鉴和共同发展。[②]

[①] 庄礼伟：《中国式"人文交流"能否有效实现"民心相通"？》，《东南亚研究》2017年第6期。

[②] 李诗和、徐玖平：《以"忠恕之道"实现"一带一路"建设的民心相通》，《青海社会科学》2016年第6期。

"以民为本"是中国传统的治世理念，在郭宪纲和姜志达的观点中就体现了这一治世理念。郭宪纲和姜志达认为要实现民心相通，第一要坚持"以民为本"的原则，这样能够推动当地民众获得发展机会、改善生活水平，增进当地人民对"一带一路"建设的参与度和认同感；第二要鼓励观念和方法上的创新，重点是创新对外传播、对外援助与企业履行社会责任的手段和方法；第三是建立、完善协调与运行机制，主要是要构建民心相通建设部际协调机制、国内国际合作机制以及项目评估机制。[①]

杨辉则认为西方哈贝马斯的"沟通理性行动"理论和中国传统的"天下观"理念中都包含着民心相通的思想理念。促进民心相通建设需要在国家间、地区间、不同主体间的交往互动中构建基于主体性、语言性、程序性、平等性的交往理性规则，在相互尊重、相互包容的世界新理念和世界制度中实现不同族群民众的平等对话和共同发展。[②]

2. 在影响民心相通建设的因素上提出实现民心相通的对策

影响民心相通的因素是多样化、多方面和多层次的，涉及政治制度、国家形象、经济发展、社会文化、对外交往、区域合作等方面因素。促进民心相通建设的发展，需要依据影响因素的不同提出具有针对性的对策。

首先，"一带一路"民心相通的影响因素具有双面性，推进民心相通的积极因素有中国讲求实际、践行承诺的良好信誉形象，古代丝绸之路的历史文化情结，中国与多数国家有良好的政治和人文交流基础，中国经济实力的提升等；消极因素为中国的国际话语权不够强，欧亚地区社会制度、社会发展、历史文化等方面的差异性、复杂性

---

① 郭宪纲、姜志达：《"民心相通"：认知误区与推进思路——试论"一带一路"建设之思想认识》，《和平与发展》2015 年第 5 期。

② 杨辉：《民心相通——"一带一路"建设的社会根基》，经济日报出版社 2018 年版，第 89—101 页。

大,"国强必霸""零和博弈"的传统观念影响,多语种造成的语言交流方面困难,中国文化产品国际影响力缺乏。李自国在分析民心相通建设的影响因素上,提出促进民心相通建设的对策,一是国家、智库、企业和民众多元主体共同合作、一起行动;二是培育多元化的人才资本,构建全方位、多层次的交流平台;三是发挥中国智慧,讲好中国故事,传播中国形象;四是相互尊重、移情理解,消除关于中国对外交往的误解;五是构建以"丝路精神"为核心的共同发展理念;六是形成有效的制度化评估机制和标准。[①]

其次,贸易畅通和民心相通两者是相互影响的。投资和贸易活动中,中国企业的形象展现会影响到海外国家的民众对"一带一路"建设和中国国际形象的理解,而民心相通又会促进中国企业的海外投资和贸易的顺利进行。施国庆从中国企业的海外投资、贸易活动与中国国际形象的关系出发,认为要推进"一带一路"民心相通建设,中国企业在进行海外投资和贸易行动时要承担社会责任,关切所在国家发展利益和民众的社会需求,多方主体协调;同时中国的社会学家要了解他国的社会制度、社会组织、社会关系、社会规范、社会文化、社会群体等,为中国企业走出去与民心相通建设提供背景性知识。[②]

最后,推进中国与东南亚国家民心相通,实践路径主要有政府路径、文化路径、经济路径、旅游路径和制度路径。徐绍华、蔡春玲、李海樱认为中国与东南亚国家实现民心相通的有利条件在于东南亚国家的人民对于"一带一路"和人类命运共同体建设的认同和共识,以及中国与东南亚国家的地缘优势、族群族际关系优势、人缘群体优势、历史文化优势与商贸往来优势;不利因素主要体现在战略互信、领土争端、政治局势不稳定、贸易保护、大国干预、宗教民族问题、旅游交往等方面。在具体的实践对策上,认为要构建民心相通的交流交往平台、实

---

① 李自国:《"一带一路"愿景下民心相通的交融点》,《新疆师范大学学报》(哲学社会科学版)2016年第3期。
② 施国庆:《"一带一路":中国社会学发展新空间》,《清华社会学评论》2017年第1期。

施民心相通的惠民利民工程、打造民心相通的特色品牌、充分运用促进民心相通的传播策略、发挥民心相通通力合作的优势。①

总体而言，民心相通的指标体系研究与促进民心相通建设的对策研究是民心相通研究的重点方面。学者依据国家的政策文件以及民心相通的概念阐释，先后提出了衡量民心相通的指标体系。指标体系既有可量化的测量指标体系，也有偏向质性研究的指标体系，但以往学者更多从宏观、中观层次提出测量的指标体系，对从个体微观层次制定衡量民心相通的指标体系关注较少。因此，本书主要是从个体微观层次着手，以东道国中资企业员工为分析对象，探索中国与湄公河五国民心相通的指标体系，并对当前中国与湄公河五国民心相通现状进行具体描述与分析。

第三节　澜湄合作机制建设相关研究

2015年11月，中国与缅甸、泰国、老挝、柬埔寨、越南五个国家共同发起成立了澜沧江—湄公河合作机制。② 基于"一带"和"一路"的独特地理优势及合作机制参与国间的优势互补基础，澜湄合作成为中国参与国际区域合作最早和最重要的方向之一，更成为"构建人类命运共同体从周边起步"的试验田及中国推动中国—东盟命运共同体建设的重要支撑。③ 由此，澜湄合作成为近年来备受关注的次区域合作的典范。本节内容主要分为两部分。第一部分主要探讨澜湄合作相关内容。具体包括澜湄合作机制的主要内容，影响澜湄合作的阻碍因素，推进澜湄国家命运共同体建设的路径，云南参与澜湄合作的

---

① 徐绍华、蔡春玲、李海樱：《从心开始：中国与东南亚南亚国家民心相通的对策思路》，《创新》2017年第2期。
② 《澜沧江—湄公河合作首次外长会举行 澜湄合作机制正式建立》，《世界知识》2015年第23期。
③ 卢光盛：《全方面推进澜湄国家命运共同体建设》，《中国社会科学报》2020年7月9日第1963期。

方向及对策。第二部分主要探讨了湄公河各国对澜湄合作的认可及接受程度,以及湄公河各国与中国的民心相通程度。

一 澜湄合作机制

1. 澜湄合作机制的"3+5+X合作框架"

澜湄合作中,六国确立的"3+5合作框架"为区域内各国合作指明了方向。"3"即三大支柱,这三大支柱分别指政治安全、经济和可持续发展、社会人文,其涵盖了原先大湄公河次区域经济合作未曾纳入的领域。"5"即五个优先方向:互联互通、产能合作、跨境经济合作、水资源合作、农业和减贫。5个优先合作方向明确指向湄公河区域的关键性、紧迫性问题,以促进区域内进一步合作的开展,最终促进区域内各国人民利益和需求的实现及满足。在澜湄合作第三次外长会议上,王毅外长又进一步提出:既要巩固既定的"3+5合作框架",又要在此基础上拓展数字经济、环保、卫生、海关、青年等合作领域,最终形成了"3+5+X合作框架"。[①]"3+5+X合作框架"的建立及发展进一步拓展了澜湄合作领域,提升了澜湄合作的密切度,对于促进中国与湄公河国家的双边和多边关系的发展起到了极大的推动作用,为澜湄合作的生效落实提供了指导(见表1-3)。

表1-3　　　　澜湄合作机制的"3+5+X合作框架"

参与国	中国、缅甸、泰国、老挝、柬埔寨、越南
"3"大支柱	政治安全、经济和可持续发展、社会人文
"5"个优先方向	互联互通、产能合作、跨境经济合作、水资源合作、农业和减贫
"X"领域	拓展数字经济、环保、卫生、海关、青年等合作领域

资料来源:卢光盛、段涛、金珍《澜湄合作的方向、路径与云南的参与》,社会科学文献出版社2018年版,第13—17页。

[①] 《王毅:做好"六个提升",构建澜湄国家命运共同体》,2017年12月16日,中国新闻网(https://www.chinanews.com/gn/2017/12-16/8401718.shtml)。

2. 澜湄合作机制建设的阻碍因素

在"3+5+X合作框架"的引领下,澜湄合作机制经过几年探索实践,极大促进了澜湄各国的经济社会发展。澜湄合作的早期收获项目示范效应逐步显现,合作的制度性、规划性在不断加强,成员国经济相互依赖在加深。然而,在"澜湄效率"和"澜湄速度"引人瞩目的同时,澜湄合作所面临的多方面挑战和难题也应受到关注。

首先,在政治方面,澜湄合作机制建设面临着来自区域内外的双重政治压力。一方面,湄公河地区现存的多种双边或多边区域性制度导致澜湄合作面临非常复杂的制度环境。这种基于层级化和差异化的利益诉求而存在的被称为"制度拥堵"的现状,① 可能影响澜湄合作机制的效能发挥。另一方面,域外势力对于流域内事务的介入及湄公河五国国内局势的复杂性和不稳定性,导致澜湄合作面临着政治上的不确定性。

其次,在经济方面,除中国及泰国外,流域内其他国家的工业化程度普遍较低。资源和产业结构相似的澜湄各国在国际产业转移和对接加快的背景下的经济竞争,不利于澜湄各国经济合作的开展。②

最后,在社会人文方面,流域内多元的宗教、语言因素与复杂的政治、经济状况使得澜湄的交流合作存在障碍。③ 在此背景下,下游国家对中国的疑虑、湄公河地区合作机制间的竞争使得部分湄公河国家民众因所谓的中国"经济扩张"、"资源掠夺"、"环境破坏"等而对澜湄合作持抵触态度,这对政府参与澜湄合作产生了消极的政策效应。④

---

① 卢光盛、金珍:《超越拥堵:澜湄合作机制的发展路径探析》,《世界经济与政治》2020年第7期。
② 吴磊、曹峰毓:《云南对外开放的历史透视、问题与出路》,《思想战线》2018年第3期。
③ 卢光盛、段涛、金珍:《澜湄合作的方向、路径与云南的参与》,社会科学文献出版社2018年版,第29页。
④ 徐绍华、蔡春玲、李海樱:《从心开始:中国与东南亚南亚国家民心相通的对策思路》,《创新》2017年第2期。

3. 推进澜湄国家命运共同体建设的路径

澜湄国家命运共同体是中国与湄公河国家在政治、经贸、文化等方面交流发展的产物,是澜湄区域社会发展的历史趋势及客观要求,[①]也是首个得到了相关国家正式认可并已经进入建设日程的命运共同体。[②] 在推进澜湄国家命运共同体建设面临着多方面挑战和难题的背景下,澜湄国家命运共同体建设路径选择应谨慎考虑各方面因素。

卢光盛从重视内外部协调的角度,提出了中国在致力推进澜湄国家命运共同体过程中的路径:注意内部互信建设,携手湄公河五国探索建立基于"利益—规范—制度"框架的多中心(多个平等主体)治理下的共同体;注意不同国际制度的协调发展,打破"制度拥堵",倡导制度间错位竞争,促进对接合作与互补发展;客观面对域外影响,保持开放合作的能力。[③]

周方冶注意到东南亚国家总体政治格局的多元化特点,提出了形成推进澜湄国家命运共同体建设的全方位、多层次的民心相通格局须做好的工作:加强智库建设;加强与相关国家知识精英的交流与沟通,培养新生代知华人士和友华力量,提高相关国家在具体工作中的执行能力;加强媒体特别是新媒体的宣传力度。[④]

4. 云南参与澜湄合作机制的对策

现阶段,澜湄合作已经进入成长期,从顶层设计、各领域务实合作到民间交流,澜湄合作呈现出多层次、全方位发展态势,对于良好合作氛围的塑造提出了更高的要求。云南省作为中国参与澜湄合作建设的前沿平台,一方面,在近些年参与澜湄合作的实践中获得了极大

[①] 卢光盛、段涛、金珍:《澜湄合作的方向、路径与云南的参与》,社会科学文献出版社2018年版,第85页。

[②] 卢光盛:《全方面推进澜湄国家命运共同体建设》,《中国社会科学报》2020年7月9日第1963期。

[③] 卢光盛:《全方面推进澜湄国家命运共同体建设》,《中国社会科学报》2020年7月9日第1963期。

[④] 周方冶:《东南亚国家政治多元化及其对"一带一路"建设的影响》,《东南亚研究》2017年第4期。

的历史发展机遇；另一方面，云南省在接下来的澜湄合作建设中也应充分利用好大湄公河次区域经济合作新高地的区位、语言、文化等优势，充分发挥自身南亚、东南亚辐射中心作用。①

卢光盛主要从云南省作为中国参与澜湄合作的核心区域之一的区位优势角度出发，对云南省参与澜湄合作提出了以下5条建议：承接地方主体地位，换位服务国家，积极主动担当；深挖云南自身跨境合作优势，与周边省区错位协同；契合澜湄合作，带动全域交流合作扎实推进；整合扶持、优化环境，激活企业活力和市场跨境合作；秉持互利共赢理念，先行先试构建周边命运共同体。②

吴磊则在回顾云南对外开放历史过程与现状的基础上，指出了云南省对外开放面临的"双重瓶颈"问题与障碍，并间接提供了云南省参与包括澜湄合作在内的对外开放的对策建议：调整云南省省内的产业经济结构，形成外向型经济的产业支撑；发挥自身语言、文化、历史等优势，积极加强与澜湄国家多方面合作，维护周边地区的政治安全形势。③

二 民心相通与澜湄合作机制建设

1. 湄公河各国对澜湄合作机制的认可与接受程度

总体而言，澜湄合作机制自提出以来就获得了澜湄各国的积极支持。2014年至今，澜湄合作机制经历了从酝酿期到务实期，再到拓展期，最后到成长期的发展过程（见表1-4）。④ 在经济方面，中国与下游湄公河五国双边贸易额基本保持上升趋势。在政治方面，中国

---

① 卢光盛、段涛、金珍：《澜湄合作的方向、路径与云南的参与》，社会科学文献出版社2018年版，第108—109页。
② 卢光盛、段涛、金珍：《澜湄合作的方向、路径与云南的参与》，社会科学文献出版社2018年版，第109—110页。
③ 吴磊、曹峰毓：《云南对外开放的历史透视、问题与出路》，《思想战线》2018年第3期。
④ 刘亚敏：《中国与湄公河国家民心相通现状实证分析》，硕士学位论文，广西民族大学，2018年。

与下游湄公河五国双边政治关系的变化趋势较为稳定。① 近年来高级别的澜湄会议也反映了澜湄各国对于澜湄合作的认可和接受。泰国是澜湄合作机制的最初倡议国,因此泰国对澜湄合作有着较高的期望和认可程度;缅甸、老挝与柬埔寨积极参与到澜湄建设中来,并希望借此平台发展本国经济;② 越南也积极响应澜湄合作机制,在澜湄第三次外长会上越南副总理兼外长范平明表示,越方重视澜湄合作,始终积极参与,愿同中方和沿江国家加强合作,为地区和平繁荣做出贡献。③

然而,澜湄合作因属涉及多国的区域性合作机制,难免存在部分阻碍因素影响澜湄合作开展。泰国、老挝、柬埔寨三国由于担心中国对澜湄合作机制的主导而对中国较为警惕。尤其是在水资源利用方面存在部分分歧。缅甸国内多元博弈的复杂政治形势及其他因素影响着部分澜湄合作一些项目开展。越南因在南海问题上的担忧而采取引入域外美国势力的措施,增加了澜湄合作的不确定性和复杂性。④

表1-4 澜湄合作发展历程

历程	时间	事件
酝酿期(2015年前)	2014年11月	国务院总理李克强在第17次中国—东盟领导人会议上提出建立的合作机制
	2012年	泰国表达了加强澜沧江—湄公河次区域合作的愿望

---

① 刘亚敏:《中国与湄公河国家民心相通现状实证分析》,硕士学位论文,广西民族大学,2018年。
② 卢光盛、段涛、金珍:《澜湄合作的方向、路径与云南的参与》,社会科学文献出版社2018年版,第48页。
③ 《王毅会见越南副总理兼外长范平明》,2017年12月15日,外交部网站(http://www.fmpre.gov.cn/web/wjbzhd/t1519831.Shtml)。
④ 卢光盛、段涛、金珍:《澜湄合作的方向、路径与云南的参与》,社会科学文献出版社2018年版,第54—58页。

续表

历程	时间	事件
务实期（2015—2016 年）	2015 年 11 月	在云南省景洪召开澜沧江—湄公河合作首次外长会
	2015 年 9 月	第十三届中国—东盟博览会的东盟国家领导人会议
拓展期（2016—2017 年）	2016 年 9 月	第十三届中国—东盟博览会的东盟国家领导人会议
	2016 年 3 月	澜沧江—湄公河合作首次领导人会议
成长期（2017 年至今）	2020 年 8 月	澜沧江—湄公河合作第三次领导人会议
	2018 年 1 月	澜沧江—湄公河合作第二次领导人会议
	2017 年 10 月	澜沧江—湄公河合作第五次高官会在云南昆明举行

资料来源：根据各网站新闻整理而成。

2. 湄公河各国与中国民心相通的程度

针对湄公河各国与中国民心相通程度，不同研究者从不同角度进行了分析。孙伟指出湄公河各国与中国民心相通的文化渊源较深，交往历史久远，具有深厚的社会基础优势。同时，其也看到了湄公河各国与中国民心相通实现过程中面临的来自双边政治、安全、外来势力干涉等不利因素。[①] 北大翟崑、王丽娜从实证角度比较了中国—东盟民心相通中各成员国间的差异性，并指出中国—东盟民心相通总体水平优先于其他地区。但尚未单独对湄公河区域内五国与中国的民心相通程度进行分析。[②]

刘亚敏进一步对中国与湄公河各国的民心相通程度研究发现：在

[①] 孙伟：《民心相通研究纲要：以中国与东南亚为例》，《吉林省教育学院学报》2016 年第 2 期。

[②] 翟崑、王丽娜：《一带一路背景下的中国—东盟民心相通现状实证研究》，《云南师范大学学报》（哲学社会科学版）2016 年第 6 期。

湄公河国家中，泰国属于"顺畅型"国家；柬埔寨和老挝属于"良好型"国家；越南和缅甸属于"潜力型"国家。并指出中国与湄公河国家的民心相通的状况有优势，也有差距，还存在拓展民心相通的新空间（见表1-5）。

表1-5　　中国与湄公河国家的民心相通指标得分情况

国家	旅游目的地热度	来华旅游人数	科研合作	百万人拥有孔子学院数量	中国网民对该国的关注度	该国网民对中国的关注度	友好城市数量	民众好感度	得分	总评分（标准化）
泰国	1	0.41	0.6	0.2	1	0.6	0.8	0.8	6.21	9.66
柬埔寨	0.6	0.25	0.2	0.14	10.31	0.5	0.77	0.7	4.46	6.95
老挝	0.4	0.29	0.2	0.18	0.22	0.4	0.72	0.7	4.2	6.54
越南	0.6	0.57	0.4	0.11	0.74	0.5	0.8	0.1	3.4	5.3
缅甸	0.4	0.27	0	0	0.5	0.4	0.66	0.5	3.28	5.1

资料来源：刘亚敏：《中国与湄公河国家民心相通现状实证分析》，硕士学位论文，广西民族大学，2018年，第28页。

第四节　研究设计

本节主要从中资企业东道国员工的角度，先对中国与湄公河国家民心相通的研究设计的思路、研究方法及步骤进行介绍。再对民心相通的测量理论依据及各层指标构建进行阐述。

一　研究步骤与方法

本书在充分理解国家"一带一路"倡议，构建澜湄命运共同体的背景下，运用社会分层与社会态度的理论框架进行系统研究。首先构建中国与湄公河国家民心相通的指标体系；接着考察各国中资企业东道国员工群体与中国民心相通的程度;最终以提出推进中国与湄公河五国民心相通的政策建议、推进澜湄合作为落脚。

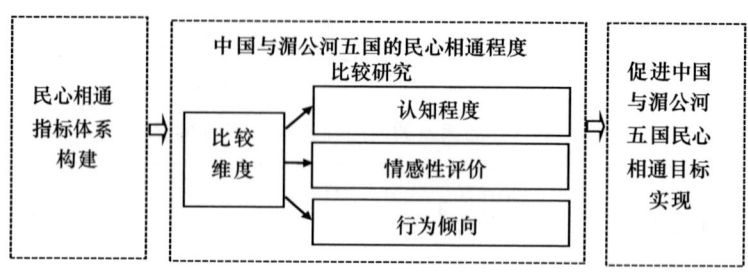

图1-1 研究思路

需要说明的是,以往主要从沿线各国政府、政党、议会、地方、企业、高校、智库、媒体、协会等视角出发,聚焦教育、科技、文化、卫生、体育、传媒、旅游、扶贫等领域的人文交流合作进行民心相通研究。而本书首次从东道国中资企业员工角度,基于2018—2019年云南大学在18个国家就海外中国企业与东道国员工开展的"海外中国企业与员工调查"(OCEES)数据进行研究。从该视角进行研究的主要原因是OCEES的调查对象中资企业东道国员工是海外民众中的一个很重要的子群体,是共建"一带一路"和海外中国企业发展进步的最直观感受者。近年来,中国企业为满足海外经营和发展需求,雇佣了大量的东道国员工。商务部统计,境外中资企业年均雇佣外方员工超过100万人。① 这些员工同普通民众的区别在于,其工作及生活与中国人接触密切,更容易受到中国文化的渲染和熏陶,更能直观地体验两国文化的沟通过程。

---

① 《商务部合作司负责人解读〈对外投资备案(核准)报告暂行办法〉》,2018年1月25日,中华人民共和国商务部(http://fec.mofcom.gov.cn/article/ywzn/dwtz/zcfg/201801/20180102703963.shtml)。

OCEES覆盖东南亚、南亚、中东、非洲等"一带一路"沿线地区的18个国家的中资企业及其雇佣的东道国员工（其中东南亚覆盖了除文莱和东帝汶以外的其余所有国家），跨国调研历时一年。每个国家的企业抽样数参照中华人民共和国商务部对外投资企业名录中相应国家的企业数量来分配样本比例，最终成功完成861家中资企业有效样本及其相对应的13205个东道国员工样本。数据调查内容包括海外中资企业生产经营状况与价值链嵌入状况、东道国社会资本积累状况、企业家、企业创新、营商环境、就业与劳动关系、技能培训、企业品牌的海外传播以及海外投资风险等基本情况598项指标，同时匹配性调查了中国企业的东道国员工人口学特征、工资薪酬、社保福利、教育、工作历史、人格特征、政治参与中国文化认知、大国国民社会距离、东道国员工对中国及投资的主观态度等303项指标。本书使用湄公河五国（缅甸、老挝、泰国、柬埔寨、越南）中资企业东道国员工样本数据中有关企业民心相通的部分，清理后获得1390个缅甸员工样本，922个老挝员工样本，803个柬埔寨员工样本，1012个泰国员工样本和1025个越南员工样本，五国共计5152个样本。

二 民心相通的测量

社会态度的测量往往以ABC态度模型为理论基础，从人们的认知（Cognition）、情感（Affect）、行为倾向（Behaviour tendency）三个心理表征维度考察个体对某一事物的态度情况。ABC态度理论认为：个体的社会认知、情感、行为倾向会构成一个较为完整的态度系统，并对个体的社会行为产生相应影响。[1] 基于ABC态度理论模型，形成了态度研究的经典框架，即认知—情感—意向模型（Cognitive-Af-

---

[1] ［美］菲利普·津巴多、迈克尔·利佩：《影响力心理学》，邓羽等译，人民邮电出版社2008年版，第26页。

fective-Conative Model）。① 社会态度体现的是社会大众对某一事物在认知、情感和行为意向三个方面的整体反应。评价的倾向性（形成态度）是人类的本能，②"民心"被称为社会心态的"晴雨表"，③ 在评估社会心态状况、预测社会行为中扮演着重要角色。国家间的民心相通程度与社会中个体的内在态度状况息息相关。因此，本书试图从该态度测量模型出发对中国与湄公河国家的民心相通状况进行测量。

现有研究对社会态度量表的应用以测量某类群体对于特定事物、社会现象、社会群体的态度状况测量为主。其中，多被应用在政治、教育、医疗健康卫生、社会心态等领域。如李路路借助于社会态度的认知—情感—行为框架，从动态角度通过分析中国综合社会调查（CGSS）2005年至2015年跨越十年的数据得出了中国社会大众的社会态度整体朝良性方向变化、社会态度变迁趋向于一致性的结论。④ 李煜将社会态度作为社会行为的替代和预测指标，试图从社会态度的群体分化中发现不同群体的潜在行动差异。⑤ 严飞通过对新媒体人士的经验感受、公共态度和价值圈层等情况的测量，聚焦新媒体人士的社会信任感、幸福感、安全感、公平感等心理状况，并针对此状况提出了相应建议。⑥

---

① W. J. McGuire, "The Structure of Individual Attitudes and Attitude Systems", in A. R. Pratkanis, S. J. Breckler and A. G. Greenwald, eds., *Attitude Structure and Function*, Hillsdale, NJ: Erlbaum, 1989, pp. 37 – 68; E. R. Hilgard, "The Trilogy of Mind: Cognition, Affection, and Conation", *Journal of the History of the Behavioral Sciences*, Vol. 16, No. 2, 1980, pp. 107 – 117; Ajzen, "Attitude Structure and Behavior", in A. R. Pratkanis, S. J. Breckler and A. G. Greenwals, eds., *Attitude Structure and Function*, Hillsdale, NJ: Erlbaum, 1989, pp. 241 – 274.
② ［美］菲利普·津巴多、迈克尔·利佩：《影响力心理学》，邓羽等译，人民邮电出版社2008年版，第29页。
③ 王俊秀、杨宜音：《2011年中国社会心态研究报告》，社会科学文献出版社2011年版，第2页。
④ 李路路、王鹏：《转型中国的社会态度变迁（2005—2015）》，《中国社会科学》2018年第3期。
⑤ 李煜：《上海市民态度调查报告2014》，上海社会科学院出版社2014年版，第2页。
⑥ 严飞、祝宇清、李不群：《数字时代下的新媒体人士的社会态度与价值观》，《中央社会主义学院学报》2021年第1期。

第一章 民心相通：夯实"澜湄合作"建设的民意基础

本书基于"海外中国企业与员工调查"的湄公河五国数据，同样借助于认知—情感—意向模型，从中资企业东道国员工的视角对中国与湄公河国家的民心相通状况进行测量。以认知程度、情感性评价、行为倾向三个维度为主要测量方向（一级指标），主要关注东道国中资企业员工对中资企业、中国产品与品牌、中国三个主体的认知程度、情感性评价、行为倾向，最终形成了中资企业员工对中国、中国产品及品牌的认知；中资企业员工眼中的中国影响力、中资企业、中国人；对中国文化产品的消费行为与中国人的交友行为共8条具体的分指标（二级指标），具体测量了29个题目（见表1-6）。

表1-6　测量中国与湄公河国家民心相通的指标划分

一级指标	二级指标	具体题目
1. 中资企业员工对中国的认知程度	1. 从国内媒体看到过有关中国的新闻	1. 中国大使馆对本国的捐赠新闻
		2. 中国援助本国修建道路、桥梁、医院和学校的新闻
		3. 本国学生前往中国留学的新闻
		4. 中国艺术演出的新闻
	2. 通过哪些媒体渠道了解有关中国的信息（近一年来）	1. 本国的电视
		2. 本国的网络
		3. 本国的报纸杂志
		4. 中国传统媒体在本国的传播（如广播、电视、报纸杂志）
		5. 中国新媒体在本国的传播（如网站、社交媒体等）
		6. 企业内部员工
		7. 企业内部文字、图片等材料
	3. 中资企业员工对中国产品与品牌的认知	1. 除了本公司的产品，您是否知道中国其他的产品品牌？
		2. 请列举3个你知道的中国品牌

续表

一级指标	二级指标	具体题目
2. 中资企业员工对中国的情感性评价	1. 中资企业员工对中国人的接纳程度	1. 是否愿意与中国人结婚
		2. 是否愿意与中国人成为密友
		3. 是否愿意与中国人做隔壁邻居
		4. 是否愿意与中国人做同事一起工作
		5. 我只愿意与中国人做点头之交
		6. 我可以接受与中国人生活在同一个城市
		7. 我不能接受中国人来我们国家
	2. 中资企业员工对所在中国企业的评价	1. 这家企业尊重本地的风俗习惯
		2. 这家企业尊重我的宗教信仰
		3. 我喜欢本企业作息时间规定
		4. 外国员工的晋升制度与中国员工的晋升制度是一致的
	3. 中国对本国的影响力评价	1. 中国对本国的影响力有多大
		2. 整体而言，中国对本国的影响力是正面还是负面的
3. 中资企业员工的行为倾向	1. 中国朋友数量	1. 您在本企业内，有几个中国朋友
	2. 中资企业员工对各国文化产品的消费行为	1. 请问您收听下列国家的音乐的频率如何
		2. 请问您观看下列国家的电影、电视剧的频率如何

第二章

中国与缅甸民心相通现状研究

2015年1月,习近平总书记在考察云南时,提出云南要努力成为面向南亚东南亚辐射中心。[①] 2020年1月,习近平总书记对缅甸进行国事访问,双方对构建中缅命运共同体达成共识。[②] 基于国家宏观的发展战略和云南的地理区位,云南与缅甸的对外交流具有独特的优势。

缅甸既是澜湄合作机制和东盟的成员国之一,也是"一带一路"建设的重要参与者。中国是缅甸第一大贸易伙伴、第一大出口市场和第一大进口来源地。[③] 云南与缅甸地缘相近、人缘相亲、商贸往来畅通、文化交流融合,在参与促进中缅民心相通方面具有良好的基础条件。[④]

中国与缅甸具有良好的商贸合作基础,中国企业到缅甸投资建厂,为当地民众提供了新就业机会。缅甸中资企业的员工在中资企业

[①] 《云南:建好辐射中心 服务"一带一路"》,2020年1月19日,人民网(http://yn.people.com.cn/n2/2020/0119/c378439-33728430.html)。

[②] 《习近平主席访缅推进命运共同体建设》,2020年1月17日,理论—人民网(http://theory.people.com.cn/n1/2020/0117/c40531-31553033.html)。

[③] 《对外投资合作国别(地区)指南——缅甸(2020年版)》,中华人民共和国商务部(http://www.mofcom.gov.cn/dl/gbdqzn/upload/miandian.pdf),第39页。

[④] 孙喜勤:《云南参与推动中缅经济走廊民心相通的路径研究》,《学术探索》2020年第9期。

内工作，中资企业内部的中国文化和中国员工的观念行为会对缅籍员工的思想观念、心理情感和行为实践产生影响。而思想观念、心理情感和行为倾向正是民心相通在个体层面的体现。本章主要通过描述缅甸中资企业员工在对中国的认知程度、对中国的情感性评价和对中国的行为倾向来分析中缅民心相通现状。

第一节 缅甸中资企业员工对中国的认知程度

缅甸中资企业员工对中国的认知程度，体现了缅甸民众对于中国企业和中国的印象。在对中国整体形象的初步认知基础上，才能为进一步加深在心理情感和行为特征上认知中国企业和中国国家形象。衡量缅甸中资企业员工对中国的认知程度的指标，包括缅甸中资企业员工对中国的认知和对中国品牌的认知。

一 缅甸中资企业员工对中国的认知

缅甸中资企业员工对中国的认知情况，包括了解中国的相关新闻以及通过何种渠道了解中国。

1. 缅甸中资企业员工关注相关中国新闻现状

缅甸中资企业员工通过国内媒体了解中国的新闻主要涉及中国对于本国的经济援助、文化展演、社会救济以及在华留学生教育等方面内容。下面将依次从总体上、性别、族群、收入、受教育程度以及是否管理人员六个维度对此进行分析。

由表2-1可知，在1390个受访样本中，关注中国大使馆对本国的捐赠仅占三成（32.46%），知道中国援助本国修建道路、桥梁、医院和学校超三成（37.19%），了解中国艺术演出达到五成（53.83%），而关注本国学生前往中国留学的新闻为六成（61.99%），占比最高。整体上缅甸中资企业员工通过国内媒体关注到的中国相关新闻主要为本国学生前往中国留学与中国的艺术演出，较少关注中国大使馆对于本国的捐赠以及基础设施援建相关新闻。其原因可能与缅甸本地媒体对于中国报道的侧重性相关,也有可能与员工对于中国新闻的选择性关注相关。

表2-1　　　　　　员工了解中国相关新闻分布　　　　（单位:个,%)

	中国大使馆对本国的捐赠	中国援助本国修建道路、桥梁、医院和学校	本国学生前往中国留学	中国艺术演出
样本量	398	456	760	660
频率	32.46	37.19	61.99	53.83

注:N=1226。

首先,从性别来看,由图2-1可见,缅甸中资企业员工在从国内媒体了解到中国的相关新闻方面,男性对于中国艺术演出(57.32%)、中国援助本国修建道路、桥梁、医院和学校(43.98%)以及中国大使馆对本国的捐赠(39.80%)的关注都超过了女性。女性通过本国媒体知道本国学生前往中国留学的比例(63.27%)略高于男性比例(59.06%)。由此可见,缅甸中资企业男性员工更多地从其国内媒体了解中国新闻信息。

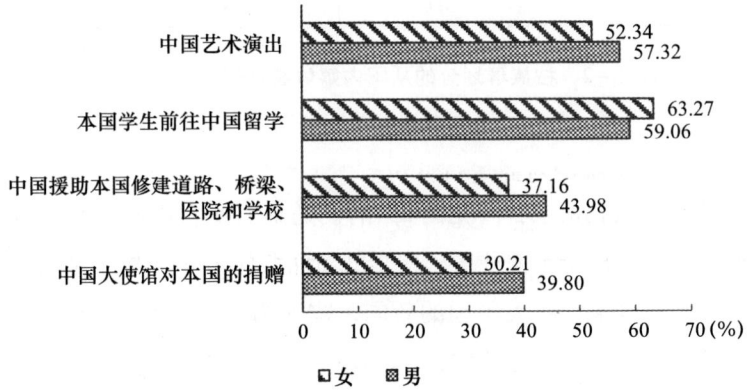

图2-1　按性别划分的从国内媒体看到过有关中国的新闻状况(N=1222)

其次，从族群来看（见图2-2），缅族在了解中国援助本国修建道路、桥梁、医院和学校方面的新闻（38.55%）比其他族群（48.91%）低约10个百分点。缅族看过本国媒体报道的关于本国学生前往中国留学的新闻（61.61%）与其他族群占比（64.58%）相差不大。缅族在国内媒体注意到中国大使馆对本国捐赠与中国艺术演出的占比都低于其他族群员工。总体上看，缅族员工通过国内媒体关注中国相关新闻比其他族群员工少。

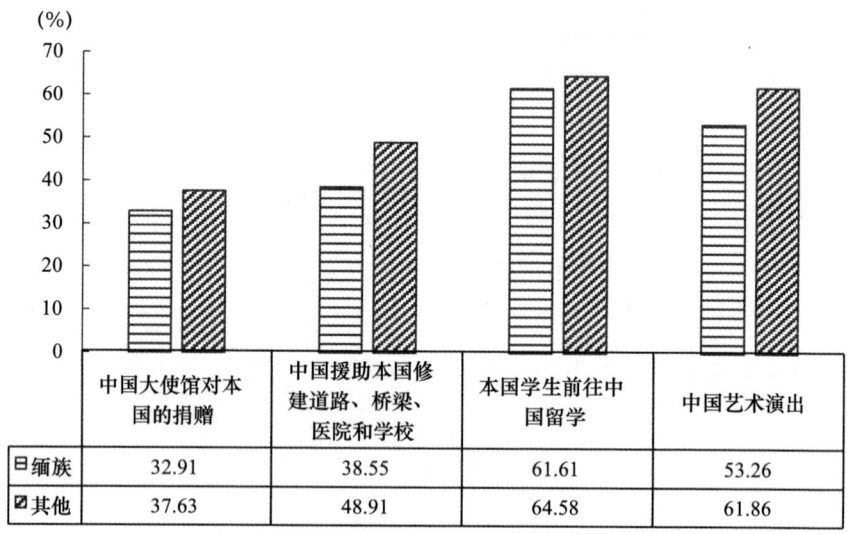

图2-2　按族群划分的从国内媒体看到过有关中国的
新闻状况（N=1218）

接下来，从收入来看（见图2-3），总体看所有收入水平的缅甸中资企业员工对本国学生前往中国留学的新闻关注最多，收入为160美元以上的员工最为关注有关中国的新闻，收入为130—159美元的员工关注度最低。在注意中国大使馆对本国的捐赠新闻方面，收入在130—159美元的员工所占比例（30.09%）比160美元及以上收入的员工占比（38.92%）少近9个百分点。关于中国援建基础设施方面的新闻，收入为 160 美元及以上的员工占比（43.24%）同时高于 129 美元及以下收入（38.58%）与 130—159 美元（35.85%）收入两类员工占比。在本国学生前往中国留学与中国艺术演出的新闻两方面，收入在 160 美元及以上的员工所占的比例最多，分别为 67.26% 与 55.84%，收入为 130—159 美元的员工所占比例最少，分别为 57.85% 与 50.80%。据此可见，收入越高的员工，对中国相关新闻的关注也越多。

	中国大使馆对本国的捐赠	中国援助本国修建道路、桥梁、医院和学校	本国学生前往中国留学	中国艺术演出
129美元及以下	31.4	38.58	59.95	55.56
130—159美元	30.09	35.85	57.85	50.80
160美元及以上	38.92	43.24	67.26	55.84

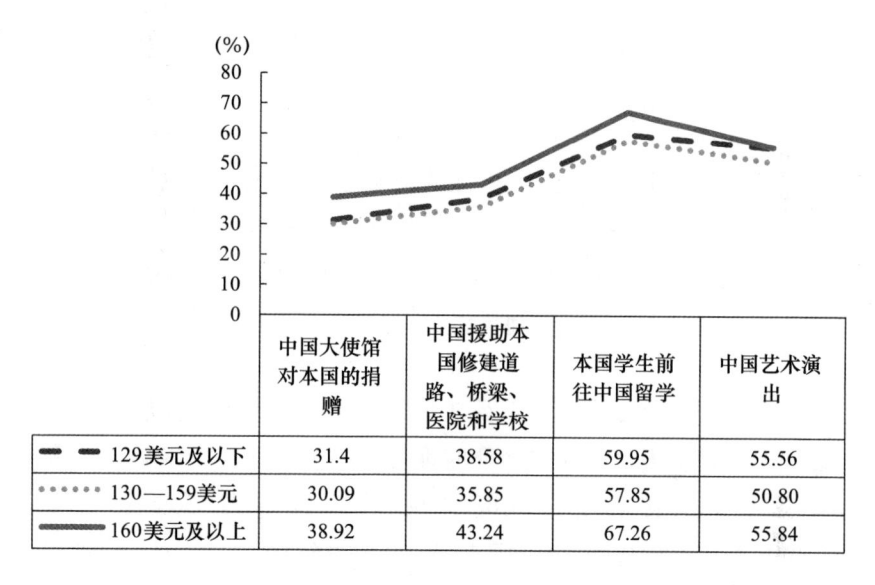

图 2-3　企业按收入划分的从国内媒体看到过有关中国的新闻状况（N=1207）

再次，从受教育程度来看（见图 2-4），随着受教育程度的提高，缅甸中资企业员工对于中国有关新闻的关注度也在不断增加。小学及以下教育的员工对中国大使馆对本国的捐赠新闻关注是最低的，仅占两成（25.14%）。大学本科及以上受教育程度的员工，知道本国学生前往中国留学所占比例（74.28%）最高，比小学及以下教育的员工对这方面新闻的最低比例（51.11%）高出 23.17 个百分点。由此可知，受教育程度较高的员工更关注中国相关新闻。

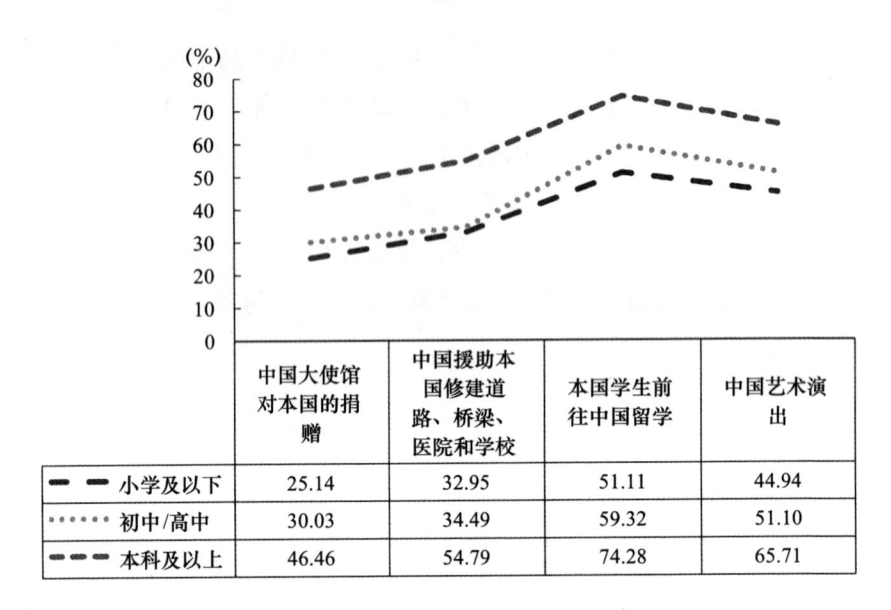

	中国大使馆对本国的捐赠	中国援助本国修建道路、桥梁、医院和学校	本国学生前往中国留学	中国艺术演出
—— 小学及以下	25.14	32.95	51.11	44.94
······ 初中/高中	30.03	34.49	59.32	51.10
--- 本科及以上	46.46	54.79	74.28	65.71

图 2-4 按受教育程度划分的从国内媒体看到过有关中国的新闻状况（N=1226）

最后，从是否管理人员来看（见图 2-5），无论是管理人员还是非管理人员，了解最多的中国新闻都是本国学生前往中国留学，管理人员所占比例接近七成（68.16%），非管理人员占比为六成（61.02%）。其次是关于中国艺术演出的新闻，管理人员的占比（55.8%）与非管理人员的比例（53.86%）相近。最少的是中国大使馆对本国的捐赠新闻，管理人员占比接近五成（48.52%），非管理人员仅占三成（31.01%）。据此来看，管理人员通过国内媒体了解中国新闻要比非管理人员多。

2. 缅甸中资企业员工了解中国信息的渠道现状

缅甸中资企业员工了解中国信息的渠道一般包括本国的媒体、中国的大众媒体以及中资企业内部的正式与非正式信息传播渠道。

总体上，缅甸中资企业员工关注中国信息的渠道分布（参见表 2-2），在 1390 位受访员工中，员工了解中国信息的第一渠道是本国电视，占比接近四成（39.28%）。本国网络和企业内部员工是

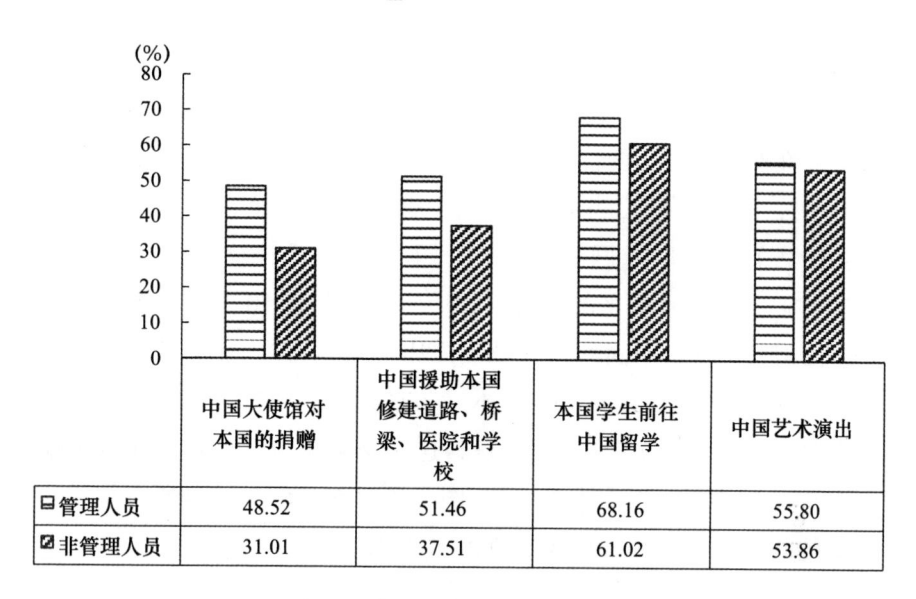

第二章 中国与缅甸民心相通现状研究

	中国大使馆对本国的捐赠	中国援助本国修建道路、桥梁、医院和学校	本国学生前往中国留学	中国艺术演出
管理人员	48.52	51.46	68.16	55.80
非管理人员	31.01	37.51	61.02	53.86

图2-5 按是否管理人员划分的从国内媒体看到过
有关中国的新闻状况（N=1223）

缅甸中资企业员工了解中国信息的第二渠道，占比都超过一成（16.98%、13.45%）。通过本国报纸杂志渠道占比为7.99%，中国传统媒体占比为3.24%，中国新媒体占5.9%，企业内部文字/图片等材料占比仅2.81%，这四个渠道各自占比都未超过一成。由此可见，缅甸中资企业员工了解中国信息的主要途径是本国的大众媒体和中资企业内部的非正式渠道，较少依靠中国的大众媒体和中资企业内部的正式渠道。

表2-2　　　　　员工了解中国信息的渠道分布　　　（单位：个，%）

	本国电视	本国网络	本国报纸杂志	中国传统媒体	中国新媒体	企业内部员工	企业内部文字/图片等材料
样本量	546	236	111	45	82	187	39
频率	39.28	16.98	7.99	3.24	5.9	13.45	2.81

注：N=1390。

首先，从性别来看（见图2-6），不同性别员工了解中国信息的渠道存在明显差异。两性通过本国电视了解中国相关信息的占比都是最高的，女性员工占比达到四成（41.96%），男性占三成（34.04%）。从本国网络认知中国，男性员工的比例为两成（23.4%），比女性员工的占比（13.7%）高出近10个百分点。通过企业内部员工了解中国的男性员工占比为10.43%，比女性员工的占比（15%）少4.57个百分点。本国报纸杂志、中国传统媒体、中国新媒体和企业内部文字/图片等材料这四个渠道男女各自占比都未超过10%，其中通过企业内部文字/图片等材料了解中国是所有渠道中占比最低的，男性占2.98%，女性占2.72%。

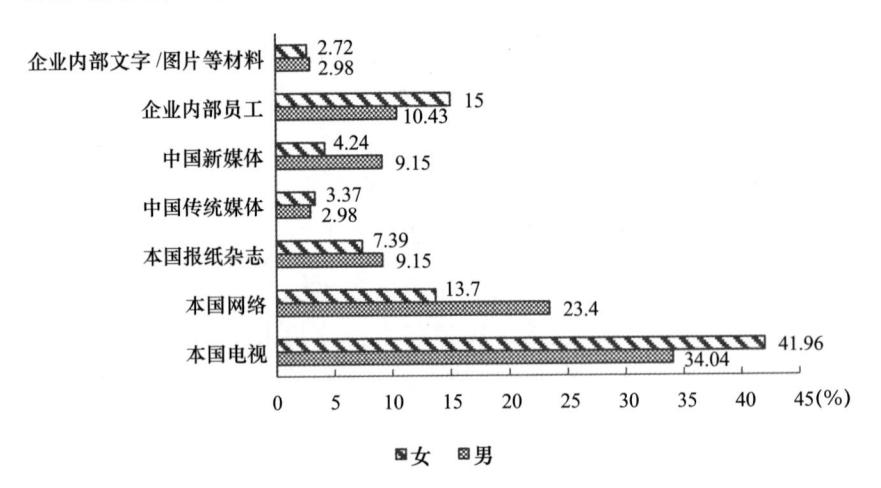

图2-6 按性别划分的了解中国信息的渠道分布状况（N=1390）

其次，从族群角度来看（见图2-7），不同族群员工关注中国信息的渠道差异明显。通过本国电视了解中国相关信息，缅族和其他族群的员工占比均最高，缅族员工占比达四成（40.06%），比其他族群三成占比（30.1%）高出近10个百分点。从本国网络了解中国信息，缅族员工仅占一成多（16.45%），比其他族群员工两成占比

（22.33%）少约6个百分点。通过企业内部员工了解中国，缅族员工的比例（13.33%）和其他族群员工占比（15.53%）相差较小。通过企业内部文字/图片等材料了解中国在所有渠道中占比最低，缅族员工占比为2.88%，其他族群仅占到1.94%。

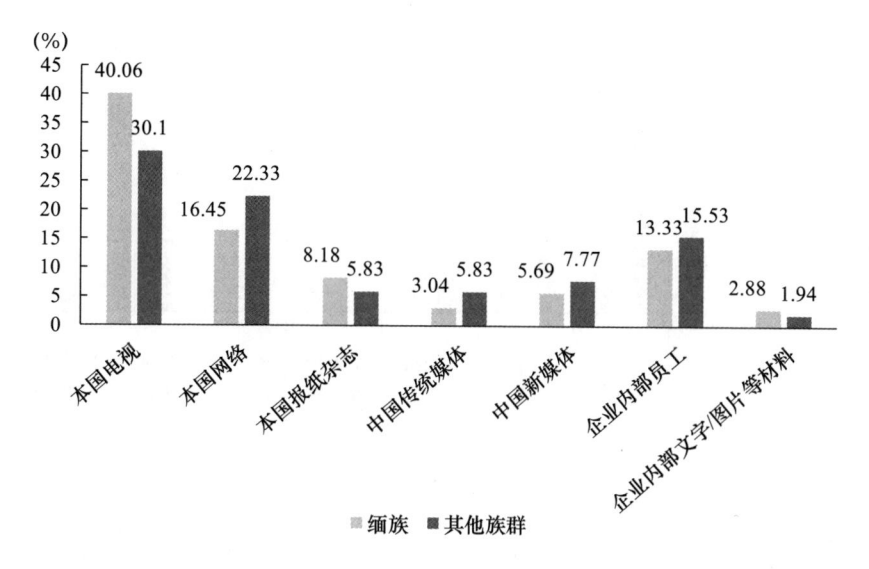

图2-7 按族群划分的了解中国信息的渠道分布状况（N=1390）

再次，从收入划分看，由图2-8可见，不同收入水平的缅甸中资企业员工了解中国信息的渠道存在差异。第一，各收入阶段的员工通过本国电视渠道了解中国相关信息占比最高，收入在129美元及以下的员工占比为三成多（33.89%），收入为130—159美元的占比是三个收入层次中最高的达四成（43.2%），160美元及以上的占比也是四成（40.88%）。第二，通过本国网络知道中国信息，收入为129美元及以下或160美元及以上的员工占比都接近两成（19.43%、19.86%），收入为130—159美元的员工占一成多（11.83%）。第三，通过企业内部员工了解中国，各收入阶段的员工占比相差较小。第四，129美元及以下收入的员工在中国传统媒体和企业内部文字/

图片等材料这两个渠道占比最低,都是3.08%;中国传统媒体是收入为130—159美元的员工占比最低的渠道,仅有1.58%;160美元及以上收入的员工占比最低的渠道是企业内部文字/图片等材料,占比为3.23%。

	本国电视	本国网络	本国报纸杂志	中国传统媒体	中国新媒体	企业内部员工	企业内部文字/图片等材料
129美元及以下	33.89	19.43	9	3.08	7.35	13.03	3.08
130—159美元	43.2	11.83	7.5	1.58	4.54	12.62	2.37
160美元及以上	40.88	19.86	7.39	5.08	6.24	15.01	3.23

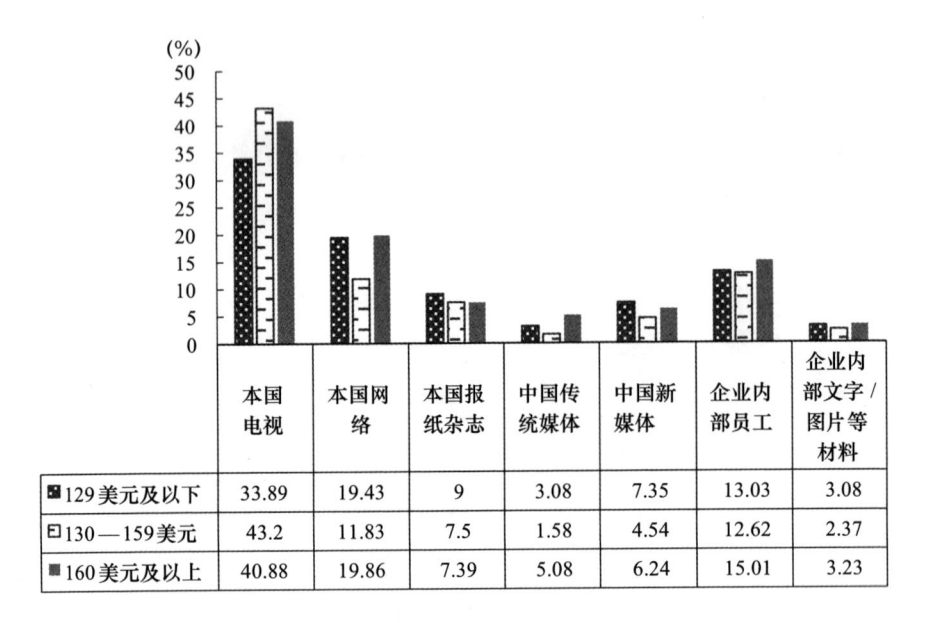

图2-8 按收入划分的了解中国信息的渠道分布状况(N=1390)

然后,从受教育程度来看(见图2-9),其一,各受教育程度的员工通过本国电视了解中国相关信息的占比都是最高的,小学及以下的员工占比最低为三成(34.1%),初中/高中教育的员工占比最高为四成(41.76%),两者相差近8个百分点,本科及以上受教育程度的员工比例超三成(36.47%)。其二,员工受教育程度越高,通过本国网络知道中国信息的占比越高,本科及以上受教育程度的员工占比(27.65%)比小学及以下教育的员工(10.14%)高出约18个百分点。其三,各受教育程度的员工通过企业内部员工了解中国的占比差异较小。其四,剩余四个渠道中,本科及以上学历员工通过本国报纸杂志和中国新媒体了解中国的占比均为一成(14.12%和

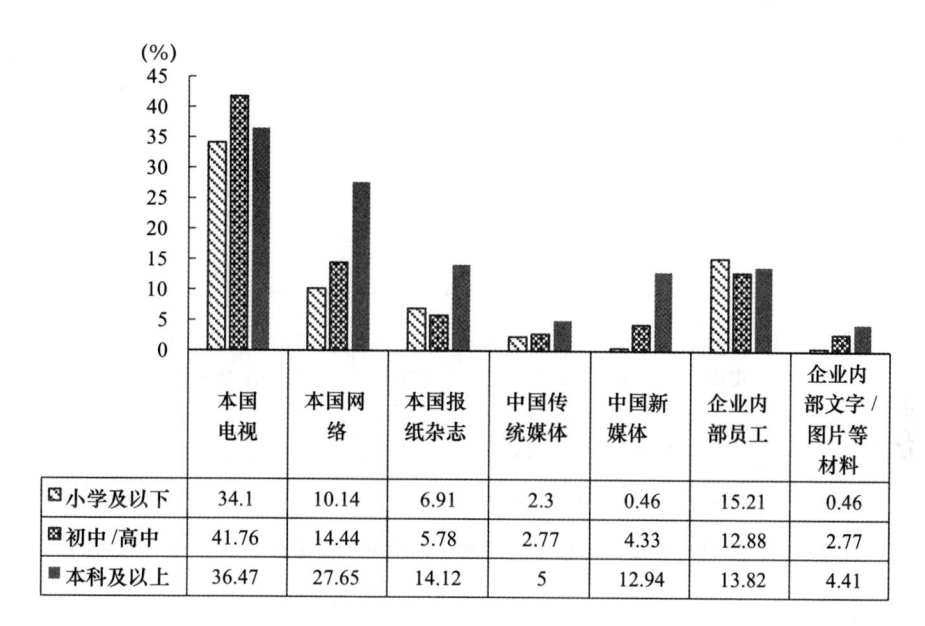

12.94%）。其五，企业内部文字/图片等材料是占比最低的渠道。

	本国电视	本国网络	本国报纸杂志	中国传统媒体	中国新媒体	企业内部员工	企业内部文字/图片等材料
小学及以下	34.1	10.14	6.91	2.3	0.46	15.21	0.46
初中/高中	41.76	14.44	5.78	2.77	4.33	12.88	2.77
本科及以上	36.47	27.65	14.12	5	12.94	13.82	4.41

图 2-9 按受教育程度划分的了解中国信息的渠道分布状况（N=1390）

最后，从员工是否管理人员看，由图 2-10 可知，总体上，除了本国电视和企业内部员工这两个渠道，管理人员的占比在其他五个渠道上都高于非管理人员的占比。第一，通过本国电视了解中国，管理人员占三成（32.52%），比非管理人员的四成占比（40.34%）低出近 8 个百分点。第二，本国网络渠道，管理人员占比接近三成（29.61%），非管理人员仅占一成（14.89%），两者相差约 15 个百分点，差异较大。第三，企业内部员工渠道上，管理人员（13.11%）和非管理人员占比（13.53%）非常接近。第四，管理人员在本国报纸杂志渠道的占比高于非管理人员的占比。第五，中国传统媒体、中国新媒体和企业内部文字/图片等材料这三个渠道占比均未超过一成，企业内部文字/图片等材料是管理人员和非管理人员占比最低的渠道。

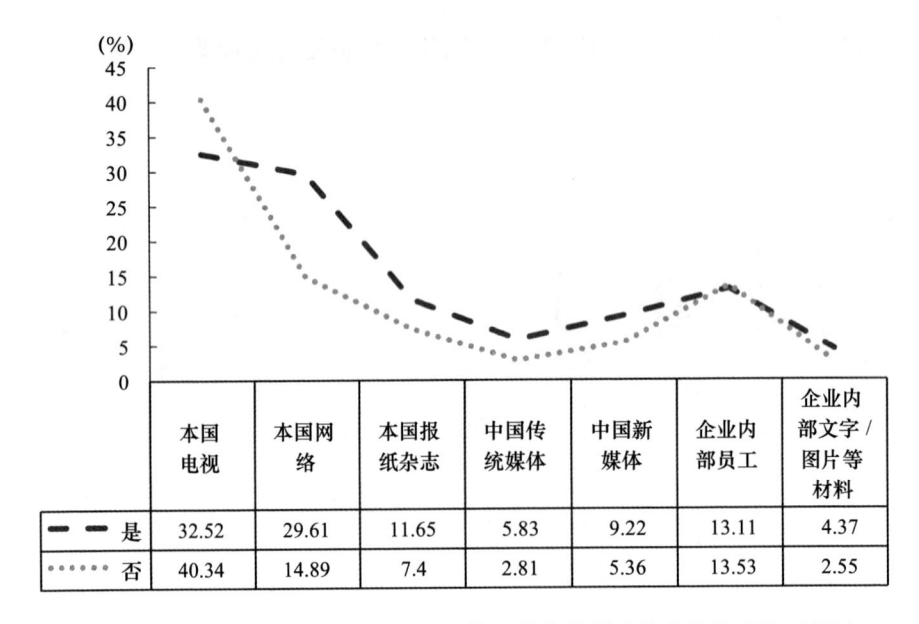

	本国电视	本国网络	本国报纸杂志	中国传统媒体	中国新媒体	企业内部员工	企业内部文字/图片等材料
— — 是	32.52	29.61	11.65	5.83	9.22	13.11	4.37
······ 否	40.34	14.89	7.4	2.81	5.36	13.53	2.55

图 2-10 按是否管理人员划分的了解中国信息的渠道分布状况（N=1390）

二 缅甸中资企业员工对中国品牌的认知

认知中国品牌是海外民众了解中国的重要方面。衡量缅甸中资企业员工对中国品牌的认知程度的具体指标为知道本企业之外的其他中国产品品牌以及所知道的具体中国产品品牌名目。以下将从性别、收入和受教育程度三个维度进行描述。

按性别划分来看（见图 2-11），男性知道除本企业外的中国品牌占比（52.53%）比女性占比（26.86%）高出 25.67 个百分点，男性对其他中国品牌的认知程度更高。总体上看，知道除本公司以外的其他中国品牌占比接近四成（35.47%），不知道的占比有六成多（64.53%）。由此可见，缅甸中资企业员工总体上对于本企业外的中国品牌认知较少。

按收入划分来看（见图 2-12），知道除本企业外其他中国品牌的员工中，收入为 129 美元及以下的员工占比为四成（42.46%），收入是 160 美元及以上的员工占比接近四成（39.95%），130—159 美

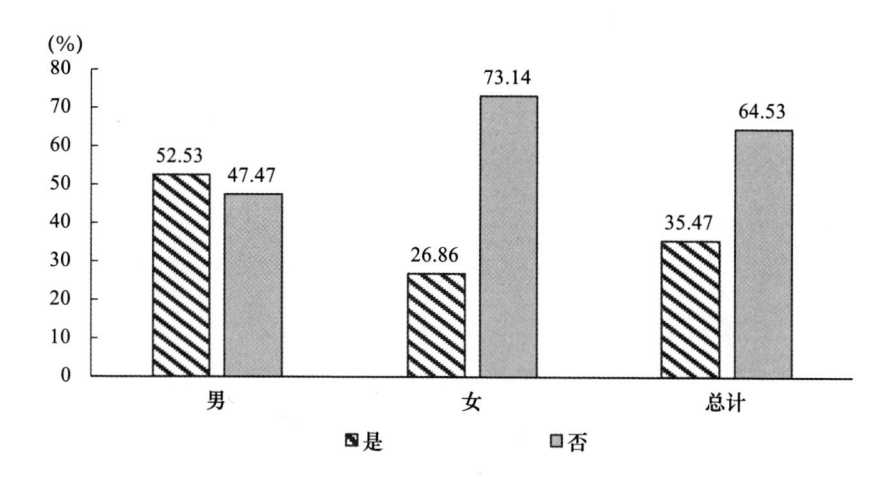

第二章 中国与缅甸民心相通现状研究

图2-11 按性别划分的中资企业员工知道除本公司以外的其他中国产品品牌的分布（N=1294）

元收入水平的员工只占两成多（24.63%），占比最小。由此可见，收入为130—159美元的员工对其他中国品牌认知较少。

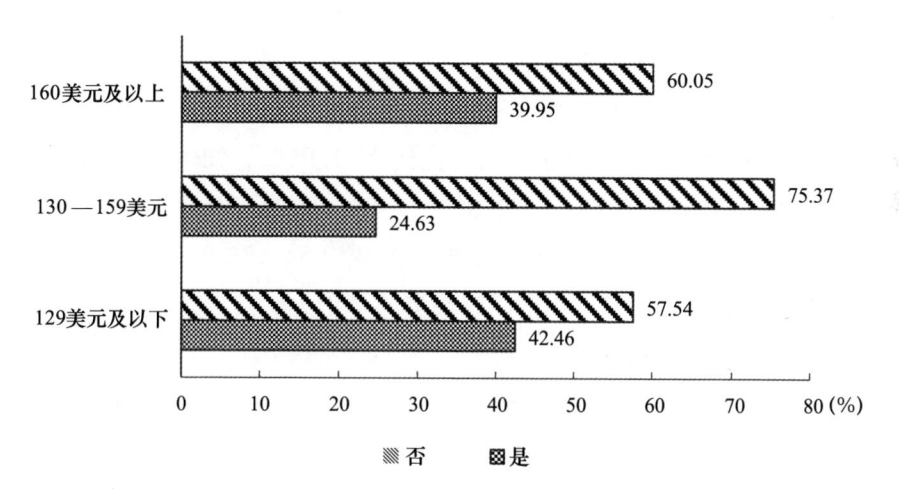

图2-12 按收入划分的中资企业员工知道除本公司以外的其他中国产品品牌的分布（N=1270）

按受教育程度划分，由图2-13可见，受教育程度越高，员工对其他中国产品品牌认知程度越高。小学及以下受教育程度的员工知道

· 39 ·

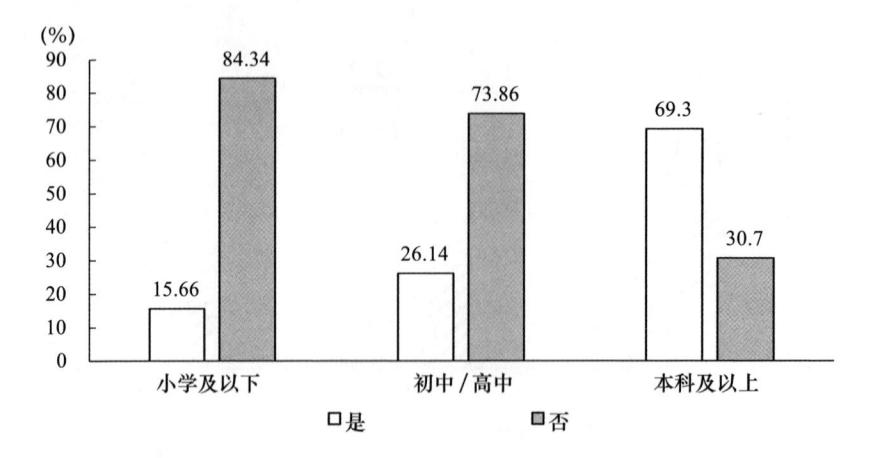

图 2-13 按受教育程度划分的中资企业员工知道除本公司以外的其他中国产品品牌的分布（N=1292）

除本企业外其他中国品牌的仅占一成多（15.66%），初中/高中受教育程度的员工则有两成多（26.14%），大学本科及以上受教育程度的员工占比接近七成（69.3%），比占比最低的小学及以下受教育程度的员工高出 53.64 个百分点。

缅甸中资企业员工知道的 3 个中国品牌的分布，由表 2-3 可知，受访的 1390 名员工中，知道华为的比例为 17.05%；知道小米的占比为 12.59%；知道 OPPO 的比例为 10%；知道 VIVO 的比例为 7.19%；知道其他中国品牌的占比超五成（54.17%）。由此可见，缅甸中资企业员工知道的中国品牌最多的是华为，其次是小米，知道 OPPO 和 VIVO 的相对较少。

表 2-3　中资企业员工所知道的 3 个中国产品品牌总体分布

（单位：个、%）

	华为	小米	OPPO	VIVO	其他
样本量	237	175	139	100	753
频率	17.05	12.59	10.00	7.19	54.17

注：N=1390。

第二章 中国与缅甸民心相通现状研究

按性别来看（见图2-14、图2-15），男性员工知道华为的比例（7.59%）比女性（4.71%）高出约3个百分点，知道小米的占比（6.6%）比女性的占比（2.97%）高出约4个百分点。知道OPPO的男性占比4.54%，而女性占比只有2.72%；男性知道VIVO的占比为3.97%，女性占比仅有1.59%。由此可见，男性总体对中国品牌认知程度高于女性。

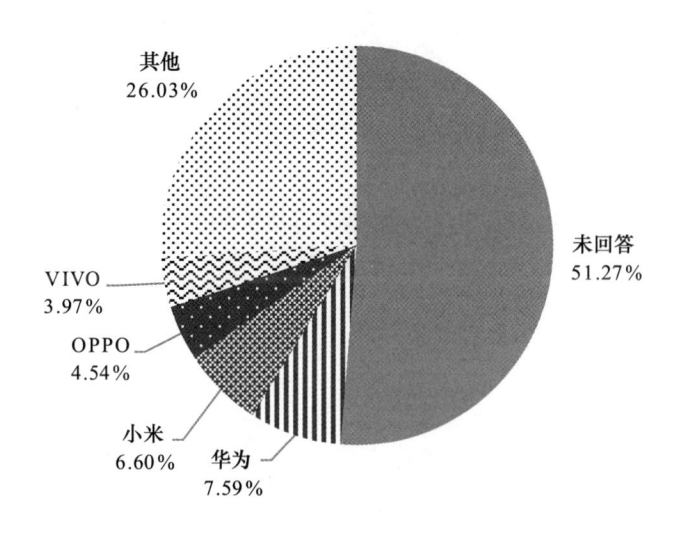

图2-14 男性中资企业员工所知道的3个中国产品品牌的分布（N=470）

按收入划分看（见图2-16），总体来看，收入为129美元及以下的员工知道的中国品牌是最多的，华为占7.27%，小米占5.85%，OPPO和VIVO的比例分别为4.66%和3%，其次是160美元及以上收入水平的员工。收入为130—159美元的员工知道的中国品牌是最少的，他们最了解的品牌华为（3.88%）仅比129美元及以下的员工了解最少的VIVO（3%）高0.88个百分点。

按受教育程度划分来看（见图2-17），受教育程度越高，缅甸中资企业员工对中国品牌的认知程度就越高。本科及以上受教育程度

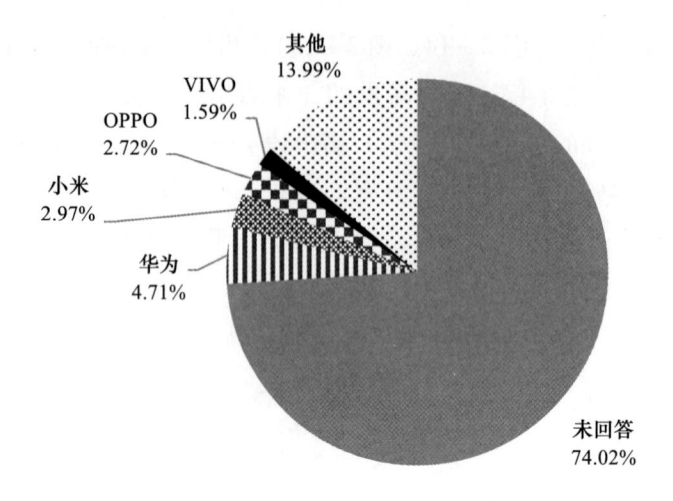

图 2-15　女性中资企业员工所知道的 3 个中国
品牌的分布（N = 920）

	未回答	华为	小米	OPPO	VIVO	其他
129美元及以下	59.72	7.27	5.85	4.66	3	19.51
130—159美元	76.33	3.88	2.37	2.3	1.64	13.48
160美元及以上	62.12	5.85	4.46	3.16	2.69	21.71

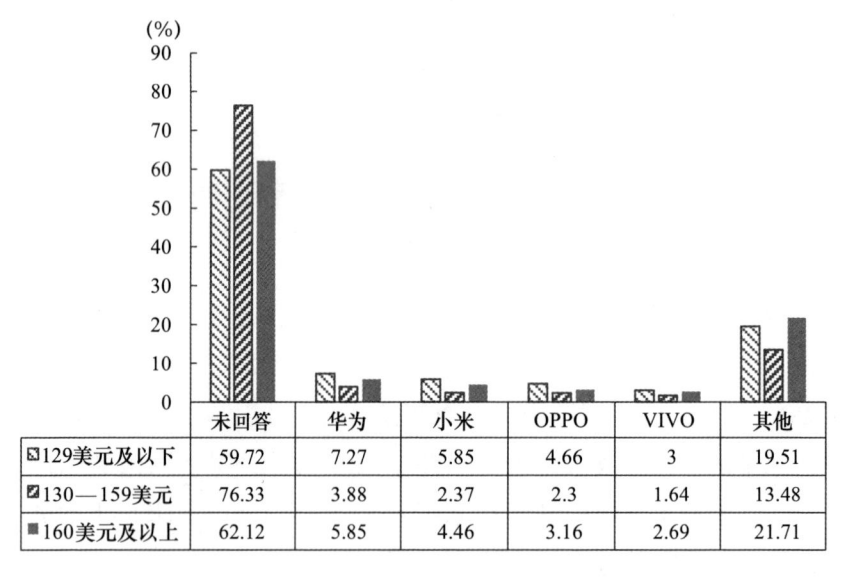

图 2-16　按收入划分的中资企业员工所知道的 3 个
中国品牌的分布（N = 1362）

的员工，知道华为的占比达一成多（13.82%），比小学及以下受教育程度的员工（1.69%）高12.13个百分点。本科及以上受教育程度的员工知道华为、小米、OPPO和VIVO的合计占比达到33.04%，初中/高中受教育程度的员工合计占比为11.2%，而小学及以下受教育程度的员工仅有5.38%。

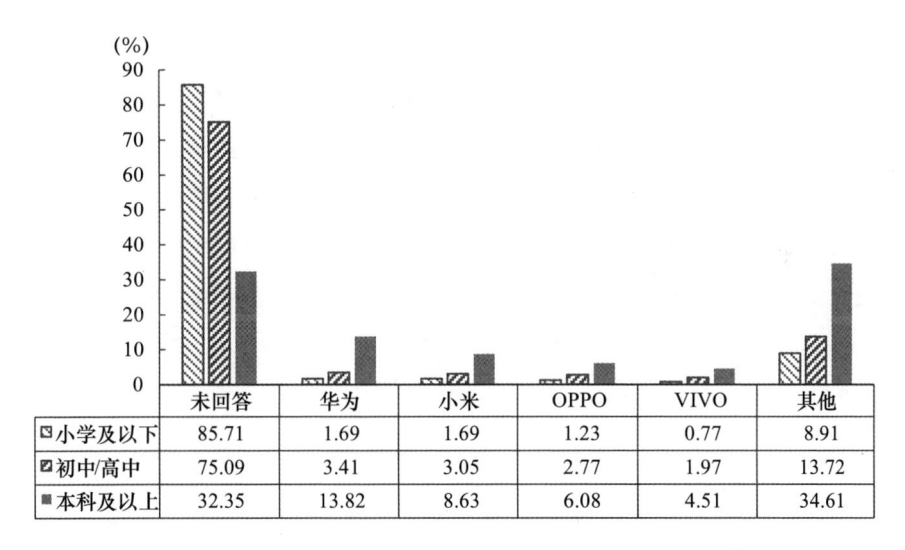

	未回答	华为	小米	OPPO	VIVO	其他
小学及以下	85.71	1.69	1.69	1.23	0.77	8.91
初中/高中	75.09	3.41	3.05	2.77	1.97	13.72
本科及以上	32.35	13.82	8.63	6.08	4.51	34.61

图 2-17 按受教育程度划分的中资企业员工所知道的
3 个中国产品品牌的分布（N=1388）

第二节 缅甸中资企业员工对中国的情感性评价

缅甸中资企业员工对中国的情感性评价，是缅甸中资企业员工与中国民众民心相通的关系和情感基础。衡量缅甸中资企业员工对中国的情感性评价，主要包括三个指标，一是缅甸中资企业员工对中国人的接纳程度，二是缅甸中资企业员工对中国企业的评价，三是缅甸中资企业员工关于中国影响力的评价。

一 缅甸中资企业员工对中国人的接纳程度

缅甸中资企业员工对中国人的接纳程度可以用缅甸员工与中国民众的社会距离程度来测量,下面将从总体上性别、族群、受教育程度和入职时长来阐述缅甸中资企业员工与中国民众的社会距离分布状况。

由图 2-18 可见,除极为亲密的伴侣关系外,缅甸员工与中国民众的交往意愿普遍较高。在受访的 1368 位员工中,愿意与中国人成为伴侣的人只有 6.65%,而愿意与中国人成为朋友的比例则上升到七成（70.76%）,愿意与中国民众成为邻居的占 77.34%,愿意与中国民众成为同事的比例超八成（88.08%）,愿意与中国人成为点头之交、生活在同一城市以及生活在同一国家的比例则都达到了九成以上（分别为 91.37%、93.64%、97.51%）。由此可知,缅甸中资企业员工在较大程度上愿意与中国民众进行社会交往。

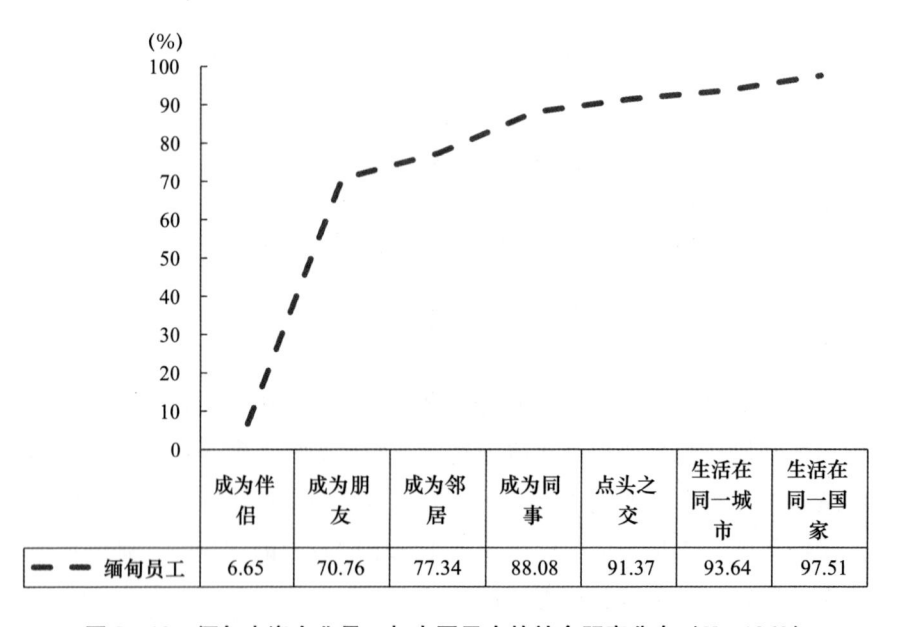

	成为伴侣	成为朋友	成为邻居	成为同事	点头之交	生活在同一城市	生活在同一国家
缅甸员工	6.65	70.76	77.34	88.08	91.37	93.64	97.51

图 2-18 缅甸中资企业员工与中国民众的社会距离分布（N=1368）

按性别划分（见图2-19），总体上男性员工与中国民众的社交意愿要强于女性员工。愿意与中国民众成为伴侣，男性员工的占比达到一成（11.47%），女性员工的比例远低于一成（4.19%）。愿意与中国民众成为朋友的男性员工占比（77.92%）比女性员工（67.11%）高出近11个百分点。愿意与中国人成为邻居的女性员工占比有七成（73.95%），比男性员工占比（83.98%）少了一成（10.03%）。男性员工愿意与中国民众成为同事、点头之交、生活在同一城市以及生活在同一国家的比例皆在90%以上，而女性员工愿意与中国人成为同事和点头之交的比例仅为80%多，只有愿意与中国人生活在同一城市与生活在同一国家的比例达到了90%以上。

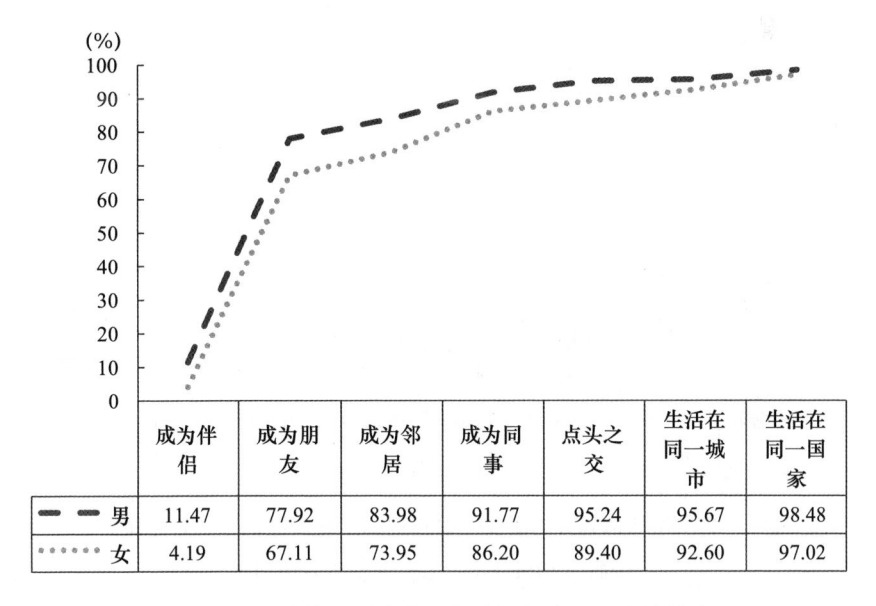

	成为伴侣	成为朋友	成为邻居	成为同事	点头之交	生活在同一城市	生活在同一国家
男	11.47	77.92	83.98	91.77	95.24	95.67	98.48
女	4.19	67.11	73.95	86.20	89.40	92.60	97.02

图2-19 按性别划分的缅甸员工与中国民众的社会距离分布（男 N=462；女 N=906）

从族群角度看（见图2-20），整体上缅族员工对中国民众的接纳程度低于其他族群员工。愿意与中国人成为伴侣的缅族员工占比不到一成（5.39%），比其他族群员工占比（22.55%）少17.16个百分点。愿意与中国人成为朋友的缅族和其他族群员工占比都达到七成（70.44%、74.51%）。愿意与中国民众成为邻居的缅族员工占比七成（76.94%），其他族群员工占据八成（82.35%）。愿意与中国民众成为同事的缅族员工（88.03%）和其他族群员工的比例接近（88.24%）。愿意与中国民众成为点头之交、生活在同一城市或同一国家的占比都达到了九成以上。由此可见，在一定社会距离内，缅族和其他族群的员工都愿意与中国人建立社会关系，且其他族群员工对与中国人建立较亲密的社会关系有更强的意愿。

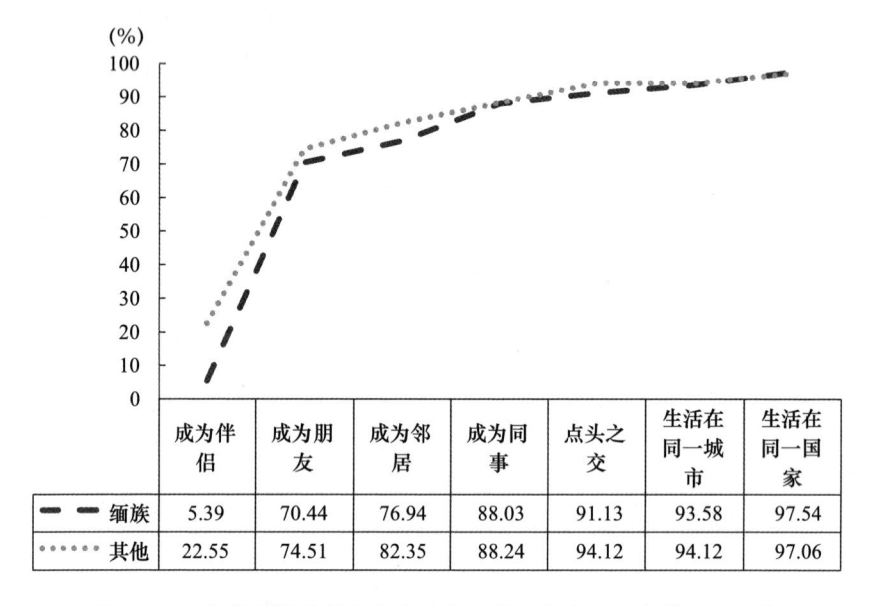

	成为伴侣	成为朋友	成为邻居	成为同事	点头之交	生活在同一城市	生活在同一国家
缅族	5.39	70.44	76.94	88.03	91.13	93.58	97.54
其他	22.55	74.51	82.35	88.24	94.12	94.12	97.06

图 2-20 按族群划分的缅甸中资企业员工与中国民众的社会距离分布（缅族 N = 1262；其他 N = 102）

从受教育程度来看（见图 2-21），受教育程度越高，缅甸中资企业员工对中国民众的接纳程度越高。在愿意与中国人成为伴侣的员工中，小学及以下和初中/高中受教育程度的员工占比较小（5.16%、5.73%），低于本科及以上受教育程度的员工占比（9.61%）。愿意与中国人成为朋友的本科及以上受教育程度员工占到八成以上

（86.19%），比小学及以下员工占比（61.03%）高出25.16个百分点，比初中/高中（66.95%）高出19.24个百分点。本科及以上受教育程度的员工无论是愿意与中国民众成为邻居、同事或点头之交的占比，还是愿意生活在同一城市或同一国家的占比都达到90%以上。初中/高中受教育程度的员工，只有愿意与中国人生活在同一城市或同一国家的比例为90%以上。小学及以下受教育程度的员工，愿意与中国人成为点头之交、生活在同一城市或同一国家占比超过90%。

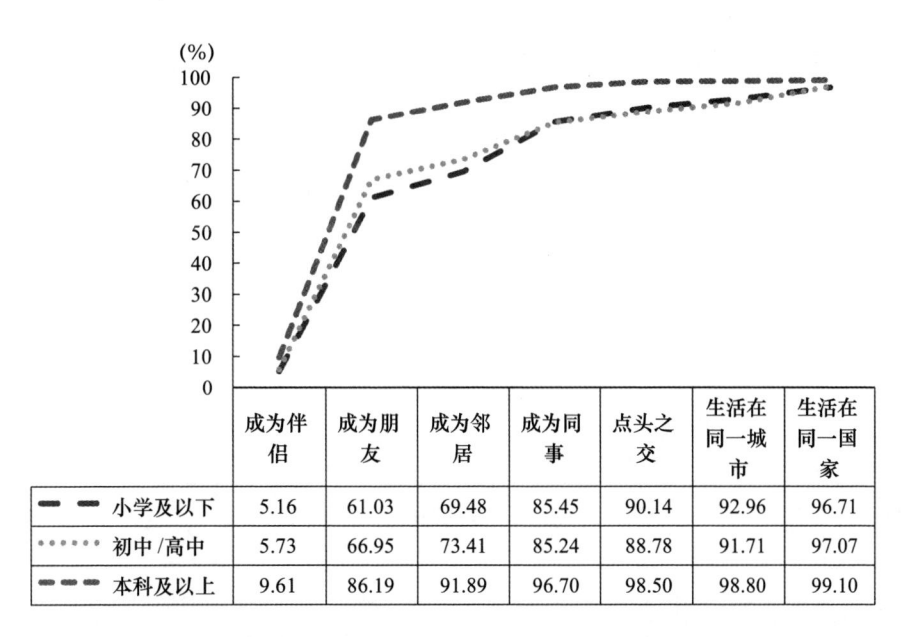

	成为伴侣	成为朋友	成为邻居	成为同事	点头之交	生活在同一城市	生活在同一国家
— — 小学及以下	5.16	61.03	69.48	85.45	90.14	92.96	96.71
······ 初中/高中	5.73	66.95	73.41	85.24	88.78	91.71	97.07
— — 本科及以上	9.61	86.19	91.89	96.70	98.50	98.80	99.10

图2-21 按受教育程度划分的缅甸中资企业员工与中国民众的社会距离分布
（小学及以下N＝213；初中/高中N＝820；本科及以上N＝333）

按进入中资企业时间划分，由图2-22可知，入职一年及以下的员工愿意与中国人成为伴侣的占比最高（8.09%）；其次是三年以上的员工（7.12%）；入职一年至三年的员工占比最低（5.32%）。入职一年及以下或三年以上的员工愿意与中国人成为朋友占比均超七成（71.70%、73.79%），入职一年至三年的员工占比则不足七成

(67.74%)。愿意与中国民众成为邻居的员工中，入职一年及以下或一年至三年的员工占比皆超七成（77.63%、75.16%），入职三年以上的员工占比接近八成（79.94%）。入职三年以上的员工愿意与中国人成为同事、点头之交、生活在同一城市或同一国家的比例都达到了90%以上。入职一年及以下的员工，有90%愿意与中国民众成为点头之交、生活在同一城市或同一国家。入职一年至三年的员工，仅在愿意与中国人生活在同一城市或同一国家的方面占比超过90%。由此可见，进入中资企业时间不同，缅甸中资企业员工与中国民众的社会距离有所不同，但差异不明显。

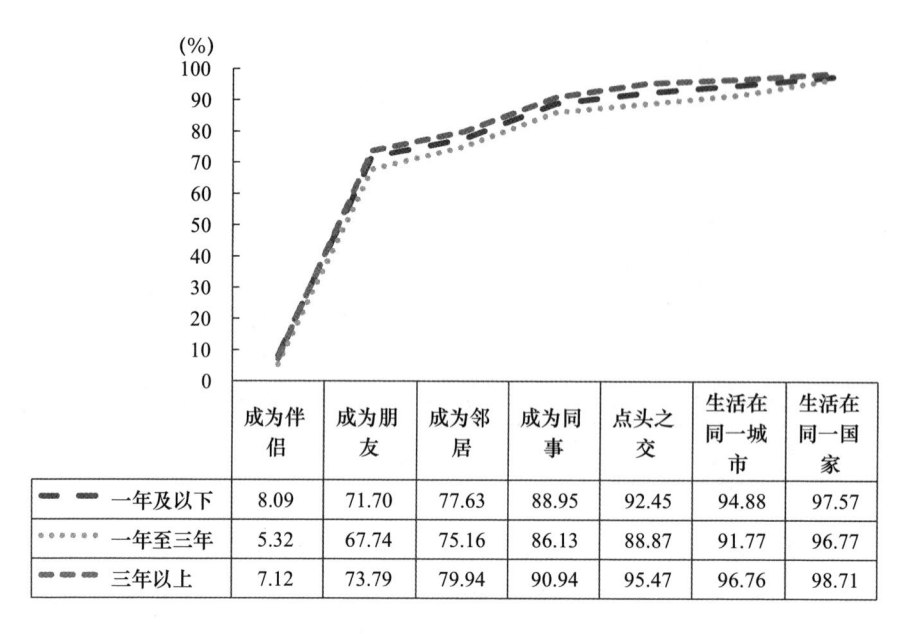

	成为伴侣	成为朋友	成为邻居	成为同事	点头之交	生活在同一城市	生活在同一国家
一年及以下	8.09	71.70	77.63	88.95	92.45	94.88	97.57
一年至三年	5.32	67.74	75.16	86.13	88.87	91.77	96.77
三年以上	7.12	73.79	79.94	90.94	95.47	96.76	98.71

图2-22 按入职时长划分的缅甸中资企业员工与中国民众的社会距离分布
（一年及以下N=371；一年至三年N=620；三年以上N=309）

二 缅甸中资企业员工对中国企业的评价

中资企业对于缅甸本地的风俗习惯和员工宗教信仰的尊重程度，中资企业的作息时间安排，以及中资企业内部中外员工晋升制度的一致性，这些方面是员工对中国企业的评价体系。

观察中资企业员工对中国企业各方面评价的频率分布可知（见表2-4），合并"完全不同意"和"不同意"为不同意一项，合并"基本同意"和"完全同意"为同意一项。第一，对中资企业尊重本地风俗习惯的评价中，有7.34%的人不同意，31.63%的人认为一般，61.02%的人同意。第二，对中资企业尊重员工宗教信仰的主观评价部分，有65.03%的人同意，认为一般的为29.07%，只有5.91%的人不同意。第三，在员工回答喜欢本企业作息时间规定的设问上，有65.99%的人同意，认为"一般"为26.27%，只有7.74%的人不同意。第四，对中外员工晋升制度一致性的评价上，有30.79%的人不同意，认为一般的人有25.39%，同意的人有43.82%。由此可见，缅甸中资企业员工对中国企业的情感性评价整体上较高。

表2-4　　　中资企业员工对中国企业评价的频率分布　　（单位：%）

	本企业尊重本地风俗习惯	本企业尊重员工的宗教信仰	喜欢本企业的作息时间规定	中外员工晋升制度一致
完全不同意	3.14	2.86	3.5	8.49
不同意	4.2	3.05	4.24	22.3
一般	31.63	29.07	26.27	25.39
基本同意	47.16	50.33	52.19	36.71
完全同意	13.86	14.7	13.8	7.11

注：N=1325。

按性别划分（见图2-23），整体上男性和女性员工对于中资企业尊重本地风俗习惯的主观性评价没有太大差异。加总"完全不同意"和"不同意"占比，男性员工占比为7.79%，女性员工占比为7.17%，差距很小。持"一般"态度的男性占比为三成（34.85%），比女性（29.93%）高出4.92个百分点。加总"基本同意"和"完全同意"占比，男性占五成多（57.35%），较女性占比六成

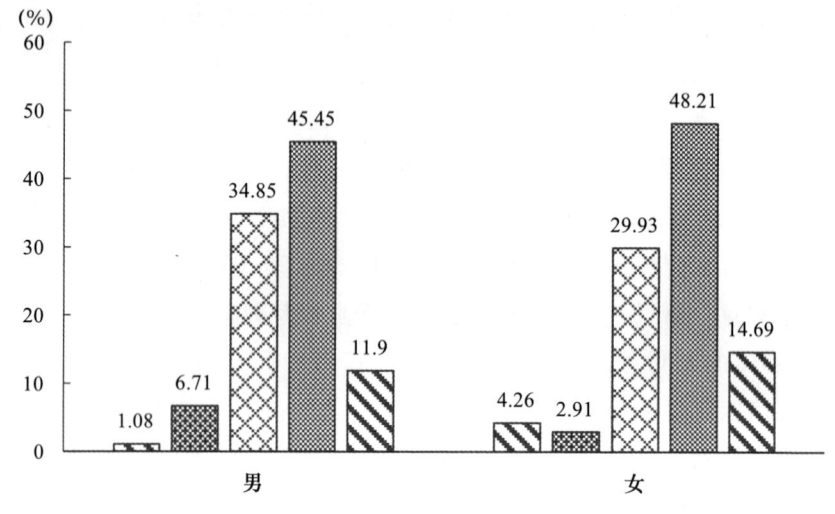

(62.9%) 低 5.55 个百分点，说明男性对该议题的评价低于女性。

图 2-23 按性别划分的是否同意"本企业尊重本地风俗习惯"（N=1354）

从族群来看（见图 2-24），员工对中资企业尊重本地风俗习惯的评价存在族群差异。加总"完全不同意"和"不同意"占比，缅族员工占比（7.7%）比其他族群员工（3.92%）高出 3.78 个百分点。持"一般"态度的缅族员工占比三成（31.17%），其他族群占比接近四成（38.24%）。合并"基本同意"和"完全同意"的占比发现，缅族员工占到六成（61.14%），比其他族群五成（57.85%）的占比高出 3.29 个百分点。由此可见，缅族员工对于中资企业尊重本地风俗习惯的情感性评价高于其他族群。

从收入角度看（见图 2-25），不同收入水平员工评价中资企业尊重本地风俗习惯的结果差异不明显。加总"完全不同意"和"不同意"的占比后，收入为 129 美元及以下的员工占 7.65%；收入为 130—159 美元的占比最高（8.72%）；收入为 160 美元及以上的占比最低（5.83%）。所有收入水平的员工中，持"一般"态度的占比皆

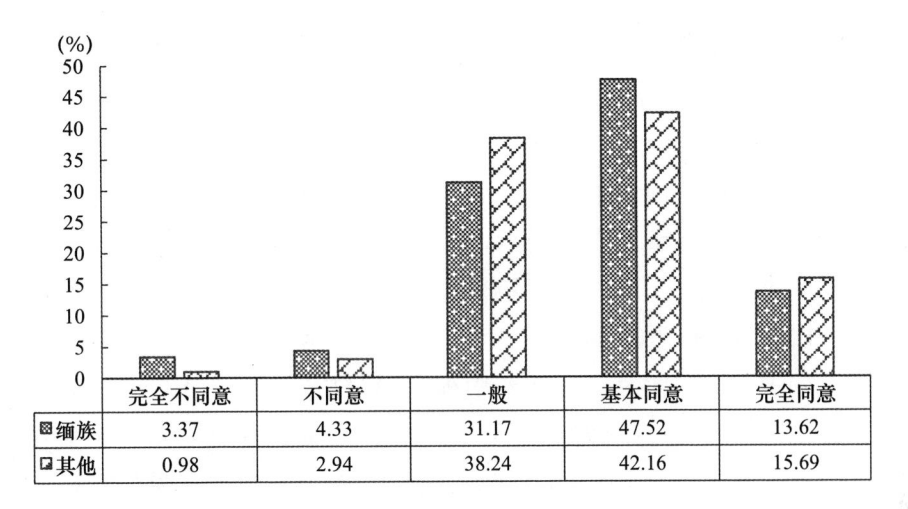

第二章 中国与缅甸民心相通现状研究

	完全不同意	不同意	一般	基本同意	完全同意
缅族	3.37	4.33	31.17	47.52	13.62
其他	0.98	2.94	38.24	42.16	15.69

图 2-24 按族群划分的是否同意"本企业尊重本地风俗习惯"（N=1350）

	完全不同意	不同意	一般	基本同意	完全同意
129美元及以下	2.22	5.43	32.84	45.68	13.83
130—159美元	5.07	3.65	31.24	47.87	12.17
160美元及以上	2.1	3.73	31	47.55	15.62

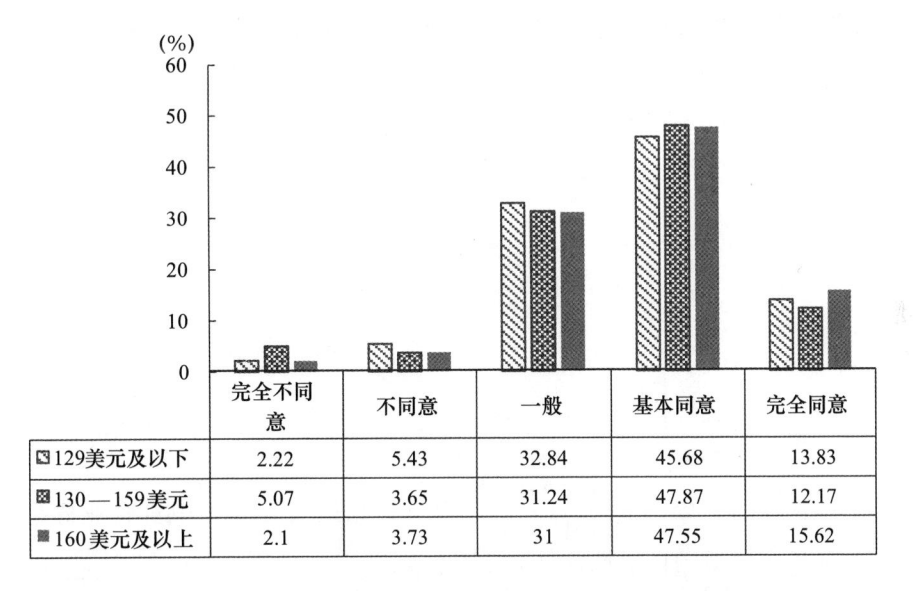

图 2-25 按收入划分的是否同意"本企业尊重本地风俗习惯"（N=1327）

为三成（32.84%、31.24%、31%）。合并"基本同意"和"完全同意"两项，收入为129美元及以下的员工占比接近六成（59.51%），收入130—159美元的占比为六成（60.04%），收入为160美元及以上的员工略超六成（63.17%）。

· 51 ·

从受教育程度来看，由图 2-26 可见，总和"完全不同意"和"不同意"的占比来看，小学及以下受教育程度的员工占比最高，为一成（10.62%）；初中/高中受教育程度的员工占比最低（6.18%）。不同受教育程度的员工在"一般"一项上的差异最明显，小学及以下受教育程度的员工占比最低，为两成（25.6%）；初中/高中受教育程度的员工占三成（30.53%）；大学本科及以上受教育程度的员工占比最高，接近四成（38.1%）。合并"基本同意"和"完全同意"的占比，小学及以下和初中/高中受教育程度的员工占比非常接近，都是六成（63.77%、63.29%）；大学本科及以上受教育程度的员工只占五成（53.57%）。据此可知，初中/高中受教育程度的员工对企业尊重本地风俗习惯的评价偏中上，小学及以下受教育程度的员工评价更具两极化，大学本科及以上受教育程度的员工偏中等评价。

	完全不同意	不同意	一般	基本同意	完全同意
小学及以下	5.31	5.31	25.6	48.79	14.98
初中/高中	2.47	3.71	30.53	49.07	14.22
本科及以上	3.57	4.76	38.1	41.67	11.9

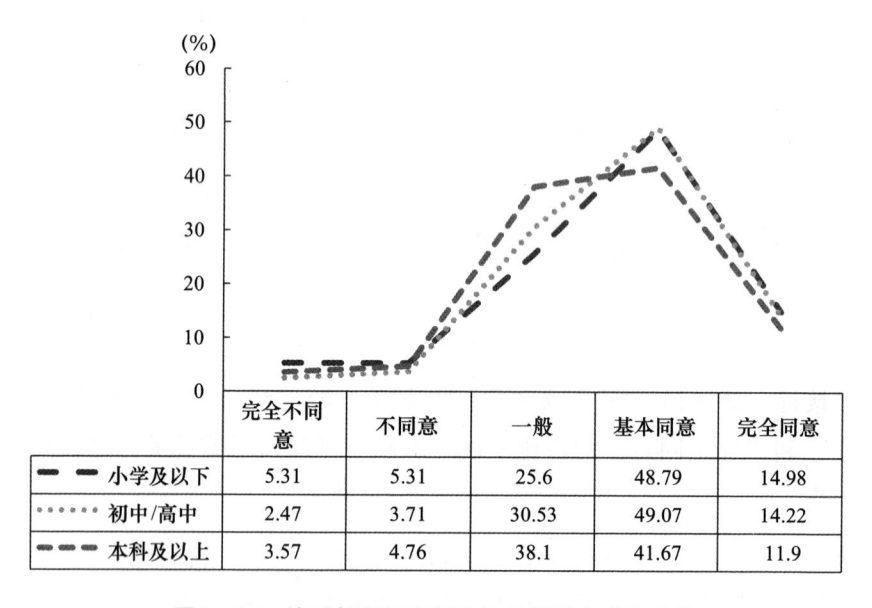

图 2-26　按受教育程度划分的是否同意"本企业尊重本地风俗习惯"（N = 1352）

按是否管理人员划分（见表 2-5），总体上，员工对企业尊重本地风俗习惯的评价存在是否管理人员差异。总和"完全不同意"和"不同意"的占比发现，管理人员占 7.31%，非管理人员占 7.36%，两者的占比几乎一致。持"一般"态度的管理人员占比为三成（34.15%），比非管理人员（31.17%）高 2.98 个百分点。合并"基本同意"和"完全同意"的占比看到，管理人员占比接近六成（58.54%），比非管理人员六成比例（61.47%）低 2.93 个百分点。

表 2-5　　　　　按是否管理人员划分的是否同意
"本企业尊重本地风俗习惯"　　（单位:%）

是否管理人员	完全不同意	不同意	一般	基本同意	完全同意
管理人员	1.46	5.85	34.15	41.95	16.59
非管理人员	3.42	3.94	31.17	48.16	13.31

注：N=1347。

从进入中资企业的时间看（见图 2-27），不同入职时长的员工对中资企业尊重本地风俗习惯的评价差异不明显。加总"完全不同意"和"不同意"的占比发现，入职一年及以下的员工占 6.62%；入职一年至三年的员工占比最高，为 8.12%；入职三年以上的员工占比最低，为 5.52%。所有入职时长的员工在"一般"一项上占比很接近，都达到三成（30.3%、31.33%、33.44%）。合并"基本同意"和"完全同意"的占比发现，入职一年及以下的员工占比最高，为 63.09%；入职一年至三年的员工占比最低，为 60.56%；入职三年以上的员工占 61.04%。

按性别划分，结合图 2-28 和图 2-29 可知，合并"完全不同意"和"不同意"的占比后，男性员工仅占 5%，比女性员工占比（6.39%）少 1.39 个百分点。认为本企业尊重员工的宗教信仰是

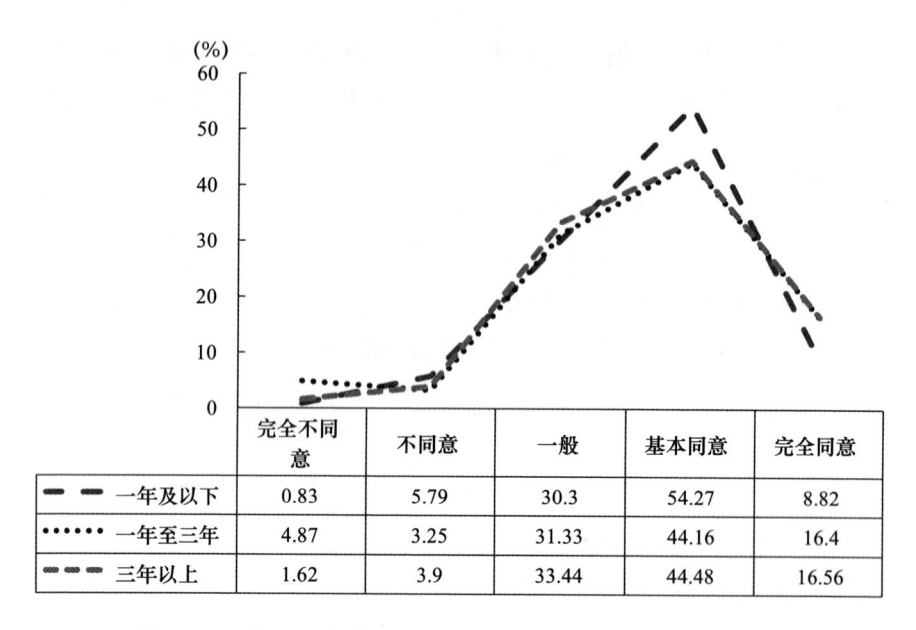

	完全不同意	不同意	一般	基本同意	完全同意
— — 一年及以下	0.83	5.79	30.3	54.27	8.82
······ 一年至三年	4.87	3.25	31.33	44.16	16.4
- - - 三年以上	1.62	3.9	33.44	44.48	16.56

图 2-27　按进入中资企业时间划分的是否同意"本企业尊重本地风俗习惯"（N=1287）

"一般"程度的男性占三成（32.83%），比女性两成多（27.21%）占比高出5.62个百分点。合并"基本同意"和"完全同意"的占比得到，男性占比为62.17%，较女性占比（66.40%）低4.23个百分点。由此可见，男性员工对于中资企业尊重员工宗教信仰的评价比女性员工略高。

从族群角度看（见表2-6），与其他族群员工相比，缅族员工对于中资企业尊重员工的宗教信仰的评价较低。合并"完全不同意"和"不同意"的占比结果显示，缅族员工占6.32%，比其他族群员工比例（1%）高出5.32个百分点。认为本企业"一般"尊重员工宗教信仰的缅族占比（28.34%），比其他族群员工占比（39%）低10.66个百分点。加总"基本同意"和"完全同意"的占比得到，缅族员工占比65.33%，比其他族群占比（60%）多5.33个百分点。

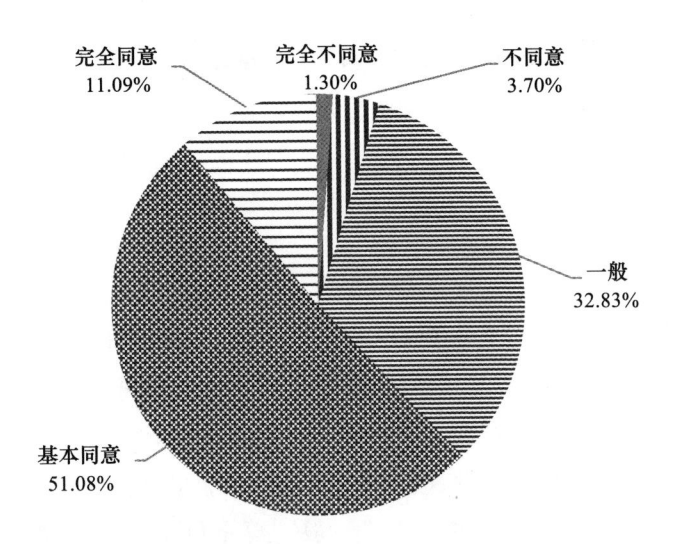

图 2-28 男性中资企业员工是否同意"本企业尊重员工的宗教信仰"的分布（N=460）

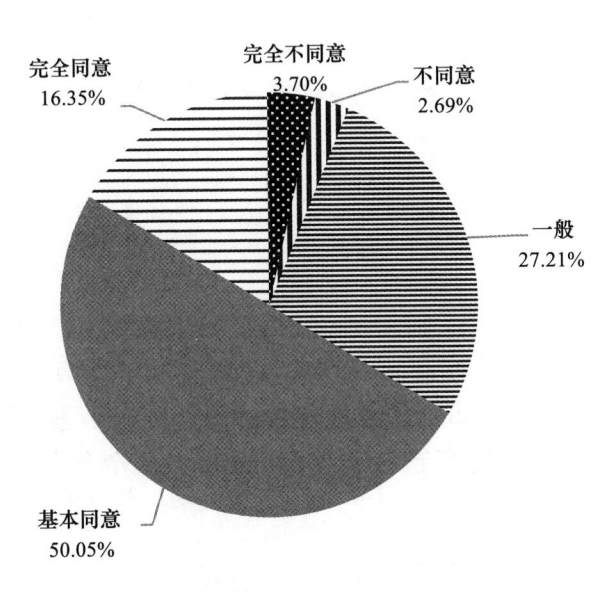

图 2-29 女性中资企业员工是否同意"本企业尊重员工的宗教信仰"的分布（N=893）

表2-6 按族群划分的是否同意"本企业尊重员工的宗教信仰"（单位：%）

族群	完全不同意	不同意	一般	基本同意	完全同意
缅族	3.04	3.28	28.34	51.16	14.17
其他	1	0	39	40	20

注：N=1349。

按收入划分来看（见图2-30），不同收入水平的缅甸中资企业员工对企业尊重员工宗教信仰的评价存在差异。合并"完全不同意"和"不同意"的占比发现，收入为129美元及以下和收入160美元及以上的员工占比非常接近（4.9%、4.94%），收入在130—159美元的员工占7.69%。认为本企业"一般"尊重员工宗教信仰的各收入员工中，收入为129美元及以下的员工比例最高，为三成（31.13%），收入为130—159美元（27.53%）和160美元及以上（28.94%）的员工占比仅相差约1个百分点。加总"基本同意"和"完全同意"的占比显示，收入为129美元及以下的员工占63.97%，130—159美元的员工占64.78%，160美元及以上的员工占66.12%。

	完全不同意	不同意	一般	基本同意	完全同意
129美元及以下	1.96	2.94	31.13	49.26	14.71
130—159美元	4.45	3.24	27.53	52.23	12.55
160美元及以上	1.88	3.06	28.94	48.94	17.18

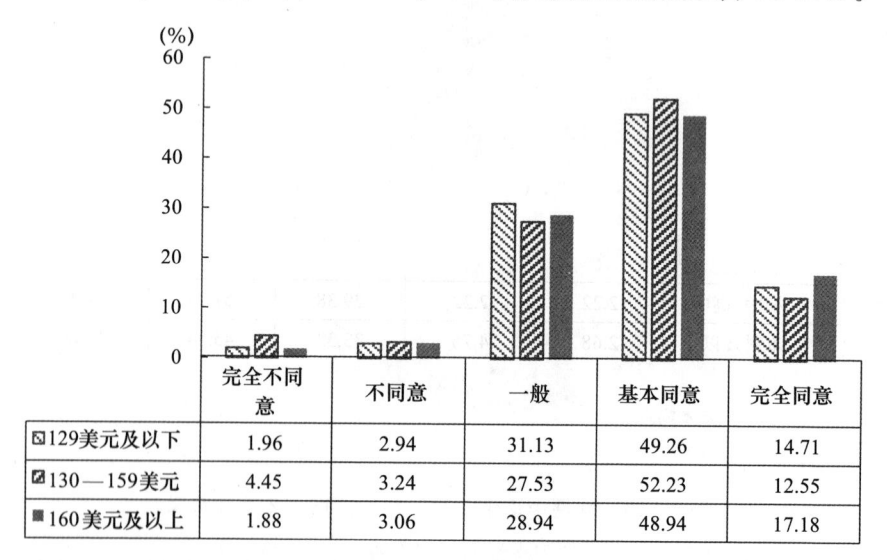

图2-30 按收入划分的是否同意"本企业尊重员工的宗教信仰"（N=1327）

从受教育程度来看（见图2-31），受教育程度越高，员工对本企业尊重员工宗教信仰的评价越低。合并"完全不同意"和"不同意"的占比后，小学及以下受教育程度的员工占比最高（9.26%）；初中/高中受教育程度的员工占比最低（4.44%）。认为本企业尊重员工宗教信仰是"一般"程度的小学及以下受教育程度的员工占比最低（21.46%），本科及以上受教育程度的员工占比最高达到三成（33.33%）。加总"基本同意"和"完全同意"的占比发现，小学及以下受教育程度的员工占比接近七成（69.27%），初中/高中受教育程度的员工为六成多（66.17%），本科及以上受教育程度的员工占比接近六成（59.23%），最高与最低占比相差10个百分点。

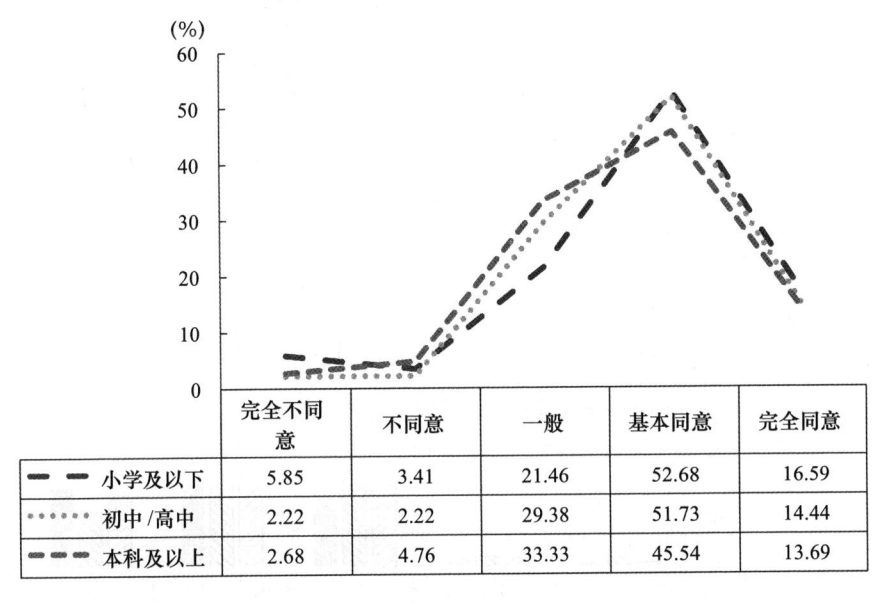

	完全不同意	不同意	一般	基本同意	完全同意
小学及以下	5.85	3.41	21.46	52.68	16.59
初中/高中	2.22	2.22	29.38	51.73	14.44
本科及以上	2.68	4.76	33.33	45.54	13.69

图2-31 按受教育程度划分的是否同意"本企业尊重员工的宗教信仰"（N=1351）

按是否管理人员划分来看（见图2-32），与非管理人员相比，管理人员对于中资企业尊重员工宗教信仰的评价略高。加总"完全不同意"和"不同意"的占比后，管理人员仅占4.44%，比非管理人员占比（6.12%）低1.68个百分点。认为本企业尊重员工的宗教信仰是"一般"程度的管理人员占比（28.57%），与非管理人员占比（29.25%）仅相差约1个百分点。加总"基本同意"和"完全同意"的占比得到，管理人员占比为67%，比非管理人员占比（64.62%）多2.38个百分点。

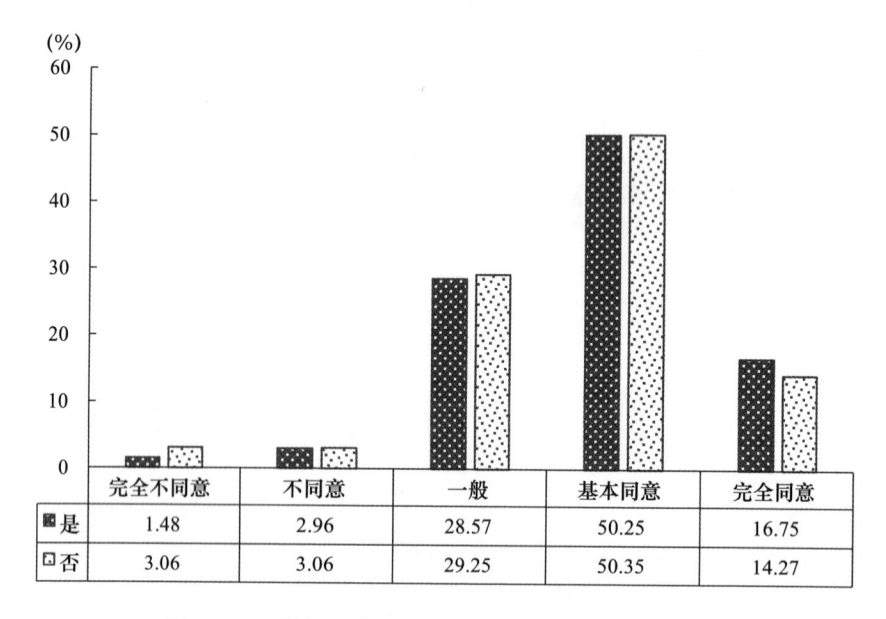

	完全不同意	不同意	一般	基本同意	完全同意
是	1.48	2.96	28.57	50.25	16.75
否	3.06	3.06	29.25	50.35	14.27

图2-32 按是否管理人员划分的是否同意"本企业尊重员工的宗教信仰"（N=1345）

按进入中资企业时间划分来看（见图2-33），入职一年及以下的员工和入职时间在三年以上的员工对于中资企业尊重员工的宗教信仰的评价更高。加总"完全不同意"和"不同意"的占比来看，入职一年至三年的员工占比最高，为6.84%；入职三年以上的占比最低，为4.16%。认为本企业"一般"尊重员工宗教信仰的各入职时段员工中，入职一年及以下（25.49%）和一年至三年的占比（28.34%）

较为接近,入职三年以上的占比最高,达到三成(33.23%)。可见入职时间越长,对本企业尊重员工的宗教信仰的评价为"一般"的占比越高。"基本同意"和"完全同意"的加总比例显示,入职时间为一年及以下的员工占比最高,为68.9%;入职一年至三年的员工占64.82%;入职三年以上的占比最低,为62.61%。可见,入职时间越长,员工同意的占比越低。

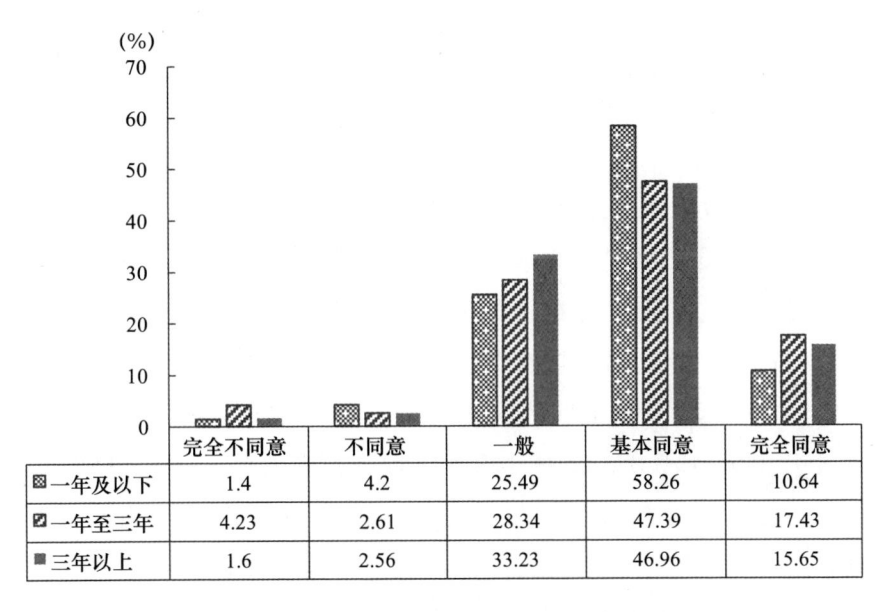

	完全不同意	不同意	一般	基本同意	完全同意
一年及以下	1.4	4.2	25.49	58.26	10.64
一年至三年	4.23	2.61	28.34	47.39	17.43
三年以上	1.6	2.56	33.23	46.96	15.65

图 2-33 按进入中资企业时间划分的是否同意
"本企业尊重员工的宗教信仰"(N=1284)

下面部分将从性别、收入、受教育程度、是否管理人员和进入中资企业时间五个角度出发,多维分析员工对"喜欢本企业作息时间规定"的同意程度。

首先,对不同性别员工进行分析,由表2-7可以发现,男性较女性更倾向于同意"喜欢本企业作息时间规定"。具体表现为,合并"完全同意""基本同意""一般"三个选项进行百分比统计可知,男性合计百分比（93.79%）较女性合计百分比（91.39%）超出 2.40 个百分点，略高于女性的同意度。

表 2-7　按性别划分的是否同意"喜欢本企业作息时间规定"

（单位：%）

性别	完全不同意	不同意	一般	基本同意	完全同意
男	2.14	4.07	27.41	51.82	14.56
女	4.25	4.36	25.63	52.56	13.20

注：N=1384。

对不同收入水平进行分析可知（见图 2-34），总体而言，各收入阶段的员工对"喜欢本企业作息时间规定"的同意程度差异不明显。第一，表示对本企业工作时间"一般"喜欢的，各收入阶段的占比差异范围保持在 3 个百分点内，具体占比由高到低依次为：160 美元及以上收入员工（27.78%）、129 美元及以下收入员工（26.43%）、130—159 美元收入范围内员工（25.15%）。第二，合并"基本同意"与"完全同意"进行百分比统计可发现，三者之间的差异范围也保持在 2 个百分点以内。其中占比最高为收入在 129 美元及以下的员工（66.91%），其次为 130—159 美元收入范围内员工（65.94%），最后为收入 160 美元以上员工（65.05%）。

再从受教育程度进行分析，从图 2-35 可以了解到，不同受教育程度的员工对于"喜欢本企业作息时间规定"的同意程度存在略微差异。从合并"完全同意""基本同意""一般"三个选项进行百分比统计可以发现，小学及以下受教育程度的员工（94.41%）对"喜欢本企业作息时间规定"的同意程度更高，同时高出初中/高中受教育程度员工（91.9%）和本科及以上受教育程度员工（91.47%）约 3 个百分点。

第二章 中国与缅甸民心相通现状研究

	完全不同意	不同意	一般	基本同意	完全同意
129美元及以下	2.62	4.05	26.43	50.48	16.43
130—159美元	5.15	3.76	25.15	54.26	11.68
160美元及以上	2.55	4.63	27.78	51.39	13.66

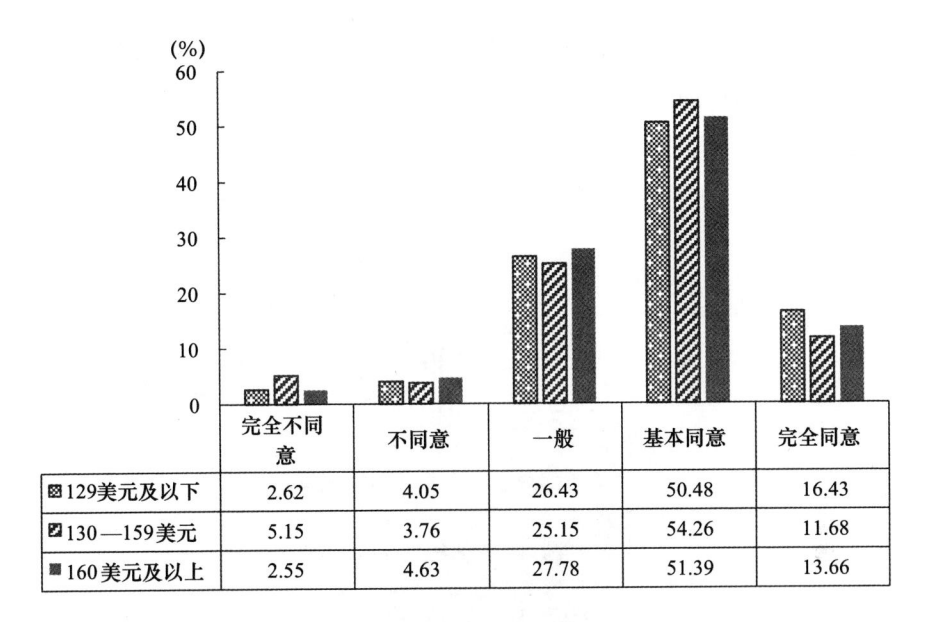

图2-34 按收入划分的是否同意"喜欢本企业作息时间规定"（N=1357）

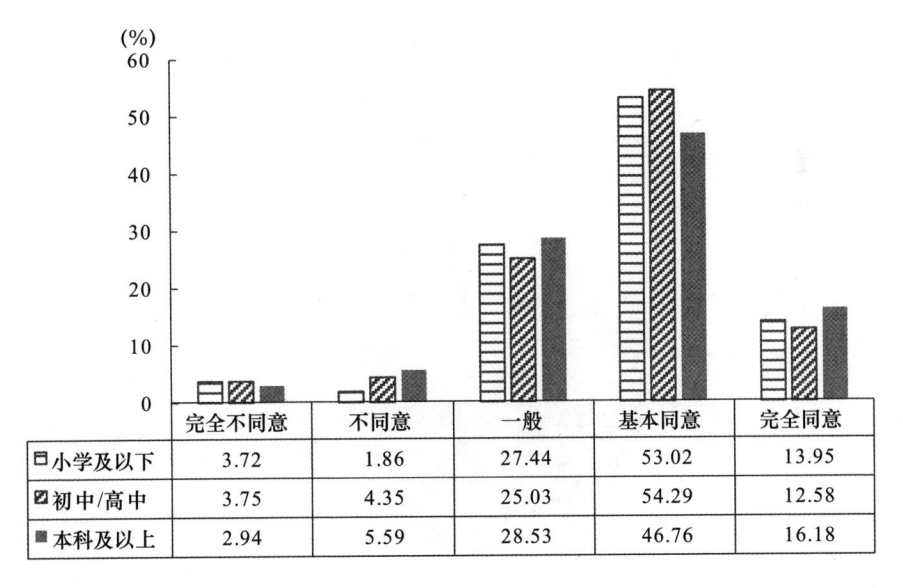

	完全不同意	不同意	一般	基本同意	完全同意
小学及以下	3.72	1.86	27.44	53.02	13.95
初中/高中	3.75	4.35	25.03	54.29	12.58
本科及以上	2.94	5.59	28.53	46.76	16.18

图2-35 按受教育程度划分的是否同意"喜欢本企业作息时间规定"（N=1382）

下面转向是否管理人员角度分析，对比图 2-36 与图 2-37 可知，对本企业作息时间规定的同意程度与是否管理人员差异不明显。合并"基本同意"与"完全同意"进行百分比统计可发现，管理人员合计比例（66.34%）与非管理人员（65.89%）合计占比基本一致。

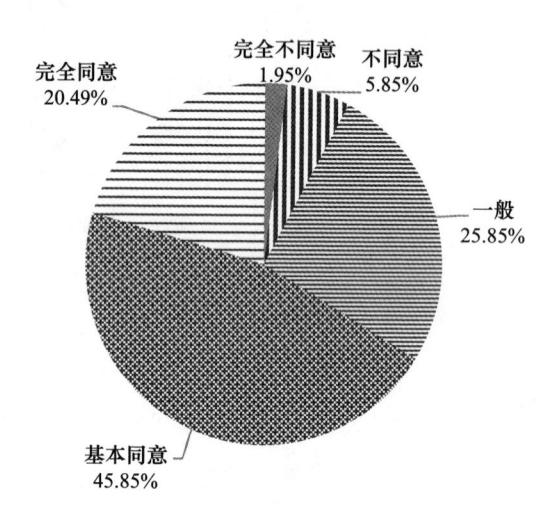

图 2-36 管理人员是否同意"喜欢本企业作息时间规定"（N=205）

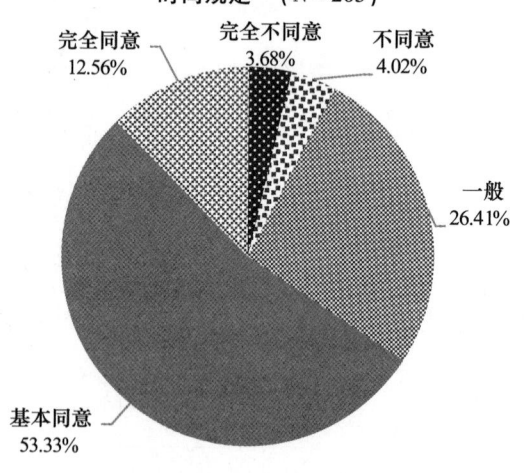

图 2-37 非管理人员是否同意"喜欢本企业作息时间规定"（N=1170）

最后，从进入中资企业时间进行分析，从表2-8中可知，不同进入中资企业时长的员工对于企业工作时间的喜欢程度差异不大。合并"完全同意""基本同意""一般"三项进行统计得到，进入企业一年及以下时长的员工合计百分比为93.77%，进入企业一年至三年时长的员工合计百分比为91.25%，进入企业三年及以上时长的员工合计百分比为92.74%，三者之间的差距约3个百分点。

表2-8　　按进入中资企业时间划分的是否同意"喜欢本企业作息时间规定"　　（单位:%）

进入中资企业时间	完全不同意	不同意	一般	基本同意	完全同意
一年及以下	2.44	3.79	26.02	59.35	8.4
一年至三年	4.93	3.82	27.5	47.06	16.69
三年以上	1.58	5.68	23.66	52.68	16.4

注：N=1315。

在对不同员工的"喜欢本企业作息时间规定"同意程度考察完之后，下面也将依次从性别、收入、受教育程度、是否管理人员、进入企业时长这五个角度对不同类型员工间对"中外员工晋升制度一致"同意程度的差异或一致情况进行考察。

首先，从性别角度出发，从图2-38易知，女性较男性对企业内的"中外员工晋升制度一致"同意程度更高。具体如下，合并"基本同意"与"完全同意"进行统计可发现，女性较男性合计比例高出11.50个百分点。与之相反，合并"不同意"和"完全不同意"两项可知，女性较男性所占比例低14.94个百分点。据此可认为，女性较男性对企业内的"中外员工晋升制度一致"有更高的同意度。

接下来，对不同收入水平员工进行考察，通过图2-39可了

中国与湄公河五国民心相通研究

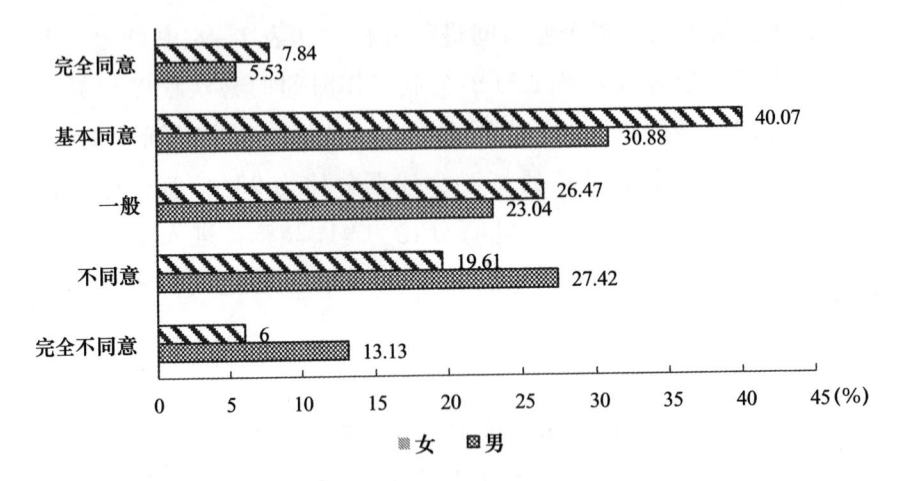

	女	男
完全同意	7.84	5.53
基本同意	40.07	30.88
一般	26.47	23.04
不同意	19.61	27.42
完全不同意	6	13.13

图 2-38　按性别划分的是否同意"中外员工晋升制度一致"（N=1250）

	完全不同意	不同意	一般	基本同意	完全同意
0—129美元	10.93	26.4	23.47	32.8	6.4
130—159美元	9.73	15.27	27.65	40.93	6.42
160美元及以上	5.01	24.56	25.31	36.59	8.52

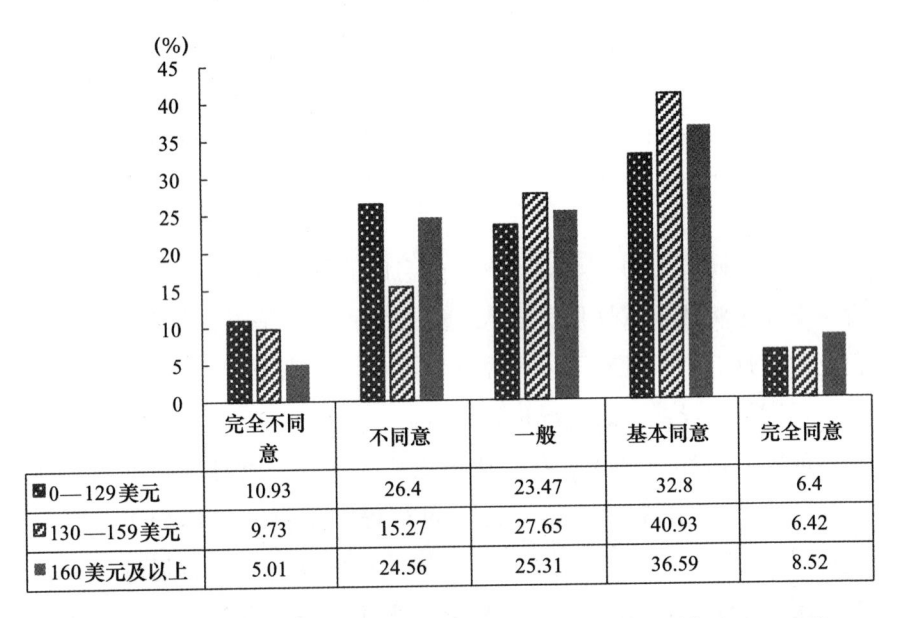

图 2-39　按收入划分的是否同意"中外员工晋升制度一致"（N=1226）

解到，不同收入水平员工对"中外员工晋升制度一致"的同意程度存在差异。具体来看，合并"基本同意"与"完全同意"进行百分比统计可发现，收入为130—159美元范围内员工所占比例

· 64 ·

（47.35%）最高，其次为收入在 160 美元及以上员工（45.11%），最低为收入在 129 美元及以下的员工（39.2%）。同时与之相反，合并"不同意"和"完全不同意"两项可知，收入为 130—159 美元范围内员工所占比例最低（25%），其次为收入在 160 美元及以上员工（29.57%），最高为收入在 129 美元及以下的员工（37.33%）。这表明员工对"中外员工晋升制度一致"的同意度上，160 美元收入及以上员工组低于 130—159 美元收入范围内员工；130—159 美元收入范围内员工组也高于收入为 129 美元及以下的员工组。

继续从受教育程度角度出发，可从图 2-40 发现，受教育程度越低，对"中外员工晋升制度一致"的同意程度越高。一方面，合并"完全同意""基本同意""一般"三个选项进行百分比统计可以看到，本科及以上受教育程度员工合计比例（58.52%）低出初中/高

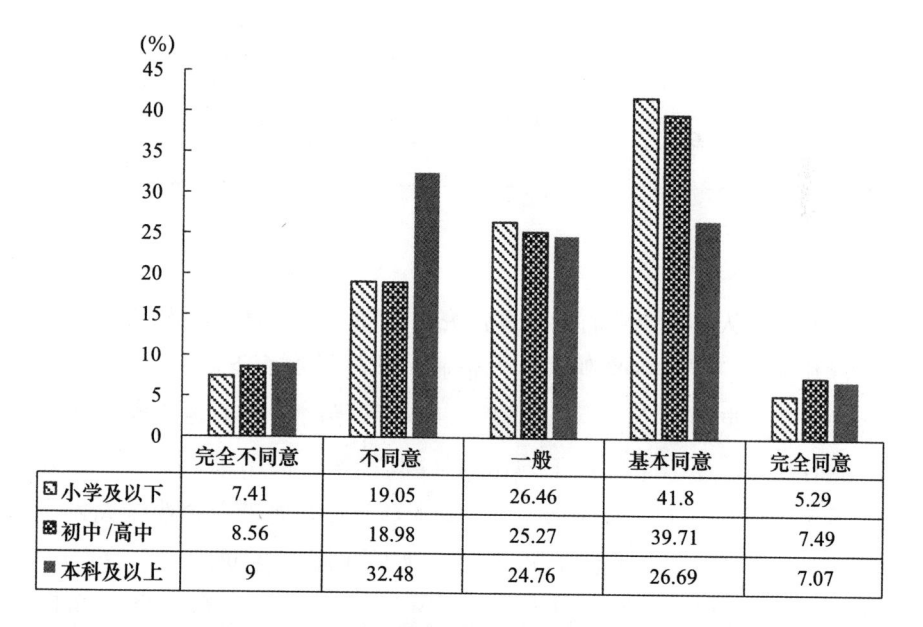

	完全不同意	不同意	一般	基本同意	完全同意
小学及以下	7.41	19.05	26.46	41.8	5.29
初中/高中	8.56	18.98	25.27	39.71	7.49
本科及以上	9	32.48	24.76	26.69	7.07

图 2-40　按受教育程度划分的是否同意"中外员工晋升制度一致"（N=1248）

中合计比例（72.47%）13.95个百分点，更低出小学及以下受教育程度员工合计比例（73.55%）15.03个百分点。另一方面，"不同意"的本科及以上受教育程度的员工比例高达32.48%，同时超出初中/高中员工占比（18.98%）和小学及以下员工占比（19.05%）约14个百分点。

再从是否管理人员角度考察（见表2-9），得到非管理人员较管理人员更同意企业"中外员工晋升制度一致"。详细而言，合并"基本同意"与"完全同意"进行百分比统计易知，非管理人员所占比例（44.81%）高出管理人员（38.86%）5.95个百分点。对此表示"一般"的非管理人员比例（26.5%）亦高出管理人员（19.17%）7.33个百分点。

表2-9　　　　　按是否管理人员划分的是否同意"中外员工晋升制度一致"　　　　（单位:%）

是否管理人员	完全不同意	不同意	一般	基本同意	完全同意
是	9.84	32.12	19.17	31.09	7.77
否	8.1	20.59	26.5	37.85	6.96

注：N=1242。

最后，从进入企业时长角度探究，据图2-41显示，对"中外员工晋升制度一致"评价随着进入企业时长的增加而下降。具体来看，合并"基本同意"与"完全同意"进行百分比统计不难发现，进入企业时长为一年以下的员工的比例（52.73%）高出进入企业时长为一年至三年的员工（43.01%）9.72个百分点，而进入企业时长为一年至三年的员工比例亦高出进入企业时间超三年员工（32.64%）10.37个百分点。

	完全不同意	不同意	一般	基本同意	完全同意
一年及以下	4.85	17.88	24.55	46.97	5.76
一年至三年	7.61	21.42	27.96	35.58	7.43
三年以上	14.43	30.93	21.99	23.71	8.93

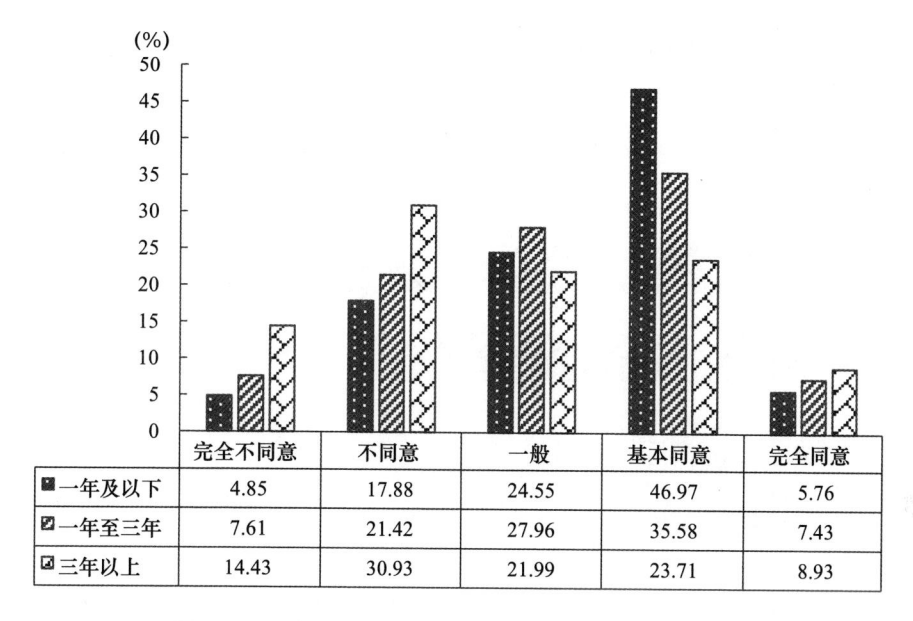

图 2-41 按进入中资企业时间划分的是否同意"中外员工晋升制度一致"（N=1186）

三 缅甸中资企业员工对中国影响力的评价

下面为缅甸中资企业员工对中国的情感性评价的最后部分。该部分主要对缅甸中资企业员工对中国影响力评价进行探究，并从两方面对员工眼中的中国影响力进行分析。先对中国对本国影响力大小评价进行考察，再对员工对中国影响的正面及负面评价情况进行探究。

在对不同类别员工对中国对本国影响力大小评价的情况进行描述前，先对员工对于"中国对本国影响力"大小的总体评价进行基本分析，然后再从性别、收入、受教育程度、是否管理人员、进入企业时长多角度对员工对此进行差异性分析。总体而言，员工对于"中国对本国影响力"大小评价较高。

首先，从性别角度分析，由图 2-42 可知，男性较女性员工认为中国对缅甸的影响力更高。若将认为中国对缅甸"有些影响"和"很大影响"合并划分为"有影响"组，可以发现，一方面，认为中国对缅甸

"有影响"的男性占比（91.4%）高出女性占比（85.18%）6.22个百分点，且其中认为中国对缅甸"很大影响"（54.42%）的男性员工占比超过50%，比女性缅甸中资企业员工（39.13%）高15.29个百分点。

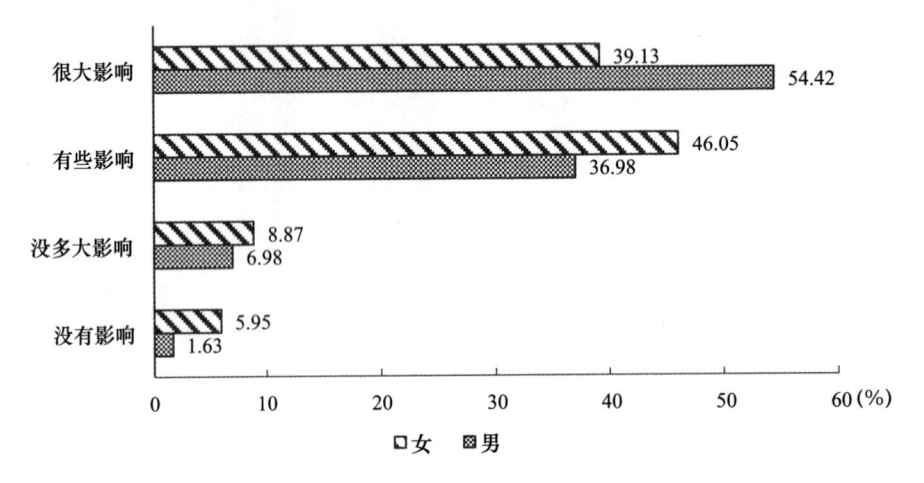

图 2-42 按性别划分的认为"中国对本国影响力"大小（N=1253）

再从收入方面考察，图2-43显示出员工对"中国对本国影响力"大小的评估呈现出"两头高，中间低"的特点。具体表现为，收入在129美元及以下的低收入员工与收入在160美元及以上的高收入员工对于中国对本国影响力大小评价都较高。其中，认为中国对本国具有"很大影响"的比例都接近一半。然而，130—159美元的中等收入组员工认为中国对缅甸有"很大影响"的占比不足四成（38.39%），明显低于低收入组（48.67%）和高收入组（47.31%）。

接着从受教育角度来看，由图2-44可知，员工对"中国对本国影响力"大小的评价随受教育程度的上升而提高。认为中国对本国"有些影响"和有"很大影响"在受教育程度为小学及以下的员工中的合计占比（79.56%）较初中/高中员工中合计占比（85.70%）低6.14个百分点，而初中/高中员工合计占比又比本科及以上员工合计占比（95.14%）低9.44个百分点。

第二章 中国与缅甸民心相通现状研究

(%)	没有影响	没多大影响	有些影响	很大影响
129美元及以下	2.39	7.71	41.22	48.67
130—159美元	7.16	9.54	44.9	38.39
160美元及以上	2.81	7.42	42.46	47.31

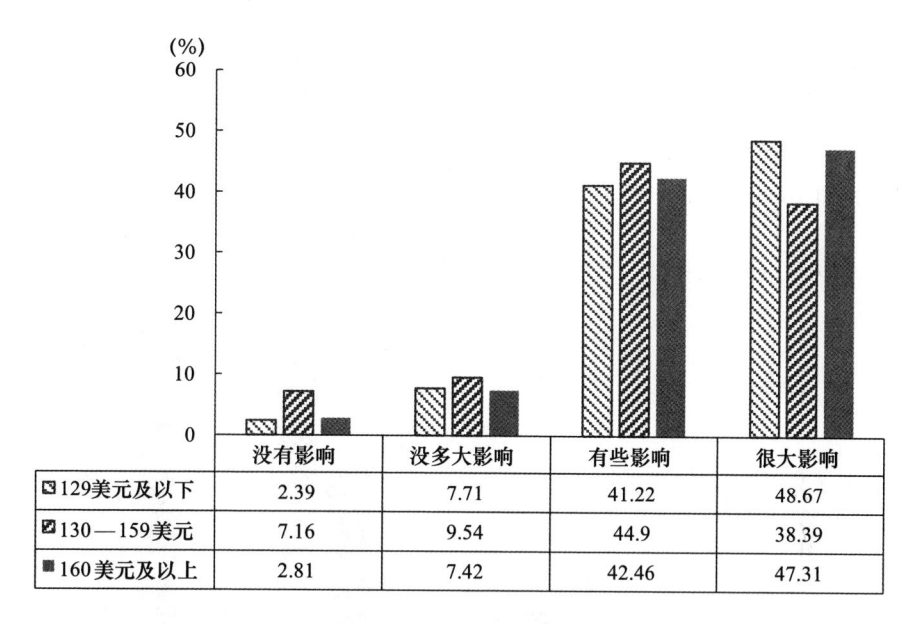

图2-43 按收入划分的认为"中国对本国影响力"大小（N=1228）

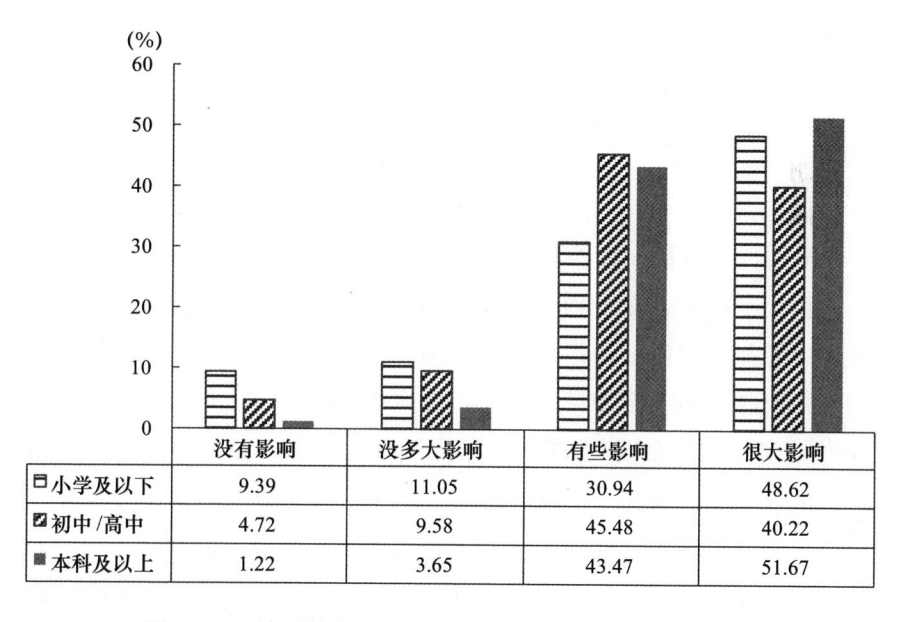

(%)	没有影响	没多大影响	有些影响	很大影响
小学及以下	9.39	11.05	30.94	48.62
初中/高中	4.72	9.58	45.48	40.22
本科及以上	1.22	3.65	43.47	51.67

图2-44 按受教育程度划分的认为"中国对本国影响力"大小（N=1251）

接下来，从是否管理人员角度分析，由图2-45可发现，管理人员对"中国对本国影响力"的评价高于非管理人员。具体来看，合并"有些影响"、"很大影响"两项统计可知，管理人员合计比例（93.15%）较非管理人员（86.29%）高出6.86个百分点。

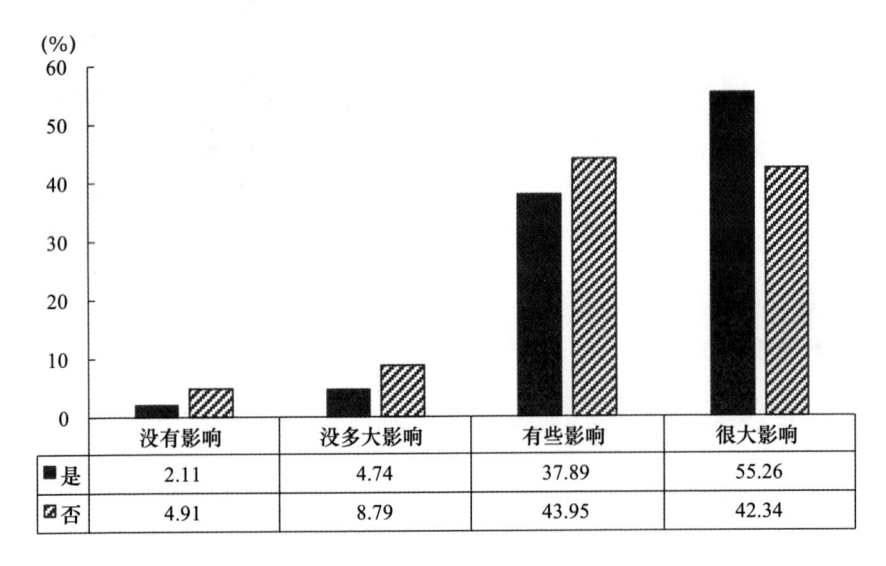

	没有影响	没多大影响	有些影响	很大影响
是	2.11	4.74	37.89	55.26
否	4.91	8.79	43.95	42.34

图2-45 按是否管理人员划分的认为"中国对本国影响力"大小（N=1248）

最后，进行员工进入企业时长的差异性考察，图2-46显示，总体而言，不同进入企业时长的员工在"中国对本国影响力"大小评价上差异并不明显。合并"有些影响"和"很大影响"两项可发现，进入企业时间超三年的员工合计比例（90.33%）仅高出进入企业时长为一年及以下的员工的合计比例（88.92%）1.41个百分点。同时，进入企业时长为一年以下的员工合计比例亦与进入企业时长为一年至三年员工比例（84.6%）相差仅约5个百分点。

下面部分将对员工的"中国对本国影响力"评价进行分析（见表2-10）。整体而言，"中国对本国影响力"评价更倾向于正面。具体情况如下，1236个样本中认为中国对本国影响"非常正面""正

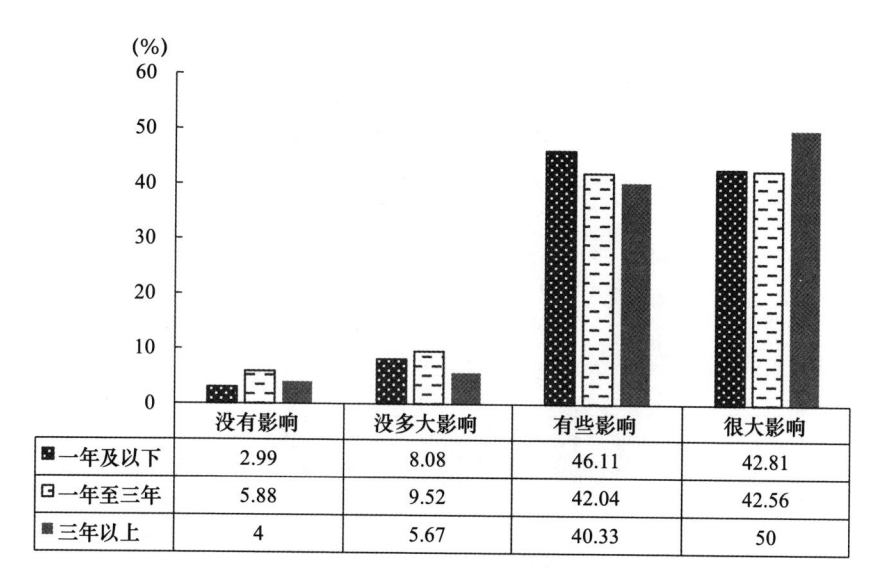

第二章 中国与缅甸民心相通现状研究

	没有影响	没多大影响	有些影响	很大影响
一年及以下	2.99	8.08	46.11	42.81
一年至三年	5.88	9.52	42.04	42.56
三年以上	4	5.67	40.33	50

图 2-46 按进入中资企业时间划分的认为"中国对本国影响力"大小（N=1212）

面"或"相对正面"的员工累计达 934 个样本，合计占比约 3/4（75.57%）。除此以外，认为中国对本国影响"非常负面"的样本量不足 100 个（95 个），占比也不足一成（7.64%）。

表 2-10　中资企业员工对"中国对本国影响力"评价分布　（单位：个，%）

	非常负面	相对负面	相对正面	正面	非常正面	总计
样本量	95	208	569	296	69	1236
频率	7.64	16.84	45.98	23.93	5.61	100

注：N=1236。

后文从性别、族群、收入、受教育程度、进入企业时长五个方面对员工对于"中国对本国影响力"评价进行差异性分析。对比图 2-47 与图 2-48 可见，在 427 名男性受访员工中，超七成（70.5%）认为

· 71 ·

中国与湄公河五国民心相通研究

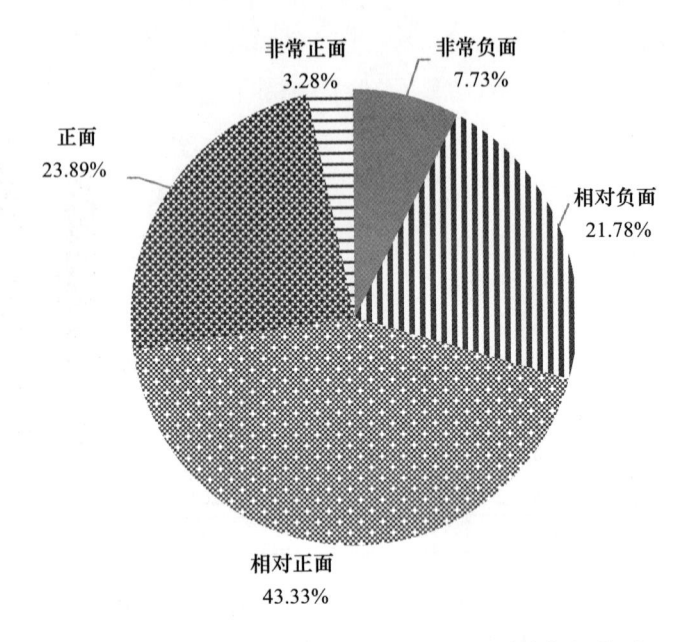

图2-47 男性中资企业员工对"中国对本国影响力"评价（N=427）

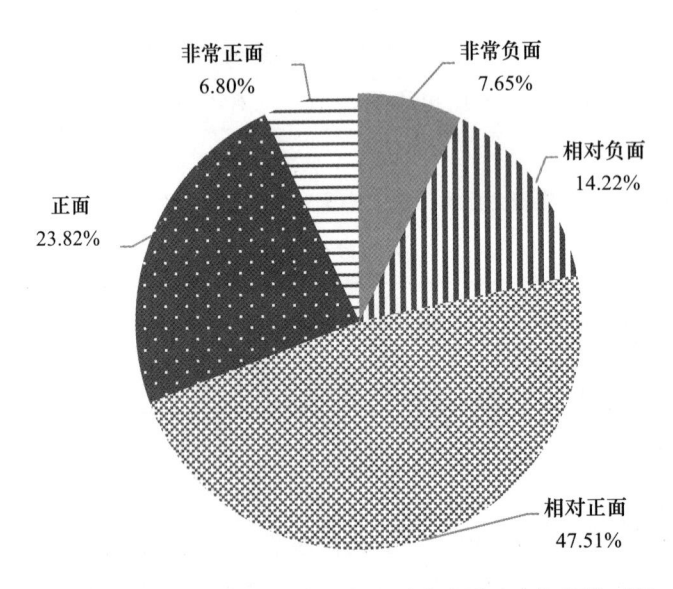

- 非常正面 3.28%
- 非常负面 7.73%
- 正面 23.89%
- 相对负面 21.78%
- 相对正面 43.33%

图2-48 女性中资企业员工对"中国对本国影响力"评价（N=823）

- 非常正面 6.80%
- 非常负面 7.65%
- 正面 23.82%
- 相对负面 14.22%
- 相对正面 47.51%

中国对缅甸带来了"非常正面""正面""相对正面"的影响。823名女性员工中认为中国对缅甸影响"非常正面""正面""相对正面"的合计比例（78.13%）比男性高出 7.63 个百分点。同时，认为中国对缅甸影响"相对负面"的男性比例（21.78%）较女性（14.22%）高出 7.56 个百分点。综上可认为，相比而言女性较男性对中国影响力的评价更高。

接下来，从族群角度进行考察。由表 2-11 的统计数据可以看到，缅族对于"中国对本国影响力"评价低于（45.89%）低出其他族群（50.56%）近 5 个百分点。其次，缅族认为中国对缅甸影响为"非常负面"百分比（7.78%）也稍高于其他族群（4.49%）。同时，缅族认为中国对缅甸影响为"相对负面"比重（16.94%）亦稍多于其他族群（14.61%）。而在对中国影响力的"正面"或"非常正面"评价方面，缅族与其他族群结果较为一致。这表明其他族群对"中国对缅甸影响力"评价略高于缅族。

表 2-11　　　按族群划分的对"中国对本国影响力"评价　　　（单位:%）

族群	非常负面	相对负面	相对正面	正面	非常正面
缅族	7.78	16.94	45.89	23.85	5.53
其他	4.49	14.61	50.56	23.6	6.74

注：N=1246。

继续对不同收入员工群体分析，据图 2-49 可知，合并"相对正面""正面""非常正面"三个选项可发现，收入在 160 美元及以上的高收入员工合计比例（80.65%）较另外两组员工高出近 7 个百分点，而 129 美元及以下的收入员工占比（73.41%）与 130—159 美元范围内收入员工占比（73.04%）基本保持一致。

进一步从受教育程度进行分析，图 2-50 显示，认为中国对缅甸的影响"相对正面"在不同受教育程度中的占比都最高，且随受

	非常负面	相对负面	相对正面	正面	非常正面
129美元及以下	6.93	19.67	42.38	25.21	5.82
130—159美元	10	16.96	44.78	23.04	5.22
160美元及以上	5.46	13.9	50.37	24.32	5.96

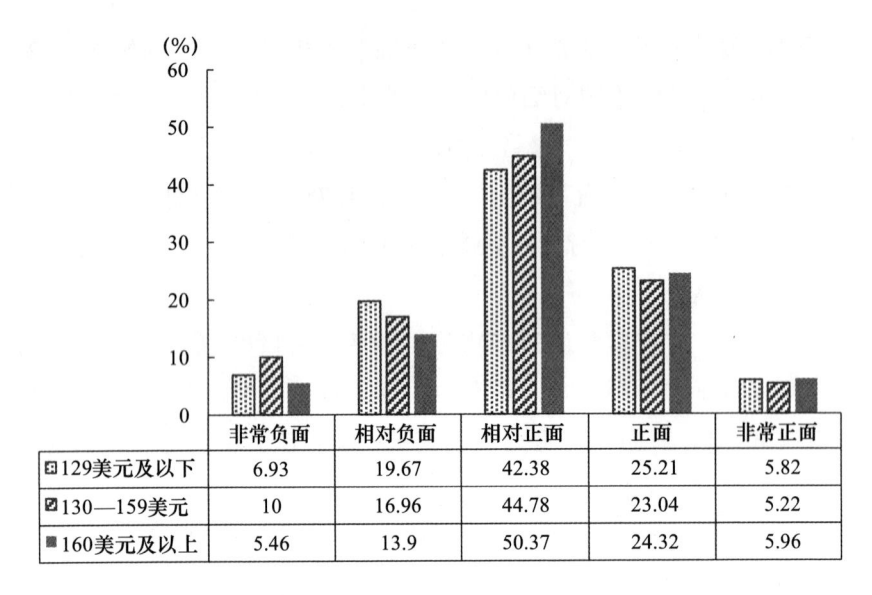

图 2-49 按收入划分的对"中国对本国影响力"评价（N=1224）

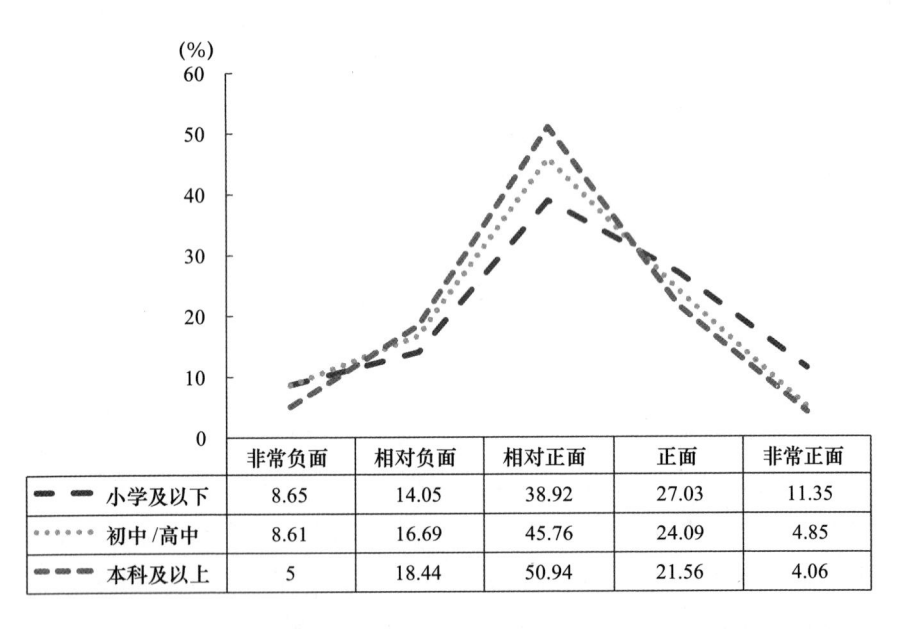

	非常负面	相对负面	相对正面	正面	非常正面
小学及以下	8.65	14.05	38.92	27.03	11.35
初中/高中	8.61	16.69	45.76	24.09	4.85
本科及以上	5	18.44	50.94	21.56	4.06

图 2-50 按受教育程度划分的对"中国对本国影响力"评价（N=1248）

教育程度的上升比例逐渐由近四成（38.92%）增加到超五成（50.94%）。值得注意的是，合计"正面"和"非常正面"可知，合计比例随受教育程度的上升而下降。具体数据表现为，受教育程度为小学及以下员工中的占比为38.38%，在受过初中或高中教育员工中占比为28.94%，在受过本科及以上教育员工中占比为25.62%。

最后，对进入企业不同时长的员工进行分析，由图2-51可发现，合并"正面"、"非常正面"两项后，进入企业时长为一年以下的员工的合计比例（33.33%）较进入企业时长为一年至三年员工（29.99%）高出3.34个百分点，较进入企业时间超三年的员工合计比（25.51%）高出7.82个百分点。据此可知，对"中国对本国影响力"评价从高到低依次为：进入企业时长为一年至三年员工、进入企业时长为一年以下员工、进入企业时间超三年员工。

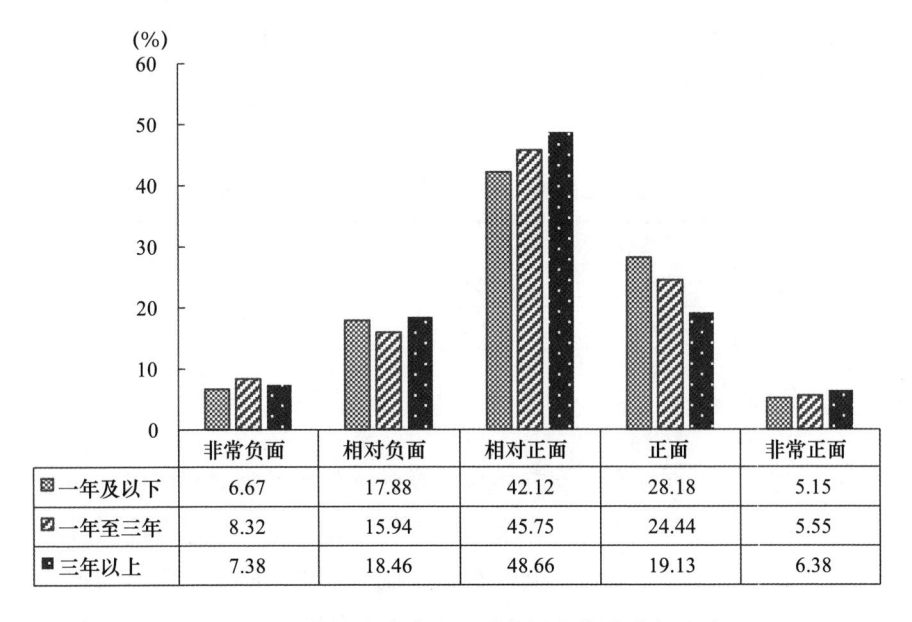

	非常负面	相对负面	相对正面	正面	非常正面
一年及以下	6.67	17.88	42.12	28.18	5.15
一年至三年	8.32	15.94	45.75	24.44	5.55
三年以上	7.38	18.46	48.66	19.13	6.38

图2-51 按进入中资企业时间划分的对"中国对本国影响力"评价（N=1205）

第三节 缅甸中资企业员工的行为倾向

一 缅甸中资企业员工企业内拥有的中国朋友状况

本节将依次从缅甸中资企业员工在本企业内拥有的中国朋友数量及缅甸中资企业员工对中国的文化产品的消费行为两部分进行分析。

拥有的中国朋友数量能够充分体现缅甸中资企业员工与中国人的交往状况。首先,可对员工在企业内拥有的中国朋友数量的总体水平进行了解。由表2-12可知,总体而言,缅甸员工在企业内的中国朋友数量较少。一方面,1347个样本中有近千名员工(924人)表示在企业内部一个中国朋友也没有(68.60%)。另一方面,仅有近三百名员工(299人)表示拥有1—5个企业内部中国朋友(22.2%)。但表示在本企业拥有6个及以上中国朋友的员工不足十分之一(9.21%)。除此以外,表示在企业内拥有1个及以上的中国朋友数量的占比仅31.41%。

表2-12　　员工在本企业拥有的中国朋友数量及频率分布　　(单位:%)

	一个也没有	1—5个	6个及以上	合计
样本量	924	299	124	1347
频率	68.6	22.2	9.21	100

注:N=1347。

下面将对不同性别、族群、收入等群体在本企业拥有的中国朋友数量进行交叉分析。首先,从性别来看(见图2-52),男性拥有中国朋友数量明显多于女性。女性在本企业一个中国朋友也没有的占比接近四分之三(74.83%),明显高于男性占比(56.29%)。除此以外,在本企业拥有的中国朋友数量达6个及以上的女性占比(6.26%)也较男性占比(15.01%)少8.75个百分点。

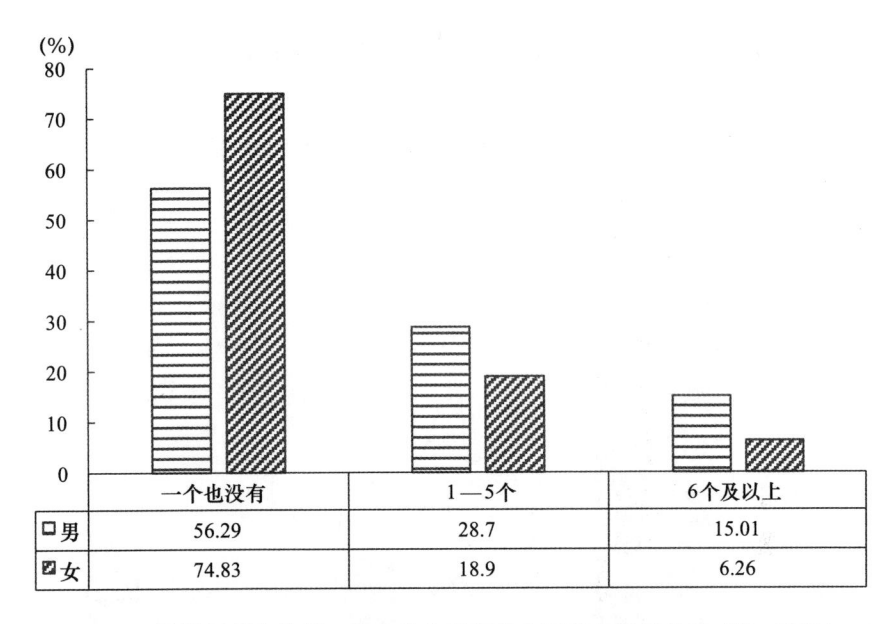

(%)	一个也没有	1—5个	6个及以上
男	56.29	28.7	15.01
女	74.83	18.9	6.26

图 2-52 按性别划分的员工在企业内拥有的中国朋友数量差异（N=1347）

再从族群来看（见图 2-53），缅族员工在本企业拥有的中国朋友数量较其他族群更少。首先表现为一个也没有的缅族员工占比（69.54%）比其他族群占比（58.82%）高出 10.72 个百分点。其次，员工在本企业拥有的中国朋友数量在 1—5 个朋友的其他族群占比近四分之一（25.49%）超缅族（21.84%）3.65 个百分点。最后，拥有 6 个及以上朋友数量的缅族占比（8.62%）也明显少于其他族群（15.69%）。

接着，从收入来看（见图 2-54），不同收入员工在企业内拥有的中国朋友数量存在一定差异。首先，一个中国朋友也没有在收入为 130—159 美元员工占比（74.75%）最高，高出收入在 129 美元及以下员工占比（68.06%）6.69 个百分点，更高出收入在 160 美元及以上员工占比（63.51%）11.24 个百分点。其次，拥有 1—5 个中国朋友在收入 129 美元及以下的员工中占比（24.57%）最高，其较收入在 130—159 美元范围内的员工占比（18.94%）高出 5.63 个百分点，但却与收入在 160 美元及以上的员工占比（23.93%）相差不足 1 个百分点。最后，拥有6个及以上中国朋友，160美元及以上收入的员工占比（12.56%）最高，分别高出收入在129美元及以下员工（7.37%）和130—159美元员工（6.31%）5.19个百分点和6.25个百分点。

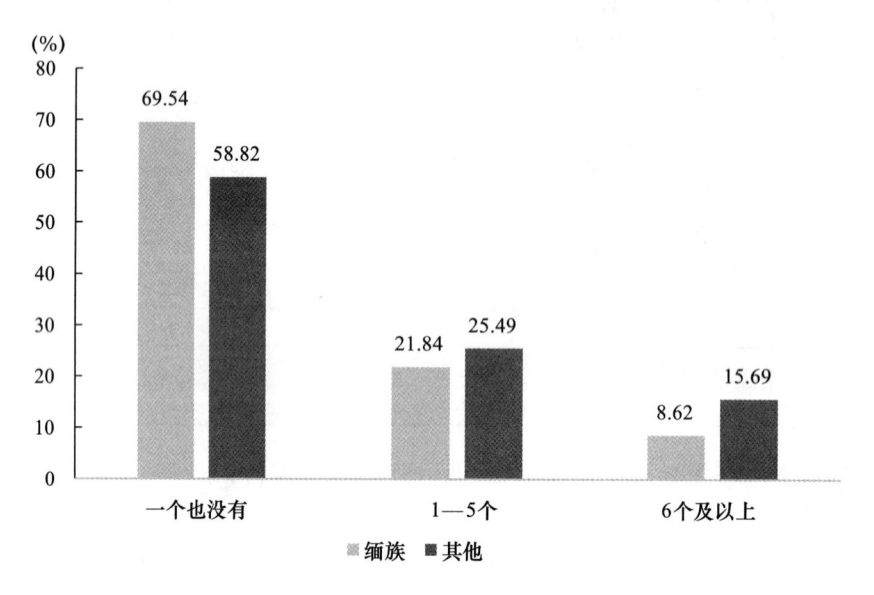

图 2-53 按族群划分的员工在企业内拥有的中国朋友数量差异（N=1343）

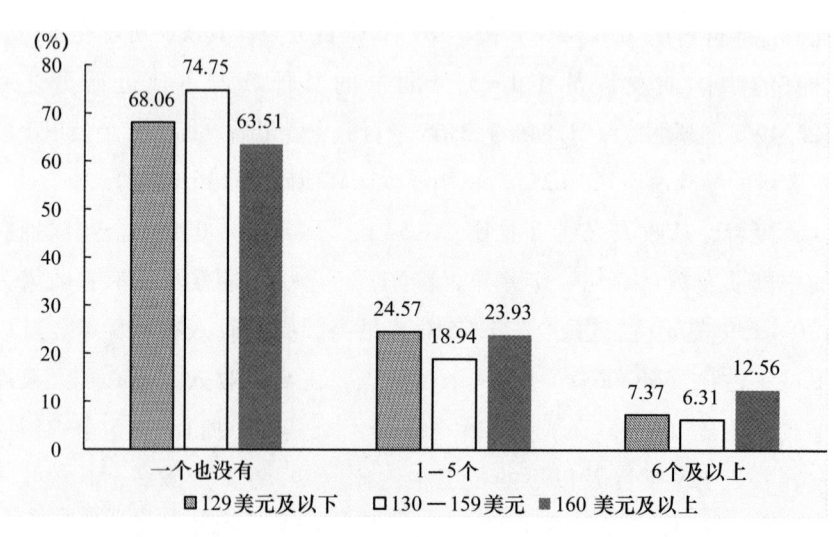

图 2-54 按收入划分的员工在企业内拥有的中国朋友数量差异（N=1320）

进一步从受教育程度来看（见图2-55），首先，在本企业内拥有中国朋友的员工在受教育程度为本科及以上的占比（59.88%）最高，是受教育程度为初中/高中组（22.94%）和小学及以下组有中国朋友的占比（19.16%）的约两倍。其次，受教育程度为本科及以上的员工在本企业内拥有1—5个朋友占比（24.3%）远高于受教育程度为初中/高中（17.96%）和小学及以下员工占比（4.67%）。最后，受教育程度为本科及以上的员工在本企业内拥有6个及以上朋友占比（23.71%）同样也远高于受教育程度为初中/高中（4.99%）和小学员工占比（2.8%）。

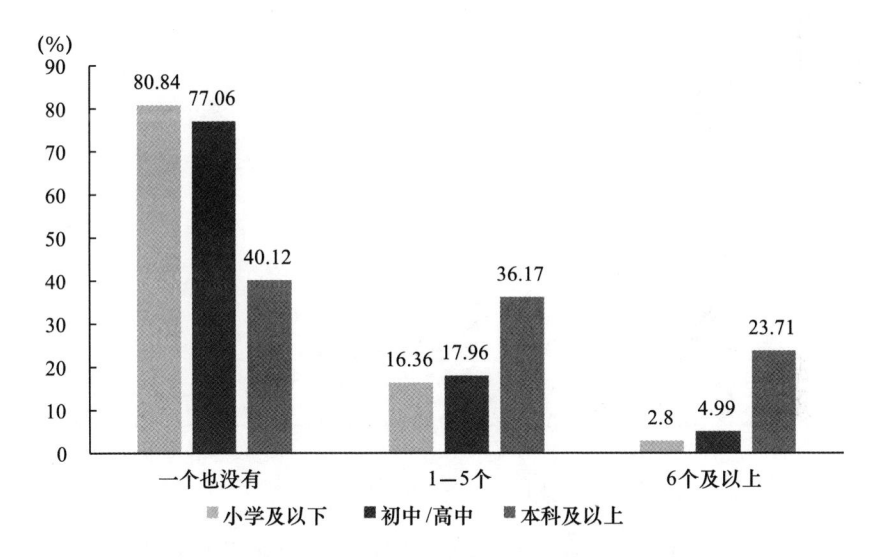

图2-55 按受教育程度划分的员工在企业内拥有的
中国朋友数量差异（N=1345）

接着从进入企业时长来看（见图2-56），首先，在本企业内拥有中国朋友，进入企业时间超三年员工占比（47.92%）最高，约为进入企业时长为一年至三年的员工占比（24.72%）的2倍；同时超出进入企业时长为一年以下的员工（26.7%）近两成。其次，进入企业时间超三年的员工在本企业内拥有1—5个朋友占比（30.35%）高出进入企业时长为一年至三年（18.21%）和一年及以下员工占比（20.44%）分别多12.14个百分点和9.91个百分点。进入企业时间超三年的员工在本企业内拥有6个及以上朋友占比（17.57%）同样也高出进入企业时长为一年至三年（6.5%）和一年及以下员工占比（6.27%）近一成。由此可知，进入企业时间超三年的员工拥有的中国朋友数量情况好于进入企业三年以下员工，而进入企业一年至三年与进入企业一年及以下时间员工的中国朋友数量相差不大。

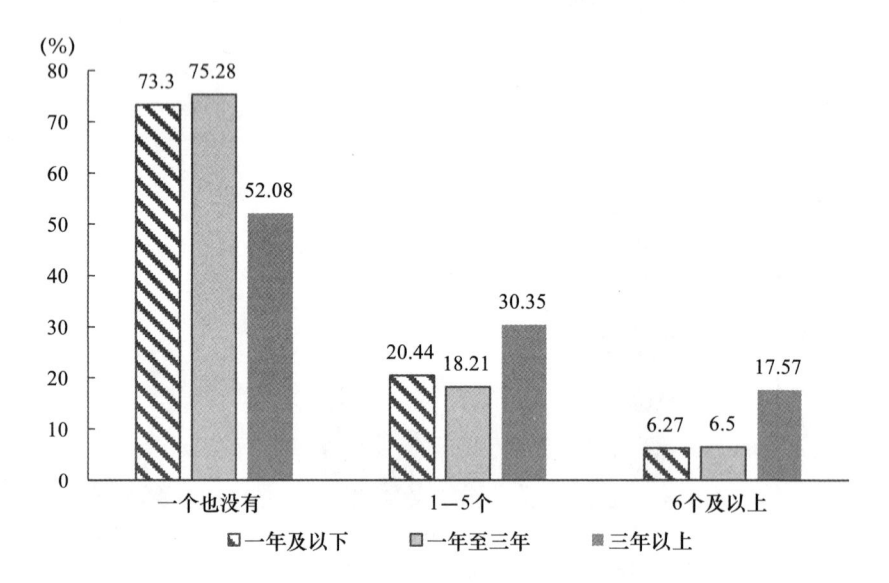

图2-56 按进入中资企业时间划分的员工在企业内拥有的中国朋友数量差异（N=1295）

最后从是否管理人员来看（见图2-57），管理人员在企业内拥有的中国朋友数量多于非管理人员。在企业内拥有1—5个朋友的管理人员占比（37.5%）多于非管理人员占比（19.61%）17.89个百分点。除此以外，在企业内拥有6个及以上朋友的管理人员占比（26%）是非管理人员占比（6.3%）的4.12倍。

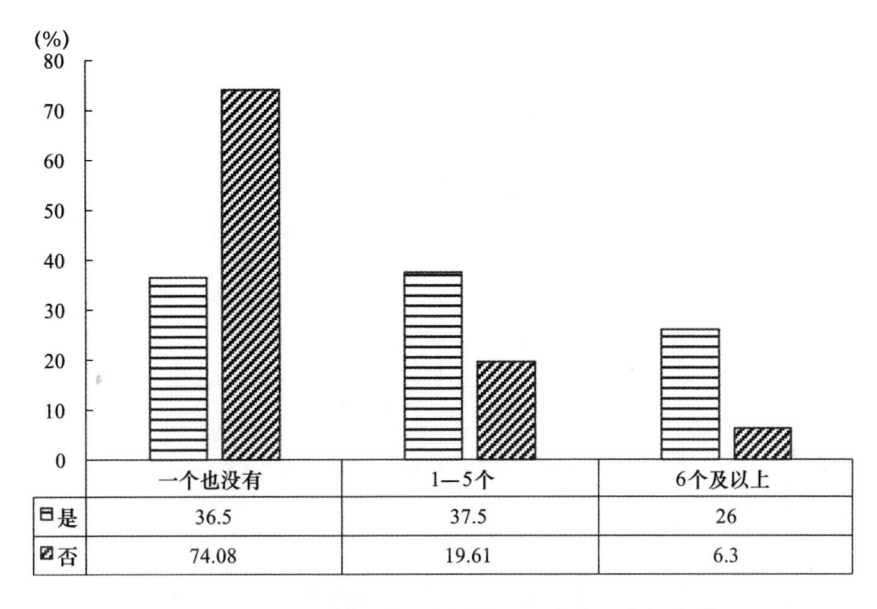

	一个也没有	1—5个	6个及以上
是	36.5	37.5	26
否	74.08	19.61	6.3

图 2-57 按是否管理人员划分的员工在企业内拥有的中国朋友数量差异（N=1342）

二 缅甸中资企业员工对各国文化产品的消费行为

1. 缅甸中资企业员工对不同国家音乐喜爱程度

通过对员工对不同国家音乐喜爱程度差异分析，可直接反映员工对于华语音乐的喜爱程度。从表 2-13 不难发现，多数员工对各国的音乐喜爱程度以"喜欢""一般""不喜欢"为主，这三类占比合计各国音乐皆超过八成以上。而两端比例则较少，即表示"非常喜欢"或"非常不喜欢"都不超过两成。但与其他四个国家日本、韩国、印度、美国音乐相比，员工对华语音乐的喜爱程度显然更高。第一，员工表示对华语音乐"非常喜欢"的占比（6.63%）高于其他四国音乐。第二，表示"非常不喜欢"的比例在华语中比例不足十分之一（9.18%），低于除韩国音乐（9.01%）以外的其他国家音乐。第三，表示"不喜欢"的比例也最低（33.14%），且低出日本音乐

(61.33%）近一半。第四，若将"非常喜欢""喜欢""一般"合并，可以发现华语所占比例（57.68%）超过包括韩国音乐（54.87%）在内的其他四国音乐。

表2-13　　员工对不同国家音乐喜爱程度的频率分布　　（单位:%）

	非常喜欢	喜欢	一般	不喜欢	非常不喜欢
中国	6.63	25.27	25.78	33.14	9.18
日本	0.89	6.89	13.48	61.33	17.41
韩国	4.36	30.09	20.42	36.12	9.01
印度	2.04	18.38	15.03	51.79	12.76
美国	5.56	29.5	15.45	38.51	10.98

注：N=1390。

接下来，将从性别、受教育程度、收入角度对不同员工对华语音乐的喜爱程度进行分析。首先，从性别角度来看（见图2-58），总体而言男性较女性对华语音乐的喜爱程度略高。一方面，对华语音乐表示"喜欢"及"非常喜欢"的男性合计比例（36.56%）较女性（29.52）高出7.04个百分点。另一方面，对华语音乐的喜爱程度表示"一般"的男性比例（24.95%）也低于女性（26.21%）。此外，对华语音乐的喜爱程度表示"不喜欢"的男性比例（30.75%）低出女性（34.36%）3.61个百分点。除此以外，对华语音乐的喜爱程度表示"非常不喜欢"的男性比例（7.74%）亦同样略低出女性（9.91%）2.17个百分点。

再次从受教育程度来看（见图2-59），第一，合并"非常喜欢"和"喜欢"两项后，本科及以上受教育程度员工两项合计所占比例（45.4%）高于初中/高中员工（29.04%）。同时，初中/高中员工比例高于小学及以下员工比例（21.33%）。第二，合并"非常不喜欢"和"不喜欢"两项后，初中/高中员工合计比例（45.69%）是本科及以上受教育程度员工（22.85%）的两倍。而小学及以下员工合计

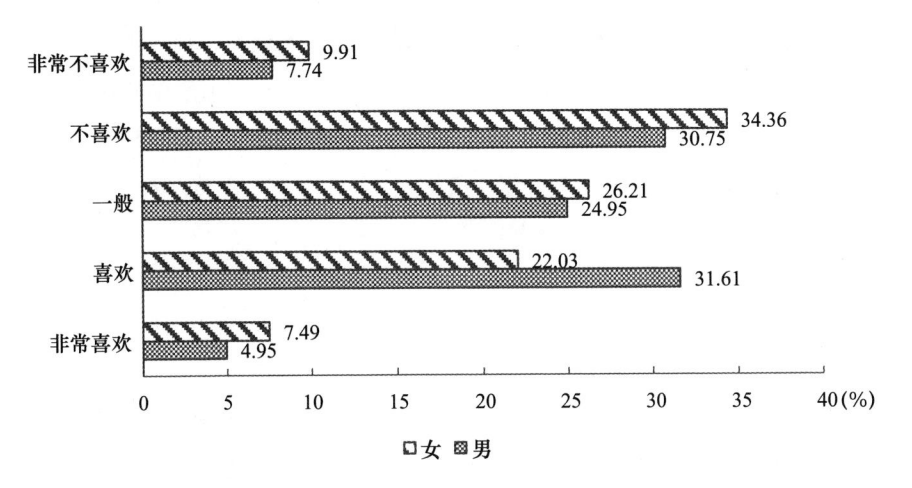

第二章 中国与缅甸民心相通现状研究

图 2-58 按性别划分的员工对华语音乐喜爱程度差异（N=1373）

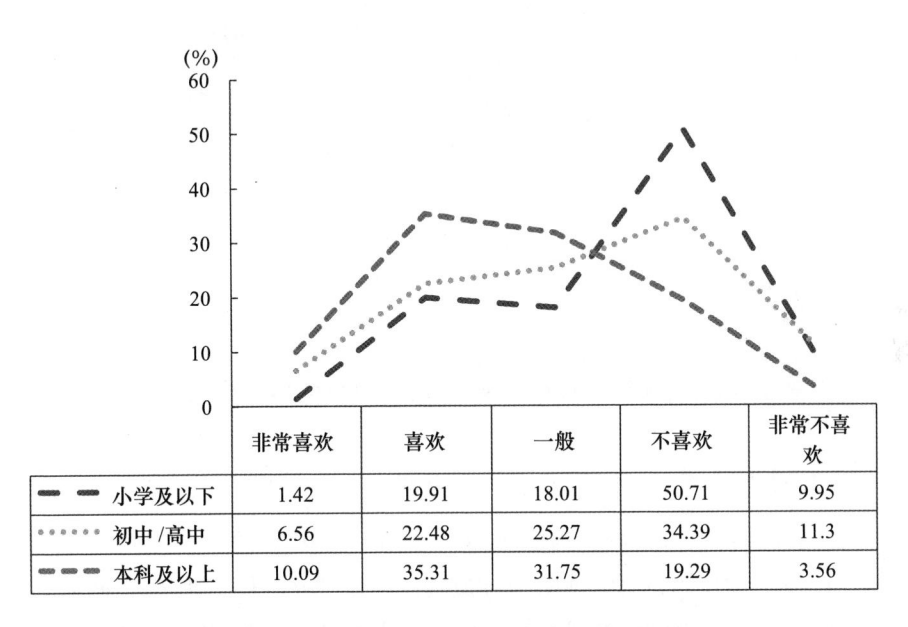

	非常喜欢	喜欢	一般	不喜欢	非常不喜欢
小学及以下	1.42	19.91	18.01	50.71	9.95
初中/高中	6.56	22.48	25.27	34.39	11.3
本科及以上	10.09	35.31	31.75	19.29	3.56

图 2-59 按受教育程度划分的员工对华语音乐喜爱程度差异（N=1373）

占比（60.66%）超本科及以上受教育程度员工合计占比 37.81 个百分点。由此可见，相对而言本科及以上受教育程度的员工更喜爱华语音乐。

最后从收入角度分析，由图2-60易知，收入越高，员工对华语音乐的喜爱程度越高。具体表现为，收入在130—159美元范围内的员工对华语音乐表示"非常喜欢"或"喜欢"的合计占比（32.59%）高于收入为129美元及以下员工合计占比（25.93%），低于收入在160美元及以上的员工占比（33.53%）。

	非常喜欢	喜欢	一般	不喜欢	非常不喜欢
129美元及以下	7.41	18.52	24.87	36.51	12.7
130—159美元	6.71	25.88	25.29	32.71	9.41
160美元及以上	5.99	27.54	27.54	32.34	6.59

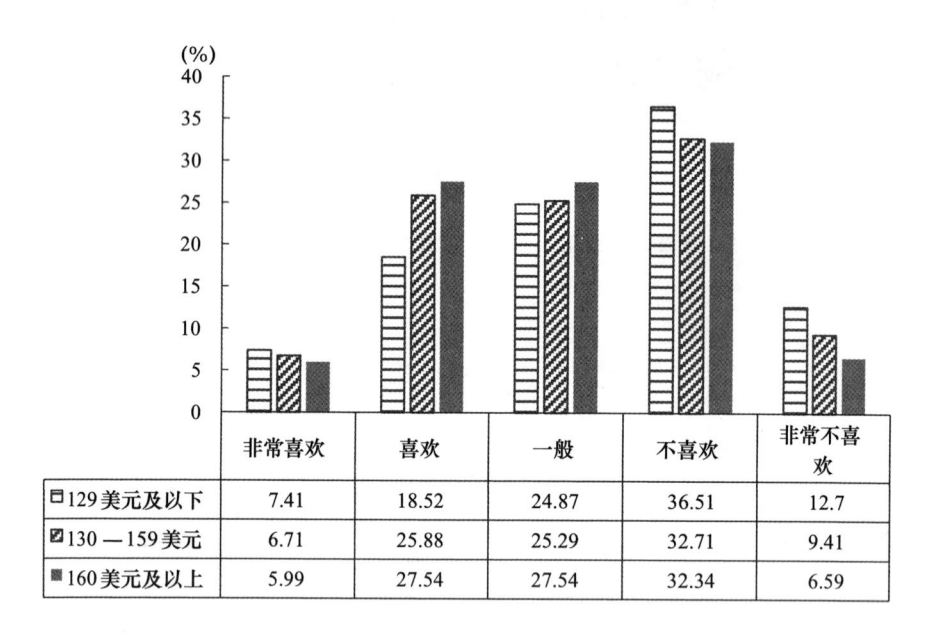

图2-60 按收入划分的员工对华语音乐喜爱程度差异（N=1346）

2. 缅甸中资企业员工观看华语电影/电视剧的频率

通过对比员工观看不同国家的电影/电视剧的频率差异分析，可凸显员工对于华语电影/电视剧的喜爱程度。从表2-14中可见，员工观看华语电影/电视剧的频率更高。首先，表示"有时"观看的员工占比最高，其他各国电影/电视剧均保持在近四成至五成范围之间。华语电影/电视剧在该选项占比最高（55.31%），超日本电影/电视剧占比（36.50%）18.81个百分点。其次，合并"经常"观看和"很频繁"观看两类占比可以发现，除日本占比（6.73%）非常低以外，员工观看其他国家的电影/电视剧水平差异并不明显，按比例由高到低依次为：韩国（25.45%）、印度（24.16%）、中国（24.00%）、美国（19.61%）。

表2-14　　员工观看不同国家的电影/电视剧的频率分布　　（单位:%）

	很频繁	经常	有时	很少	从不
中国	10.00	14.00	55.31	6.00	14.58
日本	1.59	5.14	36.50	12.67	44.10
韩国	12.40	13.05	40.3	8.29	25.96
印度	10.16	14.00	44.24	6.92	25.07
美国	6.92	12.69	38.64	6.63	35.00

注：N=1390。

首先从性别角度进行考量，由图2-61可知，一方面，在表示"有时"观看华语电影/电视剧方面，男性（55.25%）和女性选择比例（55.34%）基本吻合。另一方面，合并"很频繁"观看和"经常"观看两项进行统计可发现，男性合计比例（27.41%）较女性（22.44%）高出4.97个百分点。由此可知，男女之间在观看华语电影/电视剧的频率方面差异不大，男性略高于女性。

接着，从收入角度考量，由图2-62可发现，一方面，在表示"有时"观看华语电影/电视剧方面，各收入阶段的员工的观看频率水平基本保持一致，皆超过半数。另一方面，合并"很频繁"观看和"经常"观看两项进行统计可知，收入在160美元及以上的员工合计占比（26.56%）较收入在129美元及以下的员工占比（24.29%）高出2.27个百分点，而收入在129美元及以下的员工占比亦比收入在130—159美元范围内的员工占比（21.98%）高出2.31个百分点。综上可发现，在观看华语电影/电视剧的频率方面，收入在160美元及以上的员工观看频率最高，其次为收入在129美元及以下的员工，最后为收入在130—159美元范围内的员工。

中国与湄公河五国民心相通研究

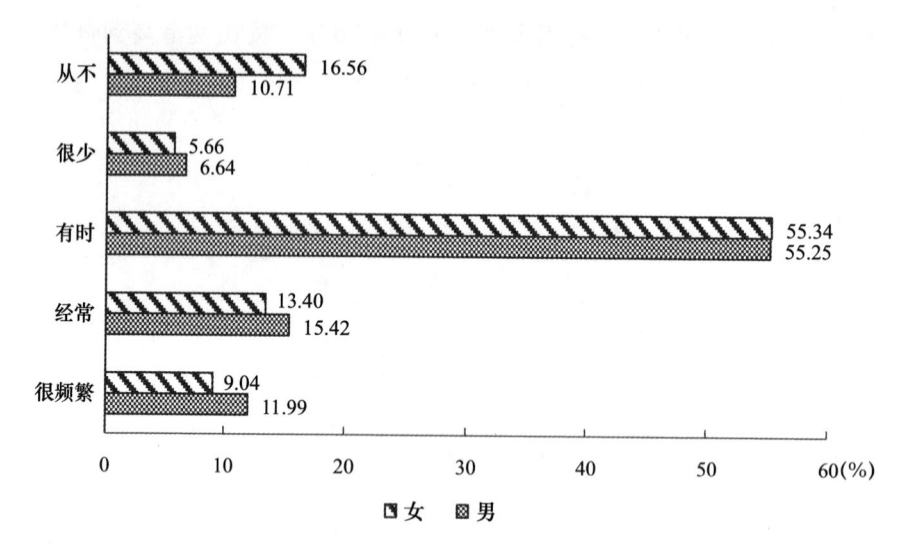

图 2-61 按性别划分的员工观看华语电影/电视剧程度差异（N=1385）

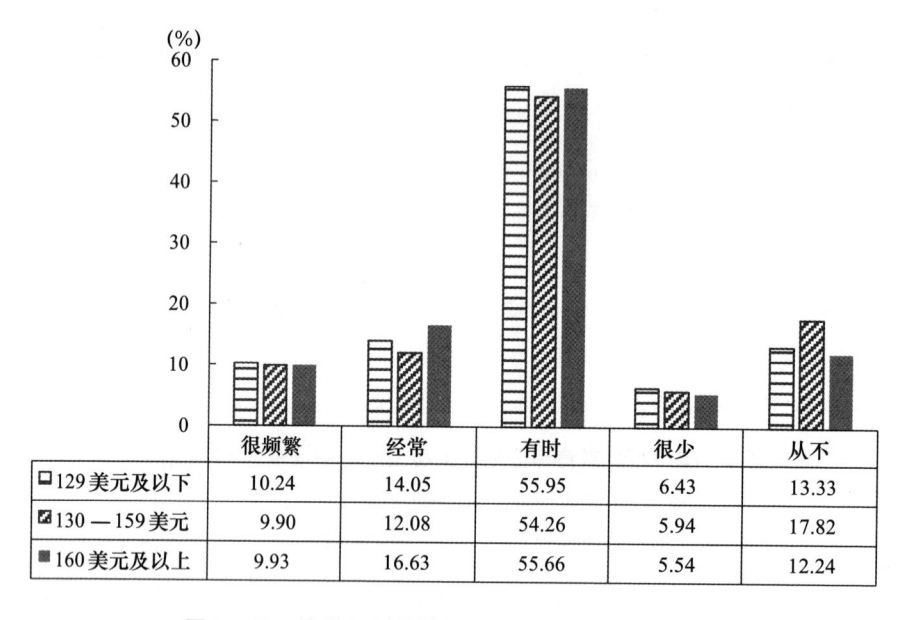

图 2-62 按收入划分的员工观看华语电影/电视剧程度差异（N=1358）

	很频繁	经常	有时	很少	从不
129美元及以下	10.24	14.05	55.95	6.43	13.33
130—159美元	9.90	12.08	54.26	5.94	17.82
160美元及以上	9.93	16.63	55.66	5.54	12.24

最后对不同受教育程度进行分析可知（见图2-63），受教育程度为本科及以上的员工观看频率最高，其次为初中/高中受教育程度的员工，最后为小学及以下受教育程度的员工。在表示"有时"观看华语电影/电视剧方面，初中/高中受教育程度的员工占比最高，占比接近六成（58.33%）；第二为本科及以上受教育程度的员工，其占比（53.85%）高出小学及以下受教育程度的员工占比（46.08%）7.77个百分点。此外，合并"很频繁"观看和"经常"观看两项进行统计易发现，受教育程度在本科及以上员工的合计占比（30.47%）较受教育程度为初中/高中的员工占比（23.07%）高出7.4个百分点，比受教育程度为小学及以下的员工占比（17.97%）高出12.50个百分点。

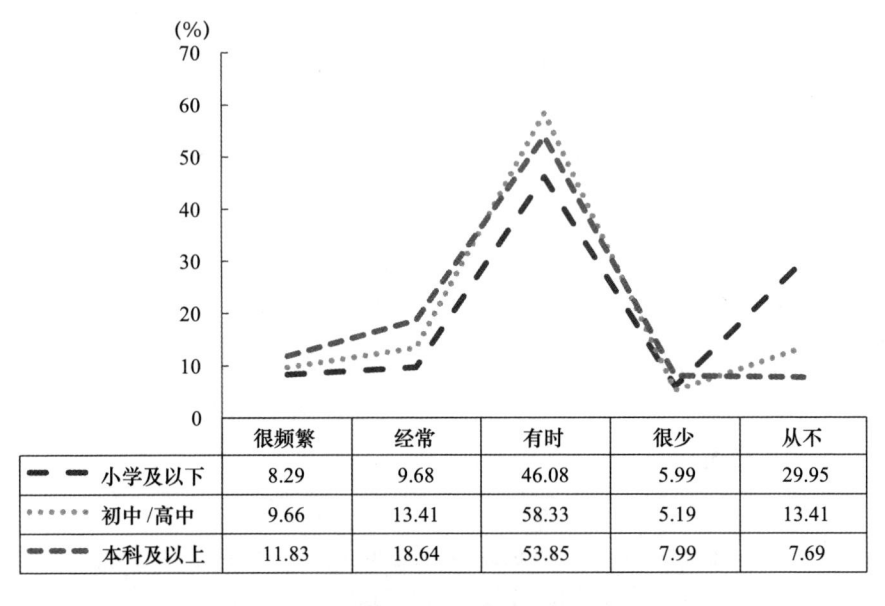

	很频繁	经常	有时	很少	从不
小学及以下	8.29	9.68	46.08	5.99	29.95
初中/高中	9.66	13.41	58.33	5.19	13.41
本科及以上	11.83	18.64	53.85	7.99	7.69

图2-63 按受教育程度划分的员工观看华语电影/电视剧
程度差异（N=1383）

本章小结

本章从中资企业东道国员工视角出发，对缅甸中资企业员工对中国的认知程度、情感性评价以及员工的行为倾向三方面内容进行描述，以分析中国与缅甸的民心相通现状，得出以下几点结论。

首先，缅甸中资企业员工对中国的认知程度很高。一方面，缅甸中资企业员工比较关注有关中国方面的新闻，同时了解有关中国新闻的主要渠道为本国电视、本国网络和企业内部员工。另一方面，缅甸中资企业员工对非本企业的其他中国产品品牌有一定的了解，以手机品牌为代表，其中华为和小米在缅甸中资企业员工中展现出较高的认知度。

其次，缅甸中资企业员工对中国的情感性评价也较高。其一，缅甸中资企业员工除在愿意与中国人成为伴侣方面的接纳度较低外，在其他层面对中国人的接纳程度总体较高。其二，对中国企业各个方面的情感性评价总体而言也较高。其三，在对中国影响力的评价方面，缅甸中资企业员工认为中国对本国的影响力较大，且倾向于正面。

最后，缅甸中资企业员工对中国的行为倾向方面主要表现为对中国文化产品的青睐。即尽管缅甸中资企业员工在本中资企业内拥有的中国朋友数量整体较少，但对于华语音乐、华语电影/电视剧的喜爱程度明显高于印度、韩国、美国和日本的音乐和电影/电视剧。

为进一步分析中缅民心相通的差异性特征，本章从性别、族群、是否管理人员、受教育程度、收入、进入中资企业时长等视角出发，得到以下结论。

第一，从性别来看，男性员工在多数方面与中国的民心相通程度都要略高于女性员工，女性员工仅在对本企业的"中外员工晋升制度一致""中国对本国的影响力"的评价高于男性员工。

第二，从族群来看，与其他族群员工相比，缅族员工与中国的民心相通程度较低。

第三，从是否管理人员来看，缅甸中资企业管理人员与中国的民心相通较高于非管理人员。是否管理人员对于"本企业尊重本地风俗习惯""喜欢本企业作息时间规定"的评价没有明显差异。

第四，从受教育程度来看，总体上受教育程度越高，缅甸中资企业员工与中国的民心相通越高。在"本企业尊重本地风俗习惯"和"本企业尊重我的宗教信仰"方面，初中/高中受教育程度员工评价更高。小学及以下教育的员工对于"喜欢本企业作息时间规定"和"中外员工晋升制度一致"的评价略高于其他受教育程度的员工。

第五，从收入角度来看，随着收入的增加，缅甸中资企业员工对中国的认知程度、情感性评价也更高，与中国相关的行为倾向也更积极。这表明中缅的民心相通程度在高收入缅甸中资企业员工中最高。

最后，随着缅甸中资企业员工入职时长增加，员工对中国人的接纳程度与在企业内拥有的中国朋友数量也有所提高；但对"中外员工晋升制度一致"的评价却随着进入企业时长的增加而降低，这需要进一步的研究加以分析。

第三章

中国与老挝民心相通现状研究

  2021年为中国与老挝建交60周年。2021年4月21日中国国务委员兼外长王毅在出席中国人民对外友好协会与老挝驻华使馆共同举办的庆祝中老建交60周年招待会上谈到，老挝作为首批签署"一带一路"合作倡议的国家之一，要稳步推进中老经济走廊建设，持续高质量共建"一带一路"。① 2021年4月25日，习近平总书记在中老建交60周年贺电中提到，中老是社会主义友好邻邦和牢不可破的命运共同体，推动中老命运共同体建设在下一个60年不断迈上新台阶，使两国人民永做好邻居、好朋友、好同志、好伙伴。②

  中老双方是关系密切的命运共同体，2019年中老签署《构建中老命运共同体行动计划》，为中老两国关系发展以及双边区域发展打下良好基础。中国与老挝山水相连，两国人民间的相互往来密切，2017年中老经济走廊建设为"一带一路"建设和中老命运共同体建设提供了新发展方向，加强了中老合作共赢的双边关系。③中国与老挝

---

  ① 《王毅出席庆祝中国老挝建交60周年招待会》，2021年4月21日，中国新闻网（http://www.chinanews.com/gn/2021/04-21/9460542.shtml）。
  ② 《习近平就中老建交60周年 同老挝党中央总书记、国家主席通伦互致贺电 李克强同老挝政府总理潘坎互致贺电》，2021年4月25日，人民网—中国共产党新闻网（http://cpc.people.com.cn/GB/http:/cpc.people.com.cn/n1/2021/0425/c64094-32087635.html）。
  ③ 方文：《中老经济走廊建设论析》，《太平洋学报》2019年第3期。

的民心相通建设是中老"一带一路"建设的关键,有学者通过实证调研发现,老挝民众整体对中国认知度和认可度高,普遍对中国国际影响力评价正面,支持中老共建"一带一路"。① 因此,本章从中资企业员工的角度出发,研究中国与老挝民心相通现状,以促进中老共建"一带一路",为巩固中老双边关系提供民意基础保障。

第一节 老挝中资企业员工对中国的认知程度

构建老挝中资企业员工对中国整体形象的初步认知,有助于老挝中资企业员工及其他老挝民众深化对中国企业及中国的理解,形成构建中老民心相通的初步社会心理基础。本节主要描述和分析老挝中资企业员工对中国及中国品牌的认知。

一 老挝中资企业员工对中国的认知

对中国的认知是推进中国与老挝民众民心相通的基础和前提。关注中国相关新闻及其关注渠道是衡量老挝中资企业员工对中国认知的两个方面。下面将从总体上性别、族群、收入、受教育程度以及是否管理人员分别描述老挝中资企业员工对于中国的认知状况。

1. 老挝中资企业员工关注中国相关新闻现状

老挝中资企业员工所了解的中国新闻,主要集中于中国与本国双向输出的新闻内容,具体包括中国大使馆对于本国的捐赠和基础设施援建、中国艺术演出以及本国的在华留学生等新闻。

由表 3-1 可知,在 921 个受访样本中,知道中国大使馆对本国的捐赠占比接近七成(69.71%),了解中国援助本国修建道路、桥

---

① 宋万:《老挝民众对"一带一路"倡议的态度及对策建议——基于对老挝进行的实证调研分析》,《西部学刊》2020 年第 13 期。

梁、医院和学校的比例占八成以上（80.35%），看过中国的艺术演出占比为七成多（73.83%），知道本国学生前往中国留学新闻最高占比超八成（83.71%）。总体上，老挝中资企业员工最关注本国学生前往中国留学和中国对于本国的基础设施援建，其次是中国的艺术演出，最后是关注中国对本国的捐赠。

表3-1　　　　　　老挝员工了解中国相关新闻分布　　　　（单位：个，%）

	中国大使馆对本国的捐赠	中国援助本国修建道路、桥梁、医院和学校	本国学生前往中国留学	中国艺术演出
频次	642	740	771	680
百分比	69.71	80.35	83.71	73.83

注：N=921。

首先，从性别来看（见图3-1），男女员工最关注本国学生前往中国留学的新闻，女性占比（81.98%）较男性（86.12%）低4.14个百分点。男性和女性关注最低的中国新闻是中国大使馆对本国的捐赠，其中男性占七成（74.29%），女性仅占六成（66.06%），二者相差8.23个百分点，两者间比例相差最大。总的来看，男性员工从本国媒体了解相关中国新闻比女性员工更多。

其次，从族群来看（见图3-2），老龙族员工知道的各项相关中国的新闻占比最高，老松族看过有关中国新闻占比基本上最低。本国学生前往中国留学的新闻，所有族群员工占比最高，各族群占比由高到低依次为：其中老龙族占比最高接近九（88.04%），比最低占比老松族（72.07%）高出15.97个百分点。知道中国援助本国道路等基础设施新闻方面，老龙族和其他族群员工的比例都达到八成（85.06%、83.78%），老听族和老松族占比都只超六成（69.44%、66.67%）。了解中国大使馆对本国捐赠新闻，老龙族、老听族和老松族的比例都是最低的，其中老松族仅占五成多（58.93%），比老龙

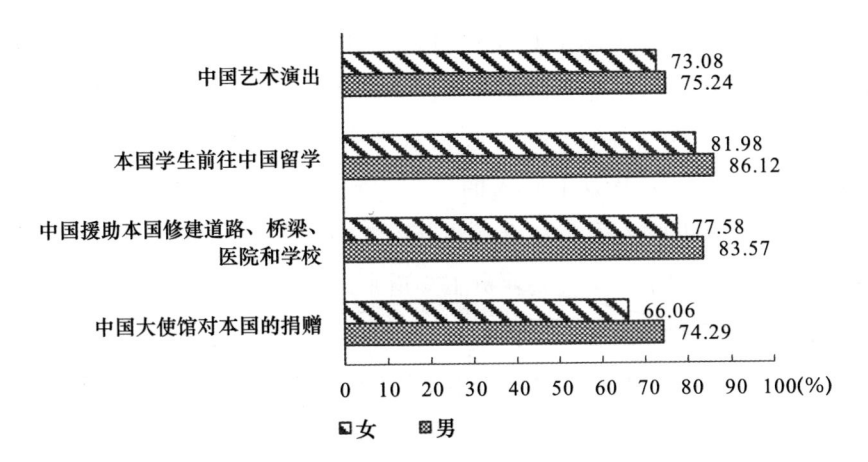

第三章 中国与老挝民心相通现状研究

	73.08
中国艺术演出	75.24
	81.98
本国学生前往中国留学	86.12
中国援助本国修建道路、桥梁、	77.58
医院和学校	83.57
	66.06
中国大使馆对本国的捐赠	74.29

女 男

图 3-1 按性别划分的从国内媒体看到过有关中国的新闻分布（N=921）

族七成占比（73.64%）少14.71个百分点。其他族群占比最低的是关注中国艺术演出新闻。据此可见，老龙族中资企业员工对中国新闻最为关注。

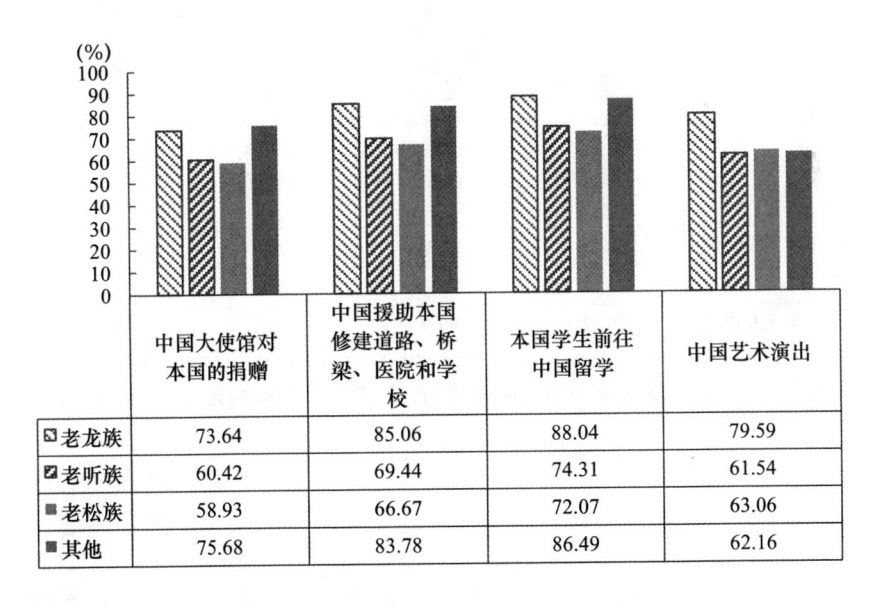

	中国大使馆对本国的捐赠	中国援助本国修建道路、桥梁、医院和学校	本国学生前往中国留学	中国艺术演出
老龙族	73.64	85.06	88.04	79.59
老听族	60.42	69.44	74.31	61.54
老松族	58.93	66.67	72.07	63.06
其他	75.68	83.78	86.49	62.16

图 3-2 按族群划分的从国内媒体看到过有关中国的新闻分布（N=921）

再次，从收入来看（见图3-3），总体上收入水平越高，老挝中资企业员工从本国媒体看过相关中国新闻的比例越高。对本国学生前往中国留学的新闻了解，所有收入水平中资企业员工占比都是最高的，其中300美元及以上收入的员工占比接近九成（89.61%），比149美元及以下收入员工超七成占比（77.04%）高出12.57个百分点。所有收入水平的中资企业员工知道中国大使馆对本国捐赠的新闻的比例都最低，149美元及以下收入的员工仅超五成占比（58.89%），比300美元及以上收入的员工超七成占比（76.22%）少17.33个百分点。

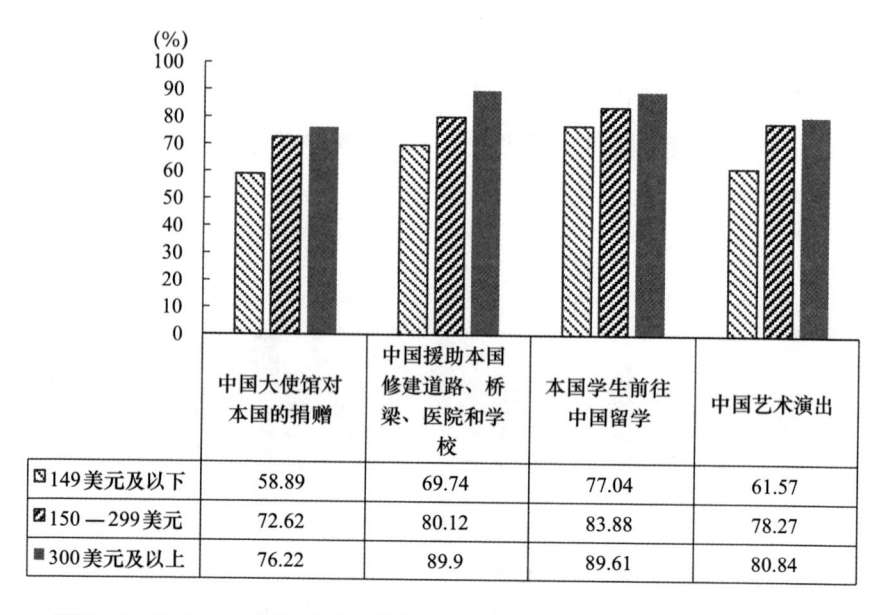

	中国大使馆对本国的捐赠	中国援助本国修建道路、桥梁、医院和学校	本国学生前往中国留学	中国艺术演出
149美元及以下	58.89	69.74	77.04	61.57
150—299美元	72.62	80.12	83.88	78.27
300美元及以上	76.22	89.9	89.61	80.84

图3-3　按收入划分的从国内媒体看到过有关中国的新闻分布（N=915）

然后，按受教育程度来看（见图3-4），受教育程度越高的老挝中资企业员工关注中国相关新闻占比越高。看过本国学生前往中国留学的新闻，所有受教育水平的员工比例都最高，大学本科及以上受教育程度的员工占到九成（94.89%），比小学及以下的员工六成的比例（62.3%）多32.59个百分点。知道中国相关新闻占比最低的是中国大使馆对本国的捐赠，小学及以下教育的员工比例仅有四成（43.44%），比大学本科及以上受教育程度员工（77.57%）低34.13个百分点。初中/高中与大学本科及以上受教育程度的员工了解有关中国新闻占比都在70%以上，而小学及以下受教育水平的员工比例最高，为62.3%。

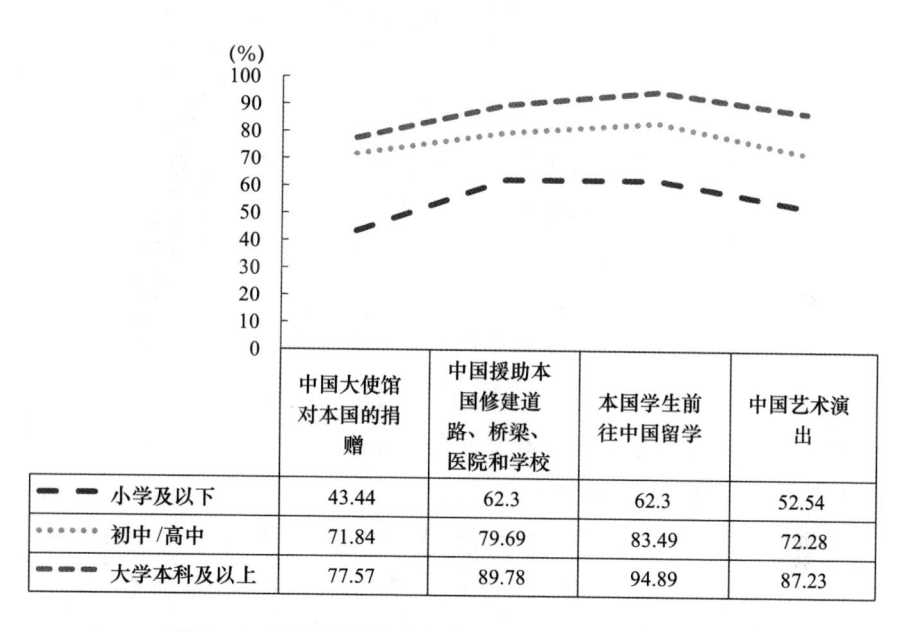

	中国大使馆对本国的捐赠	中国援助本国修建道路、桥梁、医院和学校	本国学生前往中国留学	中国艺术演出
小学及以下	43.44	62.3	62.3	52.54
初中/高中	71.84	79.69	83.49	72.28
大学本科及以上	77.57	89.78	94.89	87.23

图3-4　按受教育程度划分的从国内媒体看到过有关中国的新闻分布（N=918）

最后，按是否管理人员来看（见图3-5），无论是管理人员还是非管理人员，注意到最多的是本国学生前往中国留学，管理人员占到九成（93.14%），比非管理人员的比例（82.82%）高出10.32个百分点。注意到中国大使馆对本国捐赠新闻，非管理人员仅占六成多（67.94%）比管理人员占比（85.44%）少17.50个百分点。管理人员看过有关中国新闻比例最低的是中国艺术演出新

中国与湄公河五国民心相通研究

图中数据：
- 中国艺术演出：73.06 / 82.52
- 本国学生前往中国留学：82.82 / 93.14
- 中国援助本国修建道路、桥梁、医院和学校：79.66 / 86.41
- 中国大使馆对本国的捐赠：67.94 / 85.44

■非管理人员　■管理人员

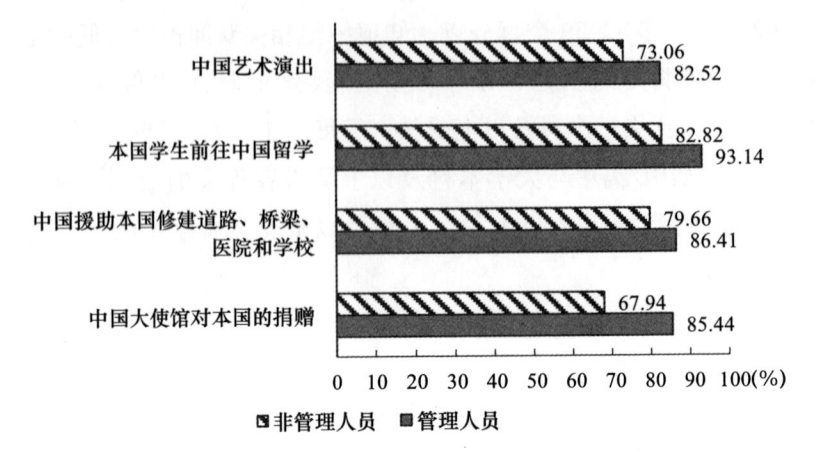

图 3-5　按是否管理人员划分从国内媒体看到过有关中国的新闻分布（N=919）

闻（82.52%）。

2. 老挝中资企业员工了解中国信息的渠道现状

老挝中资企业员工一般通过本国的媒体、中国的大众媒体及中资企业内部的正式与非正式渠道了解中国信息。

据表 3-2 可见，在 922 位受访员工中，了解中国信息的第一渠道是本国网络和本国电视，所占比例达六成（62.58%、61.06%）。中国传统媒体是第二渠道，占比超一成（16.81%）。本国报纸杂志是第三渠道（14.75%）。中国新媒体占比为 9.87%，企业内部员工的比例为 8.68%，企业内部文字/图片等材料仅占 6.4%，这三个渠道占比最低。据此可见，本国网络、本国电视和中国传统媒体是老挝中资企业员工了解有关中国信息的主要渠道。员工依靠本国大众媒体了解中国信息的同时也依靠中国传统媒体。

第一，从性别来看（见图 3-6），通过本国网络了解中国相关信息，男性员工占比最高超六成（65.73%），比女性员工占比（59.88%）高出 5.85 个百分点，两者差距最明显。通过本国电视关注中国，女性员工占比在女性所有渠道中最高，为六成（61.09%），

表3-2 老挝员工了解中国信息的渠道分布 （单位：个，%）

	本国电视	本国网络	本国报纸杂志	中国传统媒体	中国新媒体	企业内部员工	企业内部文字/图片等材料
样本量	563	577	136	155	91	80	59
百分比	61.06	62.58	14.75	16.81	9.87	8.68	6.4

注：N=922。

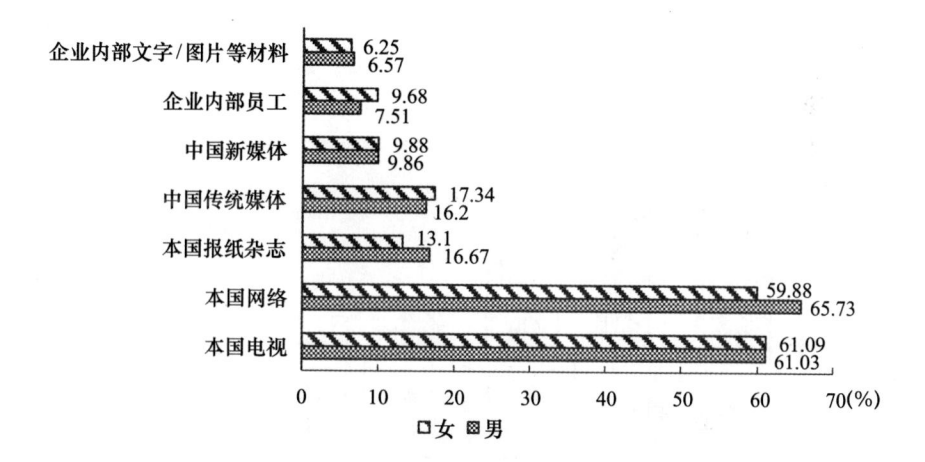

图3-6 按性别划分的了解中国信息的渠道分布（N=922）

但与男性（61.03%）比例几乎接近。中国传统媒体是女性员工了解中国信息的第三渠道，占比为17.34%。本国报纸杂志是男性员工注意到中国信息的第三渠道，占比为16.67%。企业内部文字/图片等材料，为男性（6.57%）和女性（6.25%）员工了解中国信息占比最少的渠道。

第二，从族群来看（见图3-7），不同族群员工了解中国信息的渠道存在差异。首先，通过本国电视知道中国相关信息，老听族和老松族占比是所有渠道中比例最高的，老听族占六成（63.19%），比其他族群占比（45.95%）高出17.24个百分点，而老松族的比例约为六成（59.82%）。其次，通过本国网络关注中国信息，老龙族和其他族群员工占比是所有渠道中占比最高的渠道，都超过六成（65.66%、64.86%）。最后，企业内部文字/图片等材料是老龙族和老听族了解中国信息占比最低的渠道，比例分别为8.11%和4.86%；老松族通过企业内部员工渠道占比最低，占比仅为3.57%，同时老松族没有通过企业内部文字/图片等材料来关注中国信息，占比为0；其他族群占比最少的是企业内部员工和企业内部文字/图片等材料两种渠道，占比都为2.7%。

	本国电视	本国网络	本国报纸杂志	中国传统媒体	中国新媒体	企业内部员工	企业内部文字/图片等材料
老龙族	61.69	65.66	14.63	18.12	11.61	10.33	8.11
老听族	63.19	52.78	14.58	14.58	6.25	6.94	4.86
老松族	59.82	57.14	10.71	15.18	5.36	3.57	0
其他	45.95	64.86	29.73	8.11	8.11	2.7	2.7

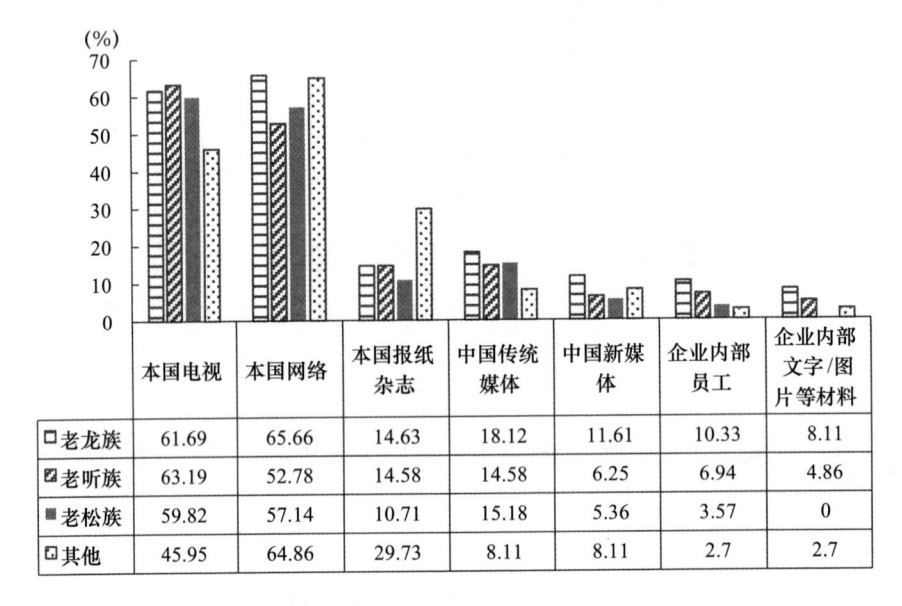

图 3-7 按族群划分的了解中国信息的渠道分布（N=922）

第三，从收入来看（见图 3-8），不同收入的员工了解中国信息的渠道存在差异。其一，通过本国电视了解中国信息，149美元及以下与 150—299 美元收入的员工占比最大，分别为 60.52% 和 61.72%。其二，从本国网络知道中国信息，收入越高占比越大；300美元及以上收入的员工占比超六成（67.21%），比收入149美元及以下的员工占比（59.41%）多7.80个百分点。其三，通过中国传统媒体了解中国，300美元及以上收入的员工占比达到两成（20.78%）。由此可见，中国传统媒体也是高收入老挝中资企业员工了解中国的一个重要渠道。其四，149美元及以下收入的员工通过企业内部员工关注中国的渠道中占比最低，仅有5.54%；收入为150—299美元与300美元及以上的员工通过企业内部文字/图片等材料了解中国的占比最低，分别为7.72%和4.55%，相差3.17个百分点。

	本国电视	本国网络	本国报纸杂志	中国传统媒体	中国新媒体	企业内部员工	企业内部文字/图片等材料
149美元及以下	60.52	59.41	10.7	14.39	9.96	5.54	6.64
150—299美元	61.72	60.53	16.32	14.24	8.9	10.98	7.72
300美元及以上	61.04	67.21	15.91	20.78	10.39	8.77	4.55

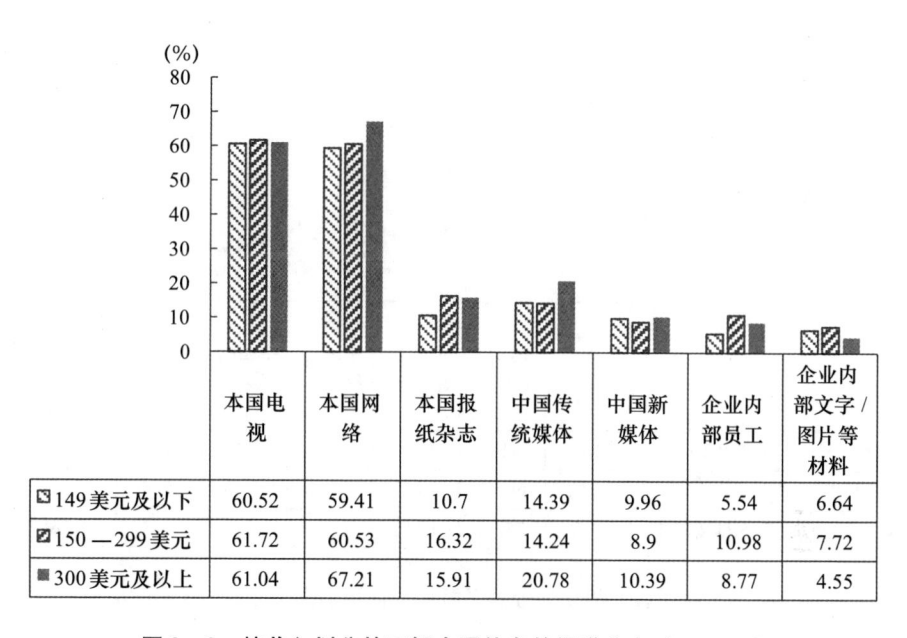

图3-8 按收入划分的了解中国信息的渠道分布（N=916）

第四，从受教育程度来看（见图3-9），不同受教育程度的老挝中资企业员工了解中国信息的渠道存在差异。首先，小学及以下和初中/高中受教育程度的员工从本国电视了解中国信息渠道中占比最高，比例都达到六成（61.48%、62.52%）；本科及以上受教育程度的员工只占五成多（57.66%），最高和最低占比相差4.86个百分点。其次，本国网络是大学本科及以上的员工知道中国信息占比最高的渠道，占比超七成（75.18%），比小学及以下的比例（41.8%）多

33.38个百分点。接着，中国传统媒体渠道，大学本科及以上受教育程度的员工占比超两成（25.91%），比小学及以下的比例（9.02%）高出16.89个百分点。最后，企业内部文字/图片等材料是所有受教育水平员工关注中国信息的渠道中占比最低的渠道，各组占比随受教育程度增加依次为4.1%、5.74%和8.76%。

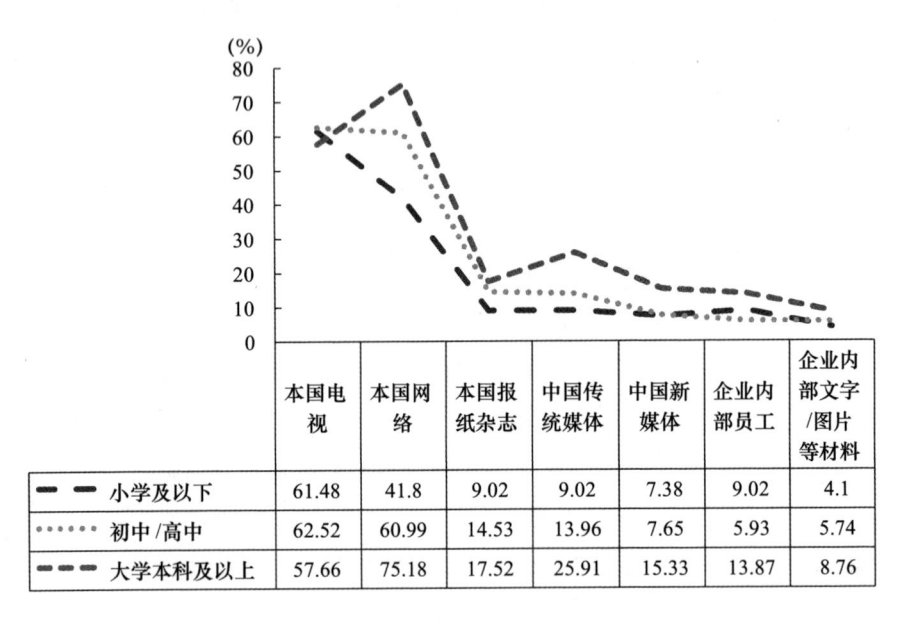

	本国电视	本国网络	本国报纸杂志	中国传统媒体	中国新媒体	企业内部员工	企业内部文字/图片等材料
小学及以下	61.48	41.8	9.02	9.02	7.38	9.02	4.1
初中/高中	62.52	60.99	14.53	13.96	7.65	5.93	5.74
大学本科及以上	57.66	75.18	17.52	25.91	15.33	13.87	8.76

图3-9 按受教育程度划分的了解中国信息的渠道分布（N=919）

第五，从是否管理人员来看，由图3-10可知，通过本国电视和本国网络了解中国，非管理人员占比高于管理人员。其他五个渠道，管理人员的比例要高于非管理人员。其一，管理人员通过本国电视知道中国信息的占比最高，为六成（60.19%）。其二，非管理人员通过本国网络知道中国信息的占比最大，超六成（63.65%），比管理人员占比（55.34%）高8.31个百分点。其三，企业内部文字/图片等材料占比最少，管理人员和非管理人员分别占比为8.74%和6.12%，相差2.62个百分点。

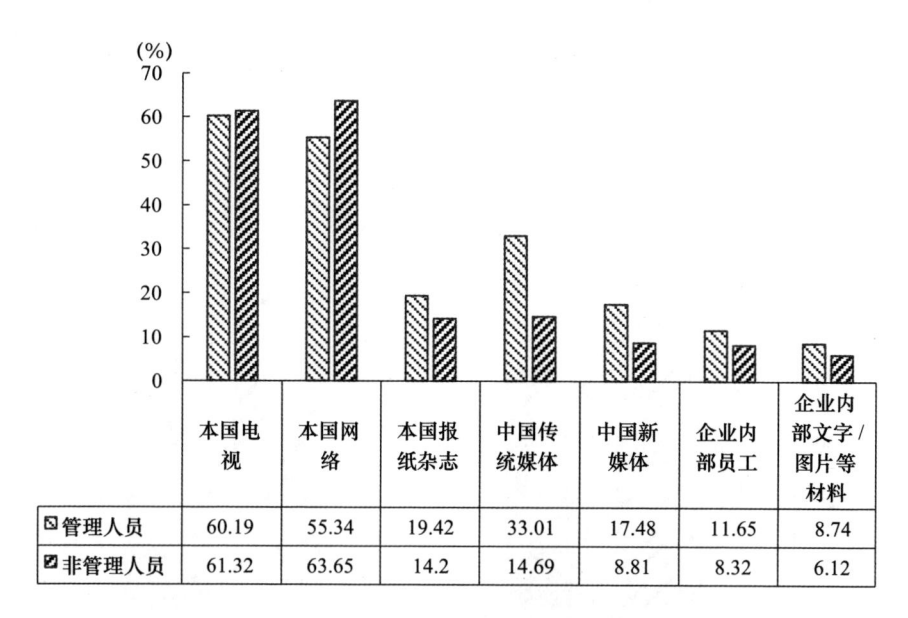

	本国电视	本国网络	本国报纸杂志	中国传统媒体	中国新媒体	企业内部员工	企业内部文字/图片等材料
管理人员	60.19	55.34	19.42	33.01	17.48	11.65	8.74
非管理人员	61.32	63.65	14.2	14.69	8.81	8.32	6.12

图 3-10　按是否管理人员划分的了解中国信息的渠道分布（N=920）

二　老挝中资企业员工对中国品牌的认知

认知中国品牌是国外民众了解中国的窗口。知道一定数量本企业之外的其他中国产品品牌是测量老挝中资企业员工对中国品牌认知情况的指标。下面从性别、收入和受教育程度这三个类别分析老挝中资企业员工了解除本企业外的其他中国产品品牌情况。

按性别划分来看（见图3-11），在911名受访员工中，男性员工了解非本公司的其他产品品牌的占比超五成（57.82%），不知道的比例占42.18%。女性员工知道非本公司的其他产品品牌占比49.9%，比男性少7.92个百分点。据此可知，老挝中资企业男性员工比女性员工了解非本企业的其他中国产品品牌多。

按收入划分来看（见图3-12），在905个样本中，收入为149美元及以下的员工知道非企业内其他中国产品品牌的占比不足四成（38.95%），150—299美元收入的员工占到四成多（48.04%），300美元及以上收入的员工比例达到七成（71.34%）。据此可知，随着收入水平的提高，老挝中资企业员工知道非企业内的其他中国产品品牌的比例不断增加。

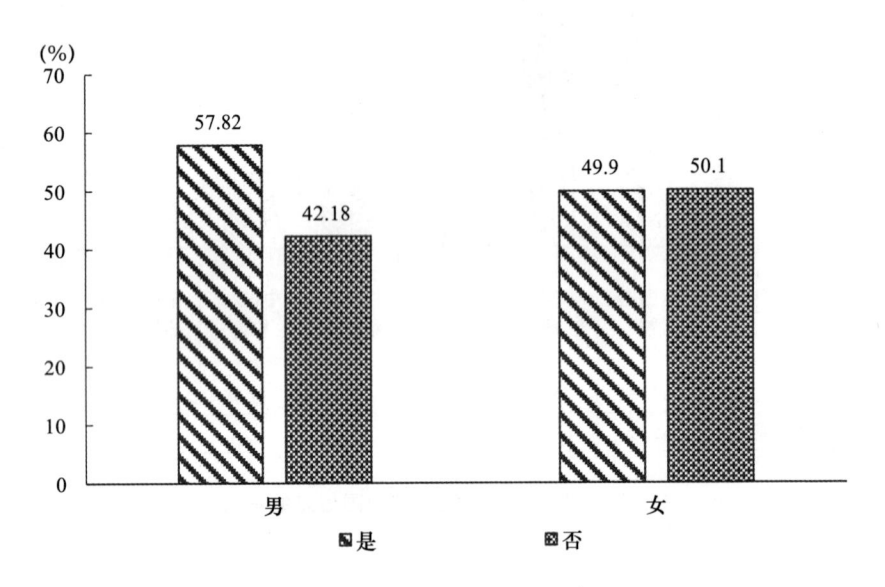

图 3-11 按性别划分的老挝员工知道除本公司以外的其他中国产品品牌的分布（N=911）

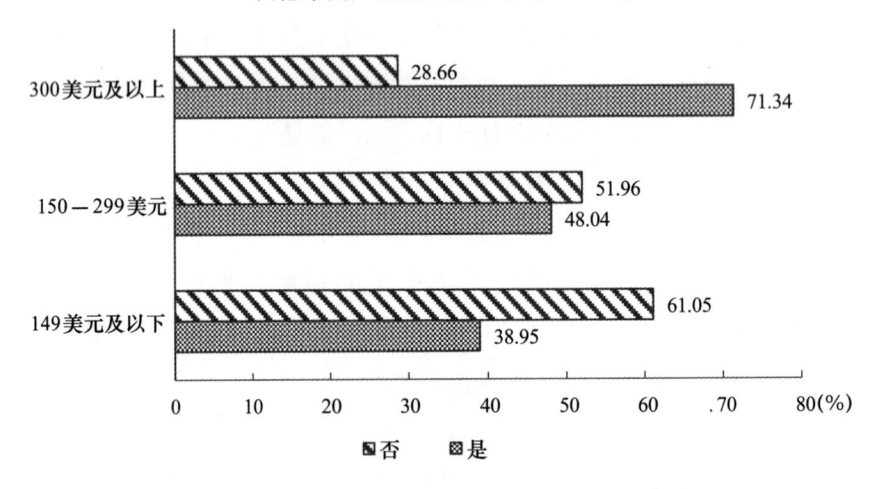

图 3-12 按收入划分的老挝员工知道除本公司以外的其他中国产品品牌的分布（N=905）

第三章 中国与老挝民心相通现状研究

从受教育程度来看，由图3-13可见，受教育程度越高，员工知道非企业内的其他中国产品品牌越多。在908个样本中，小学及以下教育水平的员工知道非企业内的其他中国产品品牌仅占26.05%，初中/高中教育水平的员工占比超四成（47.48%），大学本科及以上受教育程度的员工比例达到七成多（76.56%），是小学及以下教育水平员工的近3倍。

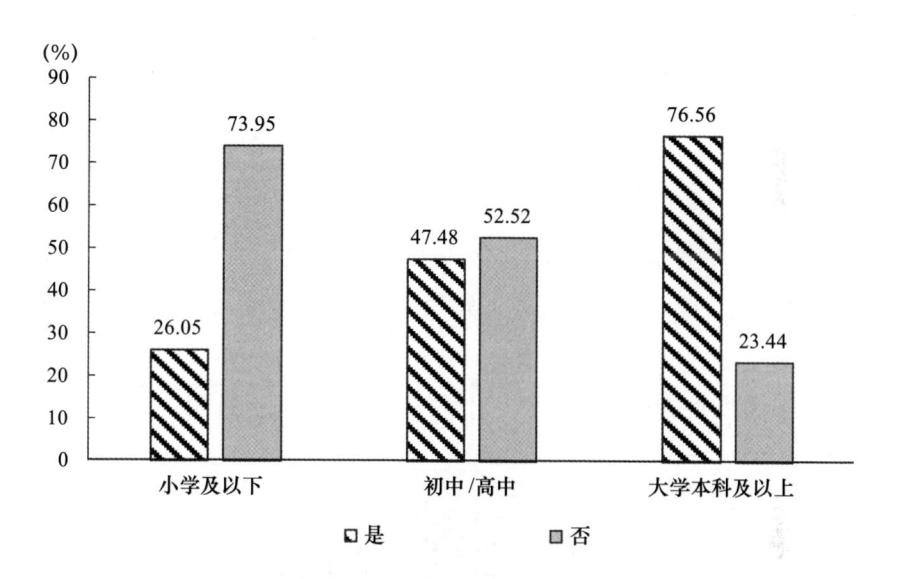

图3-13 按受教育程度划分的老挝员工知道除本公司以外的其他中国产品品牌的分布（N=908）

下面将从总体、性别、收入和受教育程度来分类描述老挝中资企业员工了解具体的中国产品品牌情况。

由表3-3可知，受访的922名员工中，知道华为的样本量为105人，比例为11.39%；知道小米的样本量仅有19人，仅占2.06%；知道OPPO的样本量为39人，占比为4.23%；知道VIVO的样本量仅有32人，比例有3.47%；知道其他中国品牌的样本量有298人，比例达到三成（32.32%）。由此可知，老挝中资企业员工所知道最

· 103 ·

多的具体中国品牌是华为和OPPO，其次是VIVO，知道小米的较少。说明华为和OPPO这两个中国品牌在老挝的品牌知名度更高。

表3-3 老挝中资企业员工所知道的前3个中国产品品牌总体分布

（单位：个、%）

	未回答	华为	小米	OPPO	VIVO	其他	合计
样本量	429	105	19	39	32	298	922
百分比	46.53	11.39	2.06	4.23	3.47	32.32	100

注：N=922。

结合图3-14与图3-15可知，男性与女性知道具体的中国品牌相差不明显。男性知道华为的比例为12.83%，比女性（占比10.08%）高出约3个百分点。男性员工知道OPPO的比例（3.91%）比女性（4.44%）少不足1个百分点。男性知道VIVO和小米的占比（3.29%、2.5%）和女性占比（3.76%、1.68%）均不足一成且相差不大。

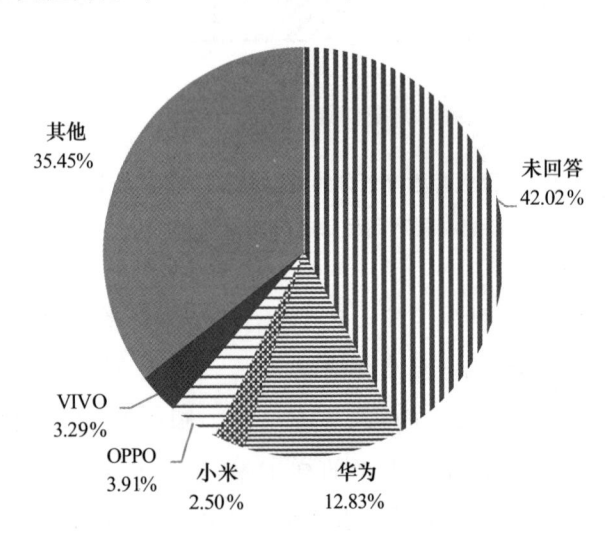

图3-14 男性老挝员工所知道的3个中国产品品牌的分布（N=426）

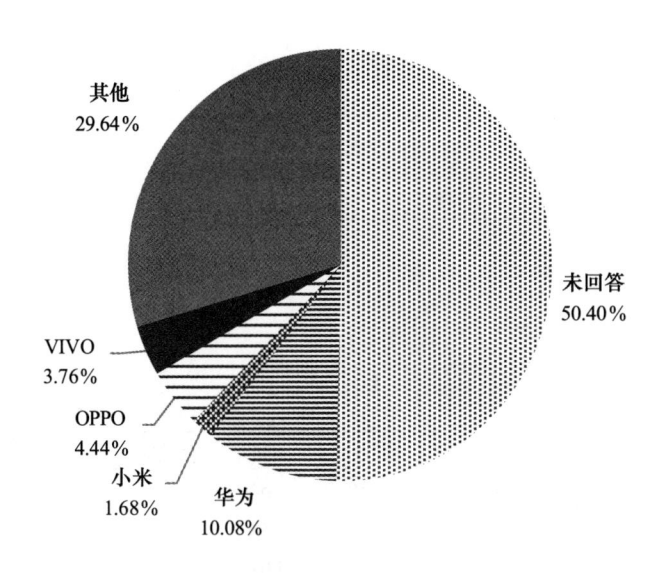

图3-15 女性老挝员工所知道的3个中国产品品牌的分布（N=496）

按收入划分来看（见图3-16），收入越高组，知道具体的中国产品品牌比例越高。300美元及以上收入的员工知道华为的占到一成多（17.1%）比149美元及以下收入员工（7.5%）高出9.6个百分点。收入为300美元及以上的员工知道OPPO、VIVO和小米的加总比例占到12.99%，比149美元及以下收入的员工（7.26%）高出5.73个百分点，150—299美元收入的员工比例为8.9%。

按受教育程度划分（见图3-17），大学本科及以上受教育程度员工知道华为的占比达到17.76%，是小学及以下教育的员工（4.1%）的约4倍。大学本科及以上受教育程度的员工知道OPPO、VIVO和小米的加总比例达到一成（15.09%）。初中/高中教育的员工，知道OPPO、VIVO和小米的加总比例8.79%。小学及以下教育水平的员工知道OPPO和VIVO的总和比例都为2.46%，知道小米的比例为0。由此可见，受教育程度越高，知道具体的中国产品品牌越多。

	未回答	华为	小米	OPPO	VIVO	其他
— — 149美元及以下	60.89	7.50	0.62	3.44	3.20	24.35
······ 150—299美元	52.23	9.10	1.38	4.35	3.17	29.77
— — 300美元及以上	28.57	17.10	4.01	4.76	4.22	41.34

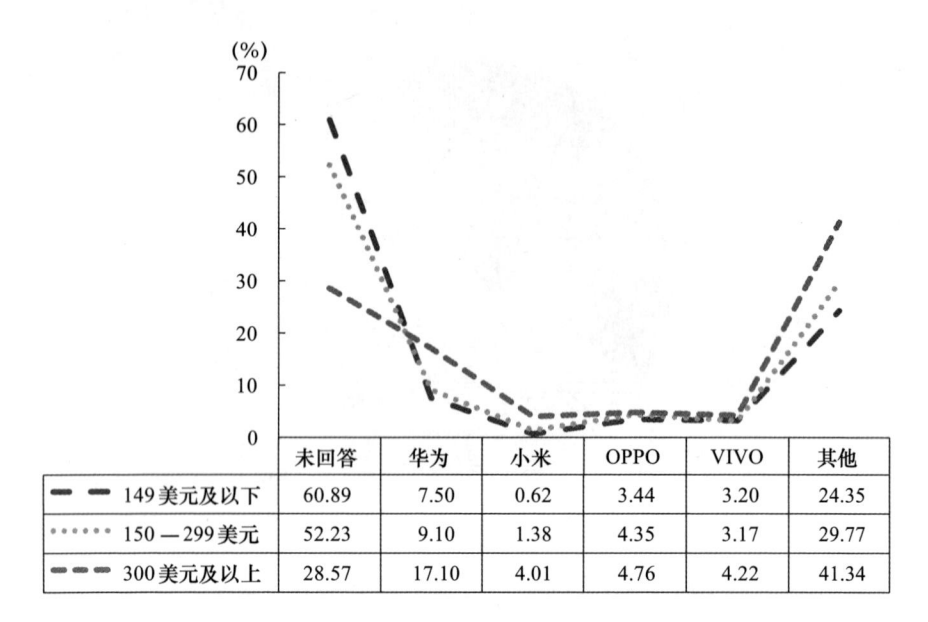

图3-16 按收入划分的老挝员工所知道的3个中国产品品牌的分布（N=916）

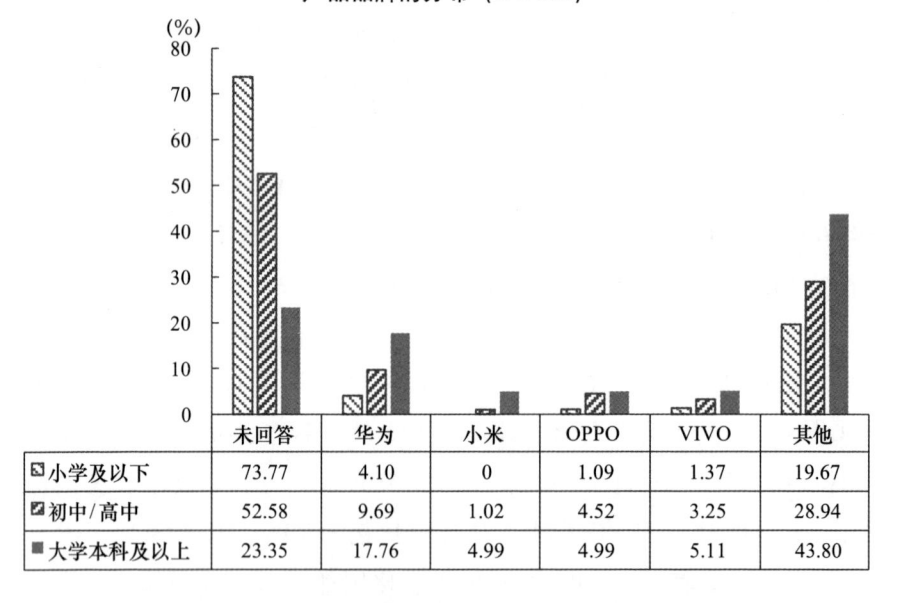

	未回答	华为	小米	OPPO	VIVO	其他
小学及以下	73.77	4.10	0	1.09	1.37	19.67
初中/高中	52.58	9.69	1.02	4.52	3.25	28.94
大学本科及以上	23.35	17.76	4.99	4.99	5.11	43.80

图3-17 按受教育程度划分的老挝员工所知道的3个中国产品品牌的分布（N=919）

第二节 老挝中资企业员工对中国的情感性评价

老挝中资企业员工对中国的情感性评价,主要指老挝中资企业员工与中国民众的社会交往意愿及其对本国中资企业的主观性评价。老挝中资企业员工对中国的情感性评价,是促进老挝中资企业员工与中国民心相通的情感基础。本节主要描述和分析老挝中资企业员工对中国人的接纳程度、中资企业员工对中国企业的评价以及关于中国对本国的影响力评价三部分的内容。

一 老挝中资企业员工对中国人的接纳程度

老挝中资企业员工对中国人的接纳程度主要运用员工与中国民众的社会距离程度来测量,以下从整体上、性别、族群、受教育程度和入职时长分类别描述老挝中资企业员工对中国人的接纳程度。

由图3-18可见,在受访的922位员工中,愿意与中国人成为伴侣的员工占五成(54.88%),愿意成为朋友的比例升至八成(83.41%),愿意与中国人成为邻居比例接近九成(89.7%),愿意与中国人成为同事、点头之交、生活在同一城市的比例都在90%以上,几乎所有员工(99.13%)都表示愿意与中国人生活在同一国家。由此可见,老挝中资企业员工具有与中国民众产生社会交往的意愿,愿意与中国民众构建多元的社会关系网络。

从性别来看(见图3-19),总体上,男性员工与中国民众的社会距离比女性员工更近。愿意与中国民众成为伴侣方面,男性员工占到六成(62.68%),比女性员工超四成占比(48.19%)多14.49个百分点。男性和女性员工愿意与中国民众成为朋友的比例都达到八成(86.85%、80.44%),相差6.41个百分点。愿意与中国民众成为邻居,男性员工比例为九成(91.78%),比女性员工占比(87.90%)高出3.88个百分点。男性和女性员工愿意与中国人成为同事、点头之

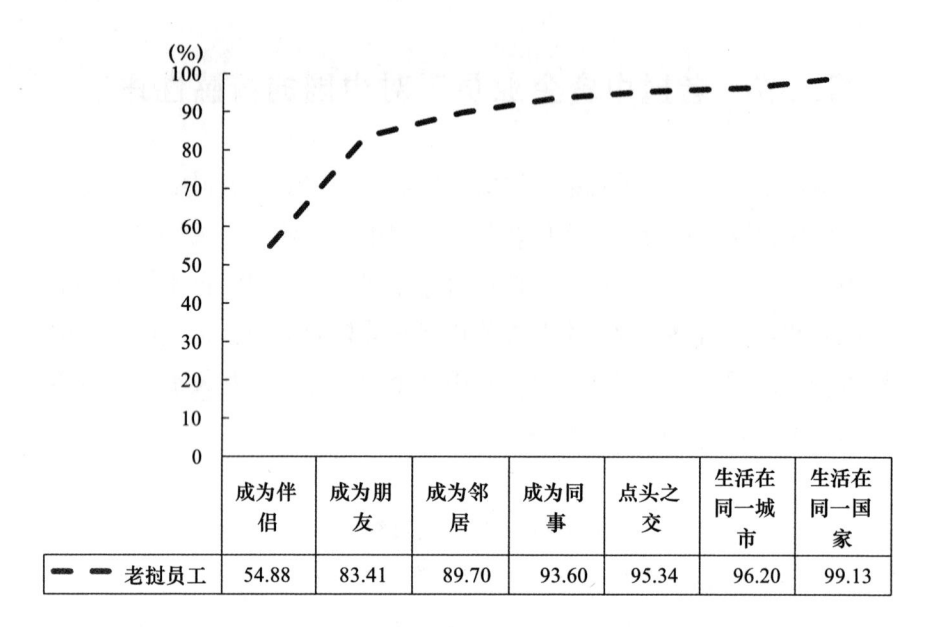

	成为伴侣	成为朋友	成为邻居	成为同事	点头之交	生活在同一城市	生活在同一国家
– – 老挝员工	54.88	83.41	89.70	93.60	95.34	96.20	99.13

图 3-18 老挝员工与中国民众的社会距离分布 (N=922)

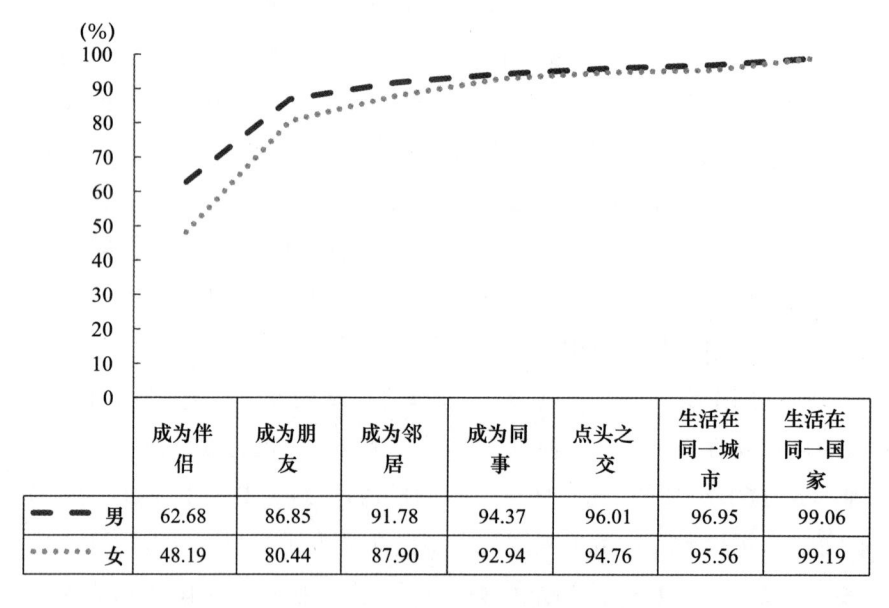

		成为伴侣	成为朋友	成为邻居	成为同事	点头之交	生活在同一城市	生活在同一国家
– –	男	62.68	86.85	91.78	94.37	96.01	96.95	99.06
⋯⋯	女	48.19	80.44	87.90	92.94	94.76	95.56	99.19

图 3-19 按性别划分的老挝员工与中国民众的
社会距离分布 (N=922)

交、生活在同一城市以及同一国家的比例都在92%以上，其中愿意与中国民众生活在同一国家，女性员工的比例略高于男性员工。据此可知，在建立亲近社会关系方面，男性员工比女性更愿意与中国民众互动交往；在构建一般性社会关系方面，女性和男性员工与中国民众的社会交往意愿差异较小。

从族群来看（见图3-20），总体来说，其他族群员工与中国民众的社会交往的比例最高，其次是老龙族，然后是老松族，占比最低的是老听族。愿意与中国人成为伴侣，其他族群占比接近八成（78.38%），老龙族占比接近六成（58.66%），老松族比例接近五成（49.11%），而老听族不足四成（36.81%）。其他族群愿意与中国人成为朋友，其他族群占到九成（91.89%），老龙族占比接近九成（89.51%），而老松族和老听族的比例都超六成（68.75%、65.97%）。愿意与中国民众成为邻居，其他族群占97.30%，老龙族为93.80%，而老松族和老听族的比例非常接近但不足八成（78.57%、78.47%）。其他族群的所

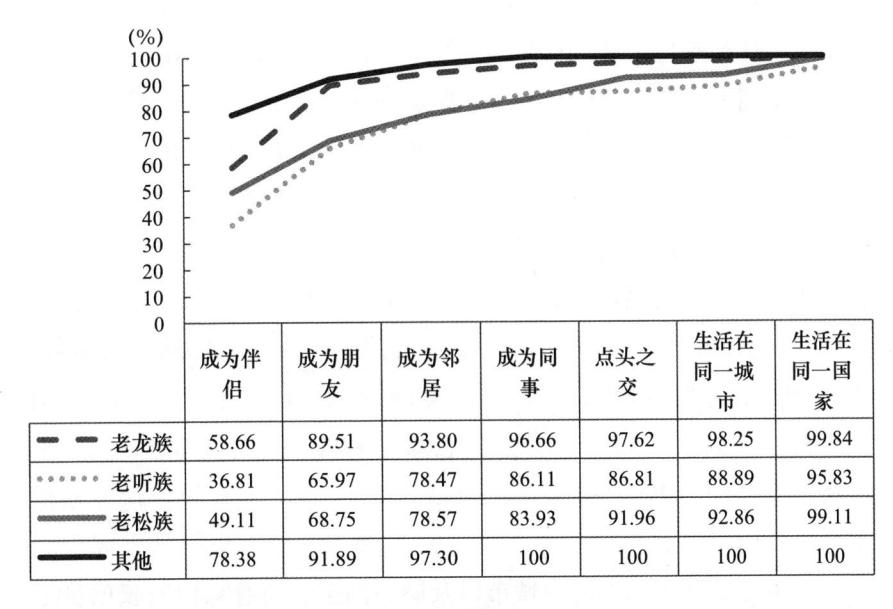

	成为伴侣	成为朋友	成为邻居	成为同事	点头之交	生活在同一城市	生活在同一国家
老龙族	58.66	89.51	93.80	96.66	97.62	98.25	99.84
老听族	36.81	65.97	78.47	86.11	86.81	88.89	95.83
老松族	49.11	68.75	78.57	83.93	91.96	92.86	99.11
其他	78.38	91.89	97.30	100	100	100	100

图3-20 按族群划分的老挝员工与中国民众的社会距离分布（N=922）

有员工（100%）都愿意与中国民众成为同事、点头之交、生活在同一城市以及同一国家比例，老龙族这几项占比都在96%以上。老松族愿意与中国人成为同事占八成（83.93%），愿意与中国人成为点头之交、生活在同一城市以及同一国家比例都在90%以上。老听族仅在愿意与中国民众生活在同一国家占比达到九成（95.83%）。

从受教育程度来看（见图3-21），总体而言，受教育水平越高，老挝员工与中国民众的社会距离越近。愿意与中国人成为伴侣，大学本科及以上的员工占六成（63.87%），比小学及以下教育水平员工四成占比（45.08%）多18.79个百分点。愿意与中国人成为朋友，大学本科及以上的员工占到九成（90.88%）比小学及以下的员工比例（68.03%）高出22.85个百分点，而初中/高中教育的员工占八成（82.98%）。愿意与中国人成为邻居，大学本科及以上的员工占九成（96.35%），初中/高中教育的员工比例接近九成（89.29%），而小学及以下的员工不足八成（76.23%）。愿意与中国人成为同事、点头之交、生活在同一城市，小学及以下的员工比例都在八成，初中/高中教育的员工比例都为九成，而大学本科及以上的员工比例都在98%以上。愿意与中国人生活在同一国家，小学及以下与初中/高中教育的员工占比都在98%以上，而大学本科及以上的员工占比为十成（100%）。

从进入中资企业时间来看（见图3-22），入职时间越长，老挝员工与中国民众的社会距离越近。愿意与中国人成为伴侣，入职半年至两年的员工占比最低为52.11%，其他入职时长的员工占比很接近（56.45%、56.41%）。愿意与中国人成为朋友，入职两年以上的员工占到八成多（88.14%），比入职半年及以下的员工比例（79.03%）高出9.11个百分点。愿意与中国民众成为邻居，入职半年及以下（87.10%）与半年至两年的员工占比（88.17%）相差很小，入职两年以上的员工超九成（93.27%）。愿意与中国人成为同事、点头之交、生活在同一城市以及同一国家，所有入职时长的员工的比例都在九成以上。

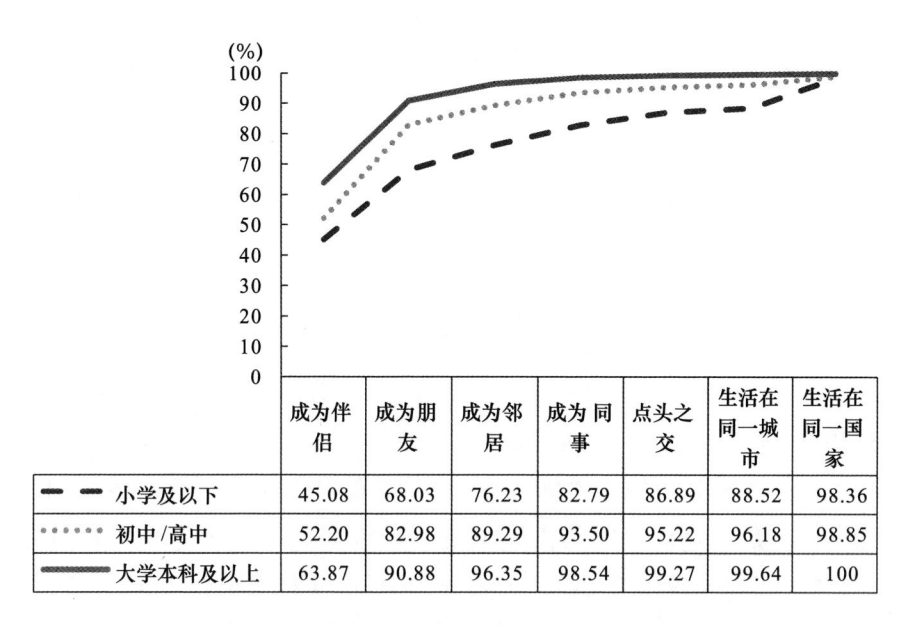

第三章 中国与老挝民心相通现状研究

	成为伴侣	成为朋友	成为邻居	成为同事	点头之交	生活在同一城市	生活在同一国家
小学及以下	45.08	68.03	76.23	82.79	86.89	88.52	98.36
初中/高中	52.20	82.98	89.29	93.50	95.22	96.18	98.85
大学本科及以上	63.87	90.88	96.35	98.54	99.27	99.64	100

图 3-21　按受教育程度划分的老挝员工与中国民众的社会距离分布（N=919）

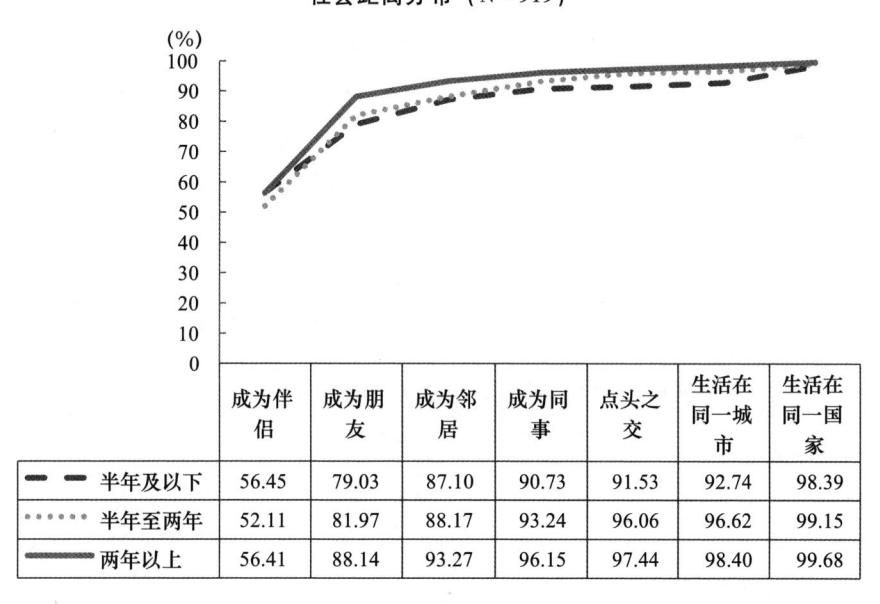

	成为伴侣	成为朋友	成为邻居	成为同事	点头之交	生活在同一城市	生活在同一国家
半年及以下	56.45	79.03	87.10	90.73	91.53	92.74	98.39
半年至两年	52.11	81.97	88.17	93.24	96.06	96.62	99.15
两年以上	56.41	88.14	93.27	96.15	97.44	98.40	99.68

图 3-22　按入职时长划分的老挝员工与中国民众的社会距离分布（N=915）

二 老挝中资企业员工对中国企业的评价

中资企业对于老挝本地的风俗习惯和员工宗教信仰的尊重程度、中资企业的作息时间安排、中资企业内部中外员工晋升制度的一致性都会影响到老挝中资企业员工评价中国企业和中国。

由表 3-4 可知，在 921 名受访员工中，合并"完全不同意"和"不同意"为不同意项，合并基本同意和"完全同意"为同意项。评价中资企业尊重本地风俗习惯，14.21% 的员工不同意，30.05% 的员工认为"一般"，55.74% 的员工同意。中资企业员工尊重员工的宗教信仰的评价，有 52.51% 的员工同意，33.73% 员工觉得"一般"，13.76% 员工不同意。是否喜欢本企业的作息时间，同意的占 57.66%，"一般"的占 30.51%，不同意的仅占 11.83%。认为中外员工晋升制度一致的评价，有 23.14% 的人不同意，认为"一般"的人有 32.59%，同意的人仅有 44.28%。由此可知，老挝中资企业员工对中资企业在尊重风俗习惯和宗教信仰、作息时间安排以及中外员工晋升制度一致性的情感性评价，皆呈中上评价。

表 3-4　　老挝中资企业员工对中国企业评价的频率分布　　（单位:%）

	本企业尊重本地风俗习惯	本企业尊重员工的宗教信仰	喜欢本企业的作息时间规定	中外员工晋升制度一致
完全不同意	6.34	5.24	4.56	5.56
不同意	7.87	8.52	7.27	17.58
一般	30.05	33.73	30.51	32.59
基本同意	39.02	37.23	45.93	35.60
完全同意	16.72	15.28	11.73	8.68

注：N=921。

下面从性别、族群、收入、受教育程度、是否管理人员和入职时长这六个类别描述和分析老挝中资企业员工对中国企业尊重本地风俗习惯的同意程度。

首先，按性别来看（见图3-23），加总"完全不同意"和"不同意"发现，男性员工为13.24%，比女性员工占比（15.04%）少1.80个百分点。认为尊重本地风俗习惯"一般"，男性占30.26%和女性占比（29.88%）基本一致。合并"基本同意"和"完全同意"，男性占56.50%，比女性占比（55.08%）高1.42个百分点。由此可见，男性员工对于中资企业尊重本地风俗习惯的评价高于女性员工。

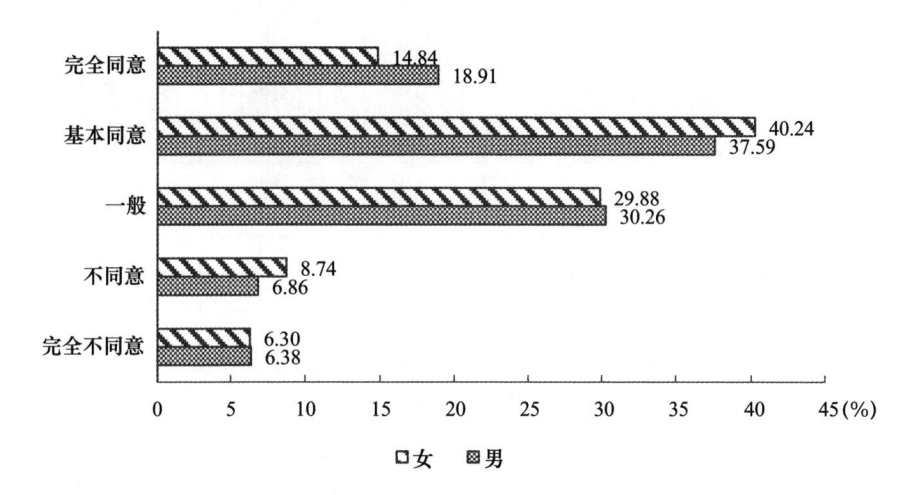

选项	女	男
完全同意	14.84	18.91
基本同意	40.24	37.59
一般	29.88	30.26
不同意	8.74	6.86
完全不同意	6.30	6.38

图3-23 按性别划分的是否同意"本企业尊重本地风俗习惯"分布（N=915）

其次，按族群来看（见图3-24），对于中资企业尊重本地风俗习惯的主观性评价，其他族群和老龙族的员工都是中上评价，老松族的员工是中等评价，而老听族是中下评价。总和"完全不同意"和"不同意"得出，老龙族员工占12.84%，老松族占15.18%，老听族占比最大，为两成（20.28%），比其他族群占比（10.81%）多9.47个百分点。认为本企业"一般"尊重本地风俗习惯，老龙族和其他族群都为两成占比（24.08%、24.32%），老松族占到四成

(40.18%),而老听族的比例接近五成(49.65%)。"基本同意"和"完全同意"的加总后,老龙族占63.08%,其他族群占64.86%,老松族占到44.64%,而老听族仅占30.07%。

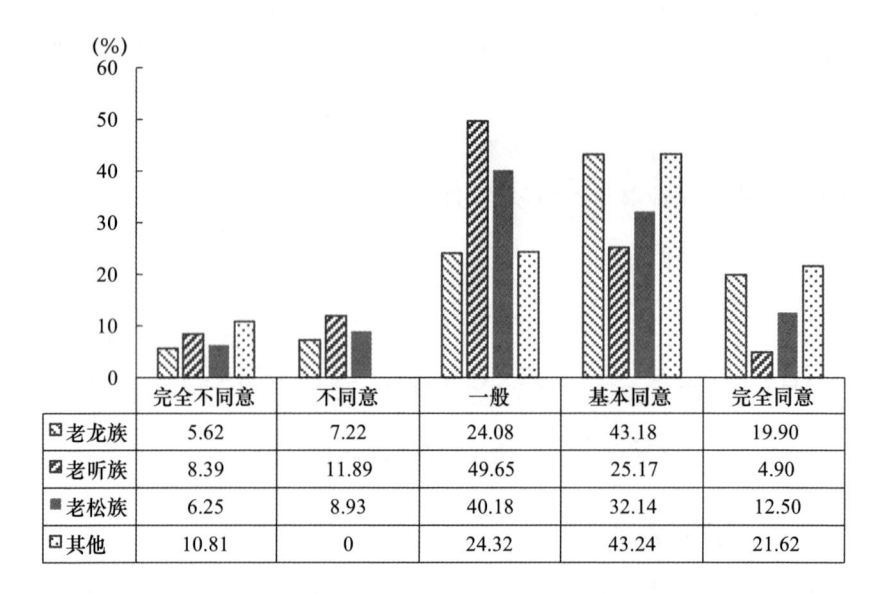

	完全不同意	不同意	一般	基本同意	完全同意
老龙族	5.62	7.22	24.08	43.18	19.90
老听族	8.39	11.89	49.65	25.17	4.90
老松族	6.25	8.93	40.18	32.14	12.50
其他	10.81	0	24.32	43.24	21.62

图3-24 按族群划分的是否同意"本企业尊重本地风俗习惯"分布(N=915)

再次,从收入来看(见图3-25),合并"完全不同意"和"不同意"来看,149美元及以下的员工占14.55%,150—299美元收入的员工占15.02%,300美元及以上的员工仅占13.31%。认为本企业尊重本地风俗习惯"一般",149元及以下的员工比例最高接近四成(38.43%),300美元及以上的员工比例最低(23.38%),相差约15个百分点。合并"基本同意"和"完全同意"显示,收入为149美元及以下的员工仅占四成多(47.01%)与300美元及以上收入的员工六成比例(63.31%)相比,相差16.30个百分点;收入为150—299美元的员工达到五成(55.26%)。由此可知,高收入水平员工对本企业尊重本地风俗习惯的评价更高。

第三章 中国与老挝民心相通现状研究

	完全不同意	不同意	一般	基本同意	完全同意
━━ 149美元及以下	6.34	8.21	38.43	30.97	16.04
⋯⋯ 150—299美元	5.71	9.31	29.73	39.34	15.92
– – 300美元及以上	7.14	6.17	23.38	45.13	18.18

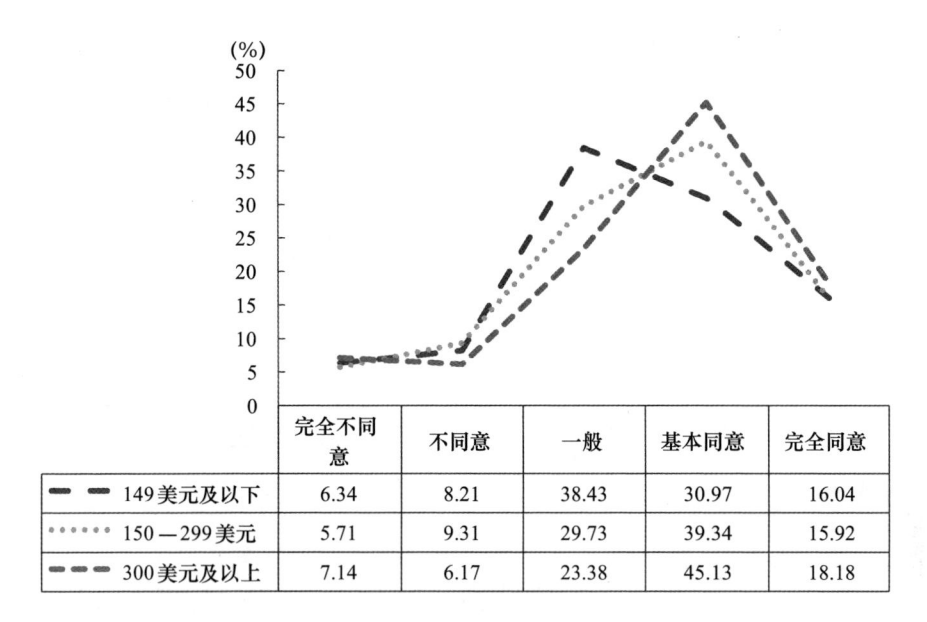

图 3-25 按收入划分的是否同意"本企业尊重本地风俗习惯"分布（N=909）

接下来从受教育程度来看，由图 3-26 可见，受教育水平越高，老挝中资企业员工对于本企业尊重本地风俗习惯的评价越高。加总"完全不同意"和"不同意"可看出，小学及以下教育的员工比例最高（17.79%），大学本科及以上受教育程度的员工占比最低为 10.26%。认为本企业尊重本地风俗习惯"一般"，小学及以下与初中/高中教育的员工占比都为三成（34.75%、34.93%），大学本科及以上受教育程度的员工占比最低不足两成（19.05%），最低和最高占比相差约 16 个百分点。总和"基本同意"和"完全同意"，大学本科及以上受教育程度的员工占七成（70.70%）比小学及以下教育的员工超四成占比（47.46%）多23.24 个百分点，初中/高中教育的员工比例约为五成（49.90%）。

然后，从是否管理人员来看（见表 3-5），加总"完全不同意"和"不同意"得到，管理人员仅占 12.63%，比非管理人员（14.45%）少 1.82 个百分点。认为本企业尊重本地风俗习惯"一般"，管理人员

· 115 ·

	完全不同意	不同意	一般	基本同意	完全同意
小学及以下	11.86	5.93	34.75	36.44	11.02
初中/高中	6.14	9.02	34.93	36.08	13.82
大学本科及以上	4.40	5.86	19.05	45.79	24.91

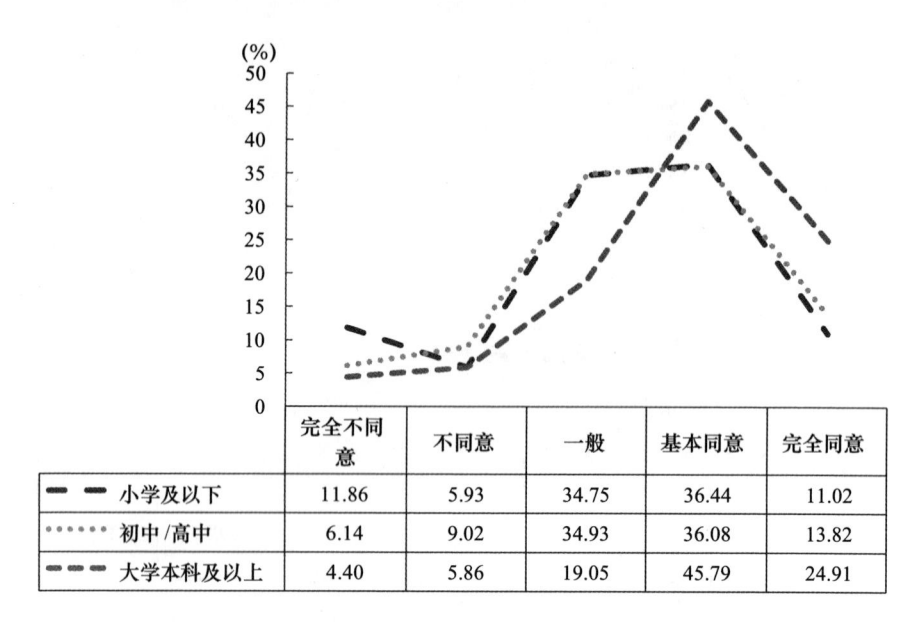

图 3-26 按受教育程度划分的是否同意"本企业尊重本地风俗习惯"（N=912）

占 29.13%，非管理人员的比例为 30.12%。合并"基本同意"和"完全同意"来看，管理人员占 58.25%，比非管理人员的比例（55.43%）高出 2.82 个百分点。据此知道，总体上管理人员对于本企业尊重本地风俗习惯的评价高于非管理人员。

表 3-5　　按是否管理人员划分的是否同意"本企业尊重本地风俗习惯"分布　　　　（单位:%）

是否管理人员	完全不同意	不同意	一般	基本同意	完全同意	合计
管理人员	6.80	5.83	29.13	36.89	21.36	100
非管理人员	6.30	8.15	30.12	39.26	16.17	100

注：N=913。

最后，从入职时间看（见图 3-27），合并"完全不同意"和

"不同意"显示，入职半年至两年的占比最高为16.76%，入职两年以上的占比最低为12.18%，最高和最低占比相差4.58个百分点。认为本企业"一般"尊重本地风俗习惯，入职时间越长所占比例减少，入职半年及以下的员工占35.51%，比入职两年以上的比例（21.47%）多14.04个百分点。合并"基本同意"和"完全同意"后，入职半年及以下的员工占比五成（51.84%），入职半年至两年的比例最低为四成多（48.87%）比最高六成比例（66.34%）的入职两年以上的员工少17.47个百分点。由此可见，老挝中资企业员工对本企业尊重本地风俗习惯的评价，入职时长为半年至两年的评价偏低，入职超过两年的员工评价偏高。

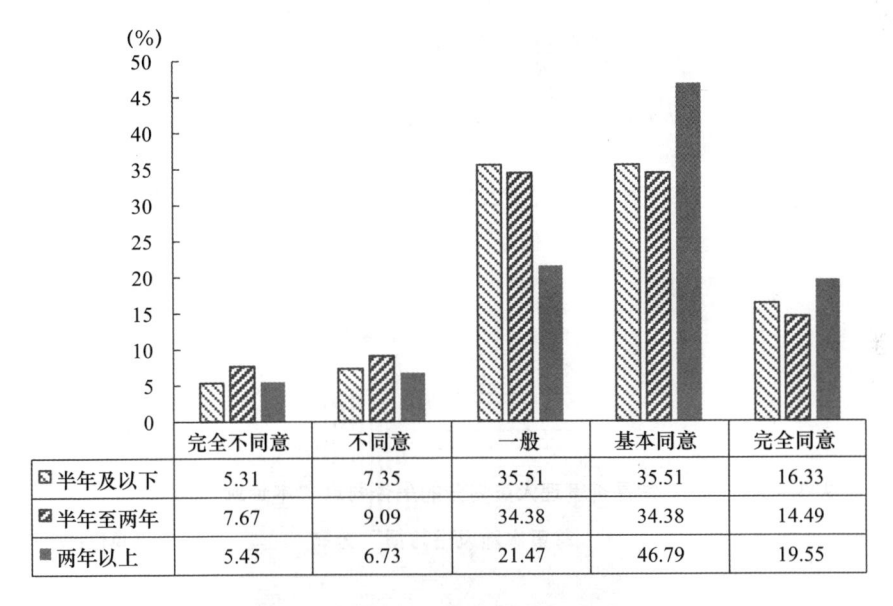

	完全不同意	不同意	一般	基本同意	完全同意
半年及以下	5.31	7.35	35.51	35.51	16.33
半年至两年	7.67	9.09	34.38	34.38	14.49
两年以上	5.45	6.73	21.47	46.79	19.55

图3-27 按进入中资企业时间划分的是否同意"本企业尊重本地风俗习惯"分布（N=909）

以下将从性别、族群、收入、受教育程度、是否管理人员和入职时长这六个类别分析老挝中资企业员工对中资企业尊重员工的宗教信仰的情感性评价。

第一，按性别划分来看（见图3-28和图3-29），男性和女性员工对于企业尊重员工的宗教信仰的评价存在差异。加总"完全不同意"和"不同意"表明，男性员工占12.33%比女性员工占比（14.98%）低2.65个百分点。认为本企业尊重员工的宗教信仰"一般"，男性和

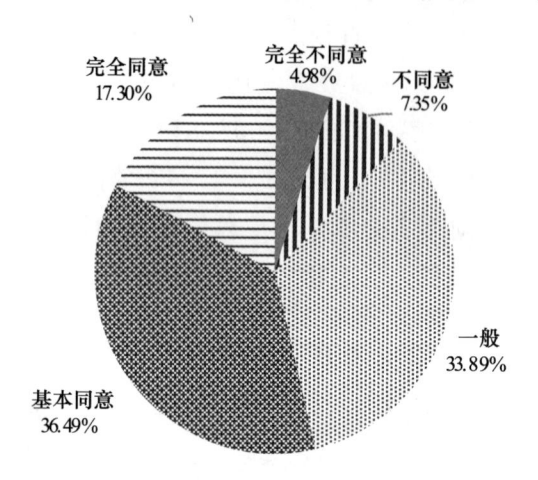

图3-28 男性中资企业员工是否同意"本企业尊重员工的宗教信仰"分布（N=422）

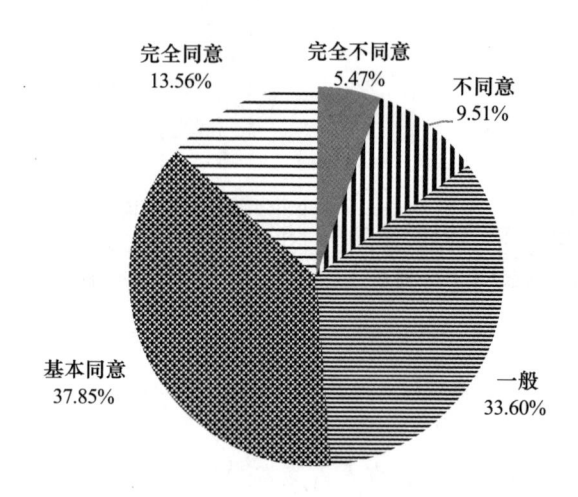

图3-29 女性中资企业员工是否同意"本企业尊重员工的宗教信仰"分布（N=494）

女性员工占比都为三成（33.89%、33.60%），两者间的差距很小。合并"基本同意"和"完全同意"来看，男性占53.79%比女性的比例（51.41%）多2.38个百分点。由此可知，男性员工对于中资企业尊重员工的宗教信仰的情感性评价比女性员工高。

第二，从族群来看（见图3-30），合并"完全不同意"和"不同意"后，老龙族员工占12.16%，老听族占比最高22.92%，是最低占比的其他族群（11.42%）的2倍多，而老松族的比例为11.61%。认为本企业尊重员工的宗教信仰"一般"，老龙族占28.64%，老听族占比最大为51.39%，老松族占到42.86%，其他族群占比最小为22.86%，最大与最小占比相差28.53个百分点。合并"基本同意"和"完全同意"发现，老龙族的比例接近六成（59.20%），老听族的比例最低为二成（25.69%），老松族占四成（45.53%），其他族群占比最高为六成（65.72%），最高占比约为最

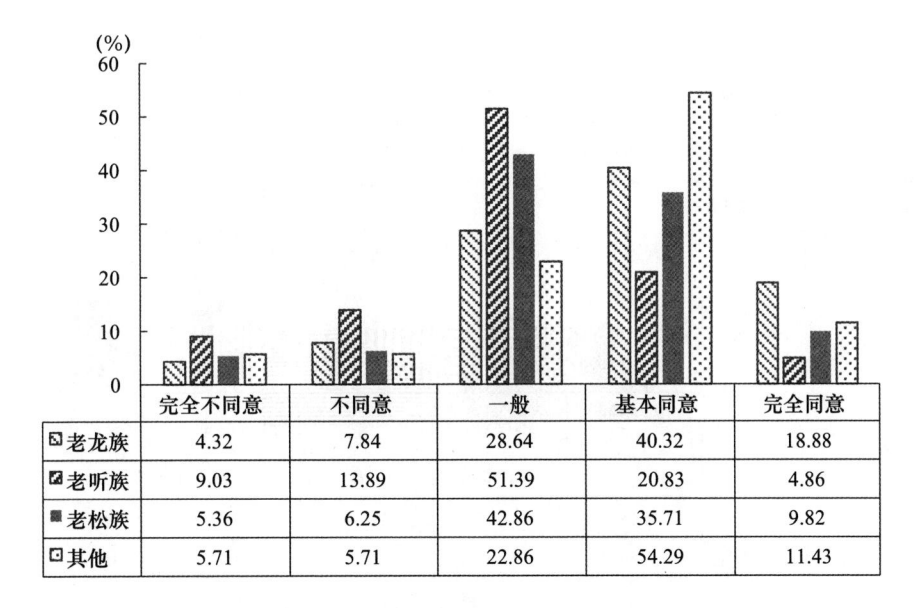

	完全不同意	不同意	一般	基本同意	完全同意
老龙族	4.32	7.84	28.64	40.32	18.88
老听族	9.03	13.89	51.39	20.83	4.86
老松族	5.36	6.25	42.86	35.71	9.82
其他	5.71	5.71	22.86	54.29	11.43

图3-30 按族群划分的是否同意"本企业尊重员工的宗教信仰"分布（N=916）

低占比的两倍多。由此可见，对于中资企业尊重员工的宗教信仰的评价，其他族群的评价最高，老听族的评价最低，老龙族为中上评价，老松族为中等评价。

第三，从收入来看（见图3-31），合并"完全不同意"和"不同意"来看，收入为149美元及以下与150—299美元的员工的比例相差很小，分别为14.49%和14.63%；收入为300美元及以上的仅占12.42%。认为本企业尊重员工的宗教信仰是"一般"程度，收入越高所占比例越低，149美元及以下收入的员工占比最大接近四成（39.03%），300美元及以上收入的员工占比最小为31.37%，相差约8个百分点。合并"基本同意"和"完全同意"后，收入越高所占比例越大，收入为149美元及以下的员工超四成占比（46.47%），比300美元及以上的员工五成占比（56.21%）少9.74个百分点，而150—299美元收入的员工占53.43%。据此得到，收入越高的员工对中资企业尊重员工的宗教信仰评价越高。

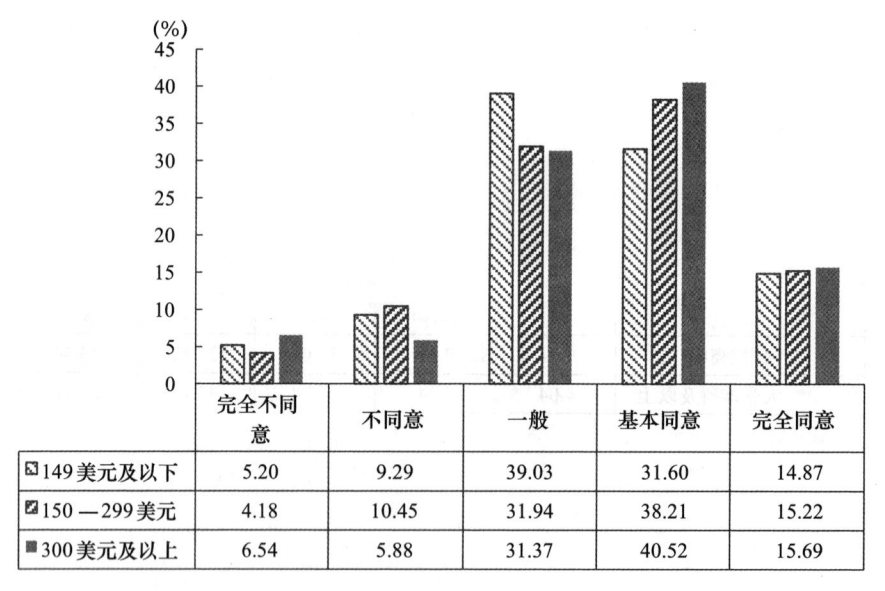

(%)	完全不同意	不同意	一般	基本同意	完全同意
149美元及以下	5.20	9.29	39.03	31.60	14.87
150—299美元	4.18	10.45	31.94	38.21	15.22
300美元及以上	6.54	5.88	31.37	40.52	15.69

图3-31 按收入划分的是否同意"本企业尊重员工的宗教信仰"分布（N=910）

第四，从受教育程度来看（见图3-32），加总"完全不同意"和"不同意"的数据得知，小学及以下教育的员工占比最高为23.14%，本科及以上受教育程度的员工占比最低仅为8.08%。认为本企业尊重员工的宗教信仰"一般"，小学及以下教育的员工的比例最高，为37.19%，大学本科及以上比例最低，为25.74%，最高和最低占比相差11.45个百分点。合并"基本同意"和"完全同意"后，小学及以下教育的员工仅占约四成（39.66%），初中/高中教育的员工占比接近五成（48.56%），本科及以上受教育程度的员工超六成（66.18%）。由此知道，总体上受教育水平越高，老挝中资企业员工对于中资企业尊重员工的宗教信仰的评价越高。

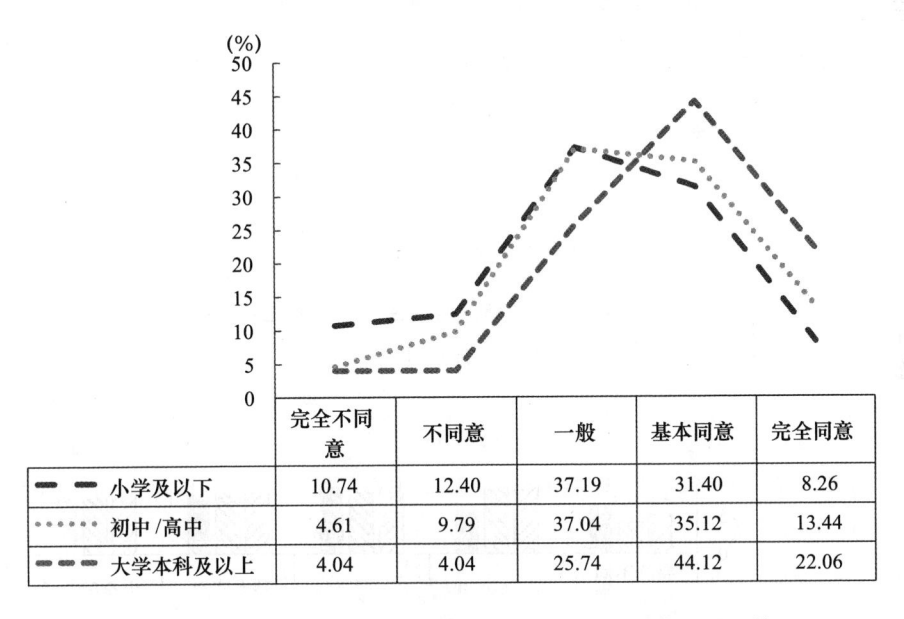

	完全不同意	不同意	一般	基本同意	完全同意
小学及以下	10.74	12.40	37.19	31.40	8.26
初中/高中	4.61	9.79	37.04	35.12	13.44
大学本科及以上	4.04	4.04	25.74	44.12	22.06

图3-32 按受教育程度划分的是否同意"本企业尊重员工的宗教信仰"分布（N=914）

第五，从是否管理人员来看（见图3-33），总和"完全不同意"和"不同意"的数据后，管理人员仅占9.71%，比非管理人员的比例（14.30%）低4.59个百分点。认为本企业尊重员工的宗教信仰"一般",管理人员的比例(38.83%)比非管理人员的比例(33.05%)高5.78个百分点。总和"基本同意"和"完全同意"的数据来看,管理人员占51.46%,非管理人员占52.65%,相差不大。据此可见,与非管理人员相比,管理人员对于中资企业尊重员工的宗教信仰的情感性评价更高。

完全同意 14.43 / 22.33
基本同意 38.22 / 29.13
一般 33.05 / 38.83
不同意 8.63 / 7.77
完全不同意 5.67 / 1.94

□非管理人员 ▨管理人员

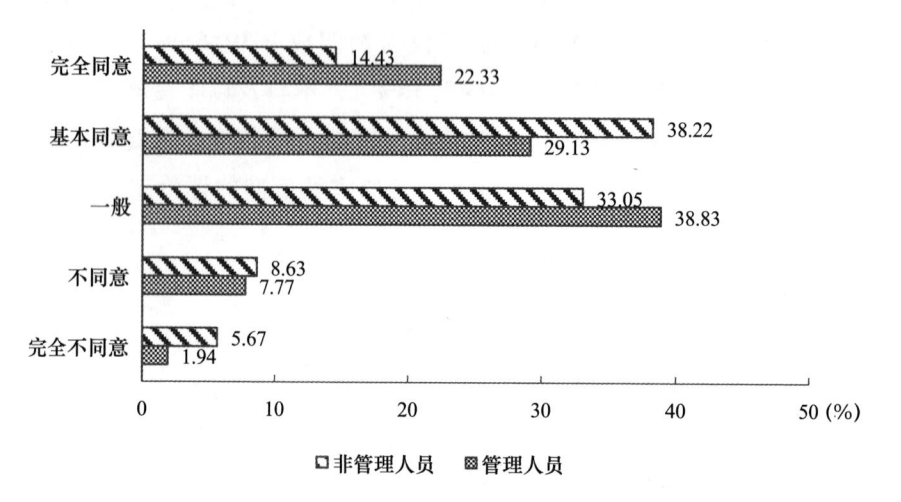

图3-33 按是否管理人员划分的是否同意"本企业尊重员工的宗教信仰"分布(N=914)

第六,从进入中资企业时间来看(见图3-34),加总"完全不同意"和"不同意"数据显示,入职半年至两年的员工占比最大为17.80%,入职两年以上的比例最小为10.32%。认为本企业尊重员工的宗教信仰是"一般"的,入职时间越长占比越小。入职时间为半年及以下的员工占比(39.43%)较入职两年以上员工的占比(27.74%)多11.69个百分点。合并"基本同意"和"完全同意"发现,入职半年及以下的员工占48.38%,入职半年至两年的占比最低为46.61%,入职两年以上的占比最高为61.94%,最高与最低占比相差15.33个百分点。据此知道,入职两年以上的员工对于中资企业尊重员工宗教信仰的评价更高，入职半年至两年的员工对于中资企业尊重员工宗教信仰的评价偏低。

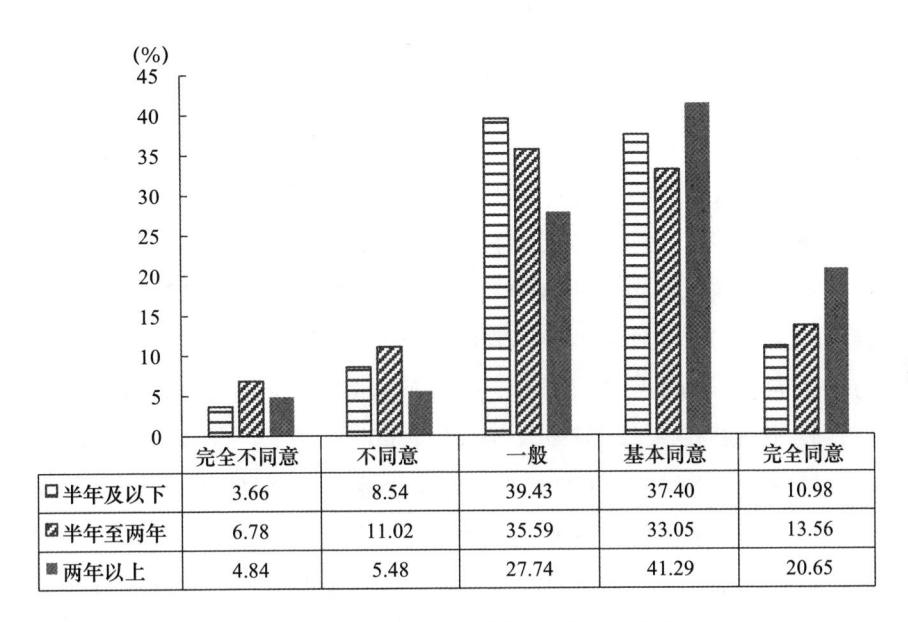

	完全不同意	不同意	一般	基本同意	完全同意
半年及以下	3.66	8.54	39.43	37.40	10.98
半年至两年	6.78	11.02	35.59	33.05	13.56
两年以上	4.84	5.48	27.74	41.29	20.65

图3-34　按进入中资企业时间划分的是否同意"本企业尊重员工的宗教信仰"分布（N=910）

下面将从性别、族群、受教育水平、是否管理人员、收入、进入中资企业时间六个角度出发，分析不同类别老挝中资企业员工对"喜欢本企业作息时间规定"的同意程度。

首先，从性别来看（见表3-6），一方面，合并"完全同意"及"基本同意"两选项统计可知，男性合计占比（56.81%）较女性（58.38%）仅略低出1.57个百分点。另一方面，合并"完全不同意"与"不同意"两选项统计可知，女性（12.53%）与男性（11.03%）相差1.50个百分点。由此发现，男女在"喜欢本企业作息时间规定"方面的同意程度差异并不明显。

表3-6　按性别划分的是否同意"喜欢本企业作息时间规定"　（单位:%）

性别	完全不同意	不同意	一般	基本同意	完全同意
男	3.05	7.98	32.16	43.19	13.62
女	5.86	6.67	29.09	48.28	10.10

注：N=921。

其次，从族群的来看（见图3-35），一方面，合并"完全同意"及"基本同意"两选项统计可知，其他族合计占比（70.27%）最高，剩余族群合计占比由高到低依次为：老龙族（63.12%）、老松族（52.26%）、老听族（34.72%）。另一方面，合并"完全不同意"与"不同意"两选项统计可知，老听族（14.58%）的合计百分比最高，较其他族（13.52%）高出1.06个百分点，比老龙族（11.29%）高出3.29个百分点，较老松族（10.81%）高出3.77个百分点。据此可认为，其他族较老龙族、老松族、老听族对"喜欢本企业作息时间规定"的同意程度更高，其中老听族的同意程度最低。

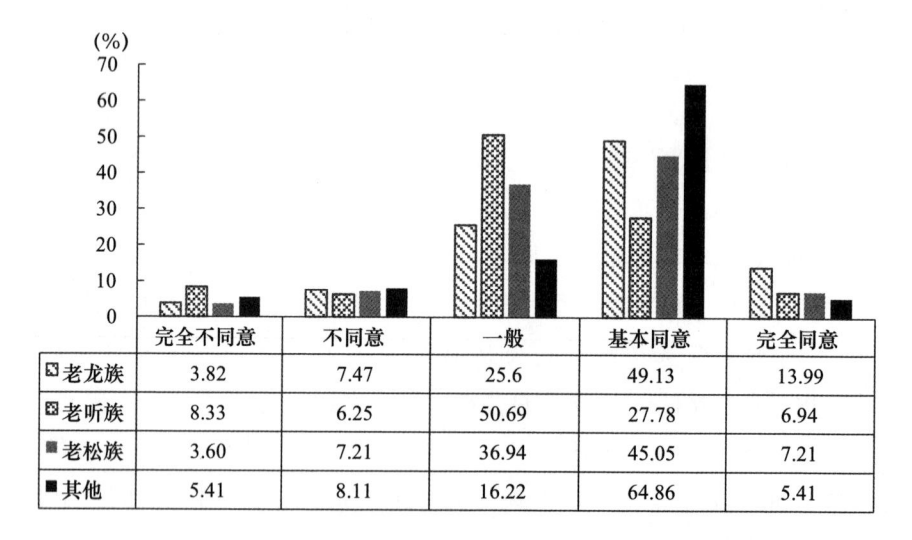

	完全不同意	不同意	一般	基本同意	完全同意
老龙族	3.82	7.47	25.6	49.13	13.99
老听族	8.33	6.25	50.69	27.78	6.94
老松族	3.60	7.21	36.94	45.05	7.21
其他	5.41	8.11	16.22	64.86	5.41

图3-35　按族群划分的是否同意"喜欢本企业作息时间规定"（N=921）

从受教育程度来看（见图3-36），一方面，合并"完全同意"及"基本同意"两选项统计可知，大学本科及以上受教育程度员工组合计占比（67.88%）较初中/高中受教育程度员工合计占比（55.26%）高出12.62个百分点。同时初中/高中受教育程度员工合计占比较小学及以下受教育程度员工合计占比（45.45%）高出9.81个百分点。另一方面，合计"完全不同意"和"不同意"两项可知，小学及以下受教育程度员工组合计占比（19.01%）高出初中/高中受教育程度员工组6.77个百分点，初中/高中受教育程度员工组高于大学本科及以上受教育程度员工组（7.66%）。据此可知，受教育程度越高的老挝中资企业员工对"喜欢本企业作息时间规定"的同意程度越高。

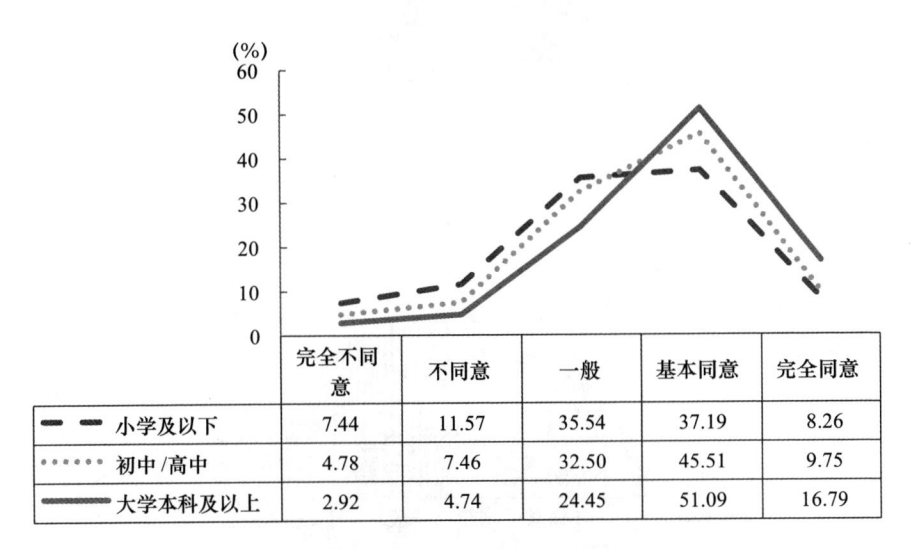

	完全不同意	不同意	一般	基本同意	完全同意
小学及以下	7.44	11.57	35.54	37.19	8.26
初中/高中	4.78	7.46	32.50	45.51	9.75
大学本科及以上	2.92	4.74	24.45	51.09	16.79

图3-36　按受教育程度划分的是否同意"喜欢本企业作息时间规定"（N=918）

对比图3-37与图3-38显见，管理人员较非管理人员对"喜欢本企业作息时间规定"的同意程度略高。一方面，合并"完全同意"及"基本同意"两项可知，管理人员合计占比（61.17%）较非管理人员（57.35%）高3.82个百分点。另一方面，合并"完全不同意"与"不同意"两项可知，管理人员（8.74%）较非管理人员占比（12.13%）低3.39个百分点。

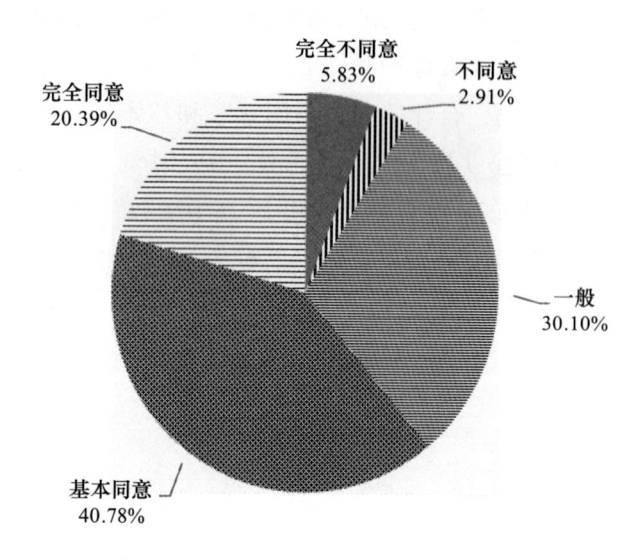

图 3-37 管理人员是否同意"喜欢本企业作息时间"（N=103）

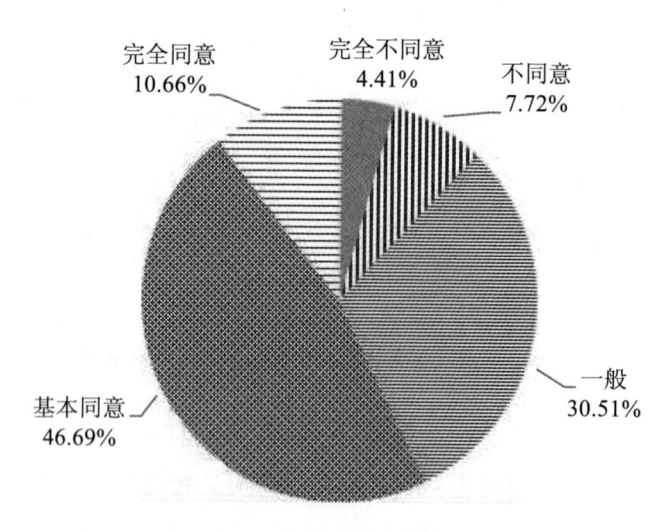

图 3-38 非管理人员是否同意"喜欢本企业作息时间"（N=816）

第三章 中国与老挝民心相通现状研究

接下来，从收入来看，由图 3-39 可知，一方面，合并"完全同意"及"基本同意"两项可知，300 美元及以上老挝中资企业员工合计占比（65.59%）较 150—299 美元收入的老挝中资企业员工（56.68%）高 8.91 个百分点。同时，150—299 美元收入的老挝中资企业员工合计占比较收入在 149 美元及以下的老挝中资企业员工合计占比（49.63%）高出 7.05 个百分点。另一方面，统计"完全不同意"和"不同意"两选项易知，收入在 149 美元及以下的老挝中资企业员工占比（12.60%）与 150—299 美元收入的老挝中资企业员工占比（10.09%）、300 美元及以上老挝中资企业员工占比（12.98%）三者间相差不足 3 个百分点。据此可了解到，300 美元及以上收入老挝中资企业员工对"喜欢本企业作息时间规定"的同意程度最高，其次为 150—299 美元收入的员工，而收入在 149 美元及以下的老挝中资企业员工同意度最低。

	完全不同意	不同意	一般	基本同意	完全同意
149 美元及以下	5.19	7.41	37.78	39.26	10.37
150—299 美元	3.56	6.53	33.23	46.29	10.39
300 美元及以上	5.19	7.79	21.43	51.30	14.29

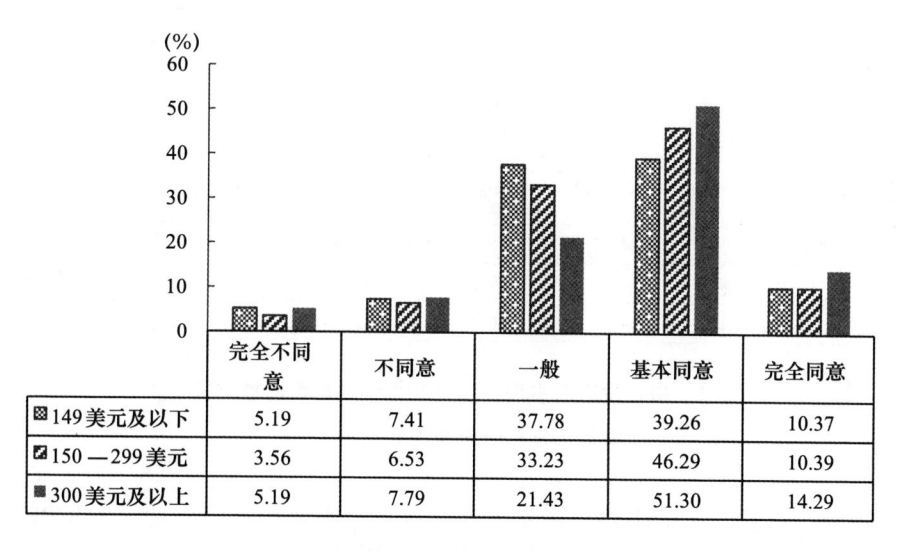

图 3-39 按收入划分的是否同意"喜欢本企业作息时间规定"（N=915）

最后，从进入中资企业时间来看（见图 3-40），一方面，合并"完全同意"及"基本同意"两选项统计可知，进入企业两年以上老

· 127 ·

挝中资企业员工合计占比（66.03%）比进入企业半年至两年老挝中资企业员工合计占比（53.24%）、进入企业半年及以下老挝中资企业员工合计占比（53.44%）分别高12.79个和12.59个百分点。另一方面，统计"完全不同意"及"不同意"两选项易知，进入企业两年以上老挝中资企业员工合计占比（10.90%）比进入企业半年老挝中资企业员工合计占比（14.36%）低3.46个百分点、比进入企业半年及以下老挝中资企业员工合计占比（9.72%）高1.18个百分点。总体而言，进入企业两年以上老挝中资企业员工对"喜欢本企业作息时间规定"的同意程度最高。

	完全不同意	不同意	一般	基本同意	完全同意
半年及以下	4.05	5.67	36.84	45.34	8.10
半年至两年	5.35	9.01	32.39	42.82	10.42
两年以上	4.17	6.73	23.08	50.00	16.03

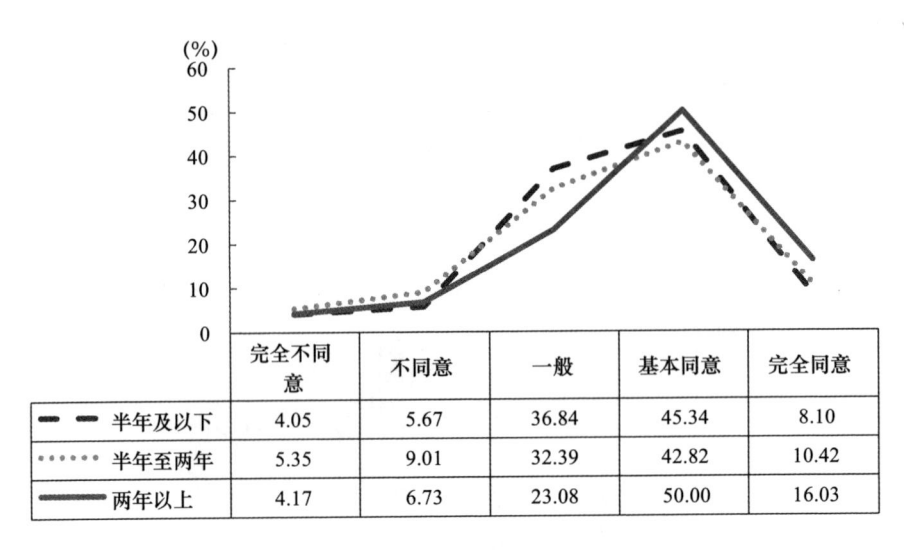

图3-40 按进入中资企业时间划分的是否同意"喜欢本企业作息时间规定"（N=914）

在对不同老挝中资企业员工的"喜欢本企业作息时间规定"同意程度考察之后，下面也将继续从性别、族群、受教育程度、是否管理人员、收入和入职时长对不同类型老挝中资企业员工间对"中外老挝中资企业员工晋升制度一致"同意程度的差异或一致情况进行考察。

首先，从性别来看（见表3-7），合并"完全不同意"与"不同意"两选项统计可知,女性(23.77%)比男性(22.41%)仅高出1.36个百分点。综合来看,男性与女性对"中外老挝中资企业员工晋升制度一致"的同意程度几乎一致。

表3-7 按性别划分的是否同意"中外老挝中资企业员工晋升制度一致" （单位:%）

性别	完全不同意	不同意	一般	基本同意	完全同意
男	6.02	16.39	32.77	35.66	9.16
女	5.17	18.60	32.44	35.54	8.26

注:N=899。

其次,从族群来看(见图3-41)。一方面,合并"完全同意"及"基本同意"两选项统计,老龙族合计占比(47.55%)与其他族合计占比(47.06%)几乎吻合,且高出老听族(33.57%)13.98个百分点,高出老松族(39.09%)8.46个百分点。另一方面,合并"完全不同意"与"不同意"两选项统计可知,老听族(18.88%)比例最低,但与其他民族(23.53%)、老松族(21.82%)、老龙族(24.35%)相差最高不到6个百分点。据此表明,老龙族与其他族对"中外老挝中资企业员工晋升制度一致"的同意程度较高,老听族与老松族之间比例保持一致,且相对略低。

再次从受教育程度来看,从图3-42发现,一方面,合并"完全同意"及"基本同意"两选项统计可知,小学及以下受教育程度员工组合计占比(39.16%)较初中/高中受教育程度员工组合计占比(45.19%)低6.03个百分点。初中/高中受教育程度员工组合计占比与大学本科及以上受教育程度员工组合计占比(45.31%)比例几乎一致。另一方面,合并"完全不同意"与"不同意"两选项统计可知,大学本科及以上受教育程度员工组合计占比(28.84%)较小学及以下受教育程度员工组(20.83%)、初中/高中受教育程度员工组

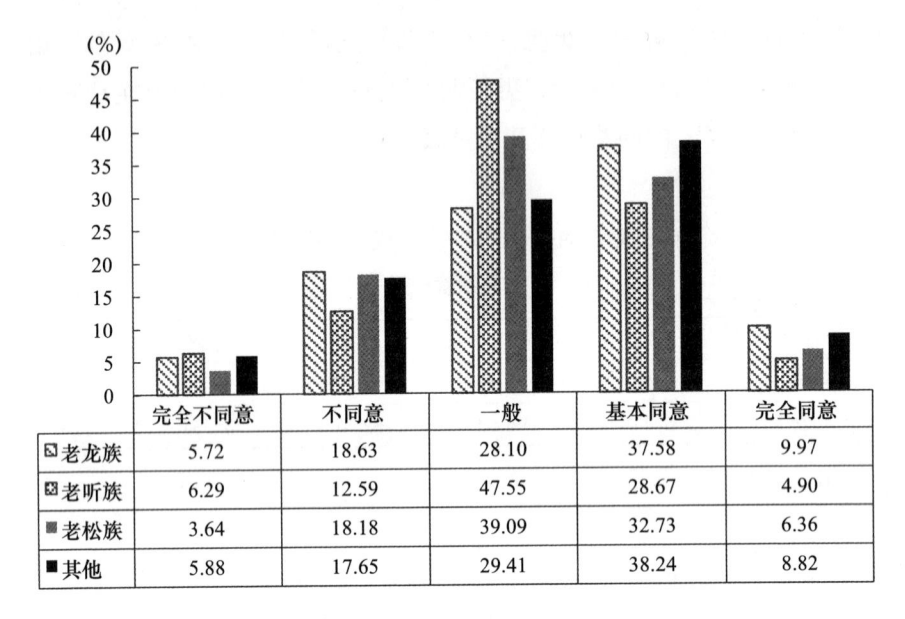

	完全不同意	不同意	一般	基本同意	完全同意
老龙族	5.72	18.63	28.10	37.58	9.97
老听族	6.29	12.59	47.55	28.67	4.90
老松族	3.64	18.18	39.09	32.73	6.36
其他	5.88	17.65	29.41	38.24	8.82

图 3-41 按族群划分的是否同意"中外老挝中资企业员工晋升制度一致"（N=899）

	完全不同意	不同意	一般	基本同意	完全同意
小学及以下	8.33	12.50	40.00	35.83	3.33
初中/高中	5.11	15.52	34.18	37.33	7.86
大学本科及以上	5.24	23.60	25.84	32.58	12.73

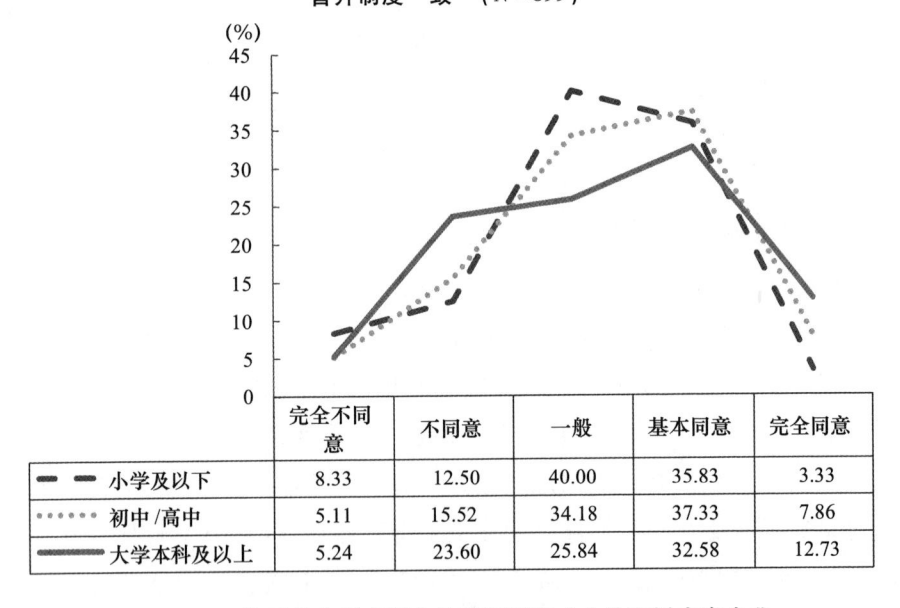

图 3-42 按受教育程度划分的是否同意"中外老挝中资企业员工晋升制度一致"（N=896）

占比（20.63%）高出超 8 个百分点。据此可认为，大学本科及以上受教育程度员工组对"中外老挝中资企业员工晋升制度一致"的同意程度较低，初中/高中受教育程度员工与小学及以下受教育程度员工组老挝中资企业员工同意度相差不大。

进一步从是否管理人员角度考察（参见由图 3-43），一方面，合并"完全同意"及"基本同意"两选项统计可知，管理人员合计占比（41.58%）较非管理人员（44.72%）略低 3.14 个百分点。另一方面，对"一般"选项进行统计可知，管理人员（37.62%）较非管理人员占比（31.91%）高 5.71 个百分点。显见，是否管理人员对"中外老挝中资企业员工晋升制度一致"的同意程度相差不大。

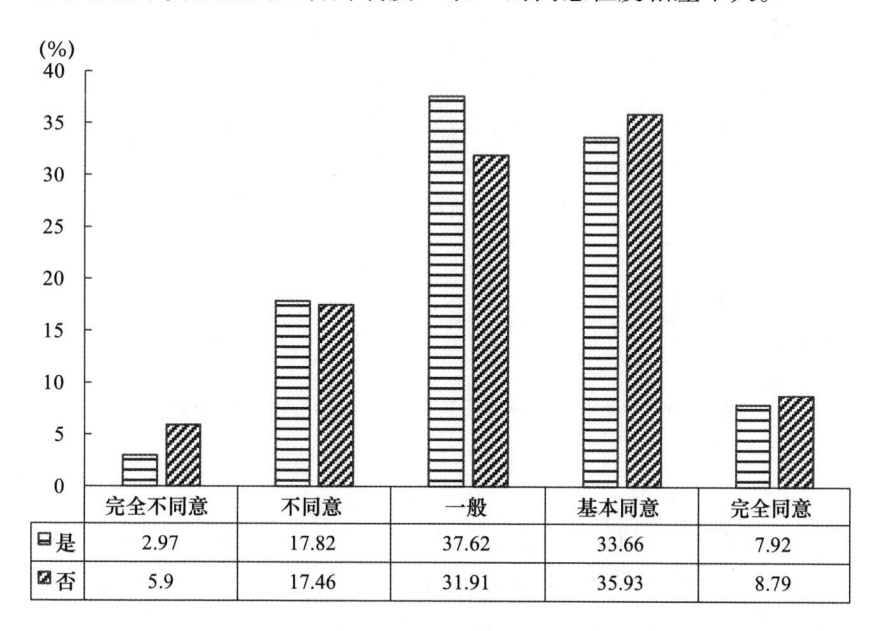

(%)	完全不同意	不同意	一般	基本同意	完全同意
是	2.97	17.82	37.62	33.66	7.92
否	5.9	17.46	31.91	35.93	8.79

图 3-43　按是否管理人员划分的是否同意"中外老挝中资企业员工晋升制度一致"（N=897）

接下来，对不同收入水平老挝中资企业员工进行考察。通过图 3-44 可了解到，合并"完全同意"及"基本同意"、"一般"三项统计可知，收入在 149 美元及以下员工合计占比（79.32%）与

150—299美元收入员工合计占比（79.50%）几乎一致，且二者同时高出300美元及以上员工合计占比（71.09%）约8个百分点。据此可了解到，300美元及以上高收入员工对"中外老挝中资企业员工晋升制度一致"的同意程度最低，150—299美元收入员工及收入在149美元及以下员工同意程度略高。

	完全不同意	不同意	一般	基本同意	完全同意
149美元及以下	4.89	15.79	39.47	32.71	7.14
150—299美元	5.20	15.29	33.33	37.00	9.17
300美元及以上	6.64	21.26	25.58	36.88	9.63

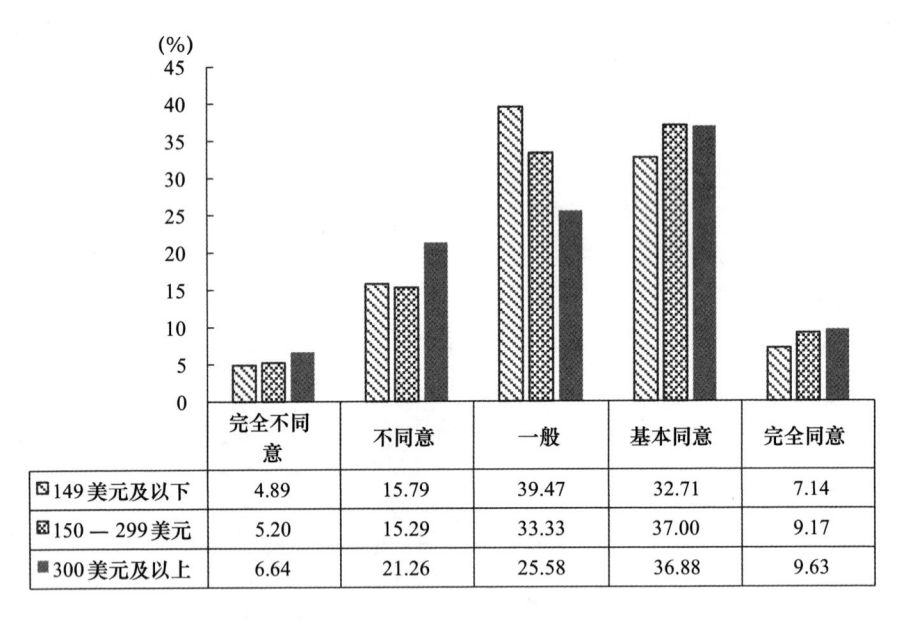

图3-44 按收入划分的是否同意"中外老挝中资企业员工晋升制度一致"（N=894）

最后从入职时长角度分析（见图3-45），一方面，合并"完全同意"及"基本同意"两选项统计可知，进入企业半年及以下老挝中资企业员工合计占比（46.89%）比进入企业半年至两年老挝中资企业员工合计占比（44.45%）高出约2个百分点。此外，进入企业半年至两年老挝中资企业员工合计占比又比进入企业两年以上老挝中资企业员工合计占比（42.33%）高2.12个百分点。另一方面，合并"完全不同意"与"不同意"两选项统计可知，进入企业两年以上老挝中资企业员工合计占比（27.00%）比进入企业半年至两年老挝中资企业员工合计占比（24.21%）高出2.79个百分点，高出进入企业半年及以下老挝中资企业员工合计占比（16.18%）10.82个百分点。由此表明，进入企业半年及以下老挝中资企业员工对"中外老挝中资企业员工晋升制度一致"的同意程度最高，进入企业两年以上老挝中资企业员工同意程度最低。

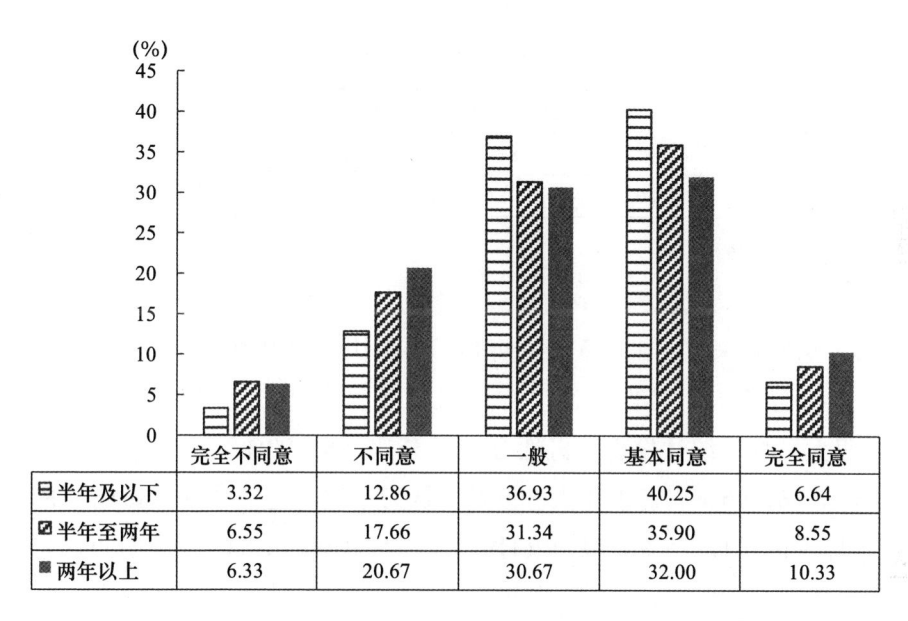

	完全不同意	不同意	一般	基本同意	完全同意
半年及以下	3.32	12.86	36.93	40.25	6.64
半年至两年	6.55	17.66	31.34	35.90	8.55
两年以上	6.33	20.67	30.67	32.00	10.33

图 3-45 按进入中资企业时间划分的是否同意"中外老挝中资企业员工晋升制度一致"（N=892）

三 老挝中资企业员工对中国影响力的评价

中国对本国影响力大小评价、对中国影响的正面及负面评价情况两方面为老挝中资企业员工眼中的中国影响力的主要内容。本部分先对老挝中资企业员工对于"中国对本国影响力"大小的总体评价进行分析，接着从性别、族群、受教育程度、是否管理人员、收入、入职时长六个角度分析老挝中资企业员工关于"中国对本国影响力"大小的评价。

由表3-8可知，老挝中资企业员工对于"中国对本国影响力"大小评价总体较高。一方面，在916个样本之中，有756个样本认为中国对本国的影响力为有"很大影响"或"有些影响"，占比超八成（82.54%）。另一方面，认为中国对本国"没有影响"占比不足一成（8.30%）。

表3-8　　　　老挝中资企业员工认为"中国对本国
影响力"大小分布　　　　　（单位：个，%）

	没有影响	没多大影响	有些影响	很大影响	合计
样本量	76	84	378	378	916
频率	8.30	9.17	41.27	41.27	100

注：N=916。

从性别来看，由图3-46可知，男性认为的中国对老挝影响力与女性差异不大，男性略高。合并认为中国对老挝"有些影响"和"很大影响"统计发现，男性合计百分比（82.03%）与女性合计百分比（82.96%）相差不大。但是，认为中国对老挝"很大影响"的男性占比（47.75%）高出女性占比（35.70%）12.05个百分点。

	没有影响	没多大影响	有些影响	很大影响
男	8.98	8.98	34.28	47.75
女	7.71	9.33	47.26	35.70

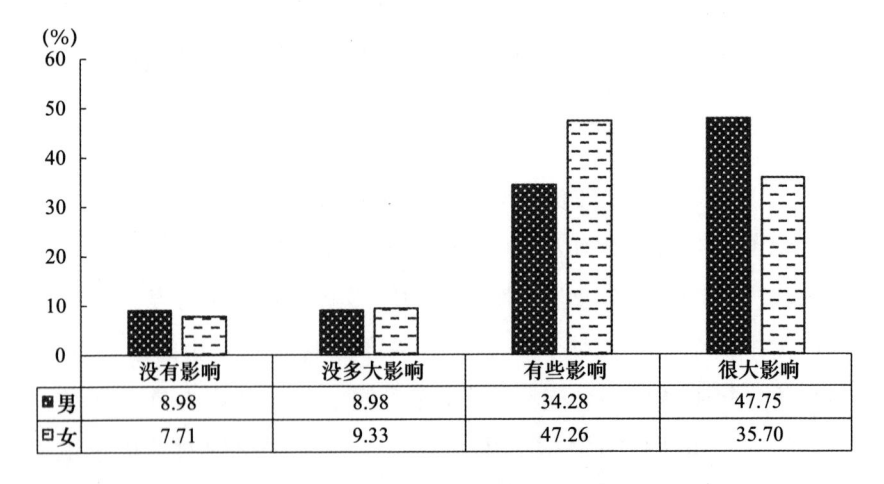

图3-46　按性别划分的认为"中国对本国影响力"大小（N=916）

从族群来看（见图3-47），合并"有些影响"、"很大影响"两项可知，其他族老挝中资企业员工合计占比最高（88.89%），高出老听族员工合计占比（75.52%）13.37个百分点，高出老松族员工合计占比（80.36%）8.53个百分点，高出老龙族（84.16%）近5个百分点。据此可认为，各族群认为"中国对本国影响力"大小由高到低依次为：其他族、老龙族、老松族、老听族。

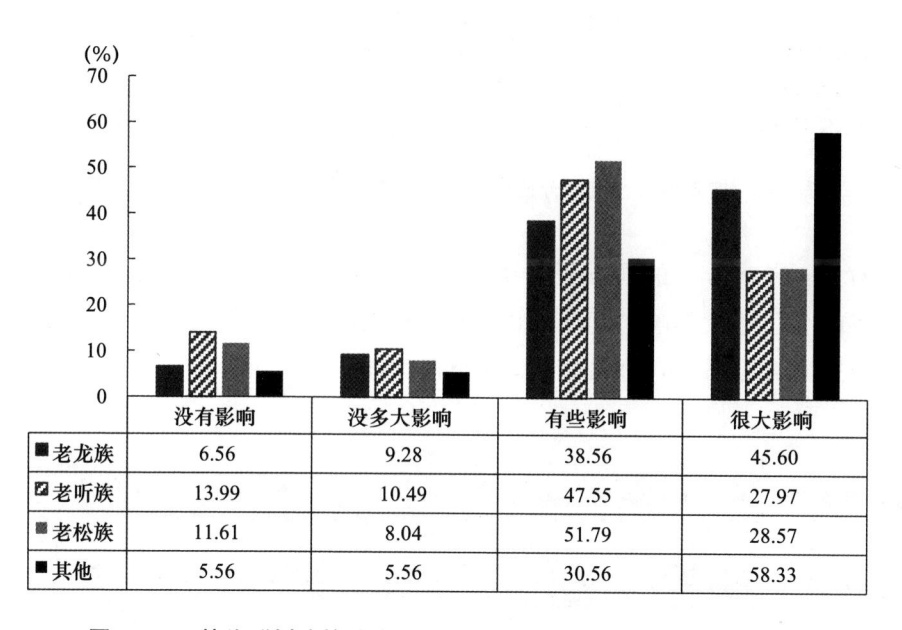

	没有影响	没多大影响	有些影响	很大影响
老龙族	6.56	9.28	38.56	45.60
老听族	13.99	10.49	47.55	27.97
老松族	11.61	8.04	51.79	28.57
其他	5.56	5.56	30.56	58.33

图3-47 按族群划分的认为"中国对本国影响力"大小（N=916）

再从受教育程度来看（见图3-48），合并"有些影响"、"很大影响"两项统计可知，大学本科及以上受教育程度员工老挝中资企业员工合计占比最高（89.05%），高出初中/高中受教育程度老挝中资企业员工合计占比（79.73%）9.32个百分点，高出小学及以下受教育程度员工（80.99%）8.06个百分点。总体来看，在对"中国对本国影响力"评价中，大学本科及以上受教育程度员工评价最高。

从是否管理人员来看，由图3-49可发现，非管理人员对"中国

中国与湄公河五国民心相通研究

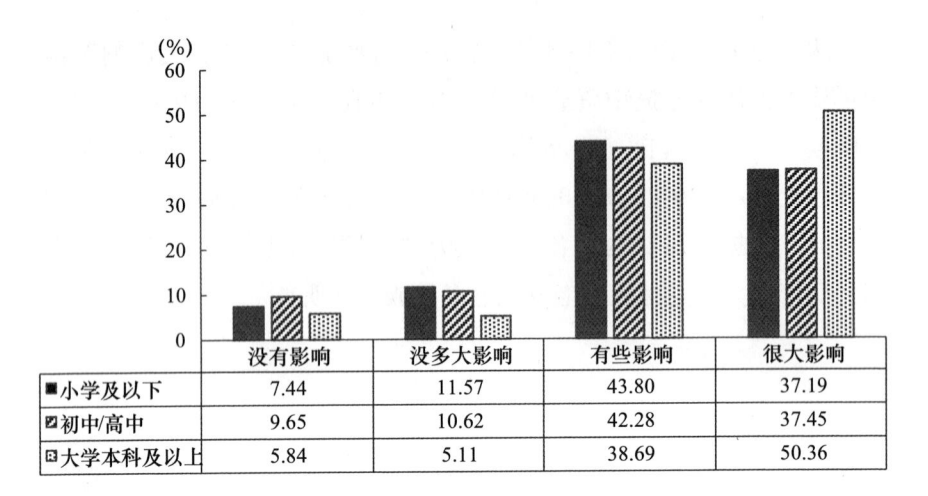

	没有影响	没多大影响	有些影响	很大影响
■小学及以下	7.44	11.57	43.80	37.19
▨初中/高中	9.65	10.62	42.28	37.45
▨大学本科及以上	5.84	5.11	38.69	50.36

图3-48 按受教育程度划分的认为"中国对本国影响力"大小（N=913）

对本国影响力"的同意程度高于管理人员。具体来看，合并"有些影响"、"很大影响"两项可知，非管理人员合计比例（83.36%）比管理人员（76.70%）高出6.66个百分点。

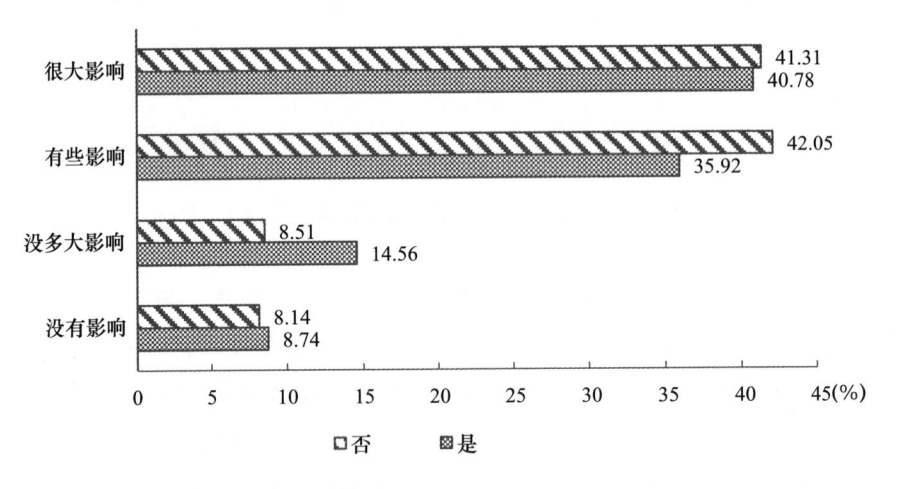

	否	是
很大影响	41.31	40.78
有些影响	42.05	35.92
没多大影响	8.51	14.56
没有影响	8.14	8.74

图3-49 按是否管理人员划分的认为"中国对本国影响力"大小（N=914）

再从收入方面考察。通过图 3-50 显示,合并"有些影响"、"很大影响"两项可知,300 美元及以上的老挝中资企业员工合计占比最高(86.65%),高出 150—299 美元收入的老挝中资企业员工合计占比(81.14%)5.51 个百分点,高出收入在 149 美元及以下的老挝中资企业员工合计占比(79.56%)7.09 个百分点。可以知道,对"中国对本国影响力"评价随收入的增加而提高。

	没有影响	没多大影响	有些影响	很大影响
149美元及以下	11.90	8.55	46.10	33.46
150—299美元	8.68	10.18	39.52	41.62
300美元及以上	4.89	8.47	39.09	47.56

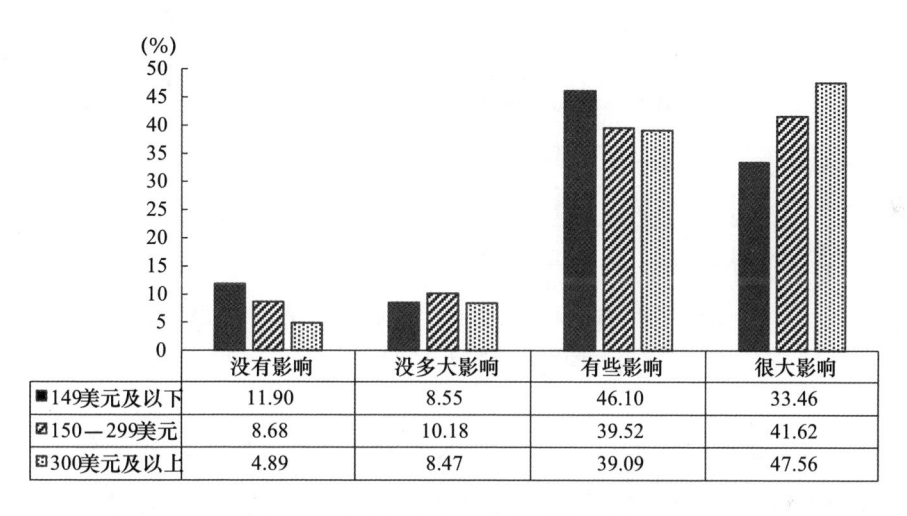

图 3-50 按收入划分的认为"中国对本国影响力"大小(N=910)

最后,从入职时长来看,图 3-51 显示,总体而言,老挝中资企业员工对"中国对本国影响力"大小评价随入职时长的增加而逐渐增高。合并"有些影响"、"很大影响"两项可发现,入职时长两年以上的老挝中资企业员工合计比例(88.14%)与进入企业半年至两年老挝中资企业员工合计占比(82.77%)相比高 5.37 个百分点。同时,与进入企业半年及以下老挝中资企业员工合计占比(76.13%)相比高 12.01 个百分点。

以上是对老挝中资企业员工对"中国对本国影响力"大小的分析,下面将对老挝中资企业员工对"中国对本国影响力"评价进行分析。从表 3-9 可知,整体而言,"中国对本国影响力"评价更倾向

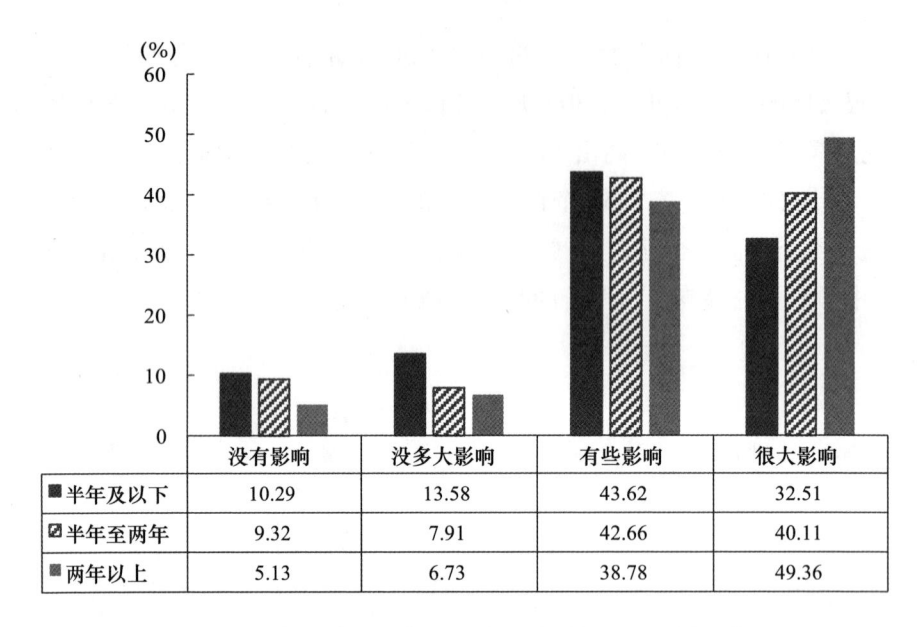

	没有影响	没多大影响	有些影响	很大影响
■ 半年及以下	10.29	13.58	43.62	32.51
▨ 半年至两年	9.32	7.91	42.66	40.11
▨ 两年以上	5.13	6.73	38.78	49.36

图 3-51 按进入中资企业时间划分的认为"中国对本国影响力"大小（N=909）

于正面。具体情况如下，915 个样本中认为中国对本国的影响"非常正面"、"正面"的老挝中资企业员工累计达 515 个样本，是评价"相对负面"及"非常负面"合计样本量（127 个）的约 4 倍。

表 3-9　　老挝中资企业员工对"中国对本国影响力"评价分布　　（单位：个，%）

	非常负面	相对负面	相对正面	正面	非常正面	总计
样本量	66	61	273	390	125	915
频率	7.21	6.67	29.84	42.62	13.66	100

注：N=915。

下面将具体从性别、族群、受教育程度、是否管理人员、收入、入职时长六个角度对老挝中资企业员工对于"中国对本国影响力"

评价进行差异性分析。

首先,图3-52与图3-53揭示,合并"非常正面"、"正面"选项可知,男性合计占比(60.66%)比女性合计占比(52.53%)高8.13个百分点。其中,评价为非常正面的男性比例(18.48%)明显高于女性比例(9.53%)。因此可认为,男性对中国影响力的评价较女性更高。

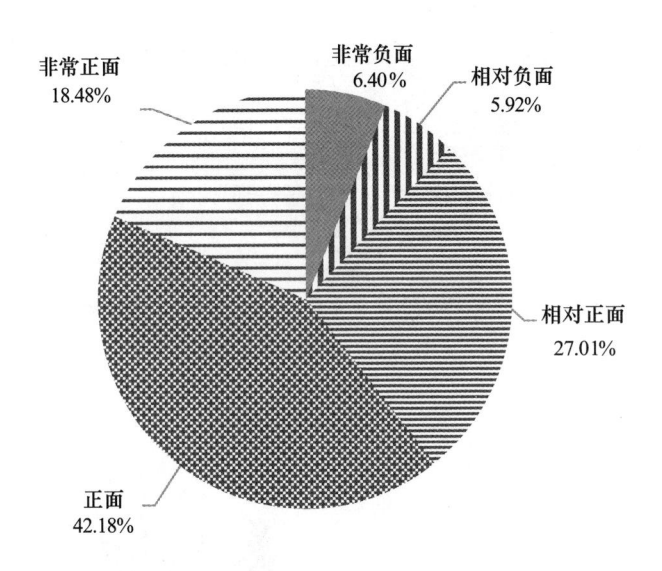

图3-52 男性中资老挝中资企业员工对"中国对本国影响力"评价(N=422)

接下来,从族群来看(见图3-54),合并"非常正面"、"正面"两选项可知,老龙族合计占比(58.79%)较其他族(54.29%)、老松族(52.68%)、老听族(48.59%)更高,老挝各族群的中资企业员工对中国对老挝影响力评价由高到低依次为:老龙族、其他族、老松族、老听族。

进一步从受教育程度分析,图3-55显示,一方面,合并"非常正面"、"正面"选项可知,大学本科及以上受教育程度员工合计占

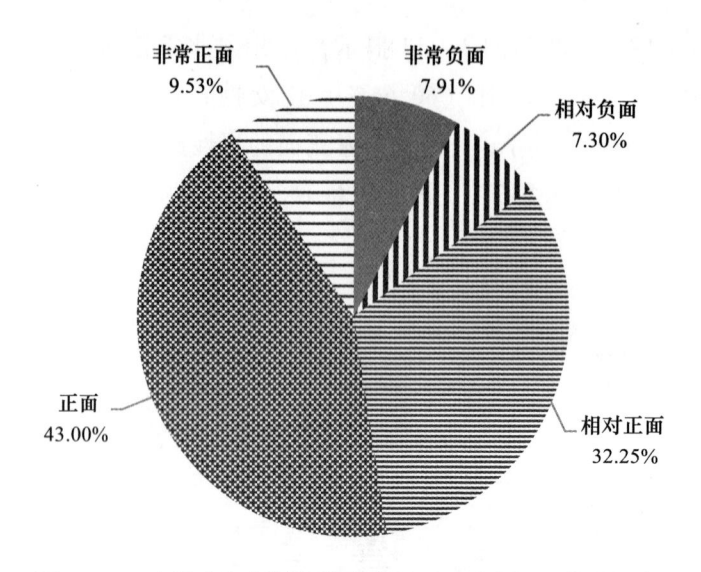

图 3-53　女性中资老挝中资企业员工对"中国对本国影响力"

评价（N=493）

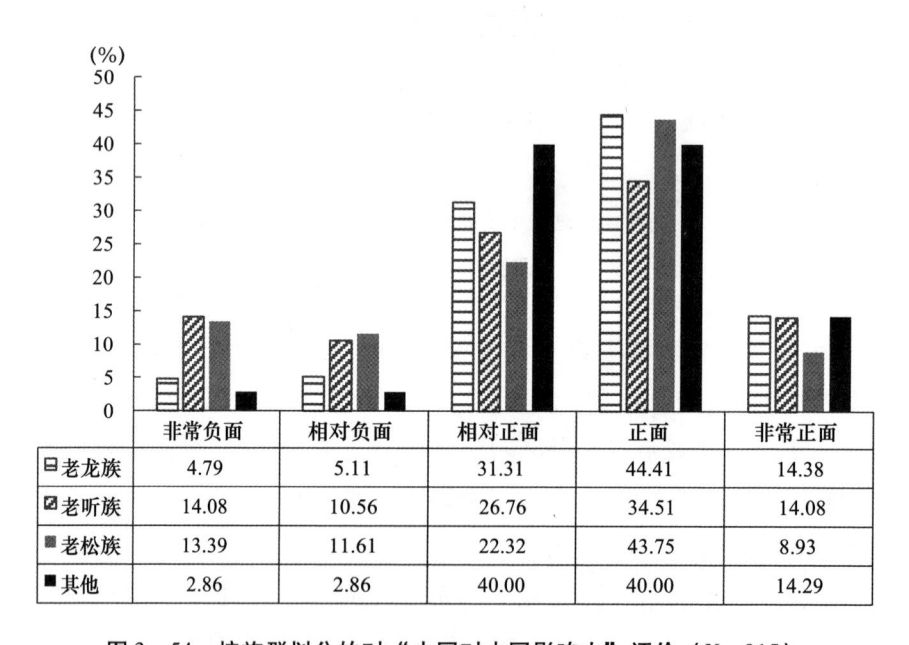

图 3-54　按族群划分的对"中国对本国影响力"评价（N=915）

	非常负面	相对负面	相对正面	正面	非常正面
老龙族	4.79	5.11	31.31	44.41	14.38
老听族	14.08	10.56	26.76	34.51	14.08
老松族	13.39	11.61	22.32	43.75	8.93
其他	2.86	2.86	40.00	40.00	14.29

比（57.30%）高出小学及以下受教育程度员工合计占比（53.33%）3.97个百分点，高出初中/高中受教育程度员工老挝中资企业员工合计占比（56.57%）0.73个百分点。另一方面，合计"相对负面"和"非常负面"两选项可知，大学本科及以上受教育程度员工合计占比（10.95%）低于初中/高中受教育程度员工合计占比（14.29%）3.34个百分点，低于小学及以下受教育程度员工（17.50%）6.55个百分点。由此可知，大学本科及以上受教育程度老挝中资企业员工对中国对老挝影响力的评价最高，其次为初中/高中受教育程度员工，评价最低为小学及以下受教育程度员工。

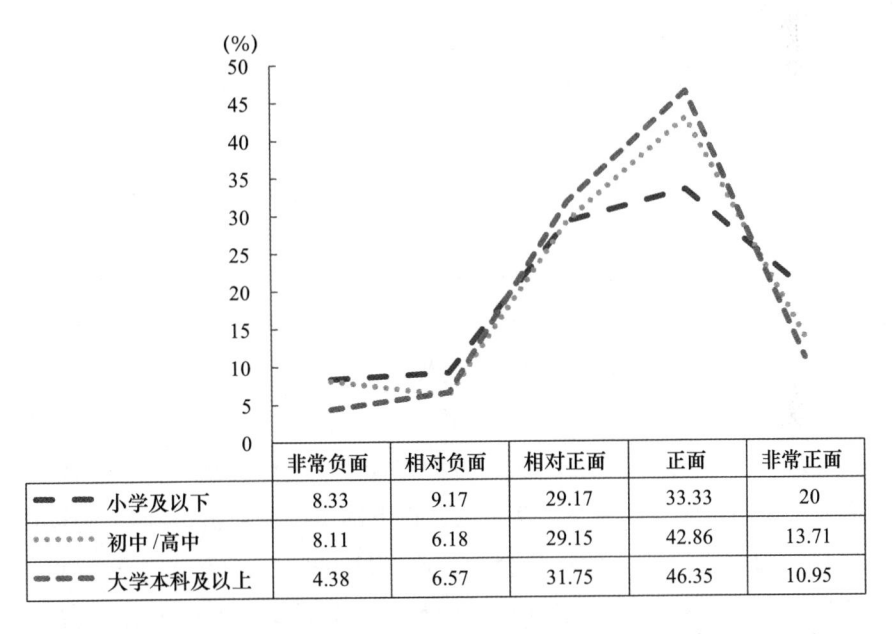

	非常负面	相对负面	相对正面	正面	非常正面
小学及以下	8.33	9.17	29.17	33.33	20
初中/高中	8.11	6.18	29.15	42.86	13.71
大学本科及以上	4.38	6.57	31.75	46.35	10.95

图3-55　按受教育程度划分的对"中国对本国影响力"评价（N=912）

图3-56显示，一方面，合并"非常正面"、"正面"选项可知，"中国对本国影响力"评价几乎不存在是否管理人员的差异。表现为管理人员合计占比（55.33%）和非管理人员合计占比（56.29%）之间差距为0.96个百分点。另一方面，合计"相对负面"和"非常

负面"两选项统计可知,管理人员合计占比(15.54%)较非管理人员合计占比(13.71%)之间差距为1.83个百分点。

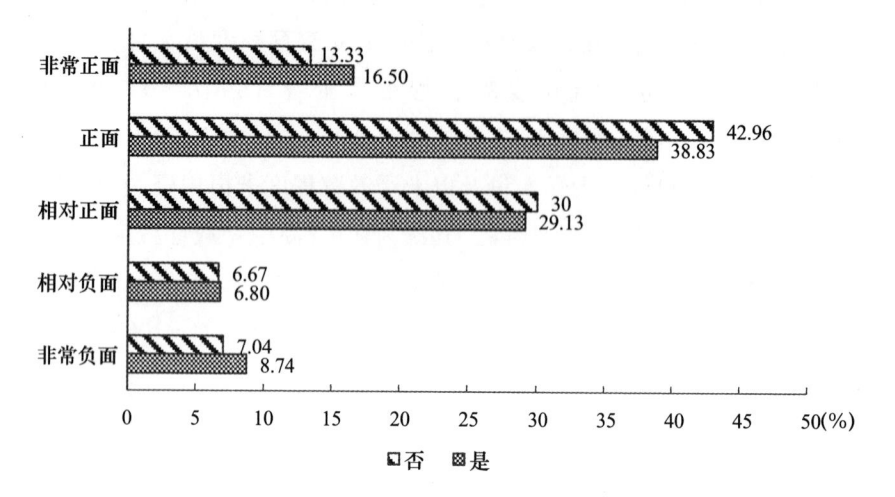

图 3-56 按是否管理人员划分的对"中国对本国影响力"评价(N=913)

继续对不同收入的员工群体分析(见图 3-57),一方面,合并"非常正面"、"正面"选项统计可知,收入在150—299美元收入的合计占比(58.68%)高出300美元及以上员工合计占比(56.86%)1.82个百分点,高出收入在149美元及以下的员工合计占比(52.79%)5.89个百分点。另一方面,合计"相对负面"和"非常负面"两选项可知,收入在149美元及以下的员工合计占比(18.96%)较150—299美元收入的员工合计占比(11.08%)高7.88个百分点,150—299美元收入的员工合计占比与300美元及以上员工合计占比(12.42%)相差不大。由此可知,收入在149美元及以下的员工对"中国对本国影响力"评价最低,150—299美元收入的员工与300美元及以上员工之间相差不大。

最后,对进入企业不同时长的员工进行分析。由图 3-58 可发现,合并"非常正面"、"正面"选项统计可知,进入企业两年以上的员工

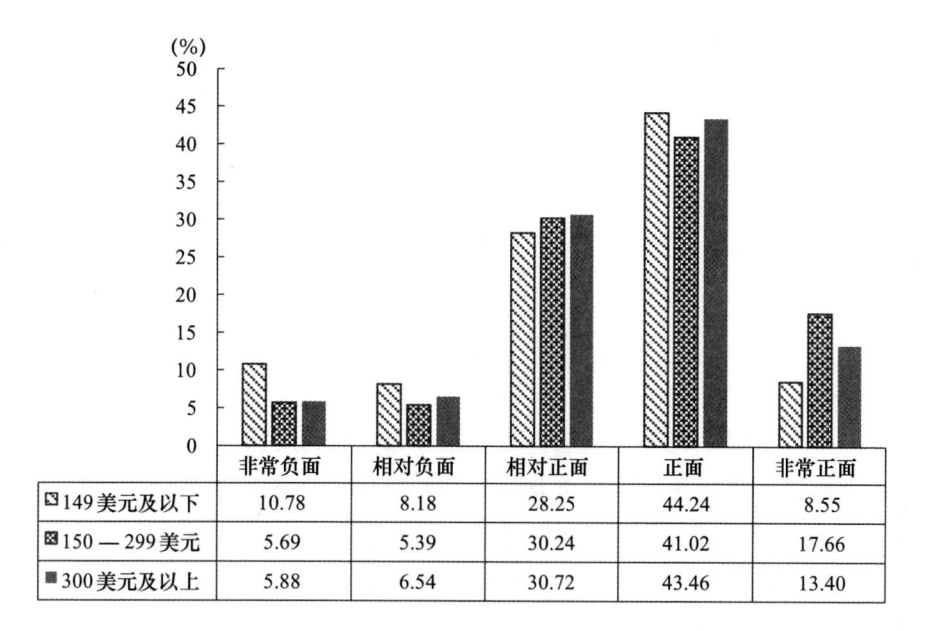

第三章 中国与老挝民心相通现状研究

	非常负面	相对负面	相对正面	正面	非常正面
149美元及以下	10.78	8.18	28.25	44.24	8.55
150—299美元	5.69	5.39	30.24	41.02	17.66
300美元及以上	5.88	6.54	30.72	43.46	13.40

图3-57　按收入划分的对"中国对本国影响力"评价（N=909）

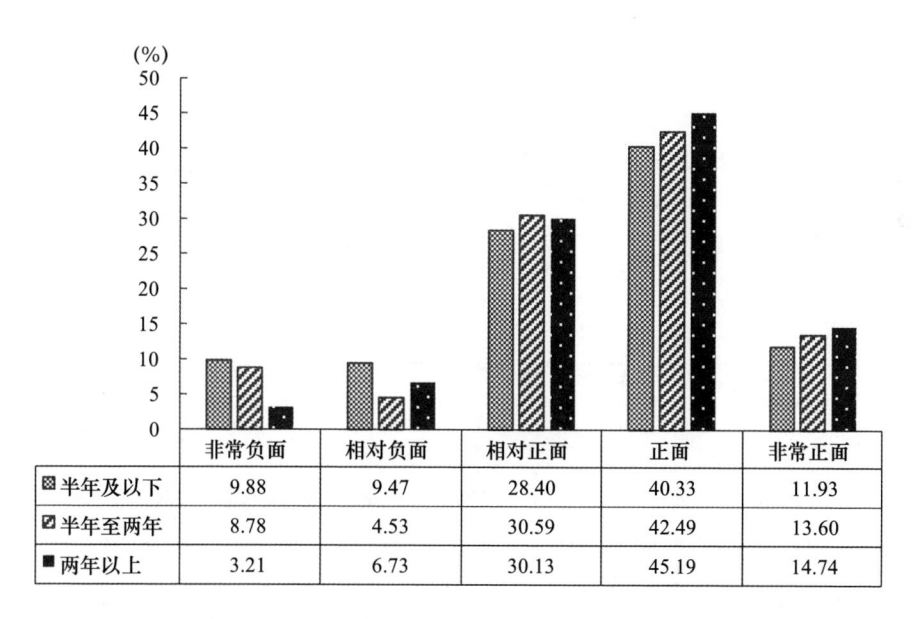

	非常负面	相对负面	相对正面	正面	非常正面
半年及以下	9.88	9.47	28.40	40.33	11.93
半年至两年	8.78	4.53	30.59	42.49	13.60
两年以上	3.21	6.73	30.13	45.19	14.74

图3-58　按进入中资企业时间划分的对"中国对本国影响力"评价（N=908）

合计占比（59.93%）高出入职时长为半年至两年员工合计占比（56.09%）3.84个百分点。同时，入职时长为半年至两年员工合计占高出入职时长半年及以下员工合计占比（52.26%）3.83个百分点。因此可认为，老挝中资企业员工对"中国对本国影响力"评价随入职时长增加而上升。

第三节 老挝中资企业员工的行为倾向

一 老挝中资企业员工企业内拥有的中国朋友状况

本部分将对老挝中资企业员工在本企业内的交友情况进行分析。

由表3-10可知，总体而言，员工在企业内的朋友数量较少。一方面，916个样本中有一半以上的员工（561人）表示在企业内部一个中国朋友也没有（61.24%）。另一方面，仅有261个员工表示拥有1—5个企业内部中国朋友（28.49%）。但表示在本企业拥有6个及以上中国朋友的老挝中资企业员工占比仅一成（10.26%）。

表3-10 老挝中资企业员工在本企业拥有的中国朋友数量分布

（单位：个，%）

	一个也没有	1—5个	6个及以上	合计
样本量	561	261	94	916
频率	61.24	28.49	10.26	100

注：N=916。

下面将从性别、族群、受教育程度、是否管理人员、收入、进入企业时长等几个维度在本企业拥有的中国朋友数量进行交叉观测。

首先，从性别来看（见图3-59），男性拥有中国朋友数量略多于女性。男性在本企业拥有中国朋友占比（44.57%）较女性在本企业拥有中国朋友占比（33.74%）高10.83个百分点。除此以外，其中男性在本企业拥有6个及以上中国朋友占比（11.08%）较女性（9.55%）也略高。

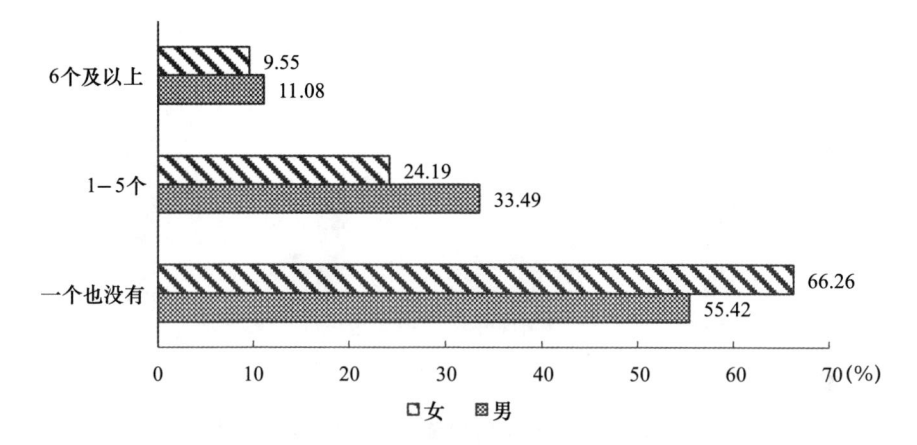

```
6个及以上   9.55
            11.08
1—5个       24.19
            33.49
一个也没有  66.26
            55.42
           0  10  20  30  40  50  60  70(%)
                    □女  ▨男
```

图3-59 按性别划分的老挝中资企业员工在企业内拥有的中国朋友数量差异（N=916）

再从族群来看，图3-60显示，一个朋友也没有的占比按族群划分由高到低依次为：老听族（72.03%）、老松族（66.96%）、老龙族（58.01%）、其他族（56.76%）。老听族在本企业拥有6个及以上的中国朋友占比也最低（3.5%）。由此可知，员工在本企业拥有的中国朋友数量中，老听族最少，其次为老松族，老龙族和其他族差异不大。

从受教育程度上来看，据图3-61可了解到，一方面，在本企业内拥有中国朋友，大学本科及以上受教育程度员工的占比（64.20%）最高，是初中/高中受教育程度员工（31.29%）的2倍以上，是小学及以下受教育程度员工（14.05%）的4倍以上。另一方面，大学本科及以上受教育程度员工在本企业内拥有6个及以上朋友占比（21.40%）同样也远高于初中/高中受教育程度员工（5.95%）和小学及以下受教育程度员工（4.13%）。由此可知受教

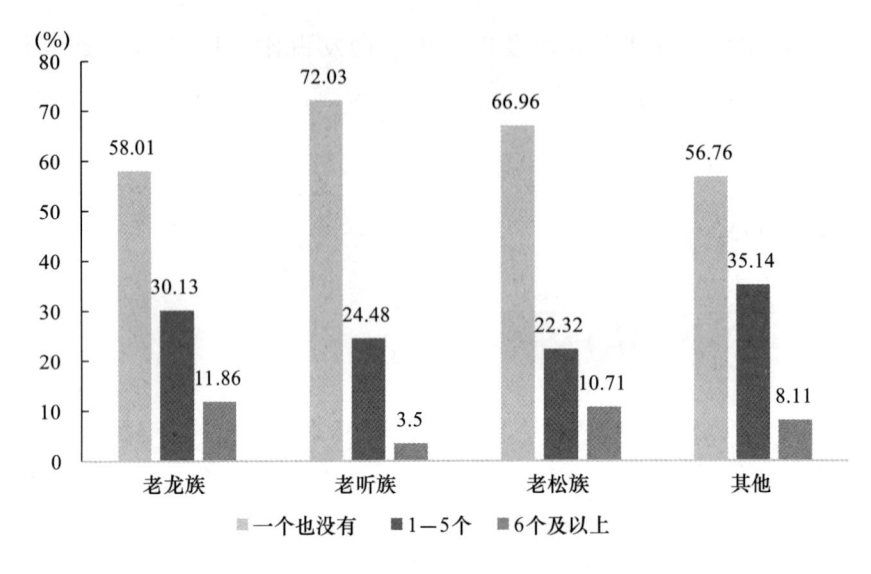

图 3-60 按族群划分的老挝中资企业员工在企业内拥有的
中国朋友数量差异（N=916）

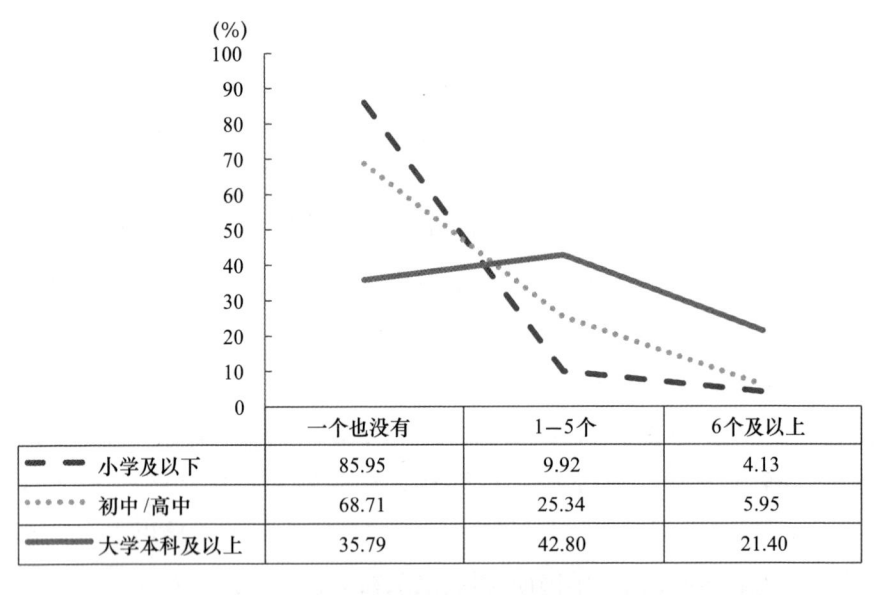

	一个也没有	1—5个	6个及以上
小学及以下	85.95	9.92	4.13
初中/高中	68.71	25.34	5.95
大学本科及以上	35.79	42.80	21.40

图 3-61 按受教育程度划分的老挝中资企业员工在企业内拥有的
中国朋友数量差异（N=913）

育程度越高员工在本企业内拥有的中国朋友数量越多。

从是否管理人员（见图3-62），管理人员在企业内拥有的中国朋友数量远多于非管理人员。一方面，管理人员在企业内有一个及以上中国朋友的占比（54.90%）高出非管理人员（36.78%）18.12个百分点。另一方面，在企业内拥有6个及以上中国朋友的管理人员占比（17.65%）超出非管理人员占比（9.35%）8.30个百分点。

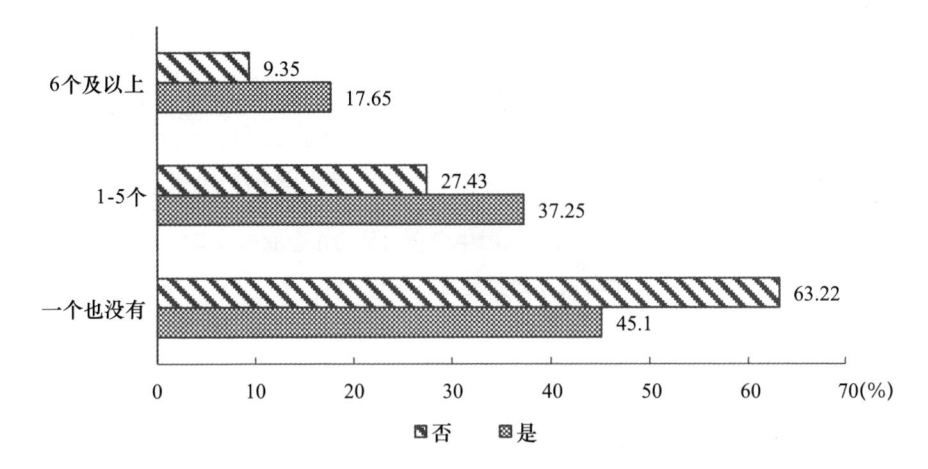

图3-62 按是否管理人员划分的老挝中资企业员工在企业内
拥有的中国朋友数量差异（N=915）

从收入来看，图3-63显示，一方面，在本企业内拥有中国朋友，收入为300美元及以上员工占比（61.31%）最高，其次为收入150—299美元收入的员工（32.44%），最低为收入在149美元及以下的员工（20.74%）。另一方面，在本企业内拥有6个及以上中国朋友，收入为300美元及以上员工占比（20.98%）同样也最高，收入在149美元及以下的（4.44%）及150—299美元收入的（5.06%）员工拥有6个及以上中国朋友占比相差不大。

最后按入职时长对员工进行分析，据图3-64可知，首先，在本企业内拥有中国朋友，入职时长超两年员工占比（53.37%）最高，

中国与湄公河五国民心相通研究

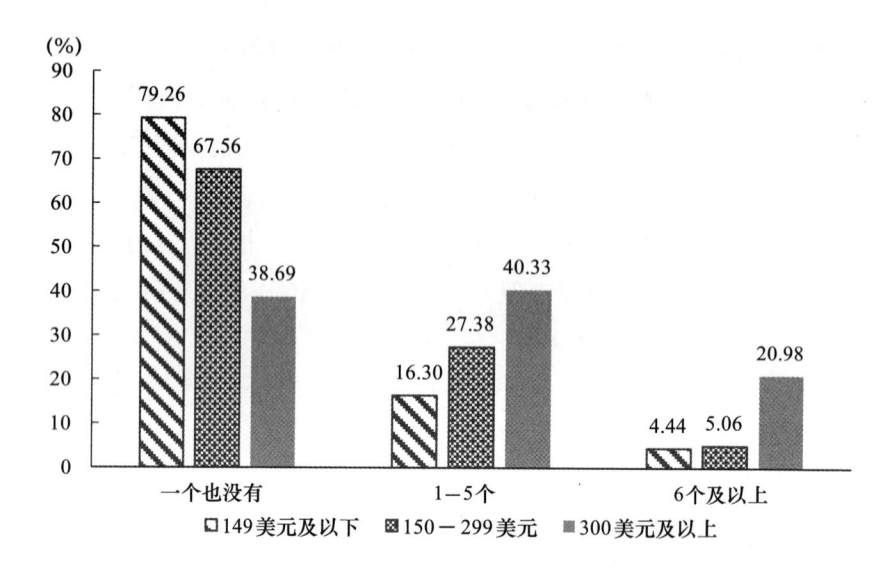

图 3-63　按收入划分的老挝中资企业员工在企业内拥有的
中国朋友数量差异（N=911）

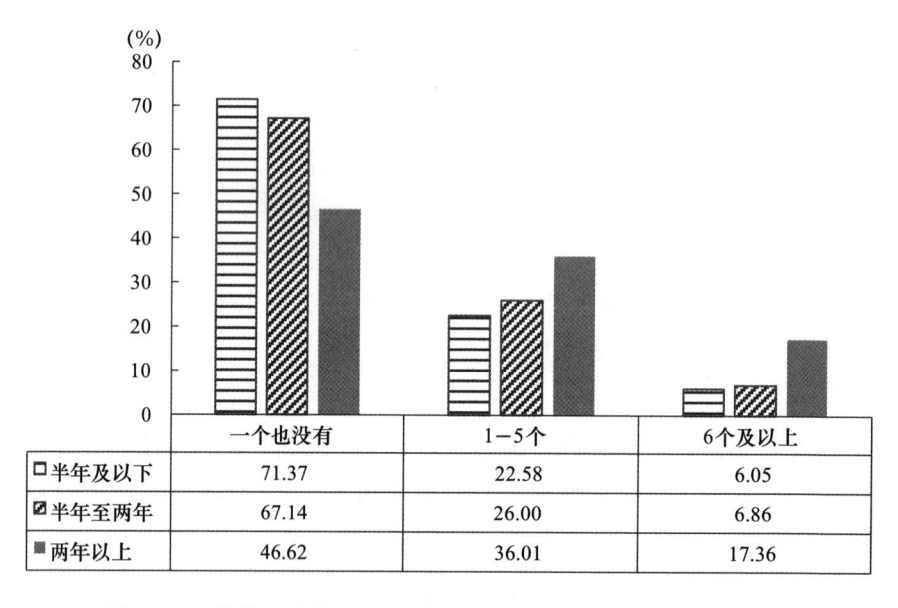

分类条形数据：
- 一个也没有：149美元及以下 79.26%，150—299美元 67.56%，300美元及以上 38.69%
- 1—5个：149美元及以下 16.30%，150—299美元 27.38%，300美元及以上 40.33%
- 6个及以上：149美元及以下 4.44%，150—299美元 5.06%，300美元及以上 20.98%

	一个也没有	1—5个	6个及以上
半年及以下	71.37	22.58	6.05
半年至两年	67.14	26.00	6.86
两年以上	46.62	36.01	17.36

图 3-64　按进入中资企业时间划分的老挝中资企业员工在企业内
拥有的中国朋友数量差异（N=909）

其次为入职时长为半年至两年的员工（32.86%），最后为入职时长半年及以下的员工（28.63%）。在本企业内拥有 6 个及以上中国朋友，入职时长超两年员工占比（17.36%）同样最高。

二 老挝中资企业员工对各国文化产品的消费行为

1. 老挝中资企业员工对不同国家音乐喜爱程度

通过对员工对不同国家音乐喜爱程度差异分析，可直接反映员工对于华语音乐的喜爱程度。从表 3-11 可见，总体而言，员工对华语音乐的喜爱程度更高。一方面，合并"非常喜欢"、"喜欢"两选项进行统计可发现，华语音乐合计比例最高，超六成（73.21%）。其他国家音乐的所占比例由高到低依次为：美国（48.53%），韩国（41.87%）、日本（20.91%）、印度（17.13%）。另一方面，合并"非常不喜欢"、"不喜欢"两个选项进行统计可知，华语音乐合计比例最低，比例不到一成（8.05%）。而其他国家音乐的所占比例远高于华语音乐，按合计比例由低到高依次为：美国（30.10%）、韩国（34.03%）、日本（52.43%）、印度（60.82%）。综上可认为，整体而言，员工对于对华语音乐的喜爱程度高于其他四国音乐。

表 3-11 老挝中资企业员工对不同国家音乐喜爱程度的频率分布

（单位：%）

国家	调研人数	非常喜欢	喜欢	一般	不喜欢	非常不喜欢
中国	N = 922	17.03	56.18	16.70	8.03	2.06
日本	N = 904	2.10	18.81	26.66	46.90	5.53
韩国	N = 917	5.56	36.31	24.10	30.21	3.82
印度	N = 911	1.98	15.15	22.06	54.67	6.15
美国	N = 917	7.31	41.22	21.37	26.39	3.71

接下来，将从性别、族群、受教育程度、收入角度分析员工对华语音乐的喜爱程度。首先，从图 3-65 来看，女性员工对华语音乐的

喜爱程度略高于男性。合并"非常喜欢"、"喜欢"两选项进行统计可发现，女性合计比例（75.00%）比男性所占比例（71.13%）高3.87个百分点。另外，合并"非常不喜欢"、"不喜欢"两个选项进行统计可知，女性合计占比（9.27%）与男性合计占比（11.04%）低1.77个百分点。

	非常喜欢	喜欢	一般	不喜欢	非常不喜欢
男	12.91	58.22	17.84	8.69	2.35
女	20.56	54.44	15.73	7.46	1.81

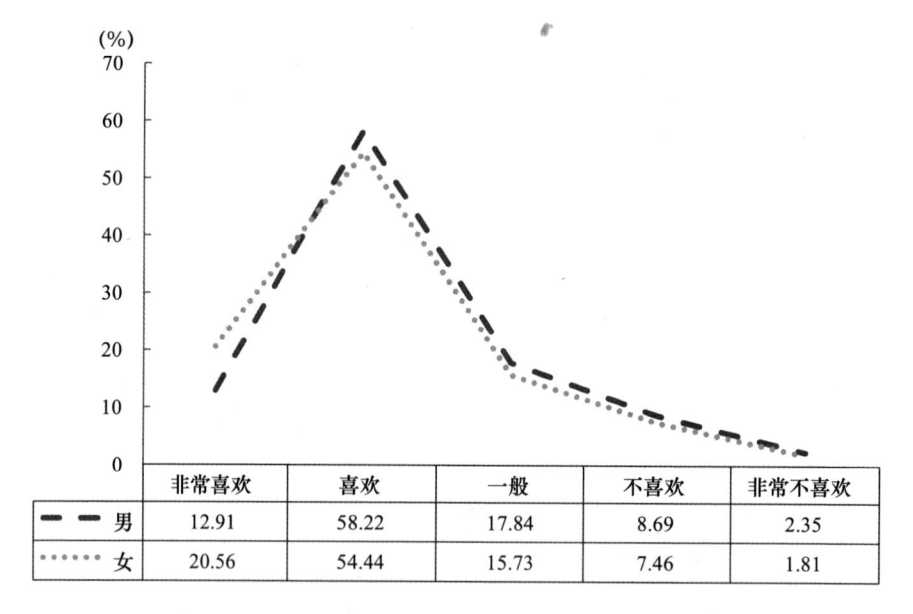

图3-65 按性别划分的老挝中资企业员工对华语音乐喜爱程度差异（N=922）

从族群来看，从图3-66可见，老松族喜爱程度最高，老听族喜爱程度最低。一方面，合并"非常喜欢""喜欢"两选项进行统计可发现，老松族对华语音乐的喜爱程度最高（78.57%），其次为其他族（75.68%）、老龙族（73.13%）、最低为老听族（68.75%）。另一方面，合并"非常不喜欢""不喜欢"两个选项统计可知，老听族合计占比（18.05%）同样最高，其他族最低（2.70%），老龙族（8.90%）与老松族（8.93%）相差不大。

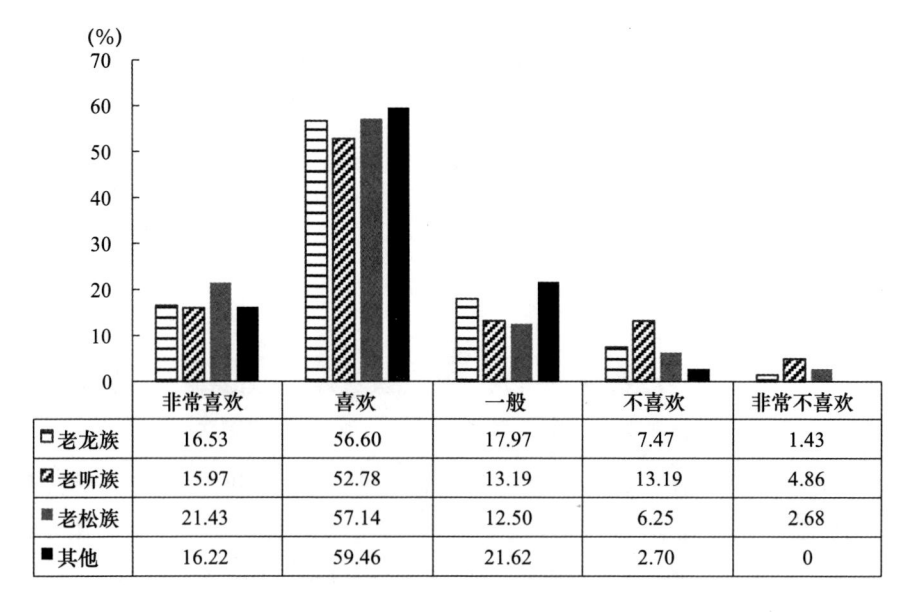

	非常喜欢	喜欢	一般	不喜欢	非常不喜欢
老龙族	16.53	56.60	17.97	7.47	1.43
老听族	15.97	52.78	13.19	13.19	4.86
老松族	21.43	57.14	12.50	6.25	2.68
其他	16.22	59.46	21.62	2.70	0

图 3-66 按族群划分的老挝中资企业员工对华语音乐喜爱程度差异（N=922）

从受教育程度来看，从图 3-67 可以发现，第一，合并"非常喜欢"和"喜欢"两项后，本科及以上受教育水平员工所占比例（78.83%）高出初中/高中受教育程度员工（70.17%）8.66 个百分点，高出小学及以下受教育程度员工比例（73.77%）5.06 个百分点。第二，合并"非常不喜欢"和"不喜欢"两项后，大学本科及以上受教育程度员工合计比例（6.56%）最低，其次为初中/高中受教育程度员工（10.71%），最高为小学及以下受教育程度员工（15.58%）。综上可以发现，大学本科及以上受教育程度的老挝员工对华语音乐喜爱程度最高，小学及以下受教育程度员工及初中/高中受教育程度员工相差不大。

最后，从收入角度来看（见图 3-68），总体而言，员工对华语音乐的喜爱程度随收入的增加而有略微的上升。具体表现为，300 美元及以上员工对华语音乐表示"非常喜欢"及"喜欢"的合计占比

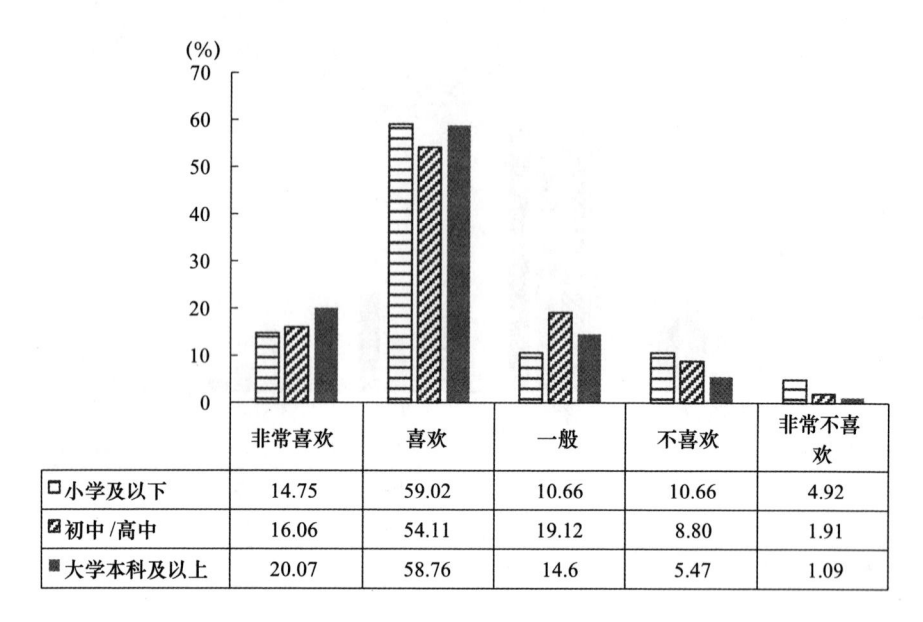

	非常喜欢	喜欢	一般	不喜欢	非常不喜欢
小学及以下	14.75	59.02	10.66	10.66	4.92
初中/高中	16.06	54.11	19.12	8.80	1.91
大学本科及以上	20.07	58.76	14.6	5.47	1.09

图 3-67 按受教育程度划分的老挝中资企业员工对华语音乐喜爱程度差异（N=919）

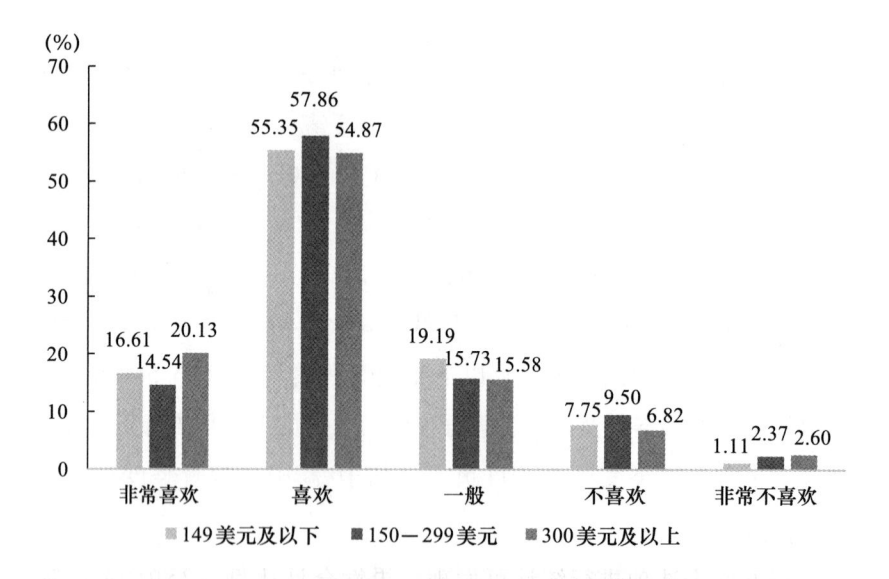

图 3-68 按收入划分的老挝中资企业员工对华语音乐喜爱程度差异（N=916）

(75.00%)略高于150—299美元收入的员工（72.40%），150—299美元收入的员工略高于收入在149美元及以下的员工（71.96%）。

2. 老挝中资企业员工观看华语电影/电视剧的频率

通过对员工观看不同国家的电影/电视剧的频率差异分析，可直接反映出员工对于华语电影/电视剧的喜爱程度。从表3-12中易知，合并"经常"和"很频繁"观看两类占比可以发现，员工对于华语电影/电视剧的占比最高（29.94%），是日本（9.76%）及印度电影/电视剧（9.01%）的约3倍。除此以外，韩国（18.11%）及美国电影/电视剧占比（23.78%）同样也低于中国。与之相对应，合并"很少"和"从不"观看两类占比可得到以下结果，员工观看中国电影/电视剧的相关合计占比最低，仅有约22%。而其他国家电影/电视剧占比远高于中国电影/电视剧，按比例由低到高依次为：美国（34.31%）、韩国（36.66%）、日本（53.47%）、印度（56.02%）。不难发现员工观看中国电影/电视剧的频率更高。

表3-12　　　　老挝中资企业员工观看不同国家的
电影/电视剧的频率分布　　　　（单位：%）

	从不	很少	有时	经常	很频繁
中国 N=922	14.64	7.59	47.83	21.48	8.46
日本 N=922	38.83	14.64	36.77	9.00	0.76
韩国 N=922	24.51	12.15	45.23	14.64	3.47
印度 N=921	41.04	14.98	34.96	7.49	1.52
美国 N=921	23.78	10.53	41.91	18.89	4.89

首先，从性别来看，由图3-69可知，合并"很频繁"和"经常"观看两个选项进行统计可发现，男性合计比例（35.92%）较女性（24.80%）高11.12个百分点。与之相反，合并"很少"和"从不"观看两项男性合计比例（17.61%）比女性比例（26.21%）低

8.60个百分点。由此可知，观看华语电影/电视剧的频率，男性略高于女性。

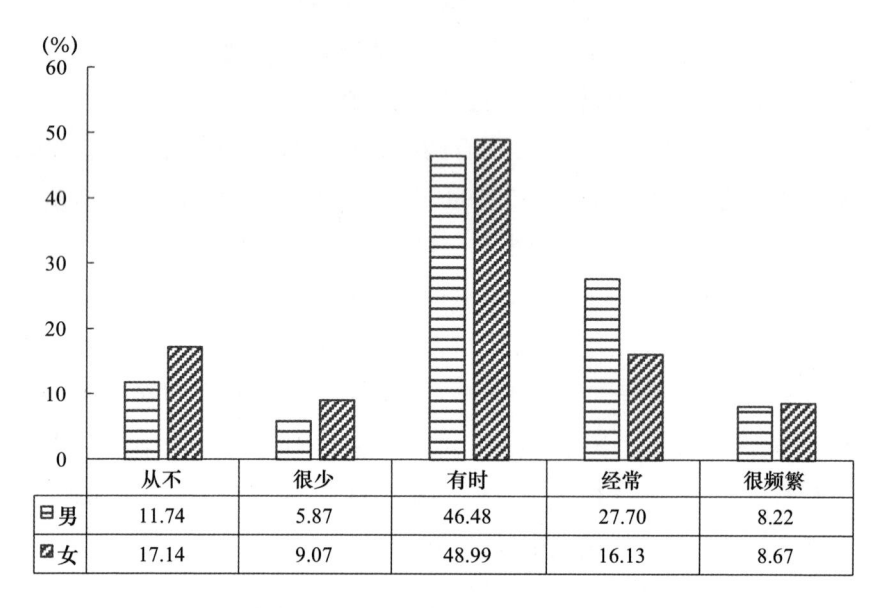

	从不	很少	有时	经常	很频繁
男	11.74	5.87	46.48	27.70	8.22
女	17.14	9.07	48.99	16.13	8.67

图3-69 按性别划分的老挝中资企业员工观看华语电影/电视剧程度差异（N=922）

进一步从族群来看，从图3-70可见，老听族观看华语电影/电视剧的频率最低，其他族最高。一方面，合并"很频繁"和"经常"观看两选项进行统计可发现，老听族的合计占比（15.97%）远低于老龙族（32.27%）、其他族（32.43%）、老松族（33.93%）的合计占比。另一方面，合并"很少"和"从不"观看两个选项进行统计可知，老听族合计占比（31.25%）同样最高，其次为老松族（25.00%）、老龙族（20.03%），最低为其他族（16.22%）。

从受教育程度来看，从（见图3-71）观看华语电影/电视剧的频率随受教育水平的增加而增加。合并"很频繁"和"经常"观看两个选项统计发现，大学本科及以上受教育程度员工占比（40.51%）较初中/高中受教育程度员工的合计占比（27.91%）高12.60个百分点。

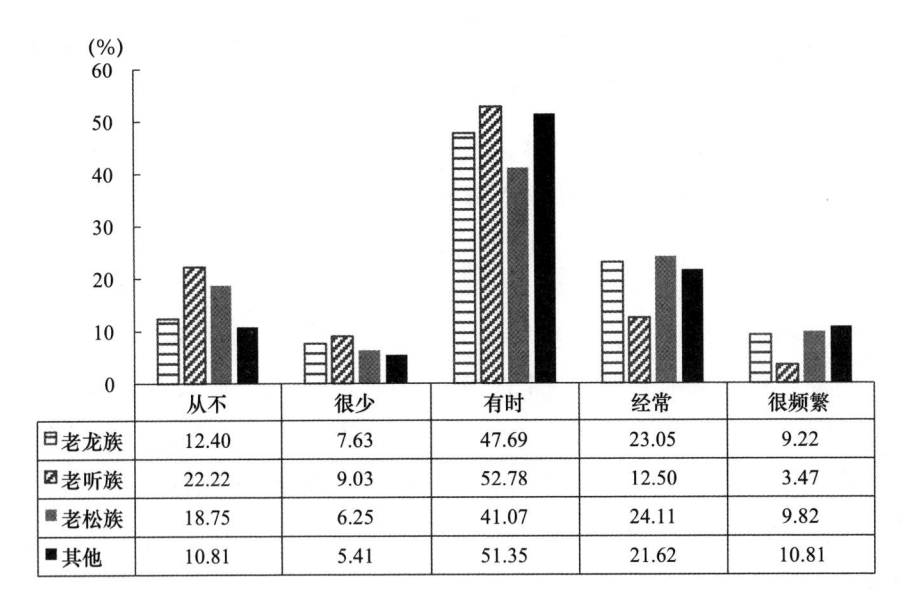

第三章 中国与老挝民心相通现状研究

	从不	很少	有时	经常	很频繁
老龙族	12.40	7.63	47.69	23.05	9.22
老听族	22.22	9.03	52.78	12.50	3.47
老松族	18.75	6.25	41.07	24.11	9.82
其他	10.81	5.41	51.35	21.62	10.81

图 3-70 按族群划分的老挝中资企业员工观看华语电影/电视剧程度差异（N=922）

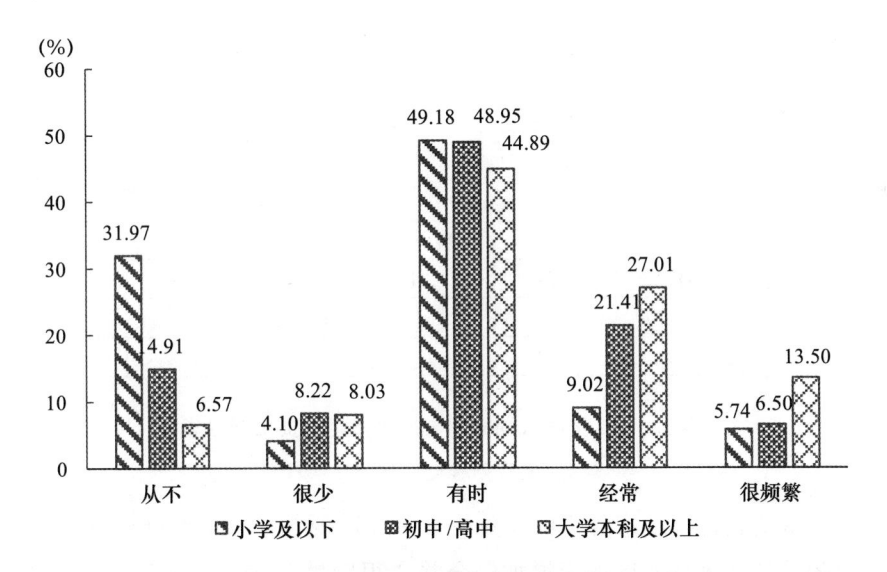

图 3-71 按受教育程度划分的老挝中资企业员工观看华语电影/电视剧程度差异（N=919）

· 155 ·

同时，初中/高中受教育程度员工的合计占比（27.91%）高出小学及以下受教育程度员工的合计占比（14.76%）13.15个百分点。

最后，从收入来看，由图3-72可发现，总体而言，员工对华语电影/电视剧的观看频率随收入增加而有一定增加。具体表现为，合并"很频繁"和"经常"观看两个选项进行统计可知，300美元及以上员工合计占比（37.98%）最高，其次为150—299美元收入员工（31.16%），最低为收入在149美元及以下员工（19.56%）。合并"很少"和"从不"观看两个选项可得到以下结果，收入在149美元及以下的员工比例（28.78%）最高，150—299美元收入的员工（18.99%）与300美元及以上员工（19.81%）差距不大。

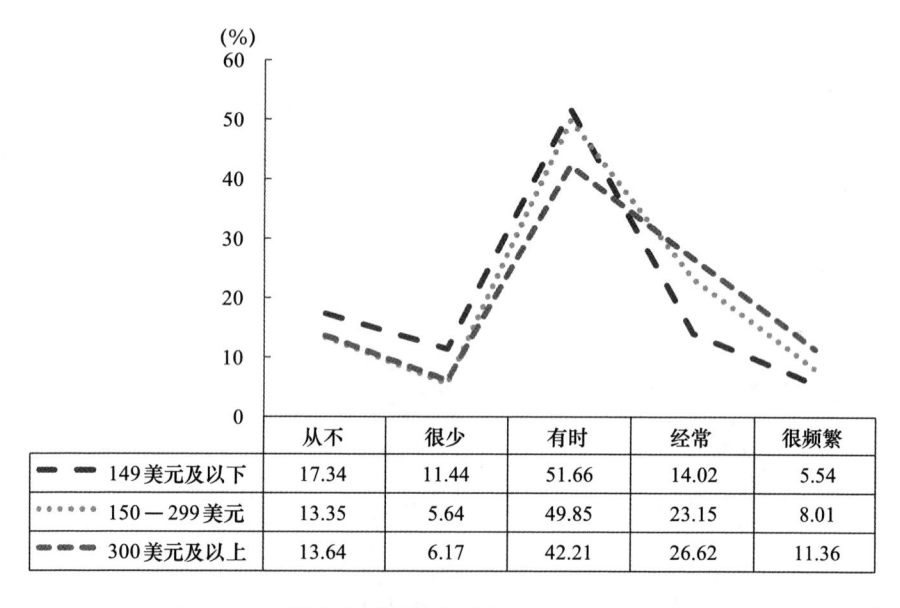

	从不	很少	有时	经常	很频繁
149美元及以下	17.34	11.44	51.66	14.02	5.54
150—299美元	13.35	5.64	49.85	23.15	8.01
300美元及以上	13.64	6.17	42.21	26.62	11.36

图3-72 按收入划分的老挝中资企业员工观看华语电影/电视剧程度差异（N=916）

本章小结

本章从老挝中资企业员工视角，透视了老挝中资企业员工对中国的认知程度、情感性评价、行为倾向三方面的民心相通情况，得出以下几点结论。

首先，中老民心相通程度普遍较高。在老挝中资企业员工对中国的认知方面，一方面，老挝中资企业员工对中国各方面的新闻了解情况基本较好，且了解中国新闻的主要渠道为：本国网络、本国电视。另一方面，老挝中资企业员工对除本企业以外的其他中国品牌知晓情况较好，且其对OPPO和华为手机品牌知晓度最高。

其次，在对中国的情感性评价方面，第一，老挝员工与中国民众进行社会交往的意愿整体上较高。第二，在对本企业的评价方面，老挝中资企业员工的各方面评价总体处于中上水平。第三，在对中国的影响力评价方面，老挝中资企业员工认为中国对老挝的影响大，且一般更倾向于正面。第四，在老挝中资企业员工的行为方面，员工所拥有的企业内的朋友数量总体较少，但对华语音乐及电影/电视剧的喜爱程度却明显高于对美国、韩国、印度、日本的音乐及电影/电视剧。

再次，中老之间的民心相通程度的性别、族群、是否管理人员、受教育水平、收入都表现出一定可关注的差异化特点。

第一，从性别来看，除女性员工对华语音乐的喜爱程度高于男性外，老挝中资企业男性员工与中国的民心相通程度在较多方面高于女性。

第二，从族群来看，一方面老听族员工与中国的民心相通程度明显最低，另一方面，与中国民心相通程度最高的是除老听族、老松族、老龙族以外的其他族。

第三，老挝中资企业管理人员多数较非管理人员与中国的民心相通程度更高，如，但在对"中国对本国影响力"大小评价方面评价较非管理员工更低，在本企业内拥有的中国朋友数量较非管理员工更多。

第四，从受教育程度来看，绝大多数情况下，老挝中资企业员工与中国的民心相通程度随受教育水平的增加而上升。

第五，从收入来看，总体上收入越高，员工对中国的认知程度、情感态度、影响评价、行为倾向多方面更正面。

第六，从入职时长来看，在"中外晋升制度一致"方面，进入时间超两年的员工对此评价低于两年及以下的员工。另外，在与中国民众的社会距离方面，入职时长越长，距离反而更远。这表明如何促进在职时间较长的员工对中国和中国企业的认同十分必要。

第四章
中国与柬埔寨民心相通现状研究

柬埔寨地处中南半岛南端核心地带,是东南亚通往全球市场的重要通道。中柬两国友好交往历史悠久,自1958年正式建交以来,双方在政治、经济、安全、文化及科技等多个领域建立起稳定的合作关系,尤其在贸易领域取得丰富成果。① 中柬合作平台众多,柬埔寨既是东盟、大湄公河次区域(GMS)成员国之一,亦是中国"一带一路"沿线国。十多年来,中国一直是柬埔寨直接投资最大来源地,柬埔寨已成中国企业对外投资的重要目的国之一。中柬在基础设施、交通运输、电力、工业园区、农业种植等多个领域的合作成效显著。2021年8月16日,中国援建柬埔寨国家体育场项目顺利竣工,这是中柬共建"一带一路"框架下的合作成果。② 同时,中国也是柬埔寨的主要贸易伙伴。从投资和贸易的总体发展情况来看,中国对柬埔寨的投资和双边贸易量都保持上升趋势。③

研究中国与柬埔寨的民心相通对中柬双边贸易数量和结构产生的

---

① 王嘉奕:《中国与柬埔寨贸易深化发展研究》,硕士学位论文,广西大学,2019年。
② 《中国援建柬埔寨国家体育场竣工验收》,2021年8月18日,国务院国有资产监督管理委员会网站(http://www.sasac.gov.cn/n2588025/n2588124/c20250773/content.html)。
③ 孙静:《中国对柬埔寨直接投资的贸易效应研究》,硕士学位论文,云南财经大学,2019年。

影响，既可以丰富发展中国家对外直接投资理论，又可以对中国政府和企业提出相应的建议，推进中柬的"一带一路"建设与合作。

第一节 柬埔寨中资企业员工对中国的认知程度

本节旨在梳理柬埔寨中资企业员工对中国的认知与对中国品牌的认知状况，解读数据表格的含义，分析对比柬埔寨中资企业不同员工关于对中国的认知程度。

一 柬埔寨中资企业员工对中国的认知

柬埔寨中资企业员工对中国的认知主要表现为对有关中国新闻的关注与关注渠道两方面。以下将从总体角度以及性别、族群、收入、受教育程度和是否管理人员这五个类别出发，阐述柬埔寨中资企业员工对中国的认知。

1. 柬埔寨中资企业员工关注中国相关新闻现状

柬埔寨中资企业员工所知道的相关中国新闻体现了中柬之间经济、政治和文化的交流互动状况。其主要包括以下四方面新闻：中国大使馆对本国的捐赠、中国援助建设基础设施、本国学生前往中国留学以及中国文艺会演。

表4-1是员工了解中国相关新闻分布情况。柬埔寨中资企业员工从新闻里了解"中国大使馆对本国的捐赠"（56.65%）以及"中国援助本国修建道路、桥梁、医院和学校"（70.97%）和"本国学生前往中国留学"（72%）的新闻较多。相比之下，了解"中国艺术演出"（54.84%）的员工相对较少，但也超过调查人数的一半。综上不难发现，柬埔寨中资企业员工关注中国相关新闻，尤其关注中国大使馆对柬埔寨的捐助、中国援助本国基础设施建设及柬埔寨学生前往中国留学相关情况。

表 4-1　　　　　　　员工了解中国相关新闻分布　　　（单位：个，%）

	中国大使馆对本国的捐赠	中国援助本国修建道路、桥梁、医院和学校	本国学生前往中国留学	中国艺术演出
频次	439	550	558	425
占比	56.65	70.97	72	54.84

注：N=775。

首先，从性别来看（见图4-1），柬埔寨中资企业男性员工从相关新闻了解"中国艺术演出"占比57.02%，较女性占比（54.1%）高2.92个百分点。了解"本国学生前往中国留学"新闻，男性员工占七成（70.63%），女性员工占比七成多（74.04%）。知道"中国援助本国修建道路、桥梁、医院和学校"的男性员工占比74.27%，女性员工占比72.91%，两者占比相差较小。了解"中国大使馆对本国的捐赠"新闻男性占六成（61.38%），比女性（57.72%）高3.66个百分点。可认为，柬埔寨员工了解中国新闻状况的男女差异甚微。

其次，从族群来看，柬埔寨的高棉族和其他族群在关注度上有明显侧重。从图4-2不难发现，总体上高棉族与其他族群主要关注的中国新闻是中国援建本国基础设施以及本国学生前往中国留学。从变化幅度看，其他族群了解中国相关新闻的波动比高棉族大，高棉族从国内媒体关注中国援建本国基础设施新闻占比最高（73.68%），知道中国艺术演出新闻占比最低（55.95%），两者相差17.73个百分点。其他族群通过本国媒体看中国援建本国基础设施占比最大，达八成（80%）；看过本国学生前往中国留学新闻占比最小，仅为四成（40%），二者相差1倍。

进一步基于收入来考察，图4-3显示，柬埔寨中资企业员工对"中国大使馆对本国的捐赠"相关新闻关注方面，199美元及以下到200—349美元的百分比涨幅是3.7%，200—349美元到350美

中国与湄公河五国民心相通研究

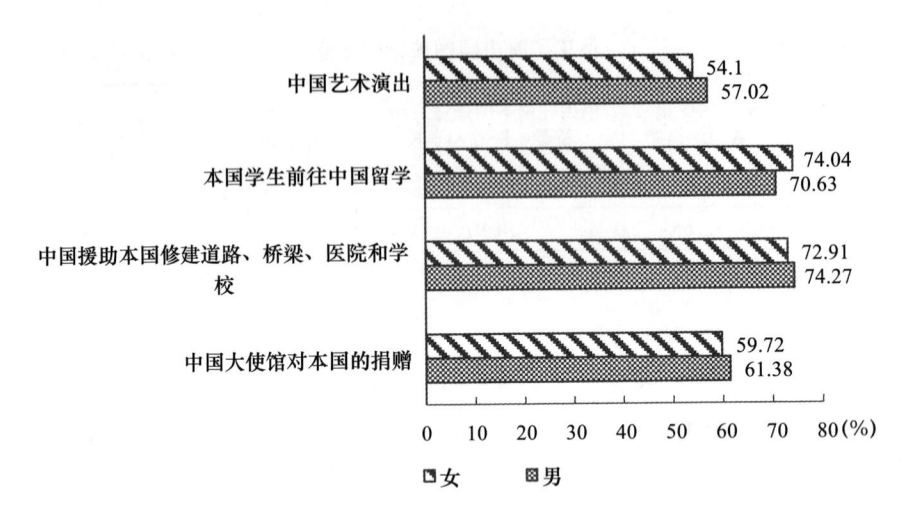

图 4-1 按性别划分的从国内媒体看到过有关
中国的新闻状况（N=752）

	中国大使馆对本国的捐赠	中国援助本国修建道路、桥梁、医院和学校	本国学生前往中国留学	中国艺术演出
— — 高棉族	60.72	73.68	72.08	55.95
······ 其他	60	80	60	40

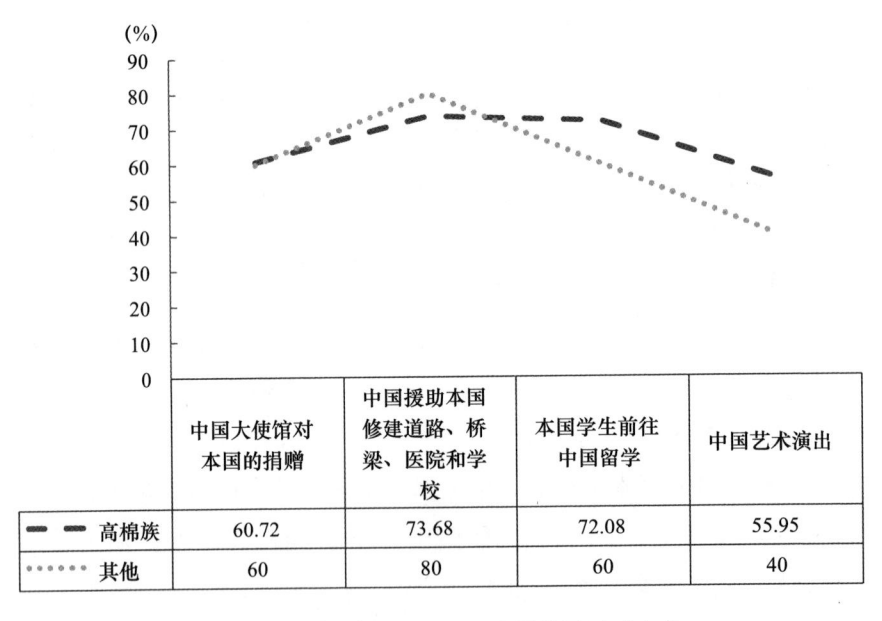

图 4-2 按族群划分的从国内媒体看到过有关
中国的新闻状况（N=751）

第四章 中国与柬埔寨民心相通现状研究

	中国大使馆对本国的捐赠	中国援助本国修建道路、桥梁、医院和学校	本国学生前往中国留学	中国艺术演出
199美元及以下	53.11	68.18	67.78	54.1
200—349美元	56.81	70.37	68.88	55.47
350美元及以上	67.63	78.66	78.16	57.03

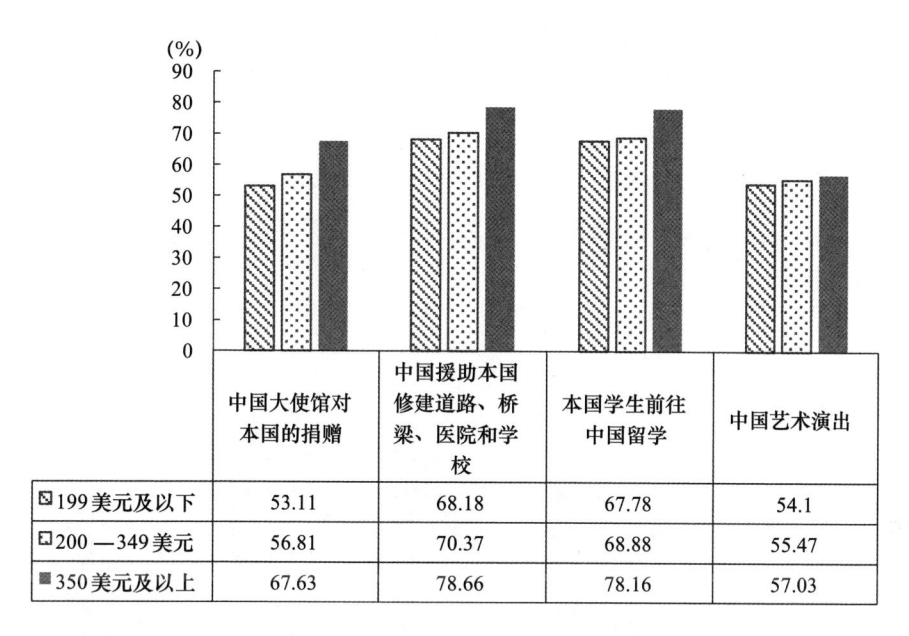

图4-3 按收入划分的从国内媒体看到过有关中国的新闻状况（N=704）

元及以上的涨幅是10.82%。"中国援助本国修建道路、桥梁、医院和学校"，199美元及以下到200—349美元的百分比涨幅是2.19%，200—349美元到350美元及以上的涨幅是8.29%。"本国学生前往中国留学"，199美元及以下到200—349美元的百分比涨幅是1.1%，200—349美元到350美元及以上的涨幅是9.28%。"中国艺术演出"，199美元及以下到200—349美元的百分比涨幅是1.37%，200—349美元到350美元及以上的涨幅是1.56%。可以看出，收入越高涨幅越大。

从受教育程度来看（图4-4），柬埔寨中资企业员工从本国媒体了解中国相关新闻的状况存在教育差异。其一，"中国援助本国修建道路、桥梁、医院和学校"的新闻是小学及以下与初中/高中教育的员工最关注的相关中国新闻，小学及以下教育的员工有六成多（66.08%），初中/高中教育的员工占到七成多（76.4%）。知道本国学生前往中国留学新闻，大学本科及以上学历的员工占比最大，占到九成

(92.03%)，比小学及以下的员工六成比重（62.64%）多29.39个百分点。其二，所有受教育水平的员工知道中国相关新闻占比最低的是"中国艺术演出"，小学及以下教育的员工接近五成（49%），比大学本科及以上学历员工（78.99%）低29.99个百分点。由此可见，受教育水平越高的员工，看过的国内媒体有关中国的相关新闻就越多。

	中国大使馆对本国的捐赠	中国援助本国修建道路、桥梁、医院和学校	本国学生前往中国留学	中国艺术演出
小学及以下	51.95	66.08	62.64	49
初中/高中	61.48	76.4	74.02	53.11
大学本科及以上	81.82	88.24	92.03	78.99

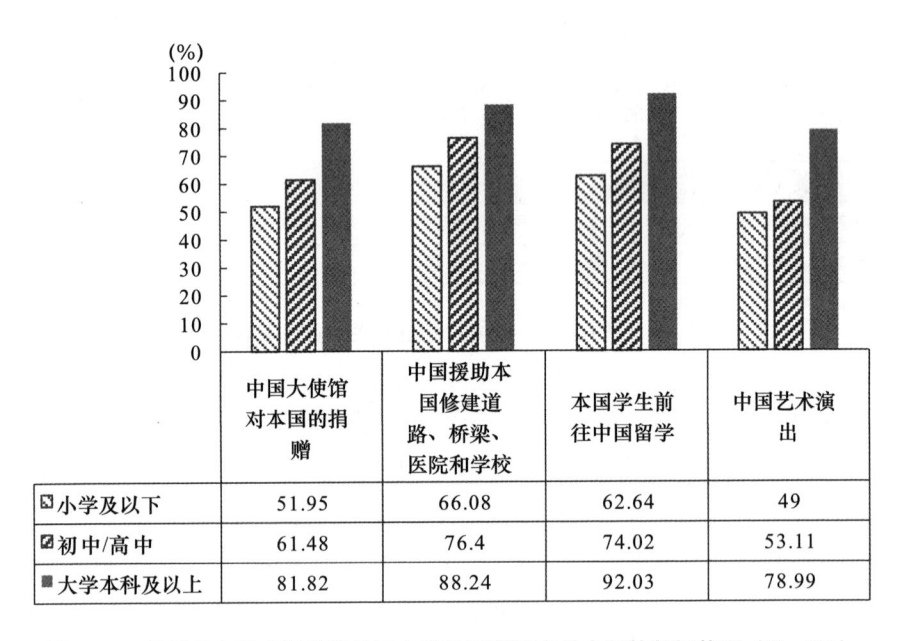

图4-4 按受教育程度划分的从国内媒体看到过有关中国的新闻状况（N=751）

最后，按是否管理人员划分来看（见图4-5），总体上，无论是否为管理人员，对中国援助本国修建基础设施新闻关注度最高，对中国艺术演出新闻关注度最低。且相比非管理人员，管理人员通过本国媒体了解到更多相关中国新闻。详细而言，管理人员了解中国大使馆对本国捐赠、中国援助本国修建基础设施以及本国学生前往中国留学新闻占比都达到80%以上。而占比最低的中国艺术演出新闻不足八成（78.61%），比非管理人员对这方面新闻关注占比（47.82%）高

30.79个百分点。非管理人员占比最高的新闻也是中国援建本国基础设施（68.92%）。

	中国大使馆对本国的捐赠	中国援助本国修建道路、桥梁、医院和学校	本国学生前往中国留学	中国艺术演出
管理人员	81.6	88.17	87.08	78.61
非管理人员	55.05	68.92	66.67	47.82

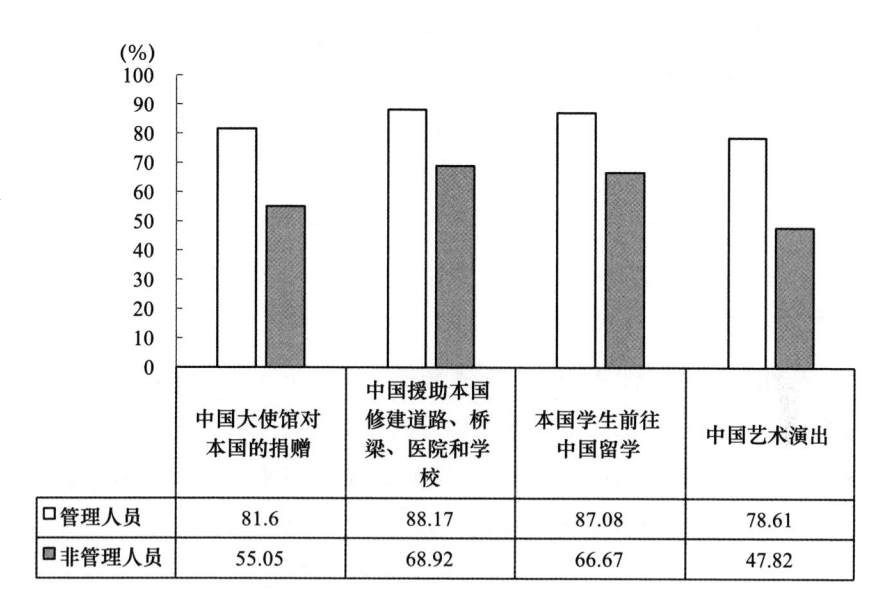

图4-5 按是否管理人员划分的了解中国信息的渠道分布状况（N=739）

2. 柬埔寨中资企业员工了解中国相关新闻的渠道现状

柬埔寨中资企业员工了解中国信息的渠道主要包含以下方面：本国电视、本国网络、本国报纸杂志、中国传统媒体、中国新媒体、企业内部员工和企业内部文字或图片等资料。

表4-2显示柬埔寨中资企业员工了解中国信息的渠道分布包括本国电视、本国网络、本国报纸杂志、中国传统媒体、中国新媒体、企业内部员工、企业内部文字图片资料等。在分布上，通过本国网络了解中国信息的频次最多，占比五成多（54.08%）。其次是通过本国电视了解中国信息，占到四成多（48.39%）。其他信息了解渠道占比都在15%以下，通过企业内部文字图片资料了解中国信息占比只有2.85%。据此可知，本国电视和本国网络这两个渠道是柬埔寨中资企业员工了解有关中国信息的主要途径，本国报纸杂志是第二途

径，其他渠道占比较低。

表4-2　　　　　　　员工了解中国信息的渠道分布　　　　（单位：个，%）

	本国电视	本国网络	本国报纸杂志	中国传统媒体	中国新媒体	企业内部员工	企业内部文字/图片等材料
频次	391	437	111	60	70	56	23
占比	48.39	54.08	13.74	7.43	8.66	6.93	2.85

注：N=808。

从性别来看（图4-6），总体来说，女性员工了解中国信息的渠道占比高于男性员工。本国网络是男性和女性员工获取中国信息占比最高的渠道，男性员工仅有51.33%，比女性员工（58.31%）低6.98个百分点。其次是本国电视渠道，女性占到五成多（51.41%），比男性占比（46.42%）高4.99个百分点。而通过其他渠道认知中国，男性和女性员工所占比例均未超过15%，男女比重相差较小。

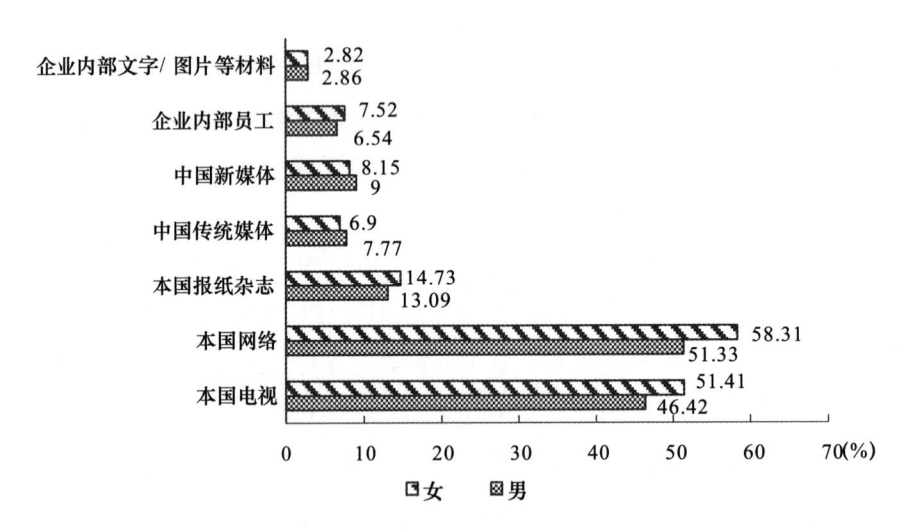

渠道	女	男
企业内部文字/图片等材料	2.82	2.86
企业内部员工	7.52	6.54
中国新媒体	8.15	9
中国传统媒体	6.9	7.77
本国报纸杂志	14.73	13.09
本国网络	58.31	51.33
本国电视	51.41	46.42

图4-6　按性别划分的了解中国信息的渠道分布状况（N=808）

不同族群员工获取中国信息的渠道存在明显差异（见图4-7）。通过本国网络渠道了解中国信息的高棉族员工占到五成（54.3%），是其他族群员工（20%）的近3倍。通过本国电视了解中国消息的高棉族员工有近五成（48.57%），比其他族群员工（20%）高28.57个百分点。其余五个渠道中，高棉族占比均低于15%，其中企业内部文字/图片等材料仅占2.86%。其他族群通过中国新媒体渠道了解中国信息的占两成（20%），而剩余各渠道占比皆为0。据此可见，高棉族员工了解中国信息的渠道比其他族群员工广泛，其他族群留意中国信息的渠道仅有本国电视、本国网络和中国新媒体。

	本国电视	本国网络	本国报纸杂志	中国传统媒体	中国新媒体	企业内部员工	企业内部文字/图片等材料
高棉族	48.57	54.3	13.82	7.47	8.59	6.97	2.86
其他	20	20	0	0	20	0	0

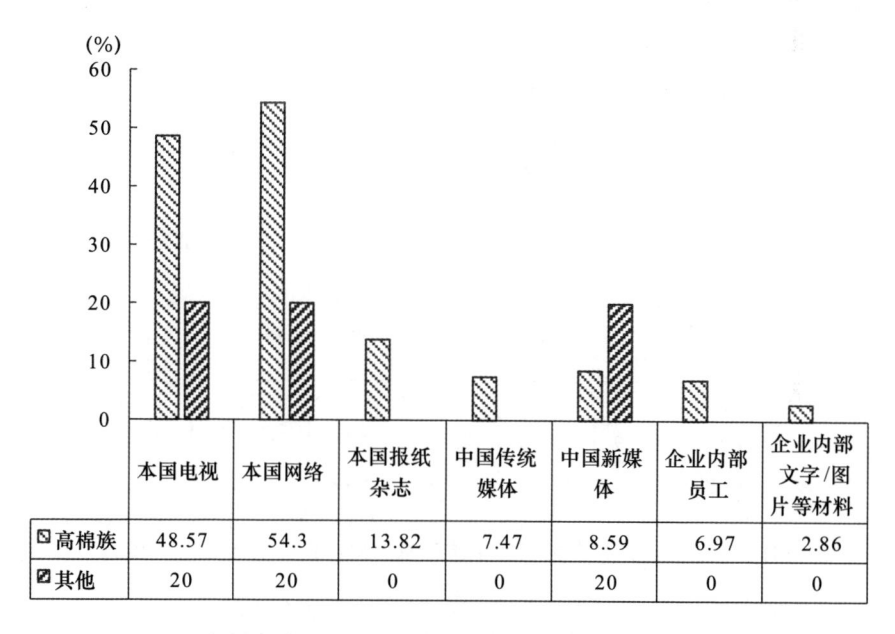

图4-7 按族群划分的了解中国信息的渠道分布状况（N=808）

从收入来看（见图4-8），总体而言，不同收入水平的员工获取中国信息的渠道存在差异。其一，在通过本国电视了解中国信息这一渠道方面，收入越高，占比越低。其中200—349美元收入的员工是其所有渠道中占比最大的，占比接近五成（49.49%）。其二，在从本国网络了解中国信息这一渠道方面，占比最高的 350 美元及以上收入的员工（61.25%），比占比最低的收入为 200—349 美元员工（45.45%）高 15.80 个百分点。其三，在从本国报纸杂志了解中国信息这一渠道方面，350 美元及以上收入的员工占比最大为 15.5%，收入 200—349 美元员工的比重最小仅为 11.11%。另外，除 350 美元及以上收入员工在中国新媒体渠道方面占比达到了 11.81% 外，其他各渠道的所有收入层次员工占比均未超过一成。

	本国电视	本国网络	本国报纸杂志	中国传统媒体	中国新媒体	企业内部员工	企业内部文字/图片等材料
199美元及以下	50.53	55.26	13.68	5.79	5.26	7.37	3.68
200—349美元	49.49	45.45	11.11	7.41	8.08	7.41	3.37
350美元及以上	46.13	61.25	15.5	8.49	11.81	6.27	2.21

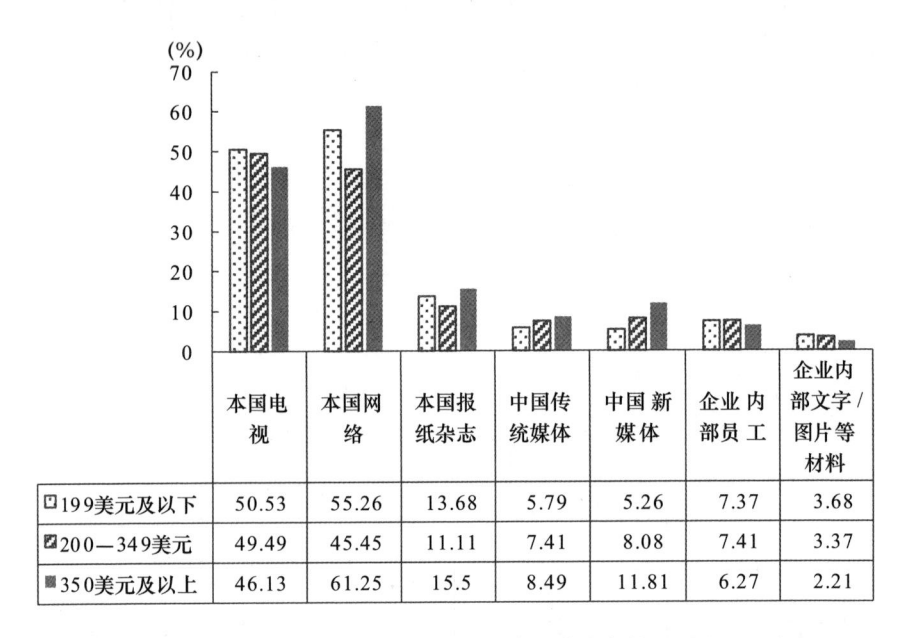

图 4-8 按收入划分的了解中国信息的渠道分布状况（N=758）

从受教育程度来看（由图 4-9），了解中国信息的渠道呈现出受教育程度差异。主要体现为受教育程度越高通过本国网络了解中国信息也越高。详细来看，在通过本国电视了解中国信息方面，员工占比随受教育程度的增加呈现递减趋势。小学及以下受教育程度的员工占到五成（50.67%），比大学本科及以上受教育程度员工（44.6%）高 6.07 个百分点。与之相反，通过本国网络了解中国方面，受教育程度越高的占比越高。小学及以下员工占四成多（45.6%），而大学本科及以上学历员工占比接近七成（69.78%），相差 24.18 个百分点。最后，中国新媒体占比亦随受教育程度提高而递增，本国报纸杂志和企业内部文字/图片等材料变化趋势不明显。

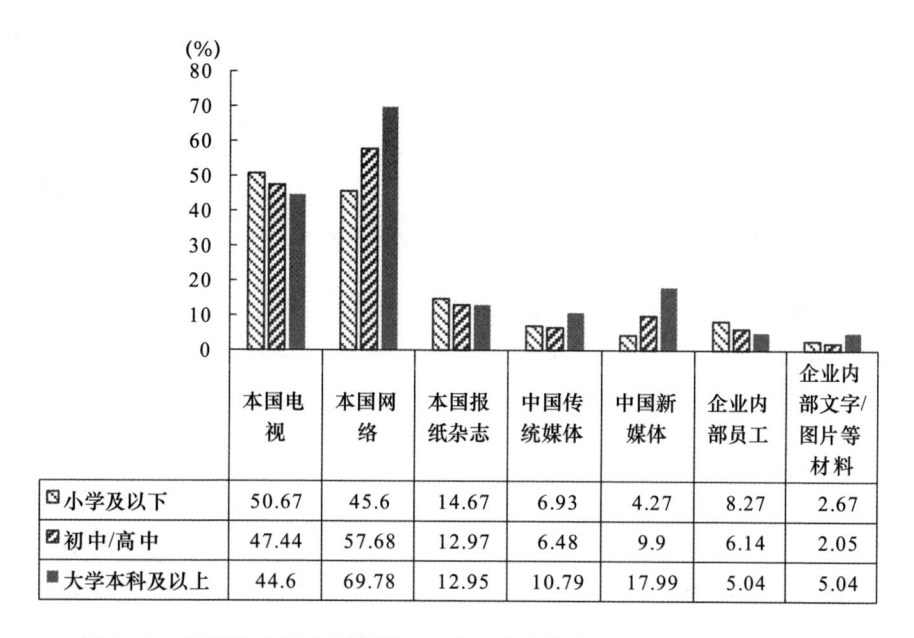

	本国电视	本国网络	本国报纸杂志	中国传统媒体	中国新媒体	企业内部员工	企业内部文字/图片等材料
小学及以下	50.67	45.6	14.67	6.93	4.27	8.27	2.67
初中/高中	47.44	57.68	12.97	6.48	9.9	6.14	2.05
大学本科及以上	44.6	69.78	12.95	10.79	17.99	5.04	5.04

图 4-9　按受教育程度划分的了解中国信息的渠道分布状况（N=807）

最后，从是否管理人员来看（见图 4-10），通过本国电视获取中国信息，管理人员占四成（43.55%），比非管理人员五成占比（51.07%）低 7.52 个百分点。在通过本国网络了解中国信息的渠道方面，管理人员（51.61%）与非管理人员（55.68%）相差 4.07 个百分点。而在其他渠道中，管理人员与非管理人员占比都未超过 15%。从中可以看出，非管理人员了解中国信息在本国电视和本国网络的渠道上占比较管理人员更高，其他渠道中管理人员与非管理人员占比差距不明显。

	本国电视	本国网络	本国报纸杂志	中国传统媒体	中国新媒体	企业内部员工	企业内部文字/图片等材料
—— 管理人员	43.55	51.61	14.52	9.68	8.6	8.06	2.15
······ 非管理人员	51.07	55.68	13.84	6.92	8.57	6.59	2.8

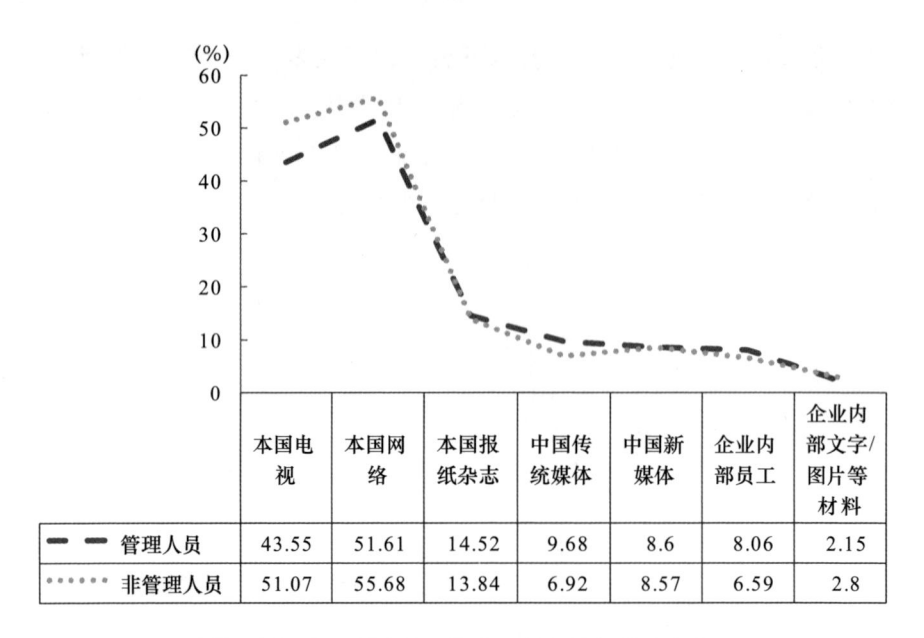

图4-10 按是否管理人员划分的了解中国信息的渠道分布状况（N=793）

二 柬埔寨中资企业员工对中国品牌的认知

知道本企业之外的一定数量的其他中国产品品牌可以较好显示员工对中国的认知情况。下面从性别、收入和受教育程度多角度分析柬埔寨中资企业员工对非本企业的其他中国产品品牌了解情况。从性别来看（图4-11），男性员工知道除本公司以外的其他中国产品品牌占比（36.45%）低于女性员工（41%）4.55个百分点。男性中资企业员工不知道非本公司的其他中国品牌的人数比女性更多。据此发现，女性较男性对除本公司的其他中国产品品牌的知晓程度略高。

进一步从收入方面来考察（见图4-12），在679个样本中，在知道非本企业的其他中国产品品牌方面，收入为199美元及以下的员工（25.86%）和200—349美元收入的员工（26.52%）占比均超两成；350美元及以上收入的员工比重接近六成（58.09%）。由此可见，收入越高了解除本公司以外的其他中国产品品牌占比就越高。值得注意的是，只有当收入突破一定的水平（350美元及以上）后此趋势才比较明显。

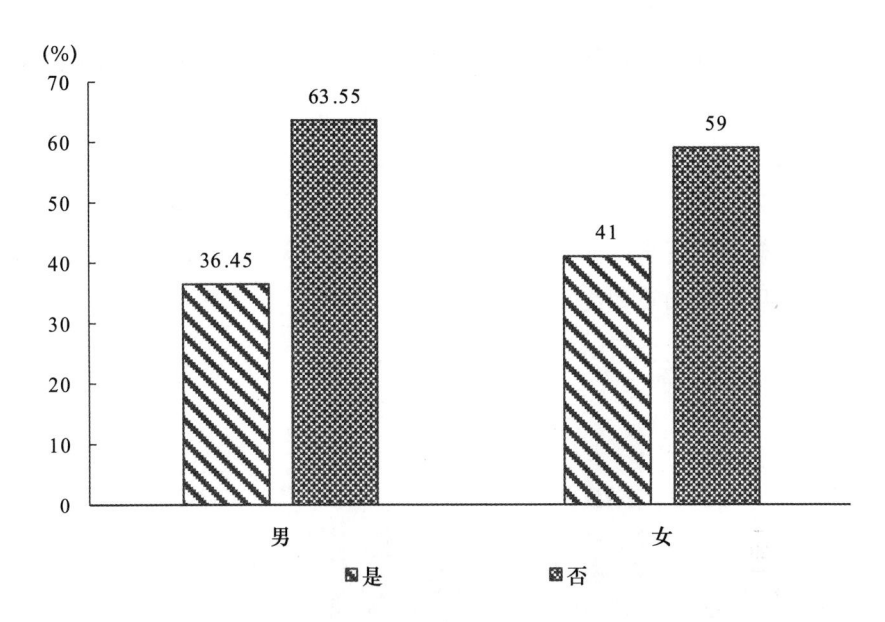

图 4-11　按性别划分的中资企业员工知道除本公司以外的其他中国产品品牌的分布（N=728）

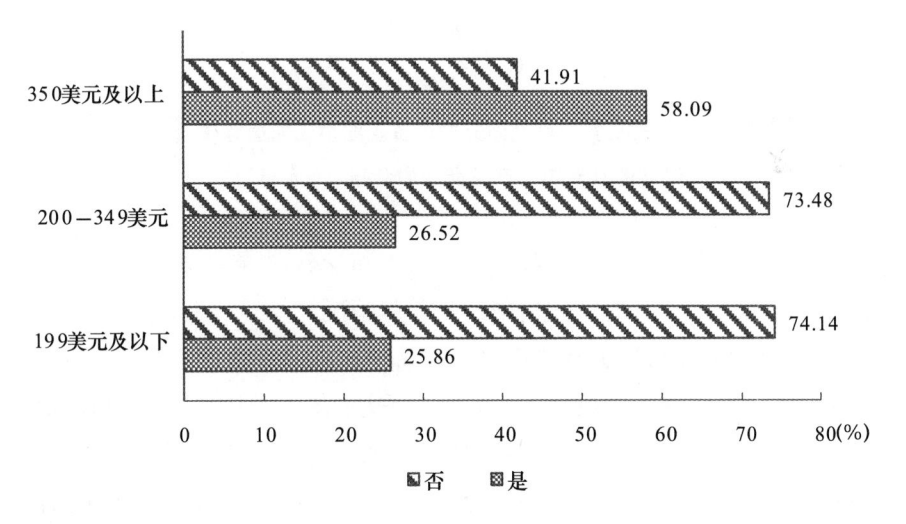

图 4-12　按收入划分的中资企业员工知道除本公司以外的其他中国产品品牌的分布（N=679）

接着，按受教育程度来看（见图4-13），小学及以下知道除本公司以外的其他中国产品品牌的员工仅占两成多（20.99%），初中/高中员工占比为四成多（42.7%），大学本科及以上占到七成多（71.32%），最高与最低占比相差50.33个百分点。据以上可以发现，受教育程度越高的柬埔寨中资企业员工，对除本公司以外的其他中国产品品牌知晓程度越高。

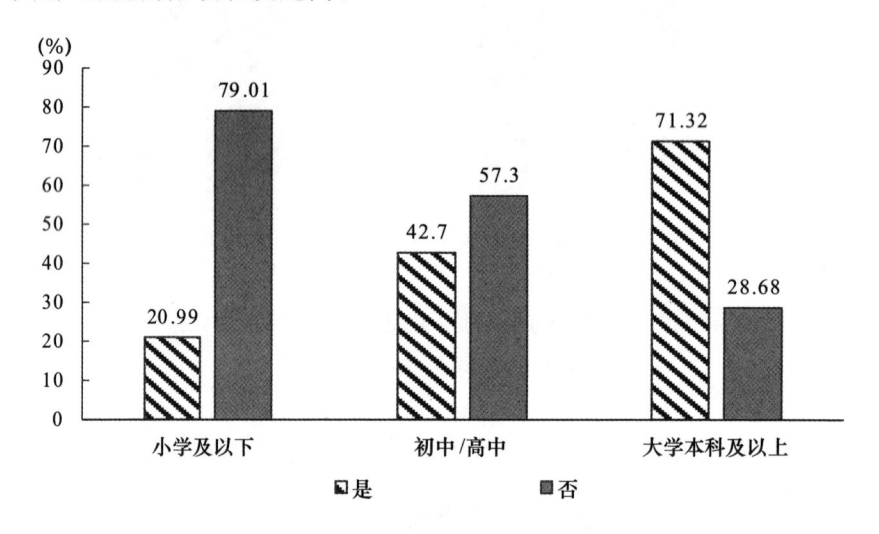

图4-13 按受教育程度划分的中资企业员工知道除本公司以外的其他中国产品品牌的分布（N=727）

下面将依次从总体上以及性别、收入和受教育程度视角描述柬埔寨中资企业员工了解的具体中国产品品牌情况。

由表4-3可知员工所知道的中国品牌总体分布情况。受访的808名员工中，未回答的人数为521人，比重超六成（64.48%）。知道华为的有54人，比例为6.67%；知道OPPO的员工有46人，占比为5.69%；仅有11位员工知道小米，占比1.36%；知道VIVO的有26人，占比有3.22%；知道其他中国产品品牌的样本量有150人，比例接近两成（18.56%）。总体上来看柬埔寨中资企业员工对具体的中国产品品牌的了解不多，其中对具体的中国手机品牌了解较多的是华为和OPPO。

表4-3 中资企业员工所知道的中国产品品牌总体分布

(单位：个、%)

	未回答	华为	小米	OPPO	VIVO	其他	合计
频数	521	54	11	46	26	150	808
占比	64.48	6.68	1.36	5.69	3.22	18.56	100

注：N=808。

结合图4-14和图4-15来看，总体来说，柬埔寨中资企业女性员工对具体的非本公司的其他中国产品品牌的了解略高于男性员工。具体而言，柬埔寨中资企业男性员工所知道非本公司的其他中国品牌，华为是知名度最高的品牌（6.27%），其次是OPPO（5.04%），接着是VIVO（2.73%），最后是小米（1.36%）。柬埔寨中资企业女性员工中，产品知名度最高的依旧是华为（7.21%），其次是OPPO占6.69%，再次为VIVO（3.97%），最后是小米占比1.36%。

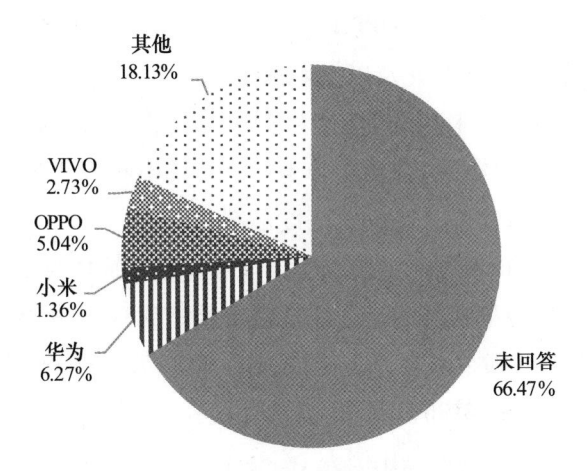

图4-14 男性中资企业员工所知道的中国产品品牌的分布（N=489）

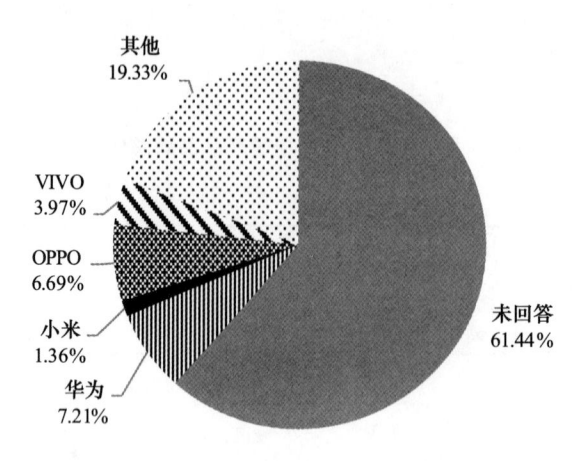

其他 19.33%
VIVO 3.97%
OPPO 6.69%
小米 1.36%
华为 7.21%
未回答 61.44%

图 4-15 女性中资企业员工所知道的中国产品品牌的分布（N=319）

对比分析图 4-16 数据可发现，不同收入群体员工所知道的具体中国产品品牌分布差异。350 美元及以上收入员工知道华为的占一成（10.21%），比 199 美元及以下收入员工与 200—349 美元收入员工的合计占比（8.22%）高 1.99 个百分点。收入为 350 美元及以上的员工中接近一成（9.35%）知道 OPPO，而 199 美元及以下收入员工和 200—349 美元收入中知道 OPPO 的员工占比均未超过 5%。知道 VIVO 和小米，除了 350 美元及以上收入的员工占比为 5.04%，其他收入层次的员工占比都未超过 5%。由此可见，收入水平越高，柬埔寨中资企业员工对具体中国产品品牌更了解，其中收入达到 350 美元及以上的员工对中国产品品牌的知晓度最高。

最后如图 4-17 所示，总体而言，受教育程度越高的员工，对具体的中国产品品牌的了解越多。小学及以下受教育程度的员工，知道华为、OPPO、VIVO 和小米合计占比仅占 5.87%，了解其他中国产品品牌仅占一成多（13.33%）。初中/高中受教育程度的员工，知道华为、OPPO、VIVO 和小米的加总比例为 18.88%，而知道其他中国产品品牌占到两成多（21.39%）。大学本科及以上学历的员工，知道华为和 OPPO 的占比分别为 6.31%、12.47%，知道 VIVO 和小米合计为 13.9%。

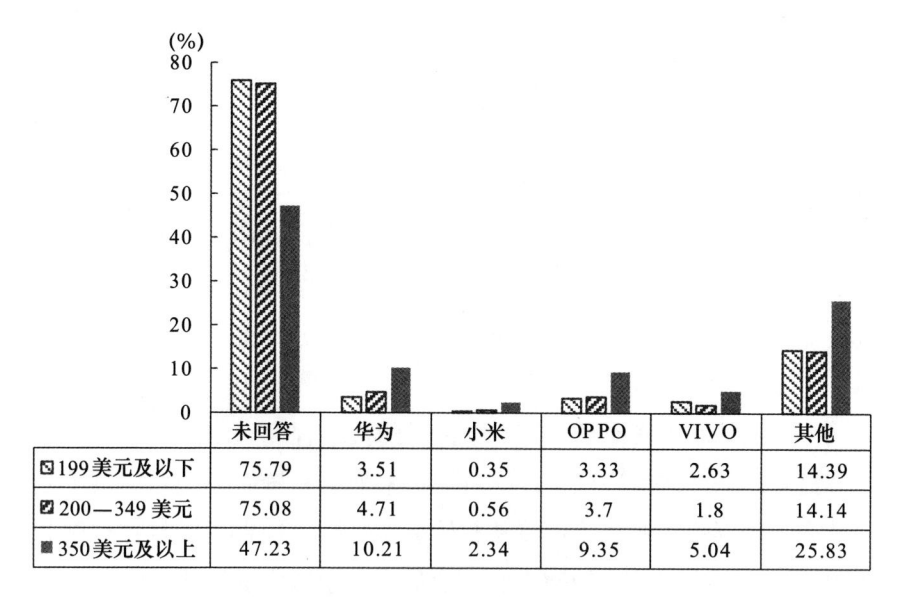

第四章 中国与柬埔寨民心相通现状研究

	未回答	华为	小米	OPPO	VIVO	其他
199美元及以下	75.79	3.51	0.35	3.33	2.63	14.39
200—349美元	75.08	4.71	0.56	3.7	1.8	14.14
350美元及以上	47.23	10.21	2.34	9.35	5.04	25.83

图4-16 按收入划分的中资企业员工所知道的中国产品品牌的分布（N=758）

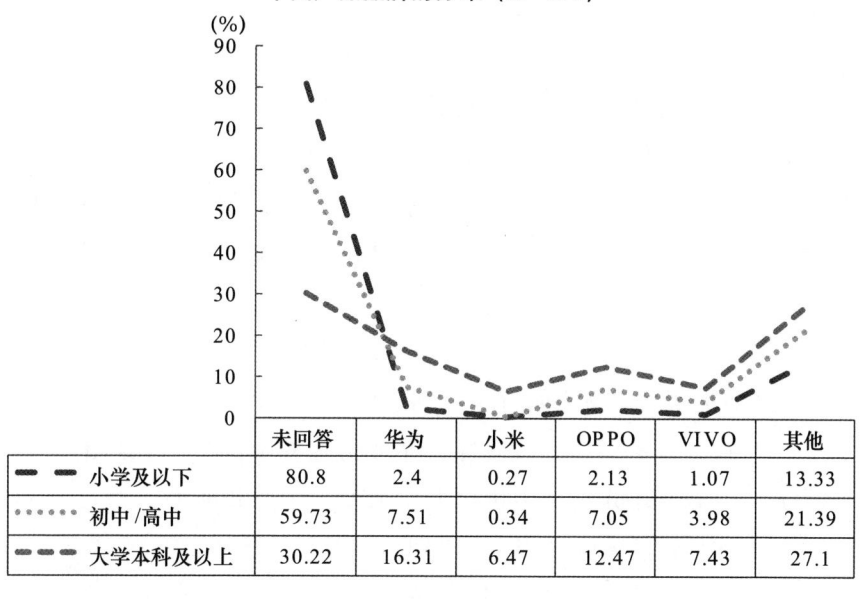

	未回答	华为	小米	OPPO	VIVO	其他
小学及以下	80.8	2.4	0.27	2.13	1.07	13.33
初中/高中	59.73	7.51	0.34	7.05	3.98	21.39
大学本科及以上	30.22	16.31	6.47	12.47	7.43	27.1

图4-17 按受教育程度划分的中资企业员工所知道的中国产品品牌的分布（N=807）

第二节 柬埔寨中资企业员工对中国的情感性评价

柬埔寨中资企业员工对中国的情感性评价，具体从柬埔寨中资企业员工对中国人的接纳程度、中资企业员工对中国企业的评价以及中资企业员工关于中国对本国的影响力评价三部分进行分析。

一 柬埔寨中资企业员工对中国人的接纳程度

民众之间的接纳程度可以通过测量柬埔寨中资企业中两国员工之间的交往情况来了解。下面将从整体上及性别、族群、受教育程度和入职时长多角度描述柬埔寨中资企业员工对中国人的接纳程度。

图4-18反映出柬埔寨员工和中国民众之间的总体社会距离较近。在受访的799个员工中，愿意成为伴侣仅占两成多（22.53%），愿意成为朋友（71.59%）和邻居占比（78.72%）均上升到七成多，愿意与中国人成为同事则接近九成（89.36%），愿意与中国人成为点头之交、生活在同一城市占比都在90%以上，愿意与中国人生活在同一国家占比为99.37%。由此可知，柬埔寨中资企业员工与中国人建立亲密伴侣关系的意愿较低，而在构建一般性的社会关系方面意愿较强。

首先，从性别角度来看（见图4-19），整体上柬埔寨员工和中国民众的社会距离在男女之间有所差别。具体看来，男性选择"成为伴侣"占两成多（24.95%）较女性接近两成（18.79%）占比高出6.16个百分点。柬埔寨员工和中国民众"成为朋友"，女性的百分比是75.48%，比男性的比例（69.07%）高6.41个百分点。愿意成为邻居，男性员工仅占七成多（75.05%），而女性员工占八成多（84.39%）。女性员工愿意与中国人成为同事、点头之交、生活在同一城市以及同一国家占比均在90%以上，而男性员工仅在愿意与中国人生活在同一城

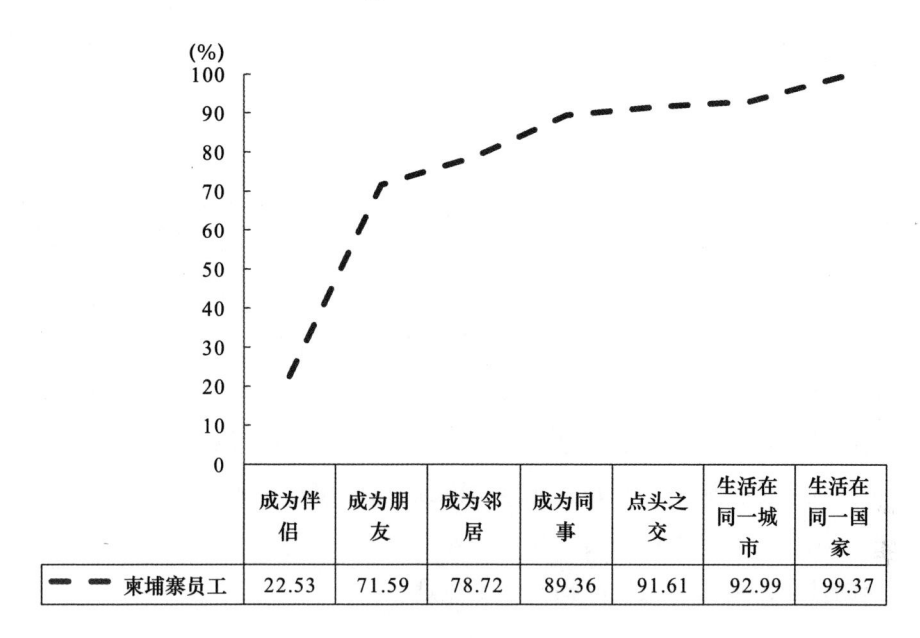

第四章 中国与柬埔寨民心相通现状研究

	成为伴侣	成为朋友	成为邻居	成为同事	点头之交	生活在同一城市	生活在同一国家
柬埔寨员工	22.53	71.59	78.72	89.36	91.61	92.99	99.37

图 4-18　柬埔寨员工与中国民众的社会距离分布（N=799）

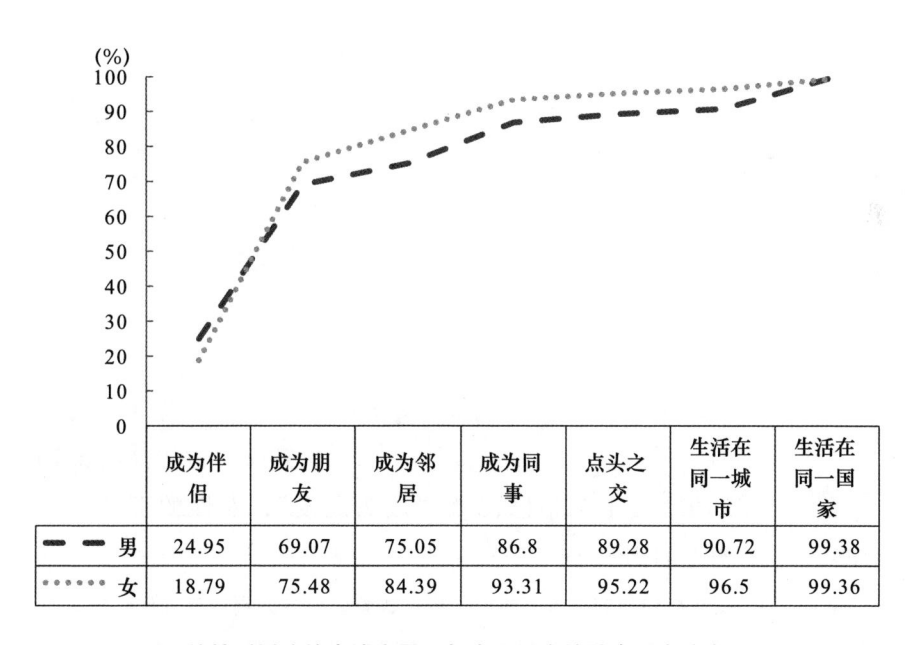

	成为伴侣	成为朋友	成为邻居	成为同事	点头之交	生活在同一城市	生活在同一国家
男	24.95	69.07	75.05	86.8	89.28	90.72	99.38
女	18.79	75.48	84.39	93.31	95.22	96.5	99.36

图 4-19　按性别划分的柬埔寨员工与中国民众的社会距离分布（N=799）

市以及同一国家占比都达到90%以上。因此可知，男性员工与中国人缔结伴侣关系的意愿高于女性员工。而在其他一般性的社会关系的建立中，女性员工的意愿高于男性员工。

其次，从族群角度来看（见图4-20），柬埔寨中资企业员工与中国民众的社会交往意愿存在族群差异。愿意与中国人成为伴侣的高棉族员工仅占两成（22.29%），比其他族群比重（60%）低37.71个百分点。愿意与中国民众成为朋友的高棉族员工占比为71.54%，其他族群占到八成（80%），两者相差8.46个百分点。愿意与中国民众成为邻居、同事、点头之交的高棉族占比均高于其他族群。愿意与中国人生活在同一城市以及同一国家的高棉族员工占比达到90%以上，而其他族群占比均为100%。据此可见，其他族群员工与中国民众的社会距离总体上比高棉族员工更近。

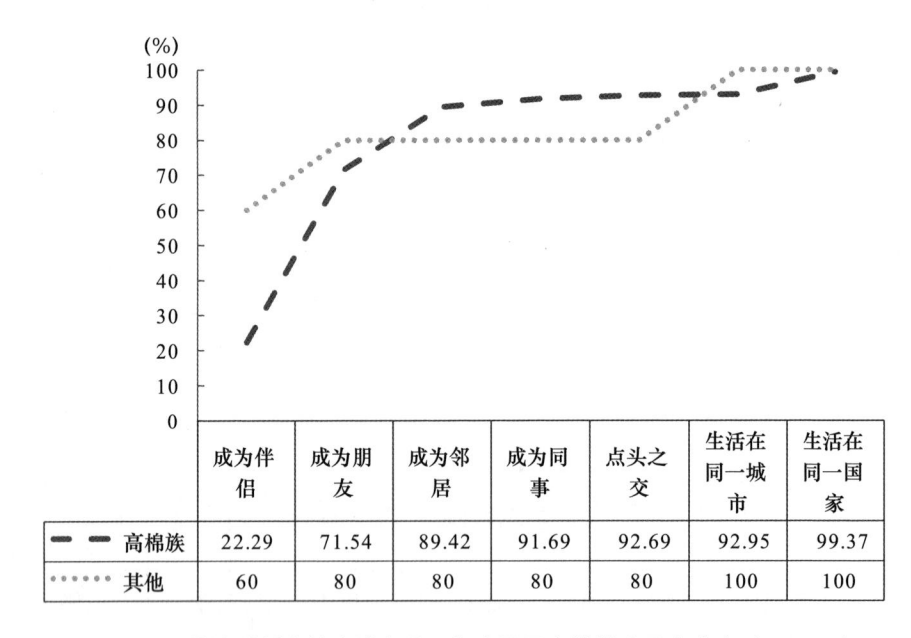

	成为伴侣	成为朋友	成为邻居	成为同事	点头之交	生活在同一城市	生活在同一国家
── 高棉族	22.29	71.54	89.42	91.69	92.69	92.95	99.37
⋯⋯ 其他	60	80	80	80	80	100	100

图4-20 按族群划分的柬埔寨员工与中国民众的社会距离分布（N=799）

观察图4-21可以发现，受教育程度越高，柬埔寨中资企业员工与中国民众的社会距离越近。小学及以下教育程度员工愿意与中国人成为伴侣的占比不到两成（18.33%），初中/高中教育的员工占两成（20.34%），大学本科及以上学历员工达到三成（38.69%）。小学及以下教育程度的员工仅在愿意与中国人生活在同一国家的比重达90%以上，而初中/高中教育的员工愿意与中国人成为同事、点头之交、生活在同一城市及同一国家的占比均在90%以上，大学本科及以上学历员工甚至有6项占比都在90%以上。其中在愿意与中国人成为朋友一项中，大学本科及以上学历员工占比（90.51%）相较于小学及以下学历员工占比（63.34%）高27.17个百分点。

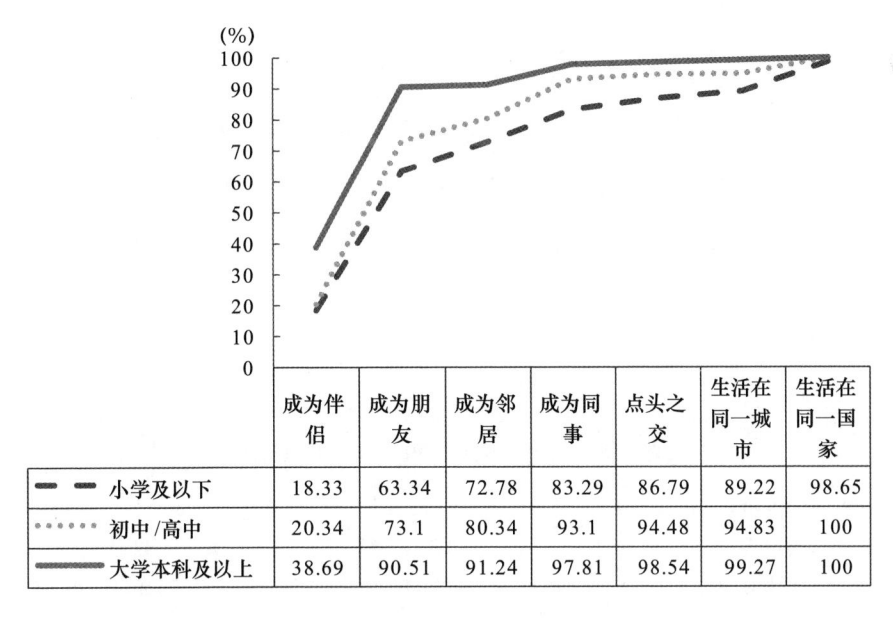

	成为伴侣	成为朋友	成为邻居	成为同事	点头之交	生活在同一城市	生活在同一国家
小学及以下	18.33	63.34	72.78	83.29	86.79	89.22	98.65
初中/高中	20.34	73.1	80.34	93.1	94.48	94.83	100
大学本科及以上	38.69	90.51	91.24	97.81	98.54	99.27	100

图4-21 按受教育程度划分的柬埔寨员工与中国民众的
社会距离分布（N=798）

图4-22表明，柬埔寨中资企业员工和中国民众的社会距离随入职时间的增加而变得更亲近。第一，在愿意成为伴侣方面，入职半年及以下的员工占比（17.74%）低于入职两年以上的员工占比（26.16%）8.42个百分点。第二，愿意成为朋友的入职半年及以下

的员工占比（68.95%）低于半年至两年的占比（71.15%），更低于两年以上员工占比（77.22%）。第三，在愿意成为邻居方面，入职半年及以下的员工占比（74.19%）较入职两年以上的员工（84.39%）低10.20个百分点。此外，入职半年及以下的员工仅在愿意与中国人生活在同一国家的比例达到90%以上，入职半年至两年的员工愿意与中国人成为点头之交、生活在同一城市以及同一国家占比均在90%以上；而入职两年以上的员工愿意与中国人成为同事、点头之交和生活在同一城市占比都在90%以上，且所有入职两年以上的员工都愿意与中国人生活在同一国家（100%）。

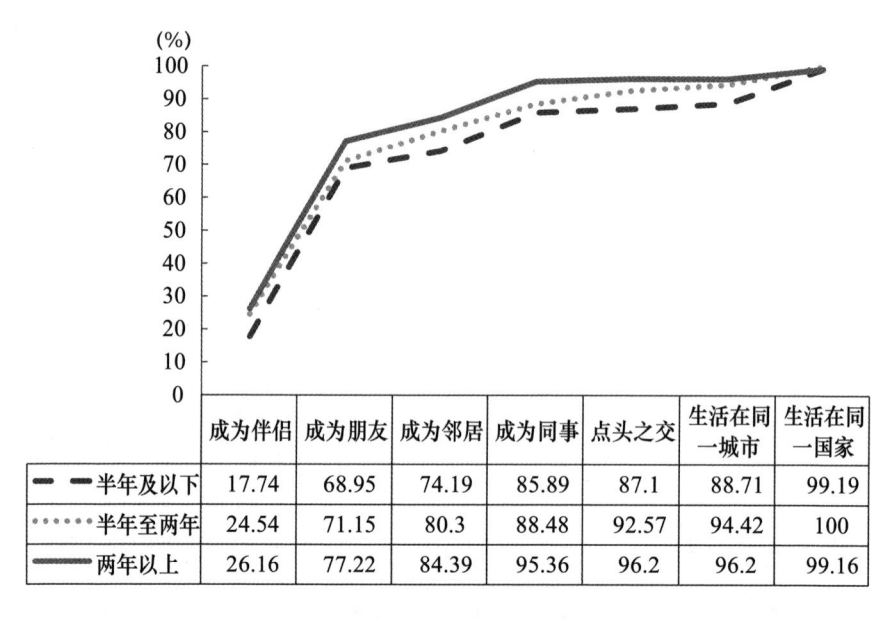

	成为伴侣	成为朋友	成为邻居	成为同事	点头之交	生活在同一城市	生活在同一国家
--- 半年及以下	17.74	68.95	74.19	85.89	87.1	88.71	99.19
······ 半年至两年	24.54	71.15	80.3	88.48	92.57	94.42	100
—— 两年以上	26.16	77.22	84.39	95.36	96.2	96.2	99.16

图4-22 按入职时长划分的柬埔寨员工与中国民众的

社会距离分布（N=754）

二 柬埔寨中资企业员工对中国企业的评价

柬埔寨中资企业员工对中国企业的评价主要体现在以下方面：中资企业对于柬埔寨本地的风俗习惯和员工宗教信仰的尊重程度，中资企业的作息时间安排,以及中资企业内部中外员工晋升制度的一致性。

表4-4为柬埔寨中资企业员工对中国企业评价的频率分布。合计"一般"、"基本同意"、"完全同意"的百分比可发现,除"中外员工晋升制度一致"合计占比略超八成(81.55%)外,"本企业尊重本地的风俗习惯"(93.07%)、"本企业尊重员工的宗教信仰"(90.46%)和"喜欢本企业的作息时间规定"(94.02%)的占比合计均超过九成。另外,合并"不同意"与"完全不同意"易得知,柬埔寨中资企业员工在"本企业尊重本地风俗习惯"(6.93%)、"本企业尊重员工的宗教信仰"(9.53%)和"喜欢本企业的作息时间规定"(5.97%)合计占比均未超过10%,而在"中外员工晋升制度一致"的合计占比超过一成(18.44%)。由此可见,柬埔寨中资企业员工对中资企业的中外员工晋升制度一致性评价偏低,而对于中资企业在尊重风俗习惯和宗教信仰、作息时间安排的评价偏高。

表4-4　　中资企业员工对中国企业评价的频率分布　　(单位:%)

	本企业尊重本地风俗习惯	本企业尊重员工的宗教信仰	喜欢本企业的作息时间规定	中外员工晋升制度一致
完全不同意	2.77	2.91	1.49	1.8
不同意	4.16	6.62	4.48	16.64
一般	57.56	60.4	54.3	58.67
基本同意	25.31	21.72	26.77	18.03
完全同意	10.2	8.34	12.95	4.85
合计	100	100	100	100

注:N=803。

下面从性别、族群、收入、受教育程度、是否为管理人员和入职时长这六个类别描述柬埔寨中资企业员工对中国企业尊重本地风俗习惯的同意程度。

从性别来看（见图4-23），男性表示"一般"的占比（64.08%）较女性占比（47.8%）高16.28个百分点。女性员工表示"基本同意"和"完全同意"本企业尊重当地风俗的占比（45.29%）均高于男性员工（28.99%），其中表达"基本同意"的女性占三成多（31.45%），而男性仅占两成多（21.22%）。因此可认为，相比于男性，女性更倾向于同意本企业尊重本地的风俗习惯。

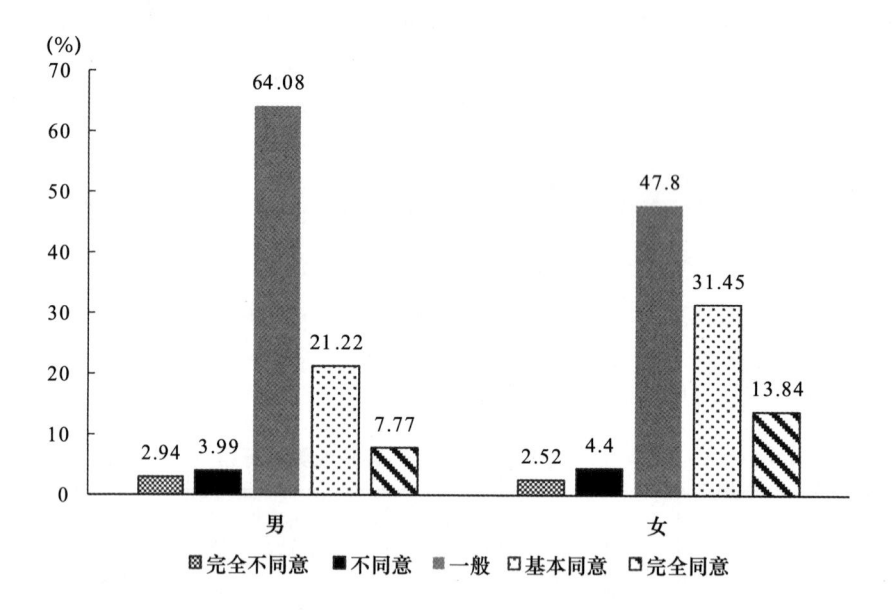

图4-23 按性别划分的是否同意"本企业尊重本地风俗习惯"（N=794）

据表4-5可了解到不同族群对本企业尊重本地的风俗习惯的同意情况，高棉族"完全不同意"和"不同意"两项的合计占比为6.97%，而其他族群则为0。高棉族中资企业员工回答"一般"的占比超过五成（57.54%），低于其他族群六成占比（60%）2.46个百分点。高棉族"完全同意"和"基本同意"的合计百分比（35.49%）较其他族群（40%）低4.51个百分点。但总体而言，高棉族和其他族群对是否同意本企业尊重本地习俗的比例相差不大，评价相对一致。

第四章 中国与柬埔寨民心相通现状研究

表4-5 按族群划分的是否同意"本企业尊重本地风俗习惯" （单位:%）

族群	完全不同意	不同意	一般	基本同意	完全同意	合计
高棉族	2.79	4.18	57.54	25.22	10.27	100
其他	0	0	60	40	0	100

注：N=794。

从图4-24中可见按收入划分的是否同意"本企业尊重本地风俗习惯"的情况。合并"完全不同意"和"不同意"选项可知，200—349美元中等收入员工的百分比最高（8.54%），其次为350美元及以上的高收入员工（7.52%），最低为199美元及以下的员工（3.77%）。合并"基本同意"和"完全同意"百分比可知，199美元及以下的员工占四成多（43.55%），较200—349美元收入的员工（29.01%）高14.54个百分点，较350美元及以上收入的员工（39.1%）高4.45个百分点。据此可知，对于本企业尊重本地习俗选项，低收入员工倾向于较高评价，而中等收入员工的负面评价比例更高，高收入员工倾向于一般评价。

再按受教育程度来看（见图4-25），加总"完全不同意"和"不同意"统计发现，初中/高中受教育程度的员工占比最大（7.9%），大学本科及以上员工的占比最小（5.04%）。回答"一般"的小学及以下员工占比最多且超六成（64.46%），而初中/高中（51.55%）和大学本科及以上（51.8%）的中资企业员工差异很小。综上可知，教育程度越低，对本企业尊重本地的风俗习惯的同意度越低。

对比图4-26和图4-27可观测到，相比管理人员，非管理人员更为同意本企业尊重本地的风俗习惯。合并"完全不同意"和"不同意"得到，中资企业管理人员仅占5.37%，而非管理人员占到7.58%。管理人员表示"一般"的占比接近七成（67.75%），高于非管理人员（53.47%）。表示"基本同意"和"完全同意"的管理

	完全不同意	不同意	一般	基本同意	完全同意
□ 199美元及以下	1.08	2.69	52.69	30.65	12.9
▨ 200—349美元	4.1	4.44	62.46	20.14	8.87
■ 350美元及以上	2.63	4.89	53.38	28.2	10.9

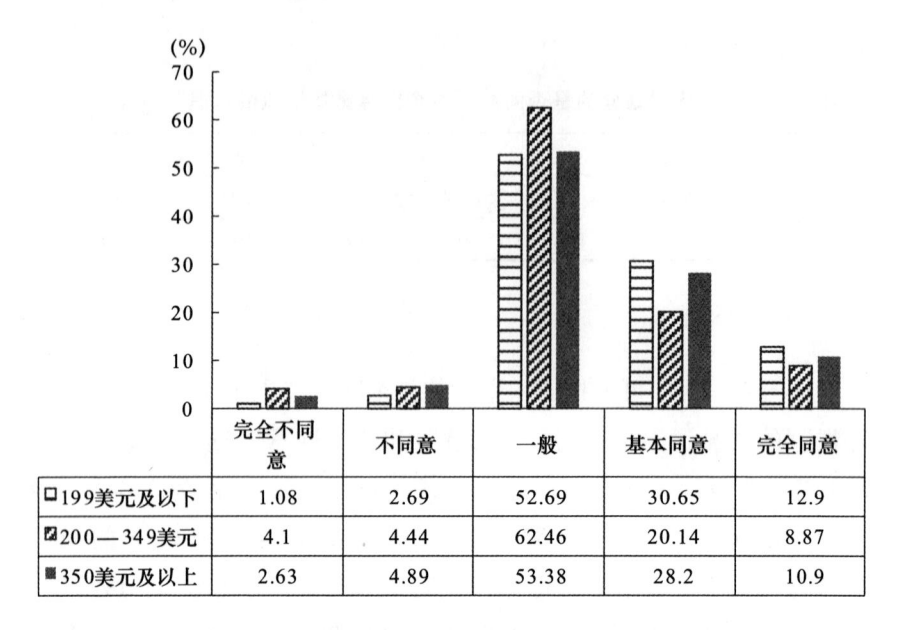

图 4-24　按收入划分的是否同意"本企业尊重本地风俗习惯"（N=745）

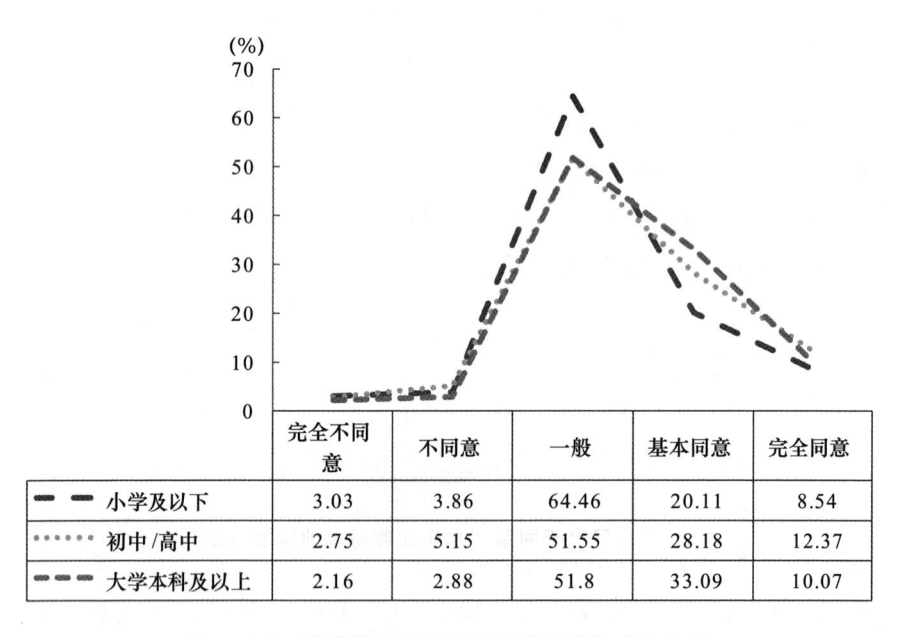

	完全不同意	不同意	一般	基本同意	完全同意
—— 小学及以下	3.03	3.86	64.46	20.11	8.54
······ 初中/高中	2.75	5.15	51.55	28.18	12.37
--- 大学本科及以上	2.16	2.88	51.8	33.09	10.07

图 4-25　按受教育程度划分的是否同意"本企业尊重本地风俗习惯"（N=793）

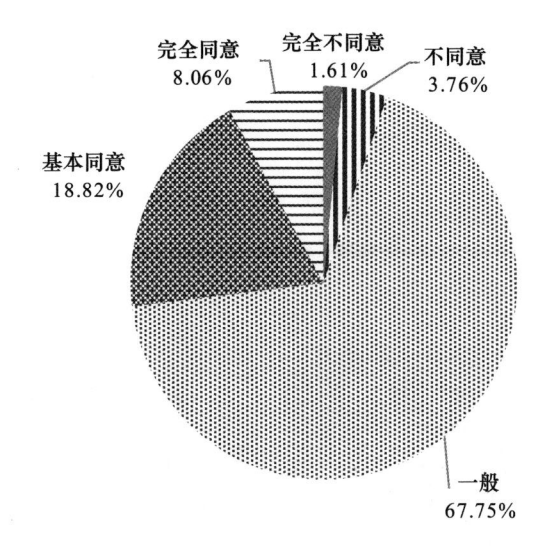

完全同意 完全不同意 不同意
8.06% 1.61%   3.76%

基本同意
18.82%

一般
67.75%

图4-26 管理人员是否同意"本企业尊重
本地风俗习惯"（N=186）

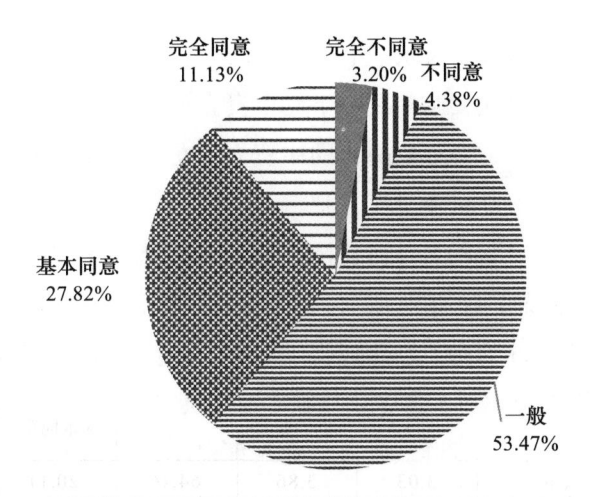

完全同意 完全不同意 不同意
11.13% 3.20%   4.38%

基本同意
27.82%

一般
53.47%

图4-27 非管理人员是否同意"本企业尊重本地风俗习惯"（N=593）

人员合计占比接近三成（26.88%），比非管理人员（38.95%）低12.07个百分点。

图4-28显示，首先，入职时间越长，"完全不同意"和"不同

	完全不同意	不同意	一般	基本同意	完全同意
—— 半年及以下	2.46	5.74	67.21	15.57	9.02
······ 半年至两年	3.72	3.72	57.99	26.77	7.81
— — 两年以上	2.1	2.52	47.48	33.61	14.29

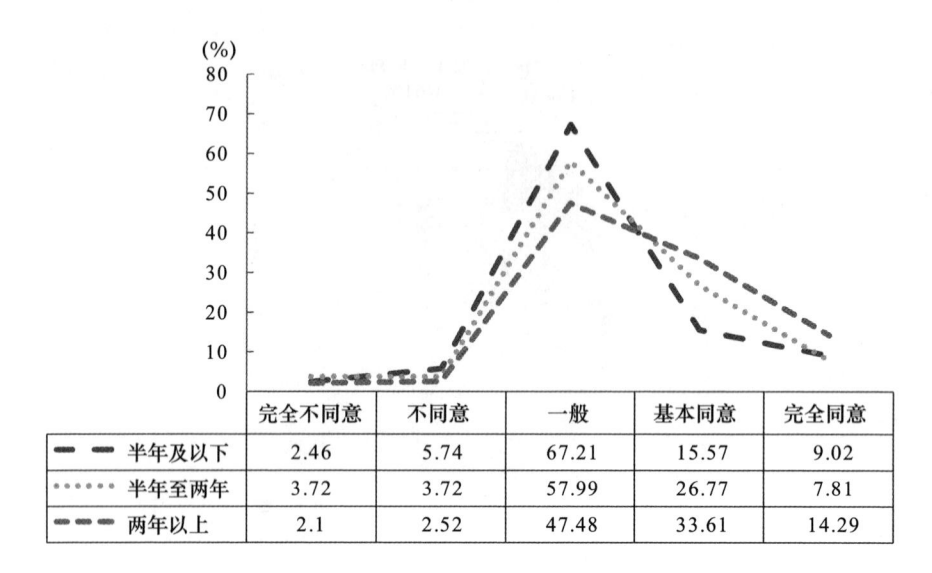

图4-28 按进入中资企业时间划分的是否同意"本企业尊重本地风俗习惯"（N=751）

意"的合计占比越低。入职半年及以下的员工占到8.2%，而两年以上的仅占4.62%。其次，半年及以下的中资企业员工表示"一般"的占比（67.21%），高于半年至两年的中资企业员工占比（57.99%），更高于两年以上的中资企业员工占比（47.48%）。最后，表示"基本同意"和"完全同意"的合计占比随入职时长的增加呈递增趋势，入职半年及以下的员工仅有两成（24.59%），低于两年以上员工占比（47.9%）23.31个百分点。可以得出结论，进入中资企业的时间越长，柬埔寨中资企业员工对于本企业尊重本地的风俗习惯的评价更偏正面。

以下将从性别、族群、收入、受教育程度、是否为管理人员和入职时长这六个角度描述柬埔寨中资企业员工对中资企业尊重员工的宗教信仰的情感性评价。

首先，从性别观察其差异可得到（见图4-29），中资企业的女性员工比男性员工更同意本企业尊重员工的宗教信仰。具体来看，男性表示"不同意"和"完全不同意"合计占比（10.97%）高于女性

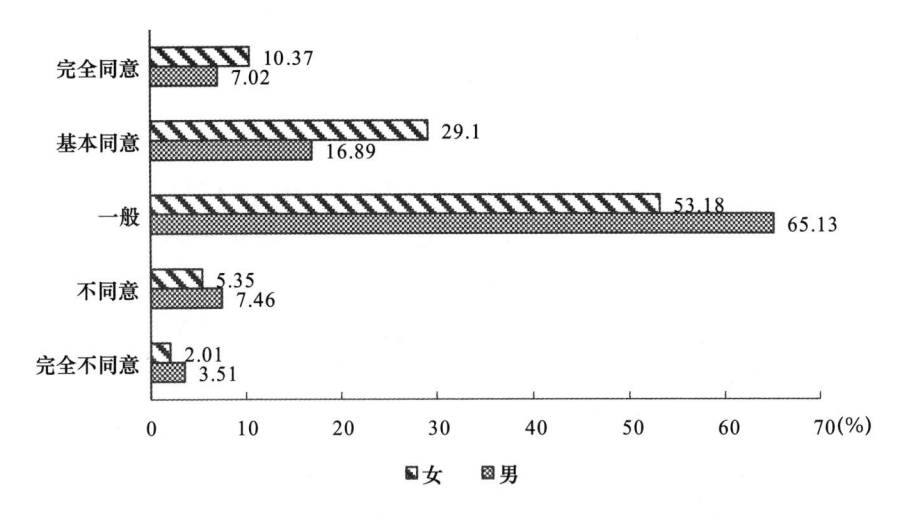

第四章 中国与柬埔寨民心相通现状研究

	10.37
完全同意	7.02
基本同意	29.1 / 16.89
一般	53.18 / 65.13
不同意	5.35 / 7.46
完全不同意	2.01 / 3.51

图4-29 按性别划分中资企业员工是否同意"本企业尊重员工的宗教信仰"的分布（N=755）

占比（7.36%）。女性表示"一般"的占比（53.18%）相较于男性占比（65.13%）低11.95个百分点。但表示"基本同意"和"完全同意"的合计占比，女性员工（39.47%）比男性员工（23.91%）高15.56个百分点。

从表4-6中可以观察到高棉族和其他族群的差异，具体表现为其他族群更加同意本企业尊重员工的宗教信仰。高棉族"完全不同意"与"不同意"的合计比例近一成（9.6%），而其他族群这两个选项占比均为0。高棉族表示"基本同意"和"完全同意"的比例（30%）低于其他族群占比（40%）10个百分点。

表4-6 按族群划分的是否同意"本企业尊重员工的宗教信仰"（单位：%）

族群	完全不同意	不同意	一般	基本同意	完全同意	合计
高棉族	2.93	6.67	60.4	21.6	8.4	100
其他	0	0	60	40	0	100

注：N=755。

图 4-30 展示的是不同收入群体的同意情况，高收入员工对本企业尊重员工的宗教信仰的负面评价相对较高，其他收入水平的员工对于本企业尊重员工的宗教信仰偏向中上评价。详细来看，各收入阶段员工表示"一般"百分比都达到半数以上，且收入为 199 美元及以下与 350 美元及以上的员工占比差异不大，收入为 200—349 美元的员工占比超过六成（65.95%）。表达"基本同意"和"完全同意"态度方面，199 美元及以下收入的合计占比最高（35.23%），比 200—349 美元收入员工（25.45%）高 9.78 个百分点。

	完全不同意	不同意	一般	基本同意	完全同意
199美元及以下	1.14	7.39	56.25	26.14	9.09
200—349美元	3.23	5.38	65.95	20.07	5.38
350美元及以上	3.54	7.48	55.91	21.26	11.81

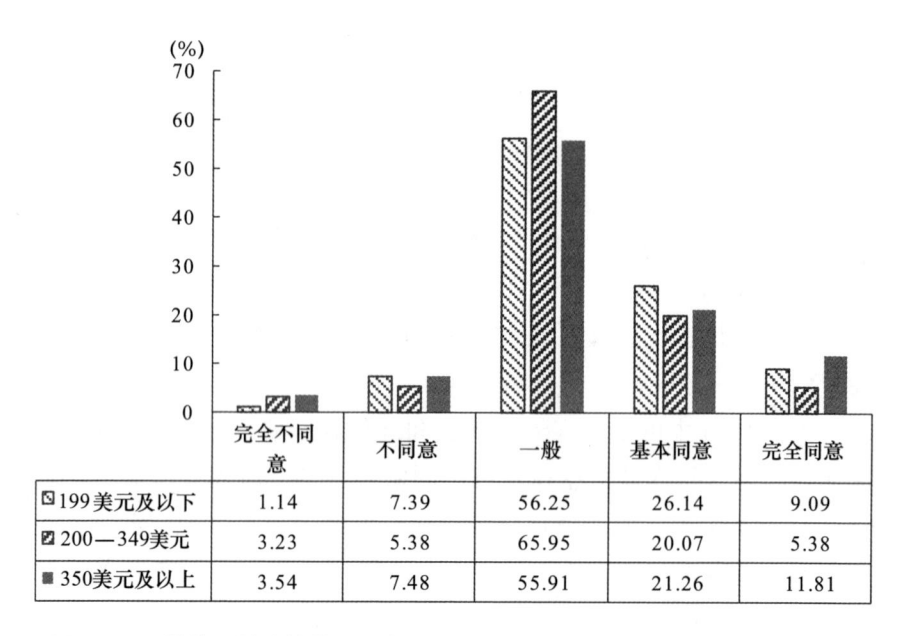

图 4-30 按收入划分的是否同意"本企业尊重员工的宗教信仰"（N=709）

进一步从受教育程度来看（见图 4-31），初中/高中教育的员工对本企业尊重员工的宗教信仰的极端评价比例更高，小学及以下学历的员工评价一般，而接受过高等教育的员工评价更和缓。首先，小学及以下、初中/高中以及大学本科及以上的曲线在"完全不同意"和"完全同意"部分几乎重合。再看员工回答"一般"

	完全不同意	不同意	一般	基本同意	完全同意
— — 小学及以下	2.33	5.83	65.6	18.37	7.87
······ 初中/高中	4	6.91	54.55	26.18	8.36
- - - 大学本科及以上	2.21	8.09	58.82	21.32	9.56

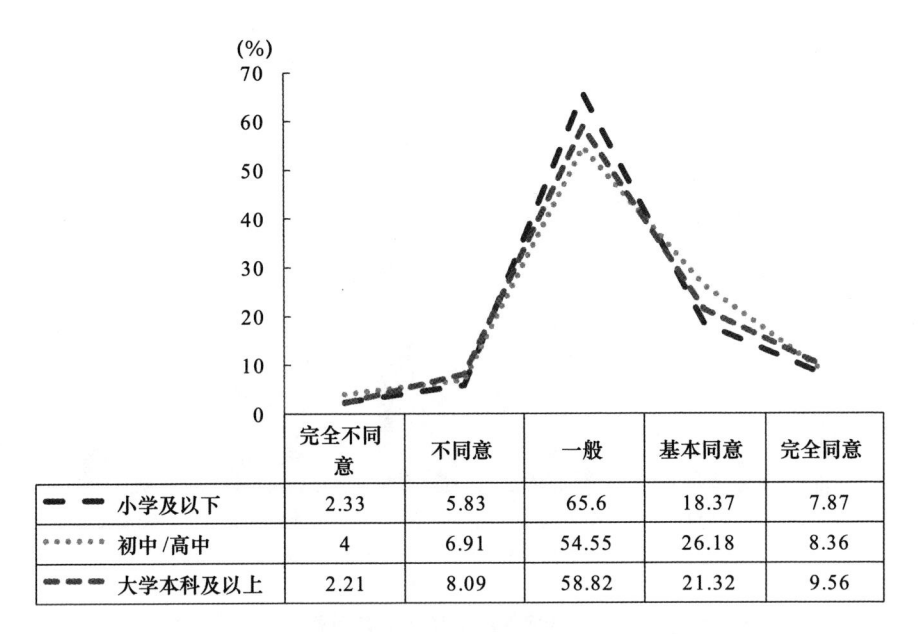

图 4-31 按受教育程度划分的是否同意"本企业尊重员工的宗教信仰"（N=754）

的百分比，小学及以下员工占比（65.6%）最多，其次为大学本科及以上员工（58.82%），初中/高中员工占比（54.55%）最少。最后在"基本同意"及"完全同意"的合计占比方面，小学及以下学历员工的占比最低，仅为两成多（26.24%）；大学本科以上学历员工占比三成（30.88%）；初中/高中学历的员工占比最高，超过三成（34.54%）。

图 4-32 可见，表达"完全不同意"和"不同意"的管理人员合计占比（6.9%）低于非管理人员的合计占比（10.58%）3.68 个百分点。表示"一般"的管理人员比重（67.82%）高出非管理人员的百分比（57.32%）10.50 个百分点。合并"基本同意"和"完全同意"选项，管理人员占比（25.29%）较非管理人员（32.1%）低 6.81 个百分点。可以判断，管理人员对于本企业尊重员工宗教信仰的评价一般，而非管理人员评价更高。

中国与湄公河五国民心相通研究

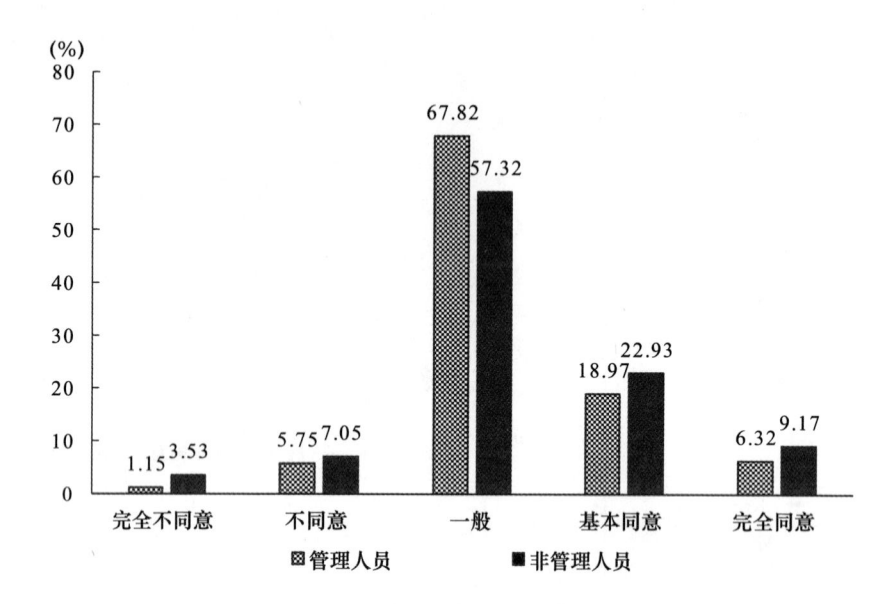

图4-32 按是否管理人员划分的是否同意"本企业尊重
员工的宗教信仰"（N=741）

最后由图4-33可以看到，进入中资企业的时间越长，企业员工更同意本企业尊重员工的宗教信仰。入职半年及以下的员工表示"一般"的占比（70.8%）高于入职半年至两年员工（59.23%），更高出入职两年以上员工（51.98%）18.82个百分点。入职半年及以下与两年以上的员工在"完全不同意"和"不同意"两项的合计占比方面相差不大，半年至两年员工占到一成多（12.31%）。表示"基本同意"和"完全同意"的合计占比随入职时长增加而递增，半年及以下的员工占二成（20.8%），半年至两年的员工接近三成（28.47%），两年以上的员工占到四成（40.53%）。

下面展现的为是否同意"喜欢本企业作息时间规定"的各类情况，同样从性别、是否为管理人员、受教育程度、收入和进入企业时间五个角度对此议题进行描述性分析。

表4-7显示，在803个样本中，对"基本同意"和"完全同意"合并统计，可以看到男性百分比（31.48%）远低于女性百分比

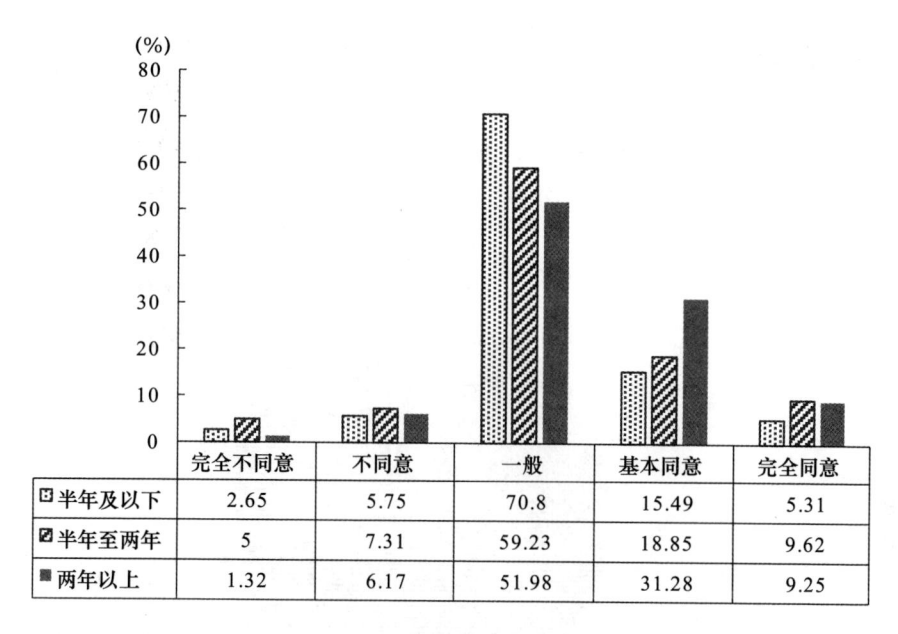

	完全不同意	不同意	一般	基本同意	完全同意
半年及以下	2.65	5.75	70.8	15.49	5.31
半年至两年	5	7.31	59.23	18.85	9.62
两年以上	1.32	6.17	51.98	31.28	9.25

图 4-33 按进入中资企业时间划分的是否同意"本企业尊重员工的宗教信仰"（N=713）

（52.37%）。其中，女性选择"完全同意"的占比（17.67%）远超男性（9.88%）。再看"一般"选项，男性占比（61.93%）远高于女性占比（42.59%）。可以得出结论，相比于柬埔寨中资企业男性员工，女性更喜欢本企业的作息时间。

表 4-7　按性别划分的是否同意"喜欢本企业作息时间规定"　（单位：%）

性别	完全不同意	不同意	一般	基本同意	完全同意
男	1.65	4.94	61.93	21.6	9.88
女	1.26	3.79	42.59	34.7	17.67

注：N=803。

比较图 4-34 和图 4-35 可知，相比于管理人员，非管理人员更喜欢中资企业的作息时间规定。管理人员持"一般"态度的员工比其他态度的人数都要多,占到了63.97%;持"基本同意"态度的员工占21.51%。非管理人员持"一般"态度的占50.33%,比管理人员低13.64个百分点;持"同意"态度的占43.85%,比管理人员(29.04%)高14.81个百分点。

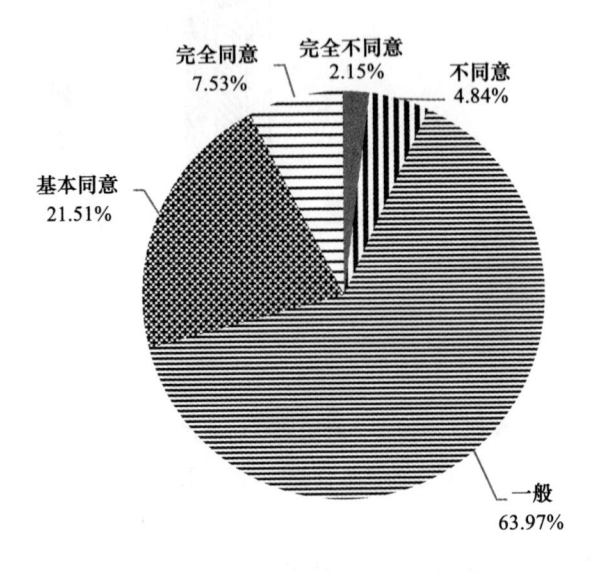

图4-34 管理人员是否同意"喜欢本企业作息时间规定"(N=186)

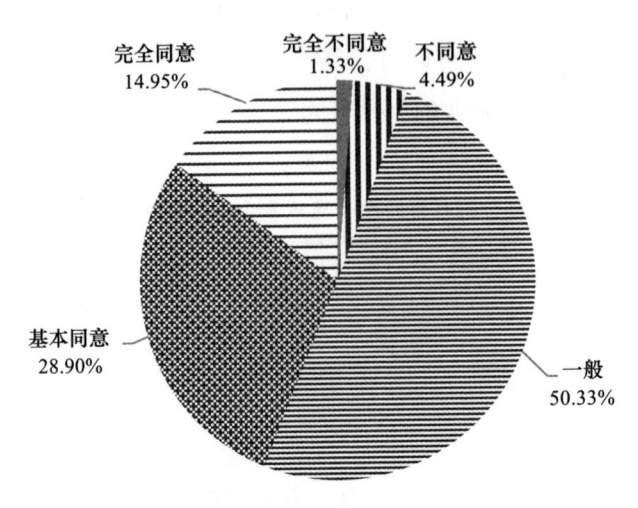

图4-35 非管理人员是否同意"喜欢本企业作息时间规定"(N=788)

第四章 中国与柬埔寨民心相通现状研究

从图4-36中可知，大学本科及以上的柬埔寨中资企业员工对本企业的作息时间规定同意度较低。小学及以下的员工对本企业作息时间规定的"一般"性评价占比最高，初中/高中次之，大学本科及以上最低。在"不同意"和"完全不同意"的选项合比中，小学及以下的占比为5.09%，初中/高中占比为4.48%，大学本科及以上占比为11.51%。

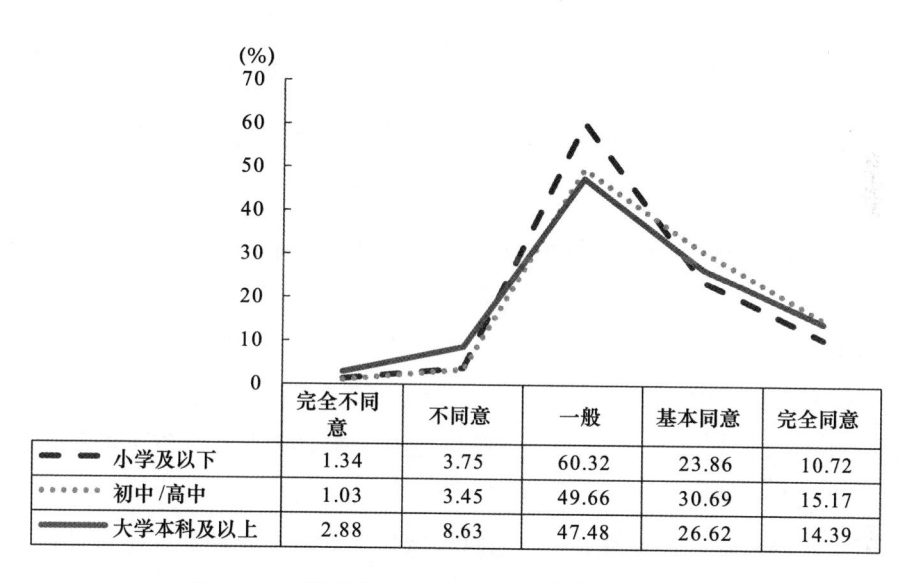

	完全不同意	不同意	一般	基本同意	完全同意
— — 小学及以下	1.34	3.75	60.32	23.86	10.72
······ 初中/高中	1.03	3.45	49.66	30.69	15.17
—— 大学本科及以上	2.88	8.63	47.48	26.62	14.39

图4-36 按受教育程度划分的是否同意"喜欢本企业作息时间规定"（N=802）

按收入划分可知（见图4-37），收入在199美元及以下的员工对喜欢本企业的作息时间的同意程度最高，其次为收入350美元及以上的员工，最低为收入200—349美元的员工。一方面，合并"基本同意"与"完全同意"两项易知，收入在199美元及以下员工合计占比（48.42%）最高，高收入200—349美元员工（32.88%）15.54个百分点，高收入350美元及以上员工（41.33%）超7个百分点。另一方面，合并"完全不同意"与"不同意"两项

中国与湄公河五国民心相通研究

	完全不同意	不同意	一般	基本同意	完全同意
199美元及以下	1.05	2.63	47.89	34.74	13.68
200—349美元	2.05	3.42	61.64	20.89	11.99
350美元及以上	1.11	5.9	51.66	27.68	13.65

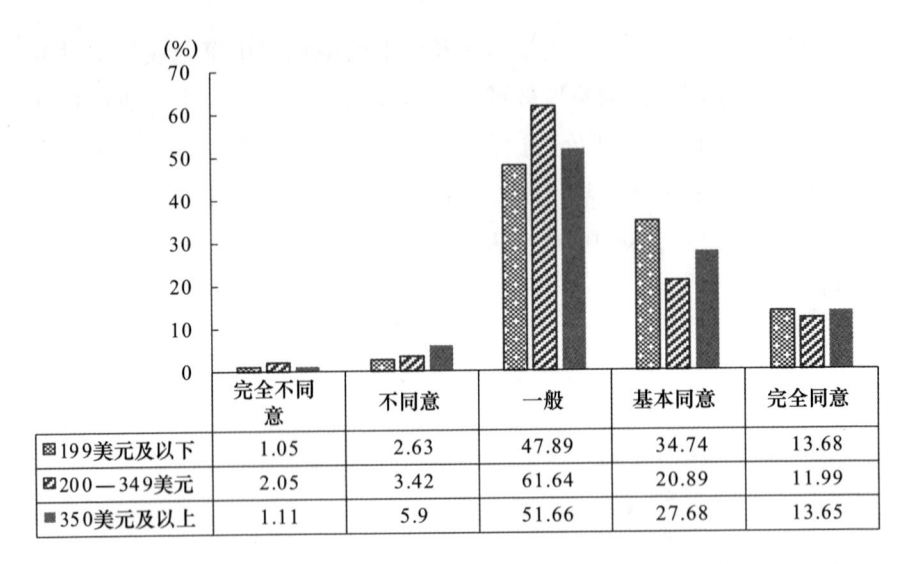

图4-37 按收入划分的是否同意"喜欢本企业作息时间规定"（N=753）

可知，收入在199美元及以下的员工所占比例为3.68%，收入200—349美元员工（5.47%）与收入350美元及以上员工所占比例（7.01%）相差不大，且二者相对收入在199美元及以下的员工所占比例较高。

一般而言，员工进入企业的时间越长，其对企业的认同感也就越强。从图4-38亦可以看出，持"不同意"态度的员工数量随进入企业时间的增长而递减。持"基本同意"和"完全同意"态度的员工数量，随着时间的增长而递增。具体表现为，进入企业两年以上柬埔寨中资企业员工的合计占比近五成（49.79%），高出进入企业时长为半年至两年的员工（40.89%）8.9个百分点，更高出半年及以下柬埔寨中资企业员工（29.2%）20.59个百分点。

柬埔寨中资企业员工在企业中的晋升机会是考察员工对企业评价最后部分。晋升制度事关员工切实利益与发展机遇，是否同意"中柬企业员工晋升制度一致"的问题设置能切实反映柬埔寨中资企业员工对企业的核心评价，接下来呈现员工对该议题的认同情况。

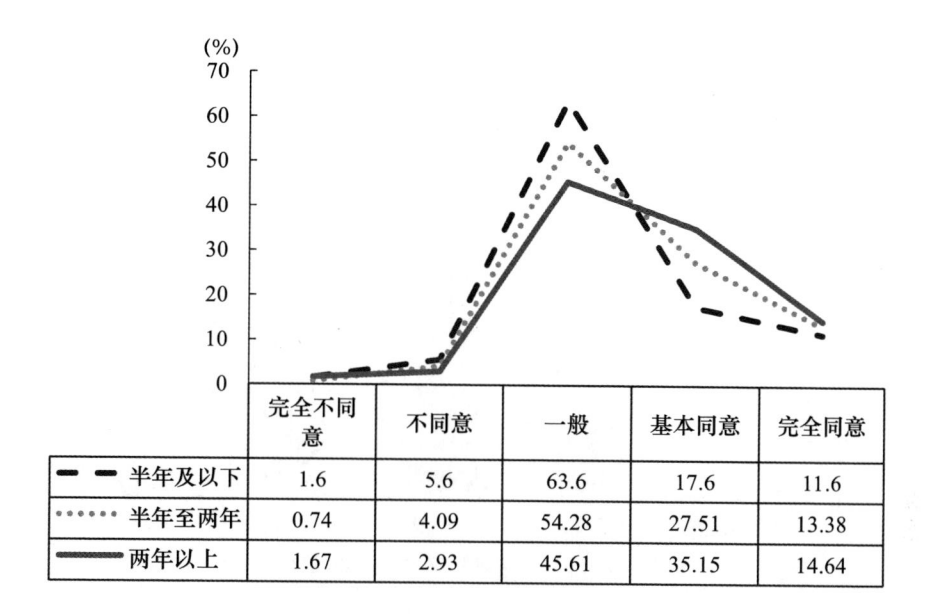

第四章 中国与柬埔寨民心相通现状研究

	完全不同意	不同意	一般	基本同意	完全同意
— — 半年及以下	1.6	5.6	63.6	17.6	11.6
······ 半年至两年	0.74	4.09	54.28	27.51	13.38
—— 两年以上	1.67	2.93	45.61	35.15	14.64

图 4-38　按进入中资企业时间划分的是否同意"喜欢本企业作息时间规定"（N=758）

表 4-8 数据显示，合并"基本同意"和"完全同意""一般"三项可发现，男性（82.05%）与女性合计占比（80.79%）相差 1.26 个百分点。男女柬埔寨中资企业员工在各选项的分布状况基本保持一致水平。

表 4-8　按性别划分的是否同意"中柬企业员工晋升制度一致"（单位:%）

性别	完全不同意	不同意	一般	基本同意	完全同意
男	1.82	16.14	60.91	16.14	5.00
女	1.78	17.44	55.16	21.00	4.63

N=721。

从受教育程度来看（见图 4-39），在"不同意"态度方面，员工受教育程度越高，占比越高。"一般"同意方面，小学及以下的占比（65.29%）较初中/高中、大学本科及以上的占比都高。在"同意"方

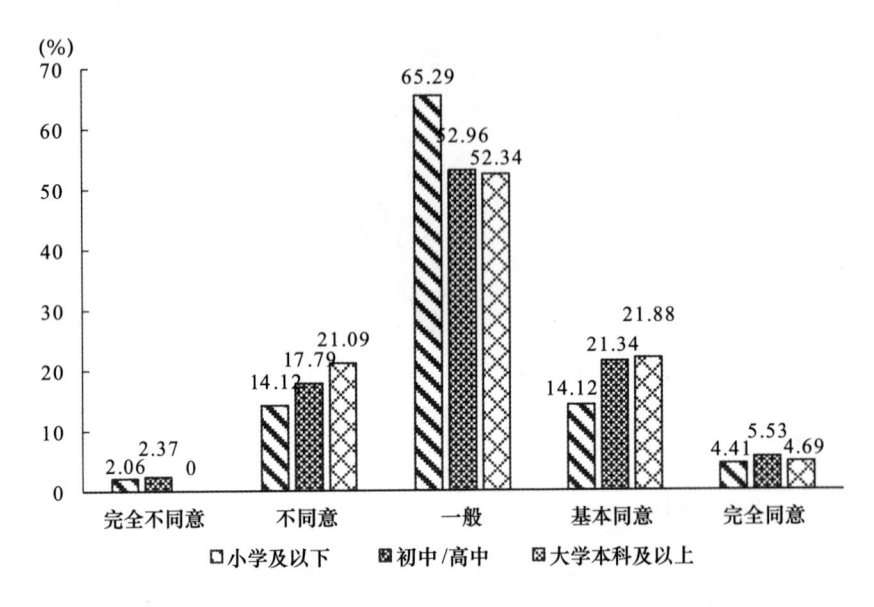

图4-39 按受教育程度划分的是否同意"中柬员工晋升制度一致"（N=721）

面，初中/高中和大学本科及以上学历员工比小学及以下学历员工的占比高。可见，小学及以下员工相比其他学历层次的员工对此的同意程度更低。总体趋势表明，初中/高中和大学本科及以上的员工对中柬企业员工晋升制度一致的态度存在一定的差别，但并不明显。

从图4-40可了解到，持"不同意"态度的管理人员占比（15.73%）较非管理人员（19.69%）低3.96个百分点；持"同意"态度的管理人员（20.23%）比非管理人员（24.43%）低4.20个百分点。

从图4-41可以了解到，不同收入员工，对是否同意"柬埔寨中资企业员工晋升一致"评价差异并不大。不同收入员工的"不同意"占比差别不大，都达到15%以上。在"同意"方面，199美元及以下的员工占比（25.31%）略低于350美元及以上占比（27.89%），较高于200—349美元占比（16.85%）。

分析图4-42可知，表示"完全不同意"、"一般"态度的柬埔寨中资企业员工占比随进入企业的时间增加而减少。入职两年以上持

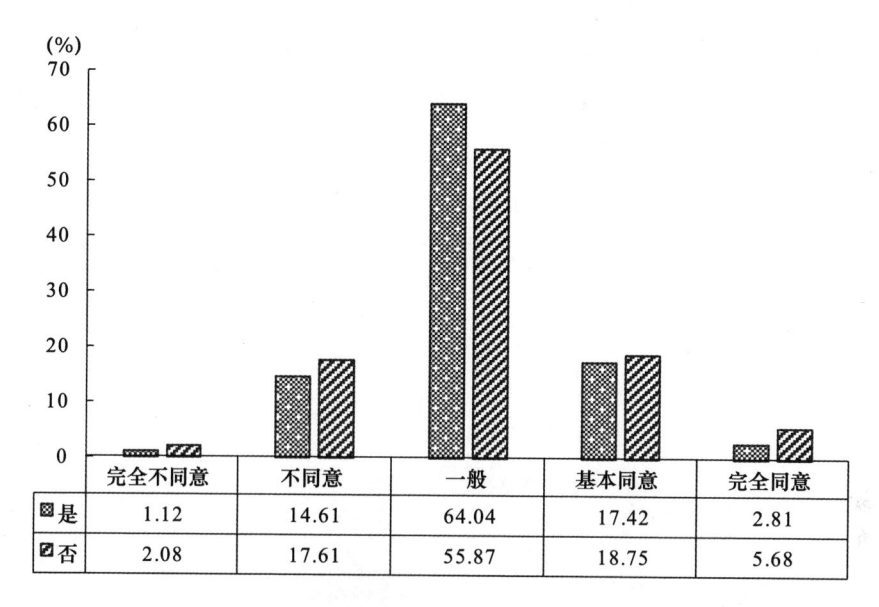

第四章 中国与柬埔寨民心相通现状研究

	完全不同意	不同意	一般	基本同意	完全同意
是	1.12	14.61	64.04	17.42	2.81
否	2.08	17.61	55.87	18.75	5.68

图 4-40 按是否管理人员划分的是否同意"中柬企业员工晋升制度一致"（N=706）

	完全不同意	不同意	一般	基本同意	完全同意
199美元及以下	0.62	17.28	56.79	22.22	3.09
200—349美元	2.3	16.86	63.98	12.64	4.21
350美元及以上	1.59	14.74	55.78	20.72	7.17

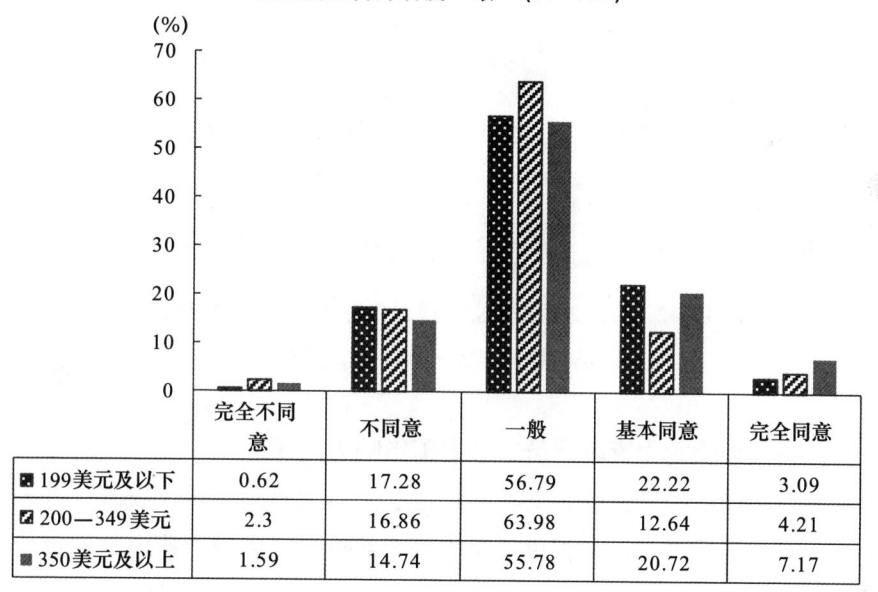

图 4-41 按收入划分的是否同意"中柬企业员工晋升制度一致"（N=674）

"完全不同意"态度的员工仅有0.89%。表示"完全同意"的员工中，入职两年与入职半年至两年的员工几乎没有差异，但表示"完全不同意"的员工的总量很少，只有5.38%。除此以外，表示"基本同意"、"不同意"的员工随进入企业时间的增加而增加。可以看到，进入企业时间越长的员工，对中柬企业员工晋升制度一致的评价越低。

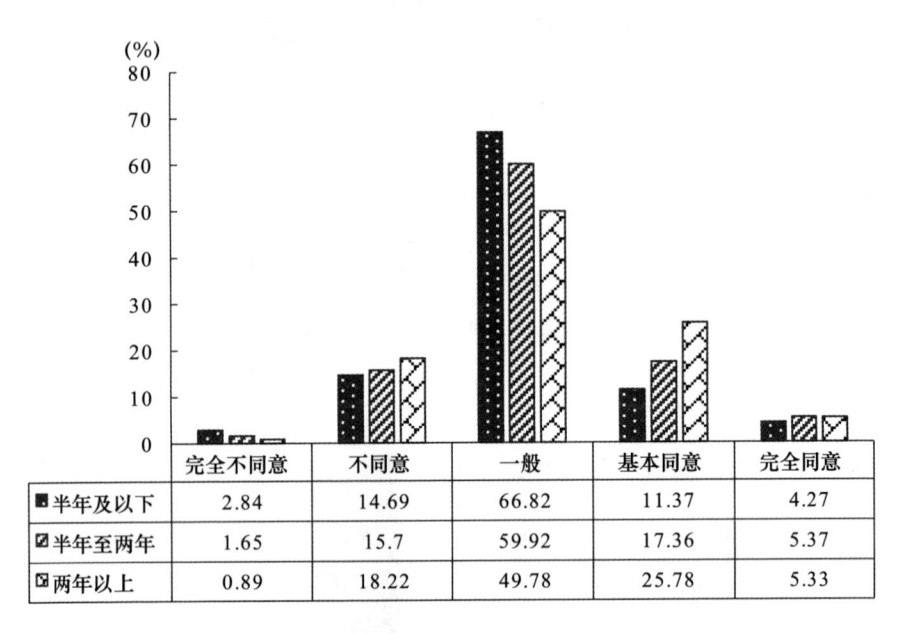

	完全不同意	不同意	一般	基本同意	完全同意
■半年及以下	2.84	14.69	66.82	11.37	4.27
▨半年至两年	1.65	15.7	59.92	17.36	5.37
▧两年以上	0.89	18.22	49.78	25.78	5.33

图4-42 按进入中资企业时间划分的是否同意"中柬企业员工晋升制度一致"（N=678）

三 柬埔寨中资企业员工对中国影响力的评价

下文将继续从性别、受教育程度、是否为管理人员、收入、进入企业时长等多个角度剖析柬埔寨中资企业员工对中国影响力的评价状况，主要对中国对柬埔寨影响力大小、性质两方面进行考察。

首先从中国对柬埔寨影响力的大小进行观测。表4-9显示，柬埔寨中资企业员工认为"没有影响"的占8.36%，认为"没有多大影响"的也仅占5.52%，认为"有些影响"的员工占43.63%，认为有"很大影响"的员工占42.49%。认为有影响的员工合计百分比接近九成（86.12%）。综上，柬埔寨中资企业员工普遍认为中国对柬埔寨有影响力，且影响力大。

表4-9 柬埔寨中资企业员工认为"中国对柬埔寨影响力"大小分布 （单位：个，%）

	没有影响	没多大影响	有些影响	很大影响	合计
样本量	59	39	308	300	706
频率	8.36	5.52	43.63	42.49	100

注：N=706。

按性别划分来看（见图4-43），男性和女性员工都认为中国对柬埔寨有影响，女性占比略高于男性。同时，有四成（43.45%）女性认同中国对柬埔寨有"很大影响"，比男性多1.62个百分点。

如图4-44可见，认为"没有影响"的小学及以下的员工占比（13.71%）远高于初中/高中员工占比（3.54%）与大学本科及以上员工占比（4.58%）。合并统计"有些影响"和"很大影响"可发现，初中/高中（90.94%）与本科及以上的合计占比（91.61%）可达九成，高出小学及以下学历员工合计占比（80.06%）11.55个百分点。综上可得出结论，大致看来，受教育水平越高，员工认为中国对柬埔寨的影响就越大。

图4-45显示了是否为管理人员的划分结果，非管理人员对中国对柬埔寨的影响力评价更高。详细来看，认为"没有影响"的管理人员占比（14.6%）高于非管理人员占比（6.71%）。合并统计"有些影响"和"很大影响"可发现，管理人员占比（78.84%）低于非管理人员占比（87.99%）9.15个百分点。

	没有影响	没多大影响	有些影响	很大影响
男	10.82	4.57	42.79	41.83
女	4.83	6.9	44.83	43.45

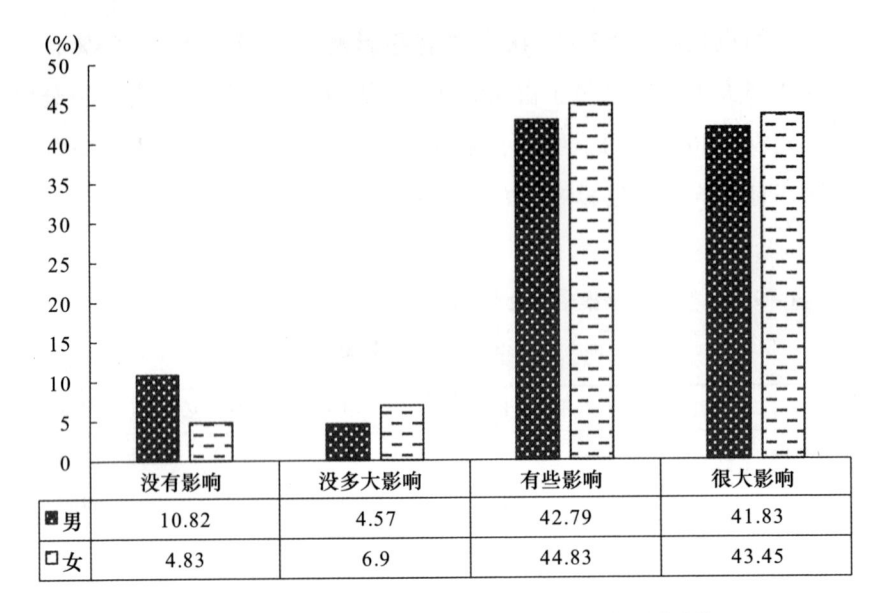

图 4-43 按性别划分的认为"中国对柬埔寨影响力"大小（N=706）

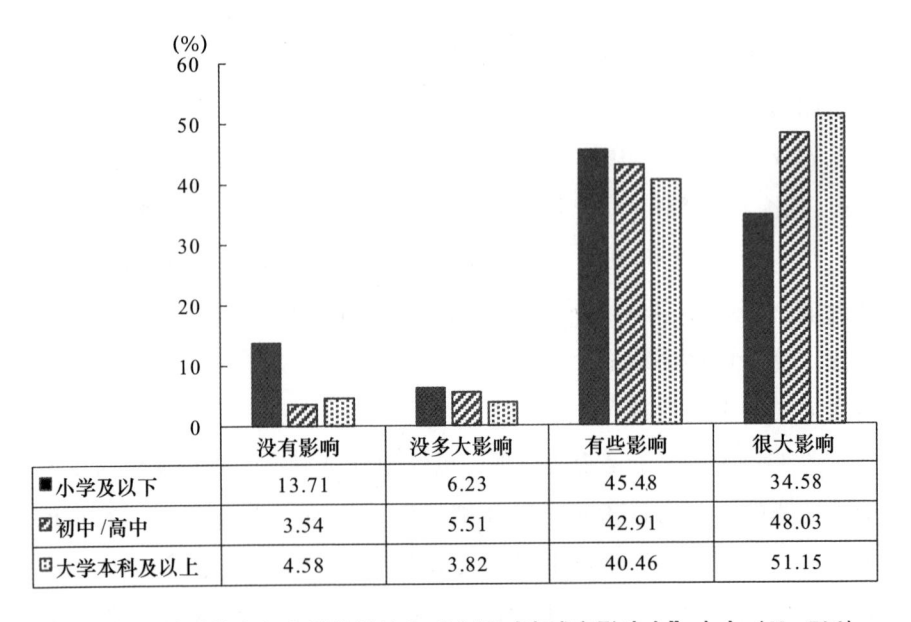

	没有影响	没多大影响	有些影响	很大影响
小学及以下	13.71	6.23	45.48	34.58
初中/高中	3.54	5.51	42.91	48.03
大学本科及以上	4.58	3.82	40.46	51.15

图 4-44 按受教育程度划分的认为"中国对柬埔寨影响力"大小（N=706）

第四章 中国与柬埔寨民心相通现状研究

	没有影响	没多大影响	有些影响	很大影响
是	14.6	6.57	34.31	44.53
否	6.71	5.3	45.76	42.23

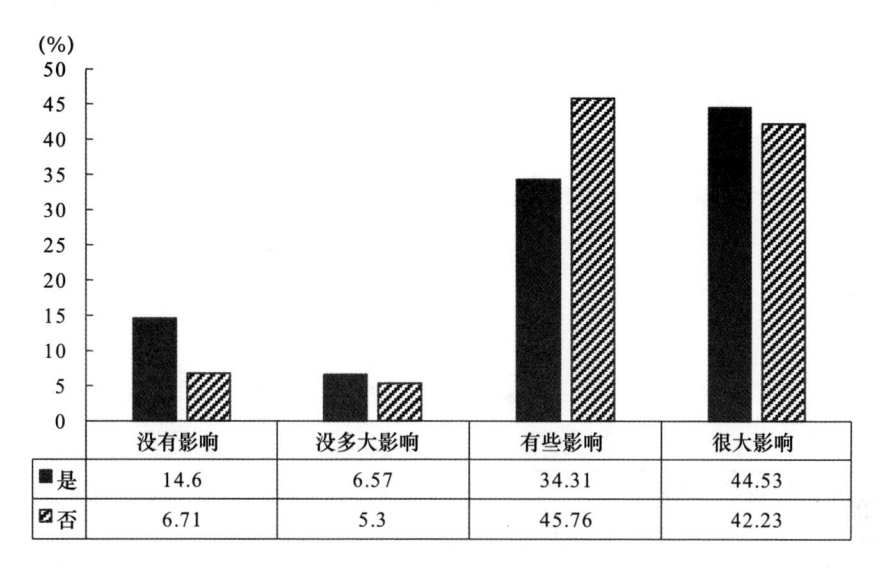

图 4-45 按是否管理人员划分的认为"中国对柬埔寨
影响力"大小（N=703）

观察图 4-46 可以发现，认为中国对柬埔寨"没有影响"及"没多大影响"在收入为 350 美元及以上的员工中占比为 10.4%，在收入为 200—349 美元及以上的员工中占比为 15.64%，在收入为 199 美元及以下员工中占比为 15.86%。

最后，观察图 4-47 的数据发现，进入企业不同时长的员工对中国对柬埔寨的影响力大小评价差异不大。首先，进入企业不同时长的员工回答"没有影响"占比相差不足 2 个百分点；其次，回答"有些影响"的各类员工占比差别亦不足 5 个百分点；最后，回答"很大影响"的相差仅约 3 个百分点。

除了影响力程度的大小，下面还将继续从性别、受教育程度等多角度出发，对柬埔寨中资企业员工对中国对柬埔寨的影响力性质判断进行分析。

表 4-10 直观反映出柬埔寨中资企业员工对中国对柬埔寨影响评价更倾向于正面。具体来看，首先，有 288 个的员工（40.97%）认为中国对柬埔寨的影响是"正面"的。其次，有 218 个柬埔寨中资企

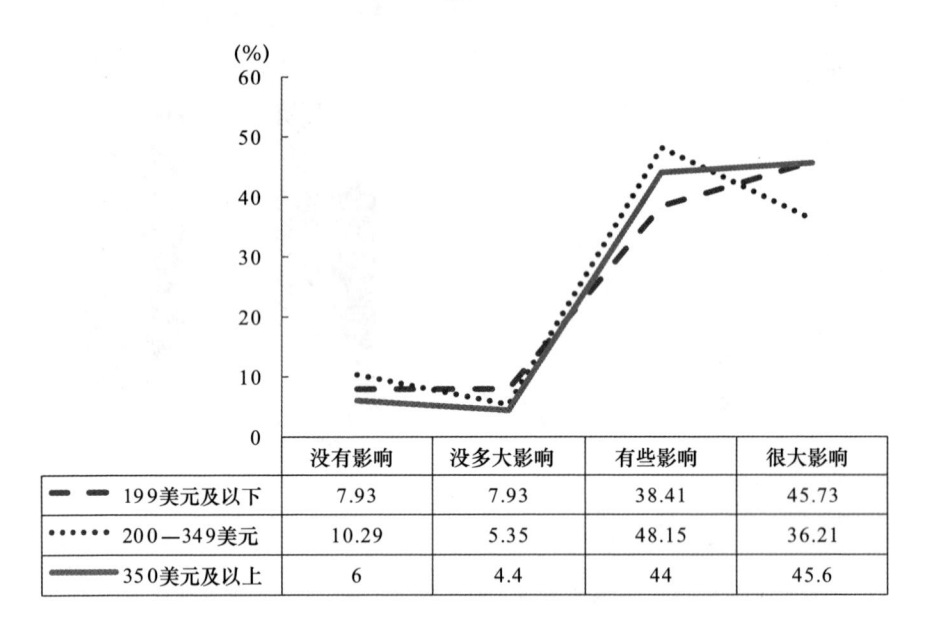

	没有影响	没多大影响	有些影响	很大影响
— — 199美元及以下	7.93	7.93	38.41	45.73
······ 200—349美元	10.29	5.35	48.15	36.21
—— 350美元及以上	6	4.4	44	45.6

图 4-46　按收入划分的认为"中国对柬埔寨影响力"大小（N=657）

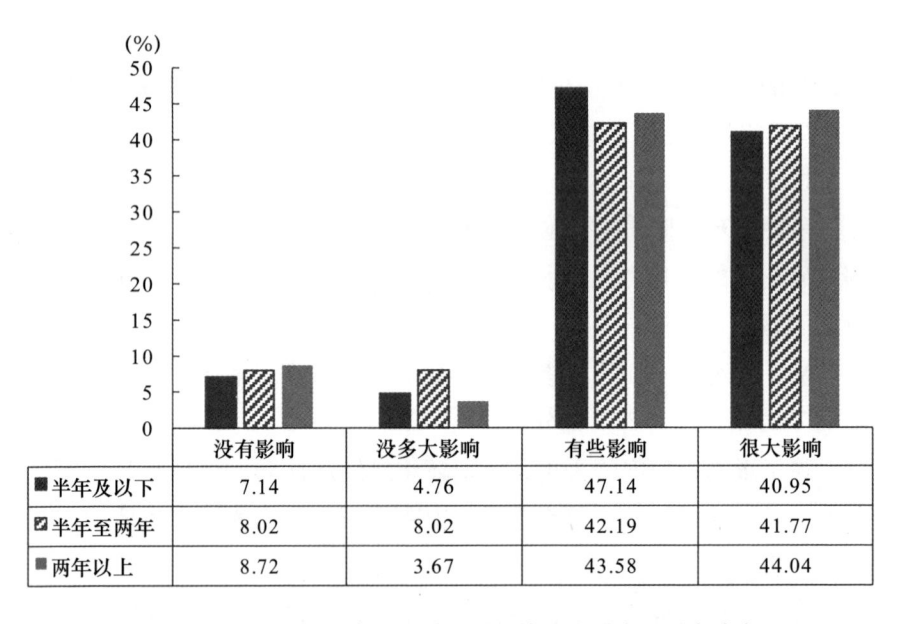

	没有影响	没多大影响	有些影响	很大影响
■ 半年及以下	7.14	4.76	47.14	40.95
▨ 半年至两年	8.02	8.02	42.19	41.77
■ 两年以上	8.72	3.67	43.58	44.04

图 4-47　按进入中资企业时间划分的认为"中国对柬埔寨影响力"大小（N=665）

业员工（31.01%）认为中国对柬埔寨的影响"相对正面"。最后，有71个柬埔寨中资企业员工（10.1%）认为中国对柬埔寨的影响"非常正面"。

表4-10　　中资柬埔寨中资企业员工对"中国对柬埔寨
影响力"评价分布　　　　　　（单位：个，%）

	非常负面	相对负面	相对正面	正面	非常正面	总计
样本量	63	63	218	288	71	703
频率	8.96	8.96	31.01	40.97	10.1	100

注：N=703。

在了解到总体上柬埔寨中资企业员工对中国对柬埔寨影响性质评价倾向于正面的基础上，下面将从多类别出发，交叉分析员工对中国对柬埔寨影响性质评价差异。对比图4-48和图4-49"非常正面"与"正面"两项可知，女性合计占比（53.14%）较男性合计占比（49.64%）高3.50个百分点。

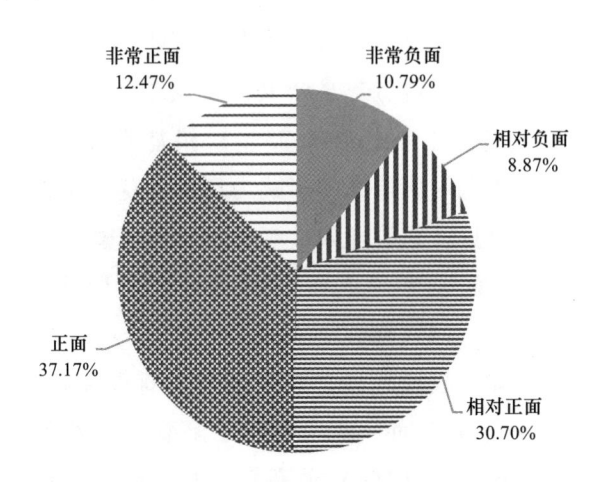

图4-48　柬埔寨中资企业男性员工对"中国对柬埔寨
影响力"评价（N=417）

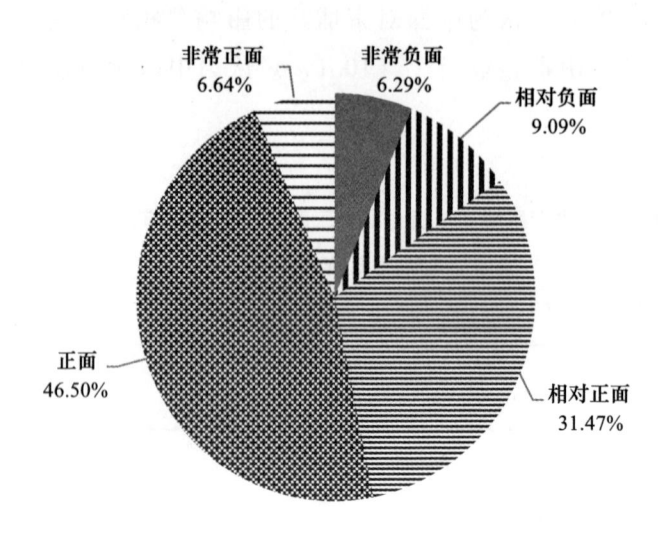

非常正面 6.64%
非常负面 6.29%
相对负面 9.09%
正面 46.50%
相对正面 31.47%

图4-49　柬埔寨中资企业女性员工对"中国对柬埔寨影响力"评价（N=286）

从受教育程度来看（见图4-50），小学及以下的员工对中国的负面评价占比最高（24.38%），而初中/高中员工在此项占比（12.45%）与大学本科及以上员工占比（12.3%）相差不大。合并"正面"与"非常正面"两项可知，初中/高中员工组合计占比最高，且近56个百分点（55.83%）。小学及以下员工组（48.15%）与大学本科及以上员工组合计占比（49.23%）相差不大。整体来讲，受教育程度越高，对中国对柬埔寨的影响力评价就越倾向于正面。

从图4-51中显见，非管理人员对中国对柬埔寨影响力的评价更高。合并"非常正面"与"正面"的占比，非管理人员比例为51.87%，比管理人员（47.86%）高4.01个百分点。

由图4-52可知，收入越高，对中国对柬埔寨影响力评价越低。加总"正面"与"非常正面"两项可以了解到，收入在199美元及以下的员工合计占比（57.84%）最高，高出收入为200—349美元员工合计占比（51.45%）6.39个百分点，同时又超出收入在350美元

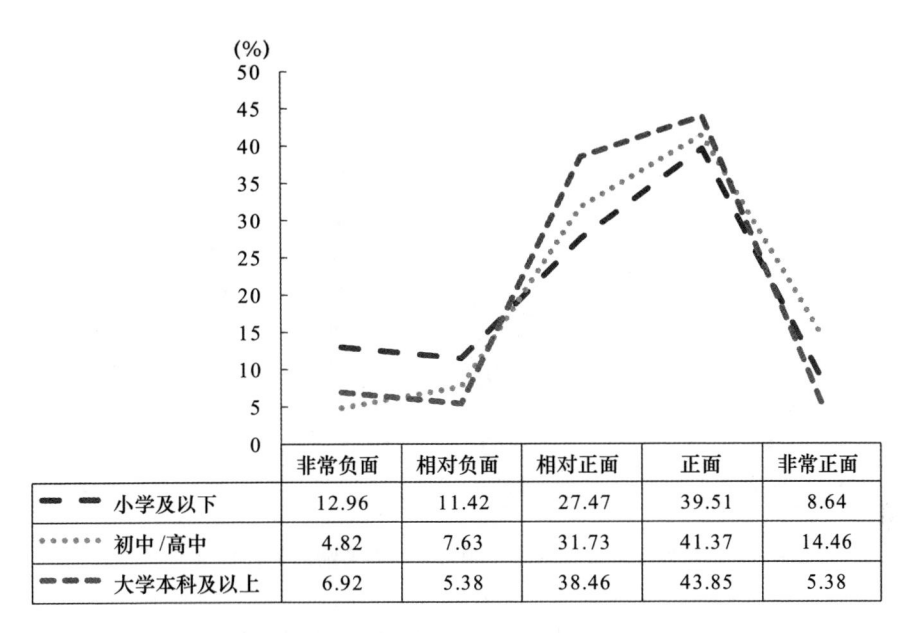

第四章 中国与柬埔寨民心相通现状研究

	非常负面	相对负面	相对正面	正面	非常正面
— — 小学及以下	12.96	11.42	27.47	39.51	8.64
……… 初中/高中	4.82	7.63	31.73	41.37	14.46
– – 大学本科及以上	6.92	5.38	38.46	43.85	5.38

图 4-50 按受教育程度划分的对"中国对柬埔寨影响力"评价（N=703）

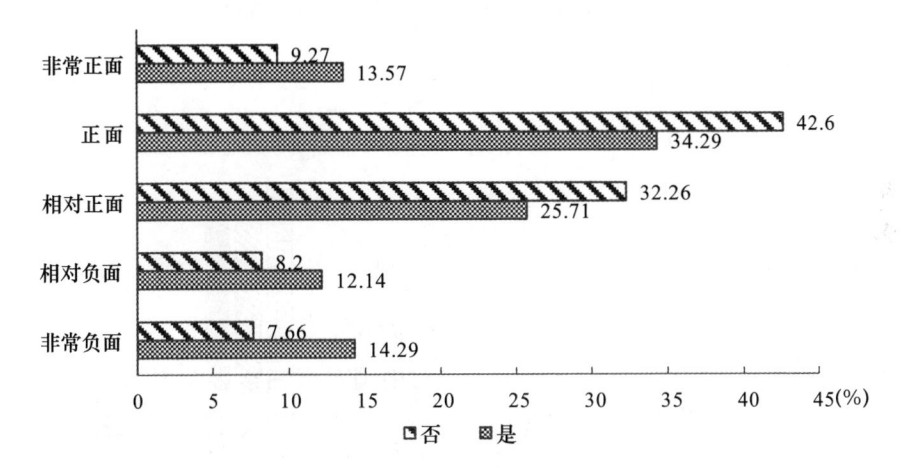

图 4-51 按是否管理人员划分的对"中国对柬埔寨影响力"评价（N=701）

及以上员工占比（45.13%）12.71 个百分点。

最后通过图 4-53 可知，进入中资企业不同时间的员工之间差异并不明显。进入企业半年及以下的员工认为中国对柬埔寨具有正

· 205 ·

	非常负面	相对负面	相对正面	正面	非常正面
199美元及以下	7.23	9.04	25.9	46.39	11.45
200—349美元	9.88	8.23	30.45	41.98	9.47
350美元及以上	8.13	10.57	36.18	35.37	9.76

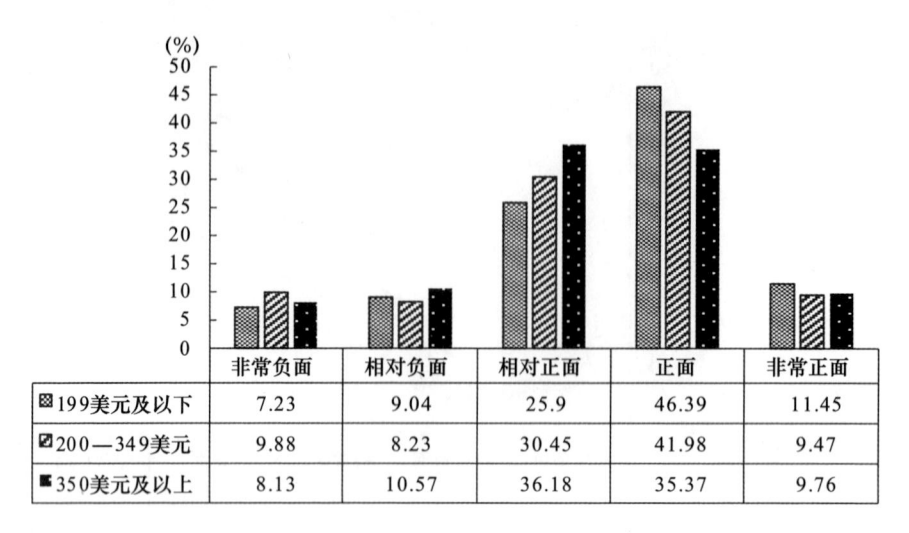

图4-52 按收入划分的对"中国对柬埔寨影响力"评价（N=655）

面影响合并"非常正面"与"正面"的占比（52.16%）与进入企业半年至两年的员工（50.00%）、进入企业两年以上的员工（51.82%）差异甚微。

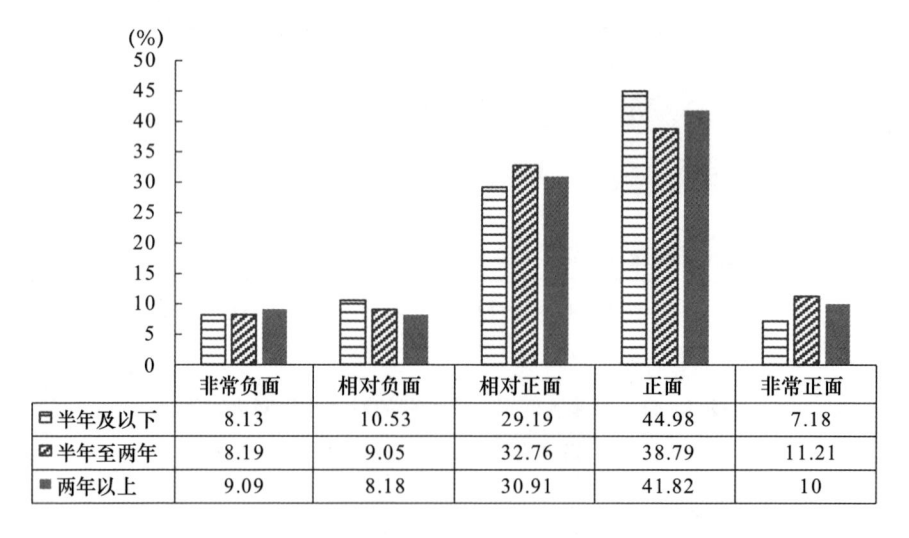

	非常负面	相对负面	相对正面	正面	非常正面
半年及以下	8.13	10.53	29.19	44.98	7.18
半年至两年	8.19	9.05	32.76	38.79	11.21
两年以上	9.09	8.18	30.91	41.82	10

图4-53 按进入中资企业时间划分的对"中国对柬埔寨影响力"评价（N=661）

第三节 柬埔寨中资企业员工的行为倾向

一 柬埔寨中资企业员工企业内拥有的中国朋友情况

此节关注柬埔寨中资企业员工的行为倾向,具体关注柬埔寨中资企业员工在企业内拥有中国朋友的数量、柬埔寨中资企业员工对中国文化产品的消费行为。

从表4-11来看,总体上柬埔寨中资企业员工拥有中国朋友较少。777个样本中,一个中国朋友也没有的员工占比超七成以上(73.23%)。有1—5个中国朋友的员工占比约两成(19.18%),有6个及以上中国朋友的员工占7.59%,样本量人数仅为59个。

表4-11　　　　员工在本企业拥有的中国朋友数量分布　　（单位:个,%）

	一个也没有	1—5个	6个及以上	合计
样本量	569	149	59	777
频率	73.23	19.18	7.59	100

注:N=777。

在了解到有中国朋友的柬埔寨中资企业员工总体比例较少的基础上,进一步对不同类别的员工进行分析。从图4-54中显见,男性与女性柬埔寨中资企业员工在企业内拥有中国朋友数量情况基本一致。一方面,柬埔寨中资企业员工在企业内拥有1—5个中国朋友的女性占比(18.83%)与男性占比(19.4%)仅相差0.57个百分点。另一方面,柬埔寨中资企业员工在企业内拥有6个及以上中国朋友的女性占比(7.47%)与男性占比(7.68%)相差0.21个百分点。

由图4-55观察得出,学历越高的员工拥有的中国朋友数量就越多。一个中国朋友也没有的柬埔寨中资企业员工学历越低占比越高,

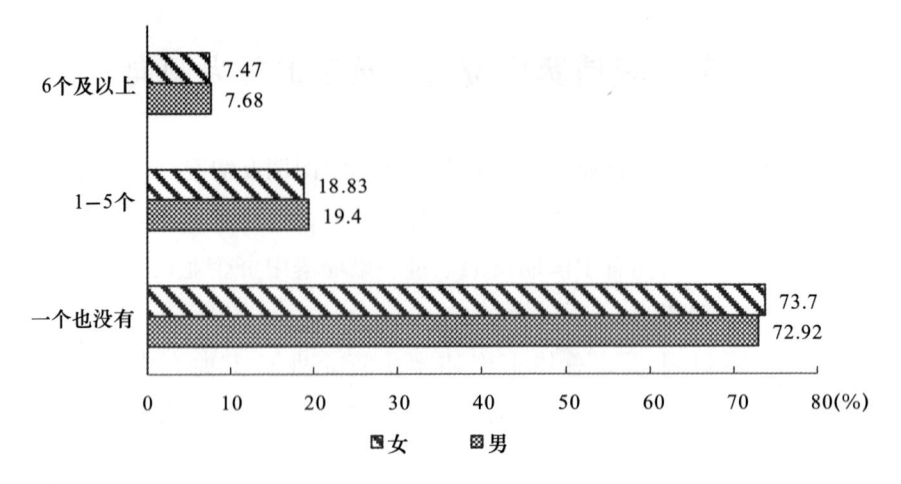

图 4-54　按性别划分的中资企业员工在企业内拥有的
中国朋友数量差异（N=777）

有 1—5 个中国朋友甚至有 6 个及以上中国朋友的柬埔寨中资企业员工学历越高占比越高。小学及以下学历员工一个中国朋友也没有的高达 84.55%，而大学本科及以上员工一个中国朋友也没有的仅有 45.99%，有 6 个中国朋友及以上的小学及以下学历员工占比仅有 3.09%，而大学本科及以上员工占比达 19.71%。

从图 4-56 中易知，管理人员比非管理人员拥有更多的中国朋友。管理人员有 6 个及以上中国朋友的员工占比（17.82%）远高于非管理人员占比（4.75%）。拥有 1—5 个中国朋友的管理人员占比（27.59%）同样远高于非管理人员占比（16.95%）。

图 4-57 显示，收入在 350 美元及以上的员工在企业内拥有的中国朋友数量最多。一方面，拥有 6 个及以上中国朋友在 350 美元及以上收入员工占比（14.39%）高出 199 美元及以下收入员工占比（3.28%）11.11 个百分点，高出 200—349 美元收入员工（1.4%）近 13 个百分点。另一方面，企业内拥有 1—5 个朋友，在收入为 350 美元及以上的员工中占比接近三成（29.55%），分别超出 199 美元及

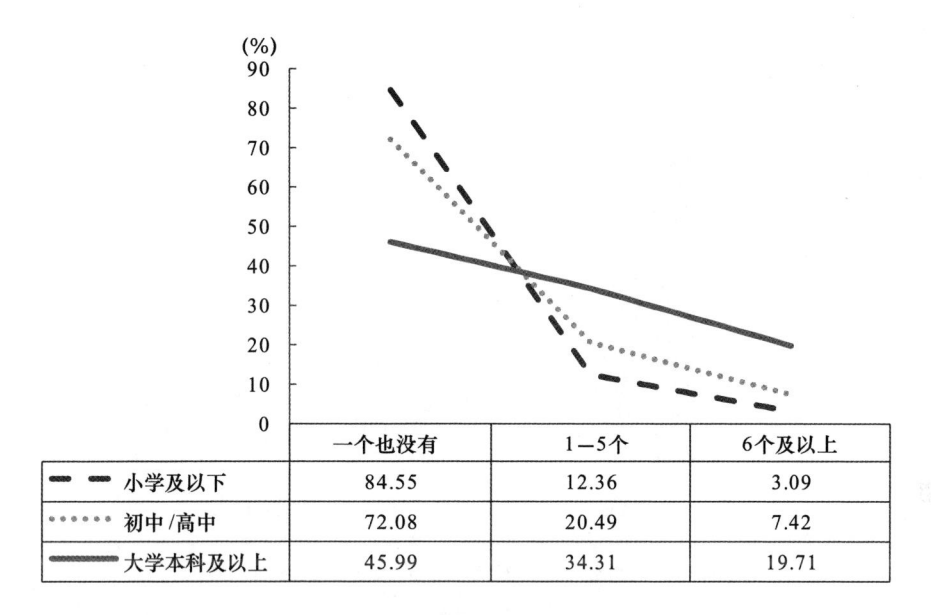

第四章　中国与柬埔寨民心相通现状研究

	一个也没有	1—5个	6个及以上
▬ ▬ 小学及以下	84.55	12.36	3.09
⋯⋯ 初中/高中	72.08	20.49	7.42
━━ 大学本科及以上	45.99	34.31	19.71

图4-55　按受教育程度划分的中资企业员工在企业内拥有的中国朋友数量差异（N=776）

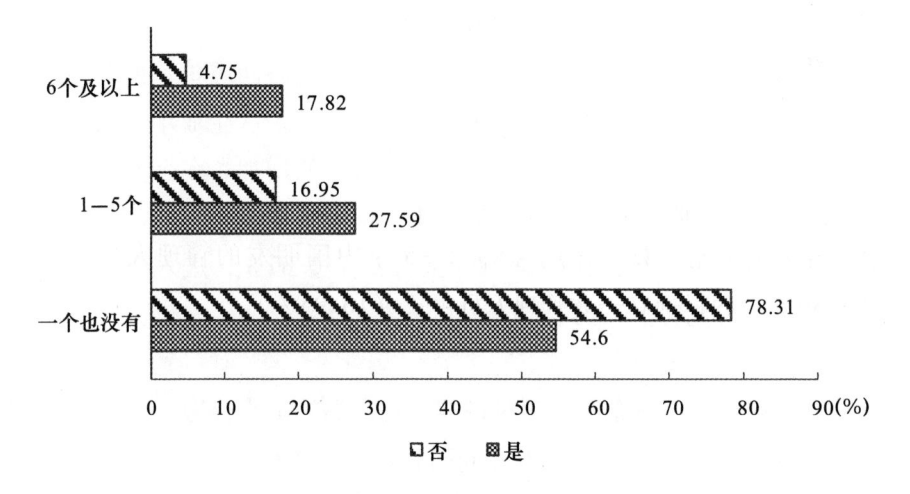

图4-56　按是否为管理人员划分的中资企业员工在企业内拥有的中国朋友数量差异（N=764）

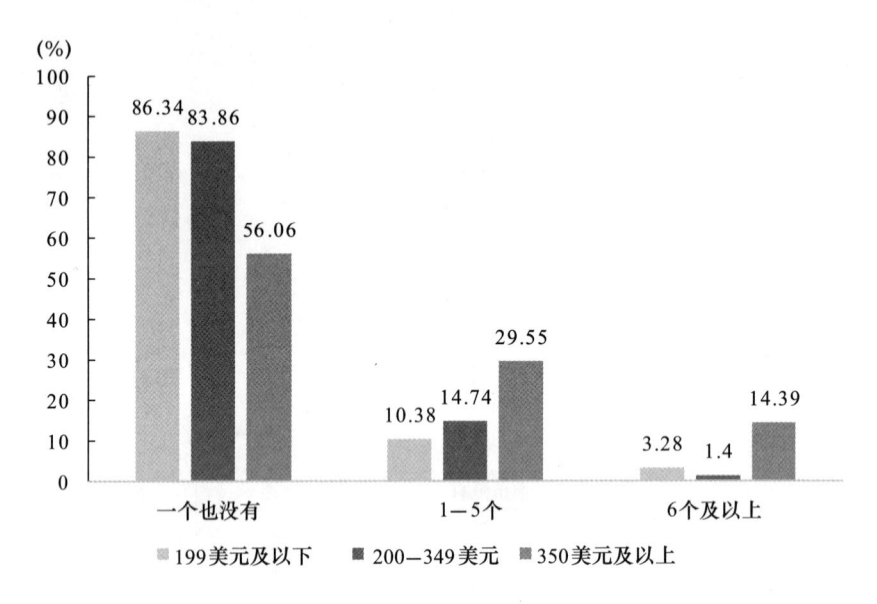

```
(%)
100
 90   86.34 83.86
 80
 70
 60              56.06
 50
 40
 30                          29.55
 20                    14.74              14.39
 10           10.38                3.28
  0                                    1.4
      一个也没有        1—5个          6个及以上
      ■ 199美元及以下  ■ 200—349美元  ■ 350美元及以上
```

图4-57 按收入划分的中资企业员工在企业内拥有的
中国朋友数量差异（N=732）

以下收入的员工（10.38%）及200—349美元收入的员工占比（14.74%）19.17个和14.81个百分点。

最后从图4-58中可以窥见，进入中资企业时间越长，拥有的中国朋友数量越多。从数据看，一个朋友也没有的进入企业半年及以下的员工占比高达86.07%。随着进入企业时间的增加，在企业内拥有6个及以上中国朋友的占比就越高。进入企业半年至两年的员工占比从半年及以下员工组占比的3.28%上升到了6.87%，进入企业两年以上的员工占比又上升到了13.62%。

二 柬埔寨中资企业员工对各国文化产品的消费行为

1. 柬埔寨中资企业员工对不同国家音乐喜爱程度

此部分主要考察的是柬埔寨中资企业员工对各国文化产品的消费行为，接下来的部分首先对柬埔寨中资企业员工对华语音乐的喜爱程度差异特征进行分析。

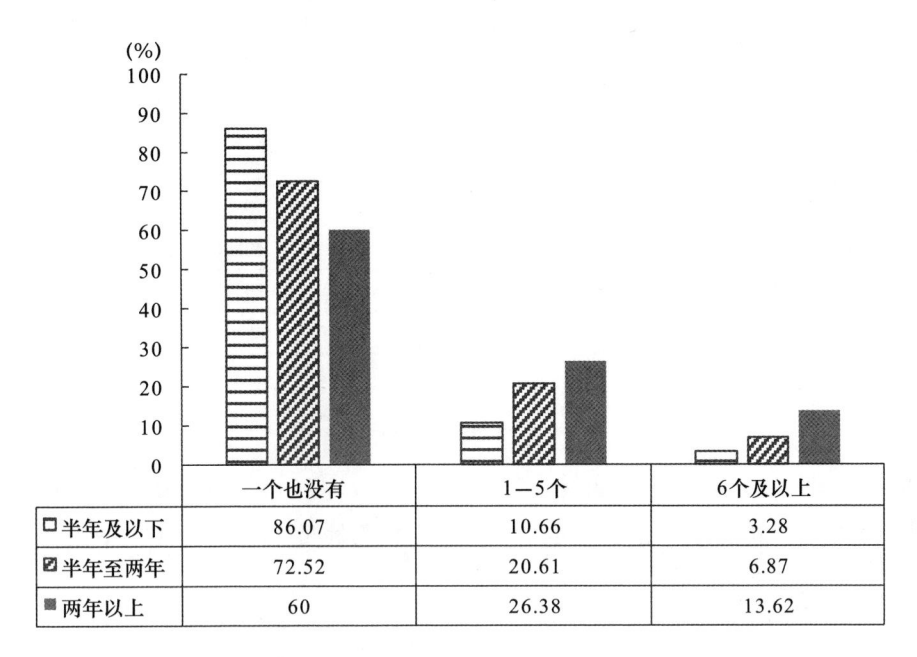

	一个也没有	1—5个	6个及以上
半年及以下	86.07	10.66	3.28
半年至两年	72.52	20.61	6.87
两年以上	60	26.38	13.62

图4-58 按进入中资企业时间划分的员工在企业内拥有的中国朋友数量差异（N=741）

表4-12可以了解到柬埔寨中资企业员工对不同国家音乐的喜爱程度。可见，在中国、日本、韩国、印度、美国的各国音乐中，柬埔寨中资企业员工最喜欢华语音乐。"非常喜欢"华语音乐占比（13.76%）高出美国音乐（5.46%）8.30个百分点，高出韩国音乐（4.7%）9.06个百分点，高出日本音乐（2.46%）11.30个百分点，更高出印度音乐（1.52%）12.24个百分点。且合并"非常喜欢"与"喜欢"两项进行统计可知，柬埔寨中资企业员工对华语音乐的喜爱程度远高于其他各国。具体来看，华语音乐的合计占比（53.28%）高出美国音乐（37.69%）15.59个百分点，高出韩国音乐（32.62%）20.66个百分点，高出日本音乐（13.61%）39.67个百分点，高出印度音乐（14.1%）39.18个百分点。

表 4-12　　柬埔寨中资企业员工对不同国家音乐喜爱
程度的频率分布　　　　　（单位:%）

	非常喜欢	喜欢	一般	不喜欢	非常不喜欢
中国 N=792	13.76	39.52	18.56	26.39	1.77
日本 N=771	2.46	11.15	21.01	59.79	5.58
韩国 N=788	4.7	27.92	22.97	42.26	2.16
印度 N=787	1.52	12.58	18.3	59.97	7.62
美国 N=788	5.46	32.23	19.67	39.72	2.92

从图 4-59 可见，女性员工更喜欢华语音乐。"喜欢"华语音乐的女性（58.84%）比男性占比（49.69%）高 9.15 个百分点。女性员工"不喜欢"华语音乐的有 19.29%，男性员工"不喜欢"华语音乐达到了 30.98%。

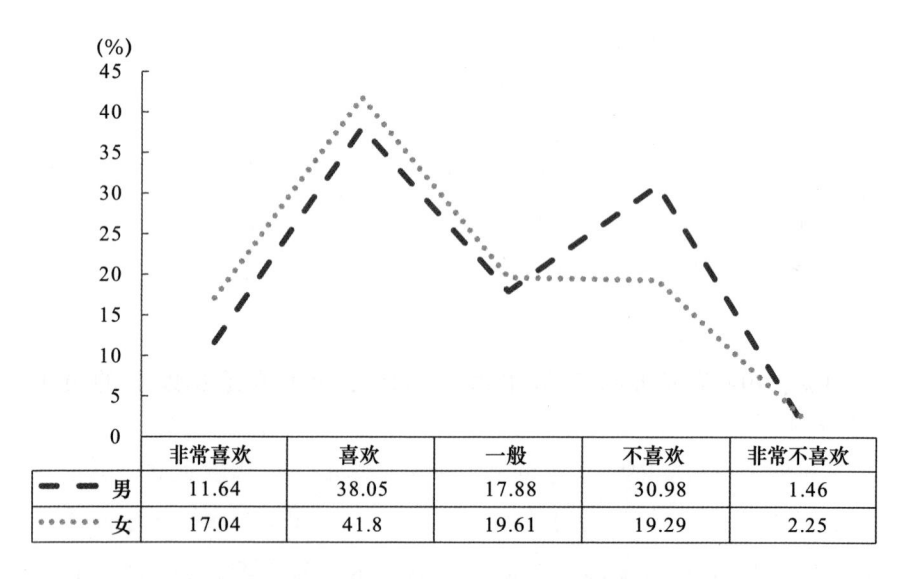

	非常喜欢	喜欢	一般	不喜欢	非常不喜欢
― ― 男	11.64	38.05	17.88	30.98	1.46
⋯⋯ 女	17.04	41.8	19.61	19.29	2.25

图 4-59　按性别划分的中资企业员工对华语音乐喜爱程度差异（N=792）

从受教育程度来看（见图 4-60）学历越高的员工越喜欢华语音乐。合并"非常喜欢"与"喜欢"两项进行统计可知，学历越高，对

	非常喜欢	喜欢	一般	不喜欢	非常不喜欢
小学及以下	12.71	34.25	17.4	33.7	4.92
初中/高中	10.69	42.41	20	25.17	1.91
大学本科及以上	23.02	46.76	18.71	10.07	1.09

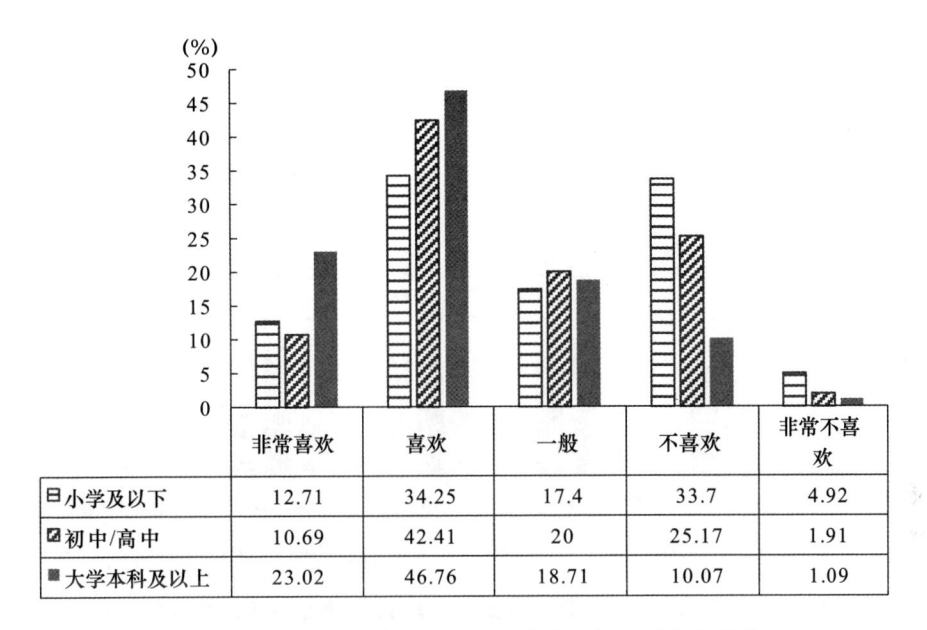

图4-60 按受教育程度划分的中资企业员工对华语音乐喜爱程度差异（N=791）

华语音乐的喜爱程度越高。具体数据表现为，本科及以上（69.78%）较初中/高中学历的员工合计占比（53.1%）高16.68个百分点，更较小学及以下的员工合计占比（46.96%）高22.82个百分点。

从收入来看（见图4-61），合计"非常喜欢"和"喜欢"两项可知，200—349美元柬埔寨中资企业员工"喜欢"与"非常喜欢"占44.1%，199美元及以下员工占52.11%，350美元及以上的员工占61.65%。

本部分首先通过测量柬埔寨中资企业员工观看不同国家的影视作品频率来关注柬埔寨受众对各国文化产品的接受情况，接下来从多角度分析柬埔寨中资企业员工对中国电影/电视剧的收看情况。

从表4-13中可以了解到，在中国、日本、韩国、印度、美国这几个国家中，中国的电影/电视剧是柬埔寨中资企业员工观看最为频繁的。详细可见，合并"经常"和"很频繁"两项时，观看中国电

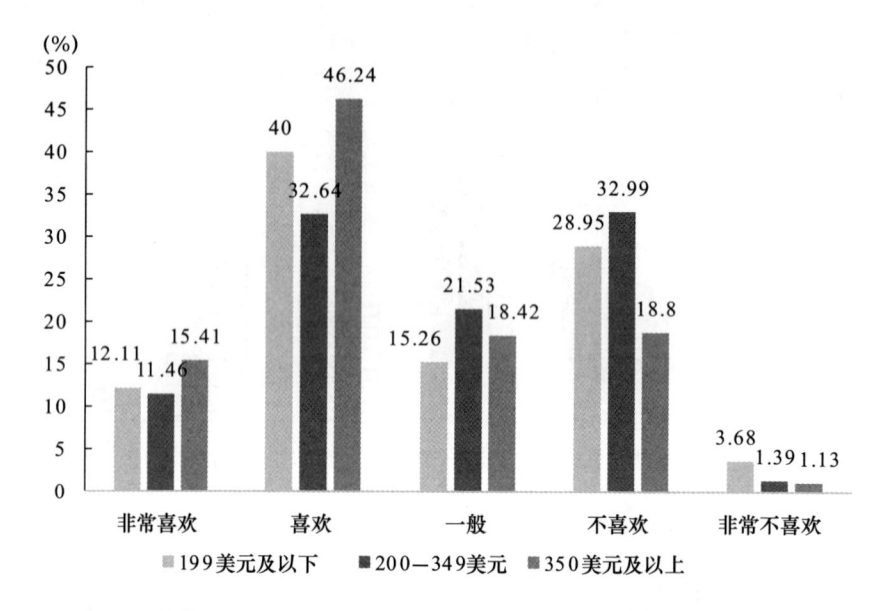

图 4-61　按收入划分的中资企业员工对华语音乐喜爱程度差异（N=744）

影/电视剧的合计占比达到 45.78%，高出日本合计占比（10.01%）35.77 个百分点，高出韩国（16.73%）29.05 个百分点，高出印度（12.23%）33.55 个百分点，亦高出美国（27.06%）18.72 个百分点。

表 4-13　柬埔寨中资企业员工观看不同国家的电影/电视剧的频率分布　　　　　　　　　（单位:%）

	从不	很少	有时	经常	很频繁
中国 N=793	16.14	15.64	22.45	33.04	12.74
日本 N=799	54.19	22.4	13.39	9.26	0.75
韩国 N=801	34.96	26.34	21.97	15.48	1.25
印度 N=801	47.19	25.34	15.23	11.11	1.12
美国 N=802	33.17	18.45	21.32	21.82	5.24

从图 4-62 中可了解到，柬埔寨中资企业男性员工比女性员工观

看华语电影/电视剧的频率更高。具体来看,"经常"看华语电影/电视剧的员工男性(34.86%)比女性(30.25%)高 4.61 个百分点。与此同时,男性"很频繁"看华语电影/电视剧的占比(14.41%)也较女性占比(10.19%)高 4.22 个百分点。合并"很少"及"从不"观看华语电影/电视剧两项,女性合计占比(36.63%)较男性(28.6%)高 8.03 个百分点。

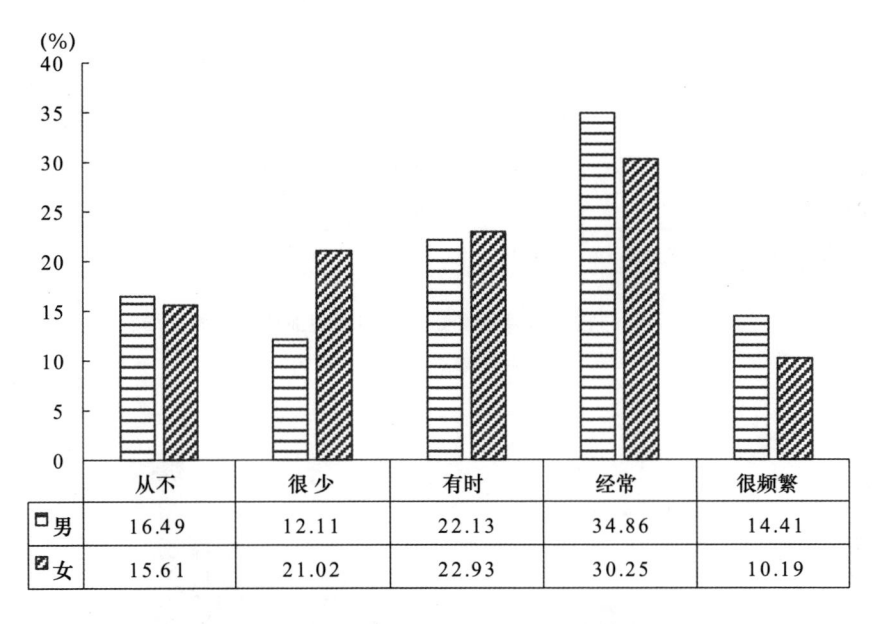

	从不	很少	有时	经常	很频繁
男	16.49	12.11	22.13	34.86	14.41
女	15.61	21.02	22.93	30.25	10.19

图 4-62 按性别划分的中资企业员工观看华语电影/电视程度差异(N=793)

图 4-63 显示大学本科及以上员工,比初中/高中员工观看华语电影/电视剧频率更高;初中/高中员工较小学及以下员工观看华语电影/电视剧更多。合计"经常"和"很频繁"观看两项可知,大学本科及以上员工(64.5%)较初中/高中员工合计占比(47.37%)高 17.13 个百分点,较小学及以下员工(37.67%)高 26.83 个百分点。

最后从图 4-64 可见合计"经常"和"很频繁"观看两项可发现,收入在 350 美元及以上员工合计占比最高,超过一半占比(52.43%),且高出收入在 200—349 美元的员工占比(39.24%)

中国与湄公河五国民心相通研究

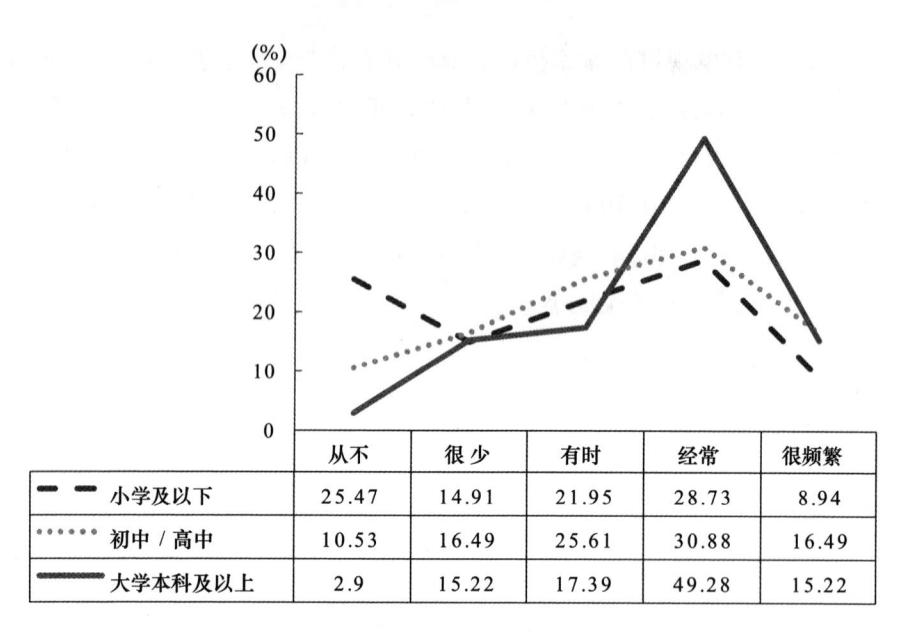

	从不	很少	有时	经常	很频繁
-- 小学及以下	25.47	14.91	21.95	28.73	8.94
⋯ 初中／高中	10.53	16.49	25.61	30.88	16.49
— 大学本科及以上	2.9	15.22	17.39	49.28	15.22

图4-63 按受教育程度划分的中资企业员工观看华语电影/电视程度差异（N=792）

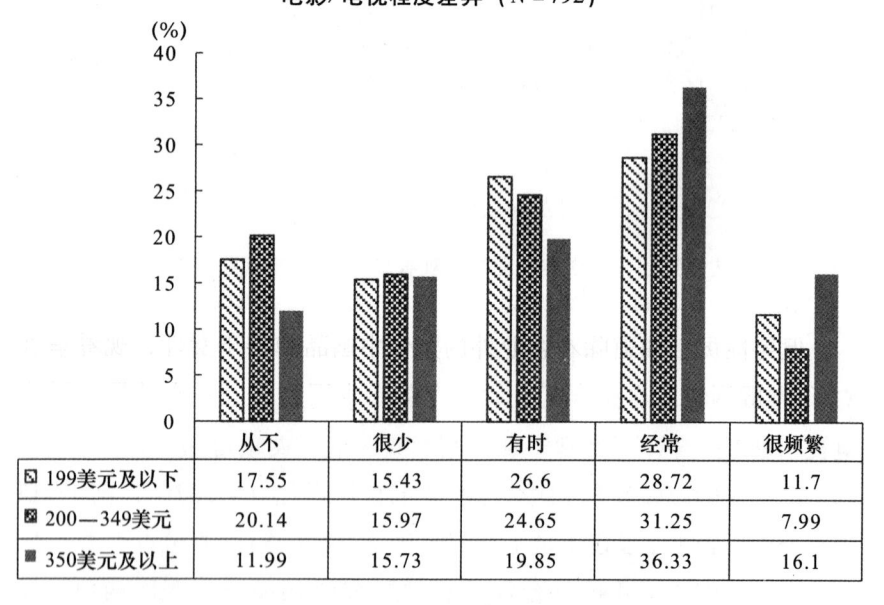

	从不	很少	有时	经常	很频繁
199美元及以下	17.55	15.43	26.6	28.72	11.7
200—349美元	20.14	15.97	24.65	31.25	7.99
350美元及以上	11.99	15.73	19.85	36.33	16.1

图4-64 按收入划分的中资企业员工观看华语电影/电视程度差异（N=743）

13.19个百分点,高出收入在199美元及以下员工(40.42%)12.01个百分点。

本章小结

本章通过调查柬埔寨中资企业员工的相关现状,分析中国和柬埔寨的民心相通状况,得出以下几点结论。

总体来看,中柬民心相通程度一般,主要体现在对中国的认知程度和行为倾向两个方面。

首先,柬埔寨中资企业员工对中国的认知程度较低。一是柬埔寨中资企业员工对中国相关新闻的了解程度相对较低,了解中国的渠道仅集中于本国媒体,很少通过其他渠道关注中国。二是在对中国产品品牌的具体认知方面,柬埔寨中资企业员工对中国国产手机品牌的知晓度较低,且在调查访问的员工中未回答的比重远远过半。

其次,柬埔寨中资企业员工在与中国互动方面相比其他四国也较少。一方面表现为员工在本企业内拥有的中国朋友数量较少,另一方面表现为员工对于华语音乐和华语电影/电视剧的喜爱程度偏低。

最后,柬埔寨中资企业员工的民心相通现状在性别、族群、是否为管理人员、受教育程度、收入和入职时长方面具有明显差异。

第一,从性别来看,女性员工总体的民心相通程度高于男性员工,但男性员工知道除本企业外的其他中国品牌多于女性,观看华语电影/电视剧频率也略高于女性。在关注中国新闻、对中外员工晋升制度一致性的评价和拥有本企业内中国朋友的数量上差异不大。

第二,从族群来看,高棉族员工与中国的民心相通程度高于其他族群。

第三,从是否为管理人员来看,非管理人员与中国的民心相通程度较高,而管理人员知道的中国新闻、在本企业内拥有的中国朋友数量多于非管理人员。

第四，从受教育程度来看，不同受教育水平员工对"中外员工晋升制度一致"的同意程度相近，但高教育水平的员工"喜欢本企业的作息时间规定"评价偏低。

第五，从收入来看，低收入员工对于本企业尊重本地风俗习惯、尊重员工的宗教信仰，对本企业的作息时间规定和中国对柬埔寨的影响力评价比中高收入者要高。

第六，从入职时长来看，在中国对柬埔寨的影响力评价方面，不同入职时长的员工差异不明显。

总体而言，这些差异所凸显的焦点可成为关注中柬民心相通的要点，是增加中国和柬埔寨的两国民众的了解与交流、提升交融的深度和广度的重点。

第五章
中国与泰国民心相通现状研究

2020年7月14日，国家主席习近平同泰国总理巴育通电话。习近平主席指出，在新冠肺炎疫情发生以来，中泰两国相互支持、共克时艰，在实际行动中诠释了"一家亲"的深厚情谊。并强调，中泰双方关系基础深厚、潜力很大，在共抗时疫同时持续推进务实合作，实现双边贸易逆势增长、中泰铁路顺利建设。双方将继续深化"一带一路"同"泰国4.0"及"东部经济走廊"发展战略对接，推进中泰全面战略合作伙伴关系新发展。[①]

2021年已是中泰建交的第46个年头，双方政治互信不断加深，经贸合作不断拓展，人文交流更加密切。面对当前疫情风险，地区趋势复杂多变，中泰更应推进相互理解与相互支持，坚定共建"一带一路"。因此，探清当下中泰间的民心相通情况是增进双方交流互信，推进全面战略合作伙伴关系的必要之举。

第一节 泰国中资企业员工对中国的认知程度

泰国中资企业员工对中国的认知程度是泰国民众对中国整体形象

---

① 《习近平同泰国总理巴育通电话》，2020年7月14日，人民网（http://cpc.people.com.cn/n1/2020/0714/c64094-31783436.html）。

的主观认知与评价。在此基础上,泰国中资企业员工乃至其他泰国民众形成了对于中国整体国家形象的心理基础与行为建构。本节通过对泰国中资企业员工对中国的认知与对中国品牌的认知情况的测量,试图展现泰国民众对中国的基本认知图景。

一 泰国中资企业员工对中国的认知

在此部分内容中,泰国中资企业员工对中国的认知体现为对中国相关新闻及新闻传播渠道两个方面。分析角度先涉及总体的认知,进而按照性别、族群、收入、受教育程度以及是否为管理人员多角度更深入了解泰国中资企业员工对中国的认知情况。

1. 泰国中资企业员工关注中国相关新闻现状

中国相关新闻主要包括中国大使馆对本国的捐赠、中国援助建设基础设施、本国学生前往中国留学以及中国文艺演出四个方面,变现中泰之间经济、政治和文化各方面交流互动。

从表5-1可看出,在1001个样本员工中,将近九成员工(89.91%)从国内媒体看到过有关本国学生前往中国留学相关的新闻,远超八成员工(84.52%)看到过中国艺术演出相关的新闻,而接触到有关中国大使馆对本国捐赠的新闻仅有三成多(34.87%),略高于了解中国援助本国修建道路、桥梁、医院和学校相关的新闻的占比(31.87%)。从总体上看,员工更关注的是本国学生前往中国留学和中国艺术演出相关的新闻,而对中国大使馆对本国捐赠和中国援建本国基础设施的相关新闻接触较少。

表5-1　　　　员工了解中国相关新闻分布　　　（单位:个,%）

	中国大使馆对本国的捐赠	中国援助本国修建道路、桥梁、医院和学校	本国学生前往中国留学	中国艺术演出
频次	349	319	900	846
百分比	34.87	31.87	89.91	84.52

注:N=1001。

第五章 中国与泰国民心相通现状研究

如图 5-1 所示，从性别来看，本国学生前往中国留学和中国艺术演出相关新闻是男女共同的了解程度最高的新闻类型。有超过九成（92.83%）的女性和超过八成（86.6%）的男性了解本国学生前往中国留学新闻；关注中国艺术演出新闻的男女占比都超过八成，女性占 85.39%，男性占 83.51%。男性和女性关注最少的类型是中国援助本国基础设施相关的新闻类型，男、女（33.19%、33.01%）比重在三成左右，占比差距很小。另外，除了中国援建本国的基础设施这一类型中女性占比微低于男性占比，女性在其他所有的类型选项中均高于男性，甚至在本国学生前往中国留学一类的新闻中比男性高出约 6 个百分点。可以说明女性相较于男性对中国相关新闻有更高的认知度。

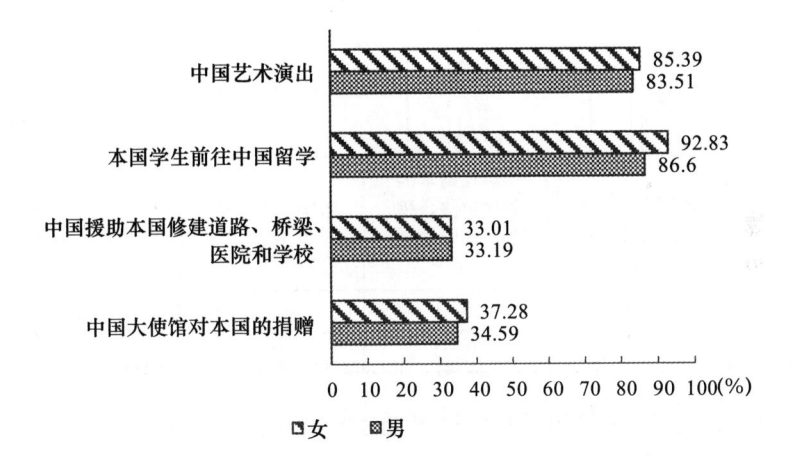

图 5-1 按性别划分的从国内媒体看到过有关中国的新闻状况（N=1000）

从族群来看（见图 5-2），一方面，泰族和其他族群对中国相关新闻的认知特征存在一致性。本国学生前往中国留学的新闻是两者共同接触最多的新闻，有九成（90.53%）的泰族员工选择此项，其他族群员工选择此项的员工占七成（70%）。其次是中国艺术演出的新

· 221 ·

闻，有超过八成（85.27%）的泰族员工和六成（60%）的其他族群员工看到过此类新闻。泰族员工接触最少的新闻类型是中国援助本国修建基础设施新闻，仅占三成多（33.01%）。而其他族群员工接触最少的是中国大使馆对本国捐助的新闻，比例同样仅略超三成（31.03%）。另外，相较于其他族群员工，泰族员工对中国相关新闻关注更全面。泰族员工除在中国援助本国修建基础设施一项外，其他各项均高于其他族群员工占比。甚至在中国艺术演出一项中高出其他族群员工25.27个百分点。

	中国大使馆对本国的捐赠	中国援助本国修建道路、桥梁、医院和学校	本国学生前往中国留学	中国艺术演出
泰族	36.25	33.01	90.53	85.27
其他	31.03	37.93	70	60

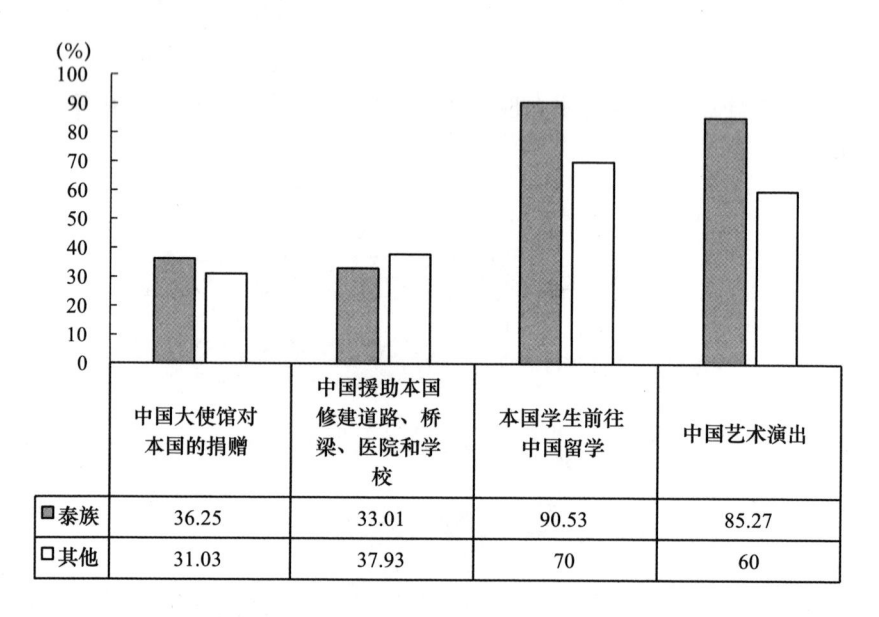

图5-2 按族群划分的从国内媒体看到过有关中国的新闻状况（N=1000）

从收入来看（见图5-3），本国学生前往中国留学的新闻是各收入等级的员工占比最高的类型，有超过九成（94.25%）收入在750美元及以上员工、九成（91.22%）收入在450—749美元员工和八成（81.82%）收入在449美元及以下员工从国内媒体了解此类新闻。其次为中国艺术演出和中国大使馆对本国的捐赠的新闻，占比最低的是中国援助本国修建基础设施的新闻,只有不足四成(37.75%)收入在750美元及以上的员工、略超三成(32.94%)收入在450—749美元员工和不足三成(27.42%)收入在449美元及以下员工从国内媒体看到过此类新闻。据此看出,收入水平越高的员工对中国新闻的认知度也就越高。

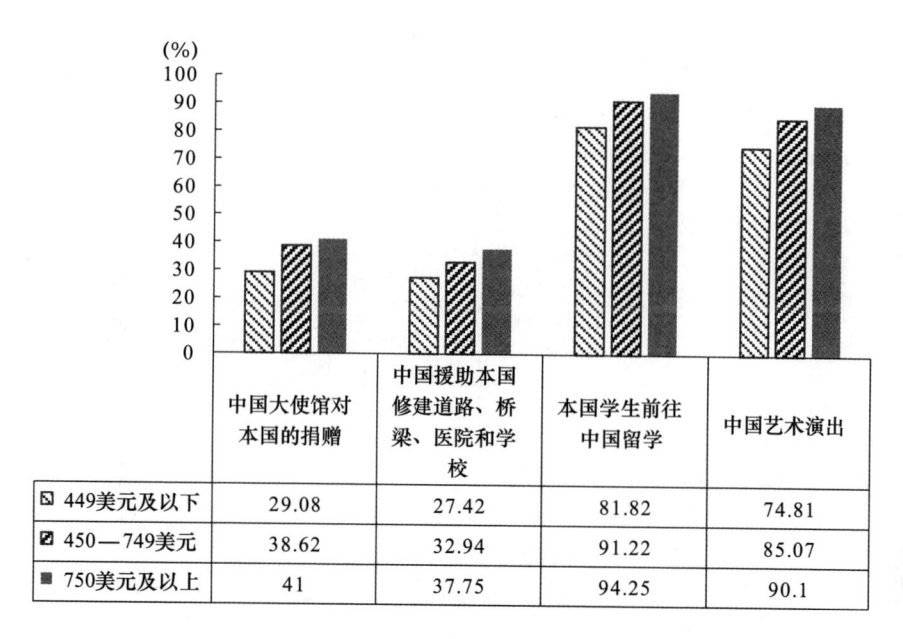

	中国大使馆对本国的捐赠	中国援助本国修建道路、桥梁、医院和学校	本国学生前往中国留学	中国艺术演出
449美元及以下	29.08	27.42	81.82	74.81
450—749美元	38.62	32.94	91.22	85.07
750美元及以上	41	37.75	94.25	90.1

图5-3 按收入划分的从国内媒体看到过有关中国的新闻状况(N=930)

从受教育程度来看(见图5-4),首先,本国学生前往中国留学的新闻是各受教育程度员工占比最高的类型。其中大学本科及以上学历员工远超九成(96.22%)、初中/高中受教育程度员工接近九成(85.49%)、小学及以下员工七成多(74.63%)选择此项。其次为中国艺术演出的新闻,再次是中国援建本国基础设施相关新闻。占比最少的是中国大使馆对本国捐赠的新闻,其中只有四成(40.87%)大学本科及以上受教育程度员工、三成(31.36%)初中/高中受教育程度员工和三成(31.25%)小学及以下受教育程度员工注意到了此类新闻。

总体上看，各类新闻占比随受教育程度的提高而增多。这可以看出随着受教育程度的提高，接触到中国相关新闻内容也更加多样，但教育与文化方面的交流仍是各受教育程度员工主要接触新闻类型。

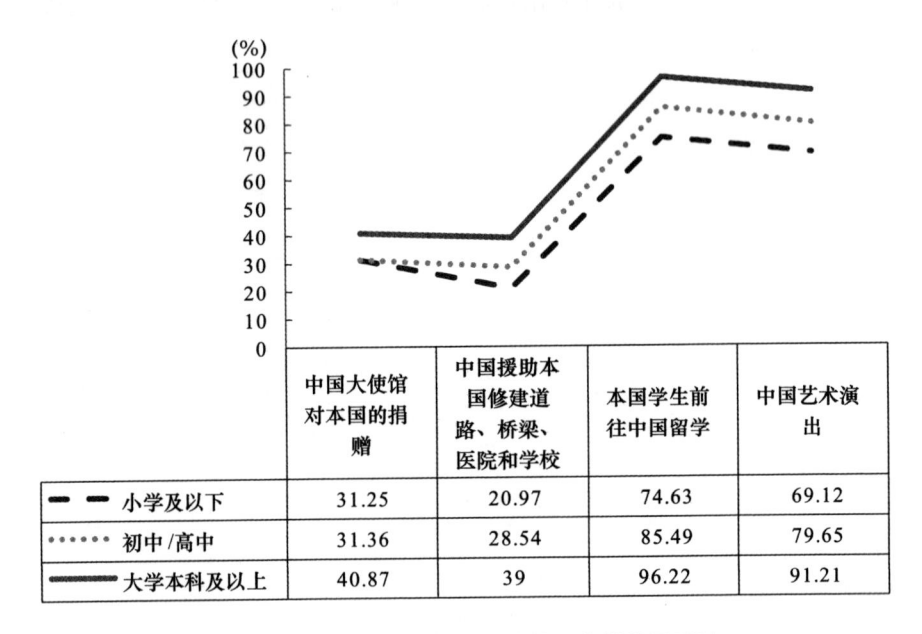

	中国大使馆对本国的捐赠	中国援助本国修建道路、桥梁、医院和学校	本国学生前往中国留学	中国艺术演出
小学及以下	31.25	20.97	74.63	69.12
初中/高中	31.36	28.54	85.49	79.65
大学本科及以上	40.87	39	96.22	91.21

图 5-4 按受教育程度划分的从国内媒体看到过有关中国的新闻状况（N=998）

从是否为管理人员来看（见图 5-5），管理人员占比最高的新闻是中国艺术演出的新闻，占比远超八成（89.04%）；其次是本国学生前往中国留学的新闻，有远超八成（87.67%）的员工知道该新闻。管理人员接触最少的是中国援建本国相关基础设施的新闻，仅占三成（37.93%）。从非管理人员来看，本国学生前往中国留学的新闻占比最高，有九成（90.28%）；其次为超八成（83.72%）员工选择的中国艺术表演，最少与管理人员一样为中国援建本国相关基础设施的新闻（32.35%）。其中，非管理人员留意本国学生前往中国留学的新闻占比较知道中国艺术演出新闻占比高出约 7 个百分点，显示出非管理人员对中国留学信息的关注倾向。另外，中国大使馆对本国捐赠新闻，管理人员的占比高出非管理人员 9.66 个百分点。由此可看出，总体上管理人员比非管理人员更关注中国相关新闻。

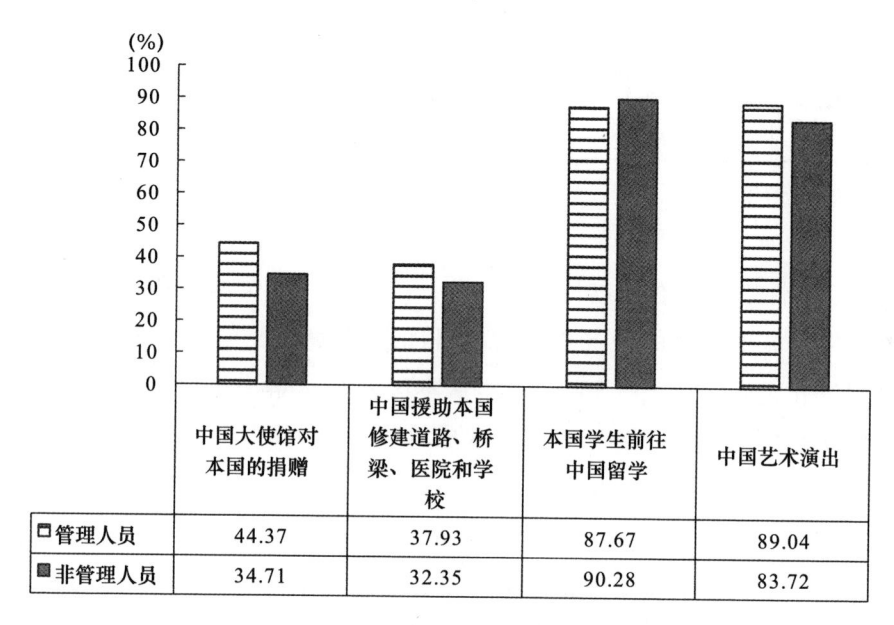

	中国大使馆对本国的捐赠	中国援助本国修建道路、桥梁、医院和学校	本国学生前往中国留学	中国艺术演出
管理人员	44.37	37.93	87.67	89.04
非管理人员	34.71	32.35	90.28	83.72

图 5-5　按是否管理人员划分的从国内媒体看到过有关中国的新闻分布（N=1000）

2. 泰国中资企业员工了解中国相关新闻的渠道现状

当前泰国中资企业员工了解中国信息的渠道主要有本国电视、本国网络、本国报纸杂志、中国传统媒体、中国新媒体、企业内部员工和企业内部文字或图片等资料。

如表 5-2 所示，在 1012 个调查样本中，员工更倾向选择本国网络和本国电视渠道来获取中国相关信息。其中，本国网络是选择人数最多的渠道（62.85%）；紧随其后的渠道是本国电视（60.77%）；排名第三的是中国新媒体渠道（15.81%）。通过企业内部员工和本国报纸杂志两类渠道了解中国信息的比例较为接近，均为一成多。中国传统媒体是占比最低的渠道，仅有6.19%。

表5-2　　　　　员工了解中国信息的渠道分布　　　（单位：个，%）

	本国电视	本国网络	本国报纸杂志	中国传统媒体	中国新媒体	企业内部员工	企业内部文字/图片等材料
频次	615	636	124	62	160	141	67
占比	60.77	62.85	12.25	6.19	15.81	13.93	6.62

注：N=1012。

从性别划分看（参见图5-6），一方面，本国网络和本国电视是男女员工选择的最主要渠道。超过六成女性员工（68.54%）和超过五成男性员工（56.39%）从本国网络了解中国信息；超过六成女性员工（61.8%）和接近六成男性员工（59.54%）从本国电视渠道了解。中国新媒体是男女员工共同倾向的第三选择，分别有18.54%的女性和12.79%的男性员工选择这一渠道。另一方面，在本国网络、中国新媒体和企业内部员工这几个渠道上，男女双方表现出明显的差异。女性在这三个渠道的选择比例均高于男性，甚至在本国网络的渠道上高出男性约12个百分点。由此可以看出，女性较男性更容易通过上述三个渠道了解中国相关信息，亦有着更为分散的选择特征。

如图5-7所示，泰族和其他族群员工大多将本国网络和本国电视作为了解中国信息的主要渠道，有超过六成（63.27%）泰族员工和五成（50%）其他族群员工选择本国网络；有六成（61.53%）泰族员工和超过三成（37.5%）其他族群员工选择本国电视渠道。泰族在本国报纸杂志、企业内部员工和企业内部资料这几项中占比均高于其他族群。特别在中国传统媒体这一渠道中，泰族员工占比为6.33%，而其他族群员工无人选择（0%）。但其他族群在中国新媒体渠道中占比为18.75%，比泰族员工占比（15.71%）高约3个百

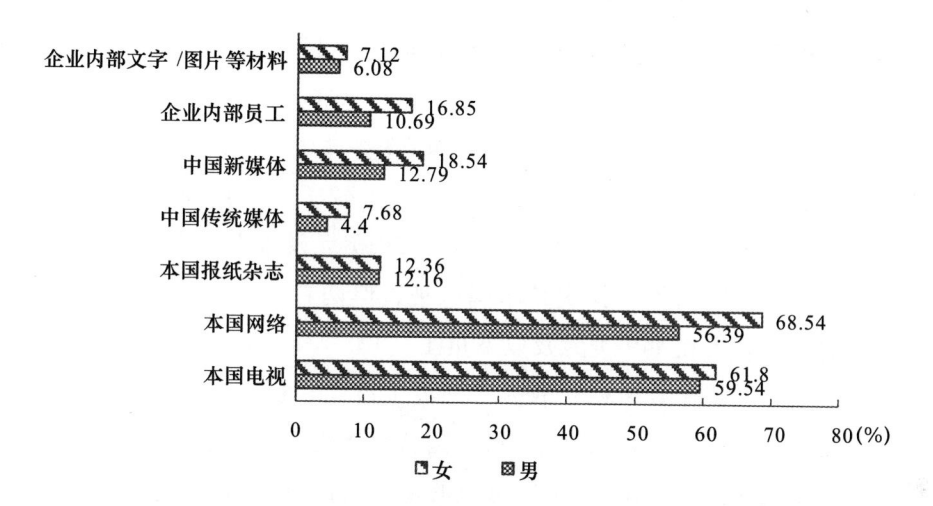

第五章　中国与泰国民心相通现状研究

渠道	女	男
企业内部文字/图片等材料	7.12	6.08
企业内部员工	16.85	10.69
中国新媒体	18.54	12.79
中国传统媒体	7.68	4.4
本国报纸杂志	12.36	12.16
本国网络	68.54	56.39
本国电视	61.8	59.54

图5-6　按性别划分的了解中国信息的渠道分布状况（N=1011）

分点。据此看出，泰族员工了解中国信息的渠道更多元全面，而其他族群员工则更集中于选择新媒体渠道。

	本国电视	本国网络	本国报纸杂志	中国传统媒体	中国新媒体	企业内部员工	企业内部文字/图片等材料
泰族	61.53	63.27	12.35	6.33	15.71	14.18	6.73
其他	37.5	50	9.38	0	18.75	6.25	3.13

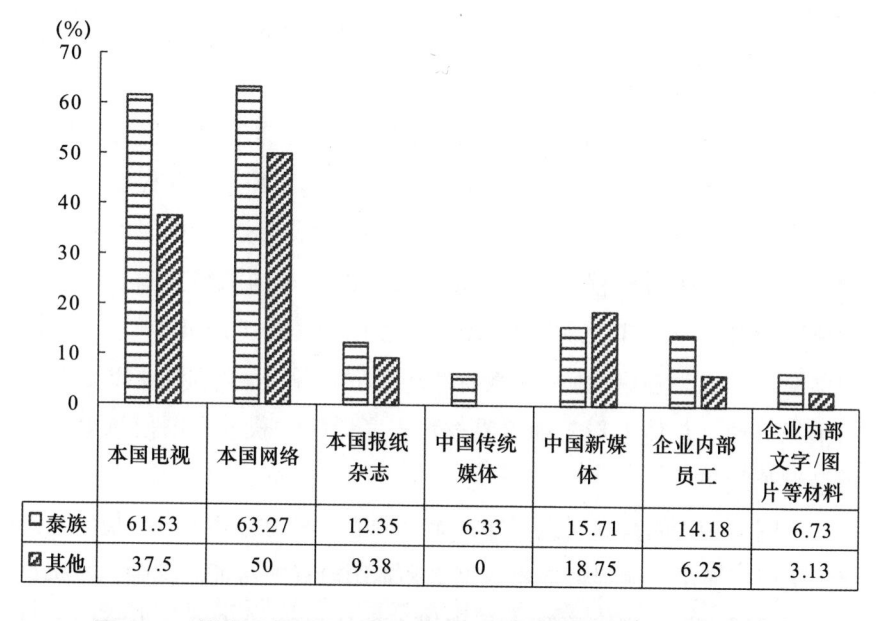

图5-7　按族群划分的了解中国信息的渠道分布状况（N=1012）

通过图5-8可发现，各个收入区间员工都集中在选择本国网络和本国电视渠道上，且与其他渠道比重差距悬殊。具体来看，收入在449美元及以下员工选择最多的渠道是本国电视，占六成多（62.83%）；选择第二多的是本国网络（52.42%），两者占比相差约10个百分点。收入在450—749美元和750美元及以上的员工选择最多的渠道是本国网络，其次是本国电视，但两者之间占比差距均不大。另外，收入在449美元及以下员工（13.75%）的第三选择是本国报纸杂志，高于其余两个收入区间员工占比。收入在450—749美元的员工中有一成（17.32%）将中国新媒体作为第三选择，同时也成为选择企业内部文字/图片等材料的媒介上比重最高的员工。收入在750美元及以上的员工选择中国新媒体和企业内部员工渠道均有18.79%，比重均高于其他收入区间员工。中国传统媒体是收入在449美元及以下和450—749美元的员工最少选择的渠道，而收入在750美元及以上的员工选择最少的渠道则是企业内部文字/图片等材料。总体上说，收入在750美元及以上的员工在多数渠道的占比上都高于其他区间员工的占比。

图5-9显示，各个受教育程度员工主要选择的渠道仍为本国电视和本国网络。有近一半（49.28%）小学及以下受教育程度员工和超六成（64.13%）初中/高中受教育程度的员工选择本国电视。大学本科及以上受教育程度的员工选择最多的是本国网络渠道，占比超七成（73.54%）；其次是本国电视，比重近六成（59.17%）。另外，中国新媒体成为初中/高中受教育程度的员工和大学本科及以上员工的第三选择。总体上看，随着受教育程度提高，获取中国信息渠道比重呈增加趋势。

据图5-10的数据信息可知，无论员工是否为管理人员，他们在选择渠道时都显示出明显倾向本国网络和本国电视的特征。其中，被选最多的本国网络渠道中，管理人员占比近七成（68.03%），非管理人员占比略超六成（62.04%）；紧随其后的是本国电视渠道，61.22%的管

第五章 中国与泰国民心相通现状研究

	本国电视	本国网络	本国报纸杂志	中国传统媒体	中国新媒体	企业内部员工	企业内部文字/图片等材料
449美元及以下	62.83	52.42	13.75	5.95	13.38	9.67	5.95
450—749美元	59.78	66.2	11.17	5.59	17.32	14.8	8.66
750美元及以上	60.51	67.52	12.74	7.96	18.79	18.79	6.05

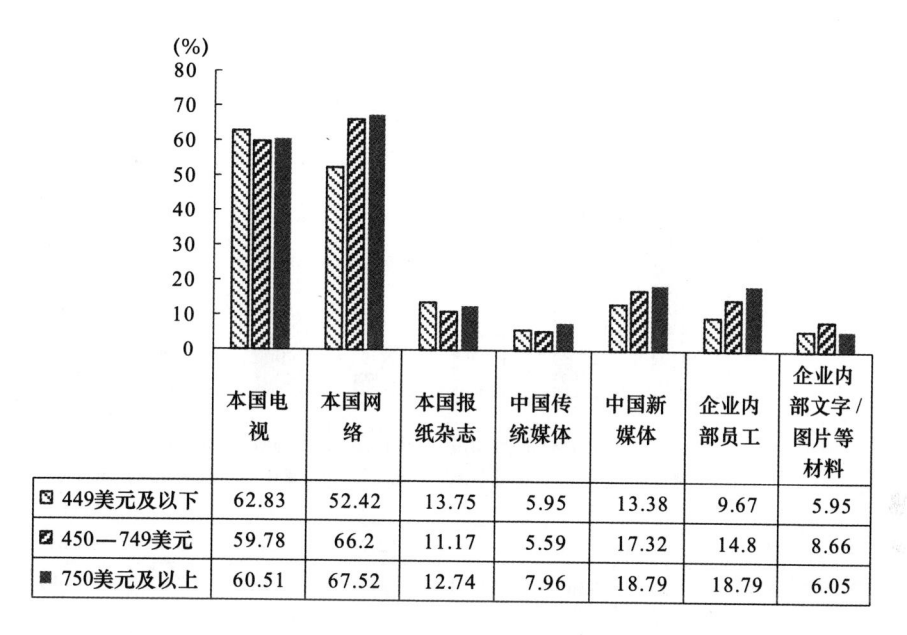

图 5-8　按收入划分的了解中国信息的渠道分布状况（N=941）

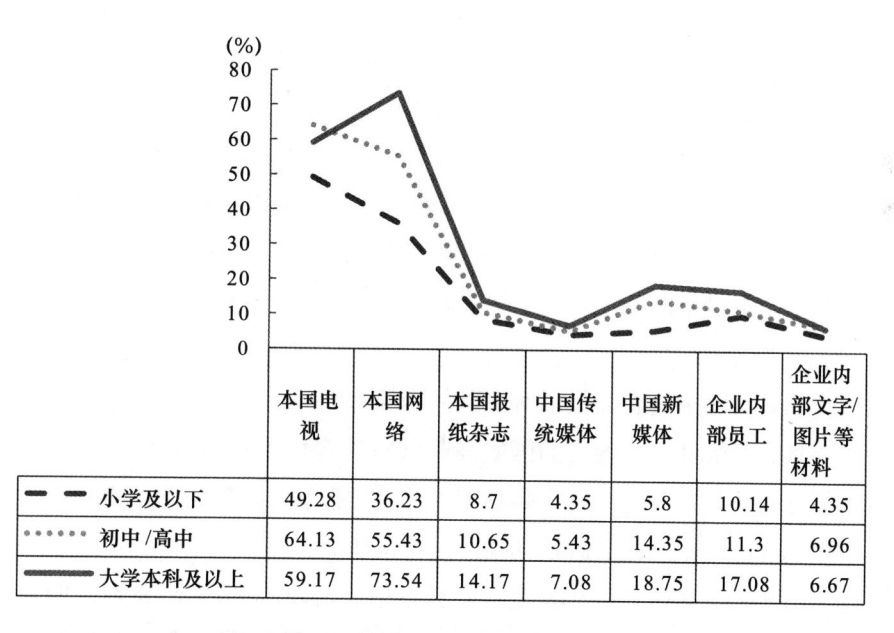

	本国电视	本国网络	本国报纸杂志	中国传统媒体	中国新媒体	企业内部员工	企业内部文字/图片等材料
小学及以下	49.28	36.23	8.7	4.35	5.8	10.14	4.35
初中/高中	64.13	55.43	10.65	5.43	14.35	11.3	6.96
大学本科及以上	59.17	73.54	14.17	7.08	18.75	17.08	6.67

图 5-9　按受教育程度划分的了解中国信息的渠道分布状况（N=1009）

中国与湄公河五国民心相通研究

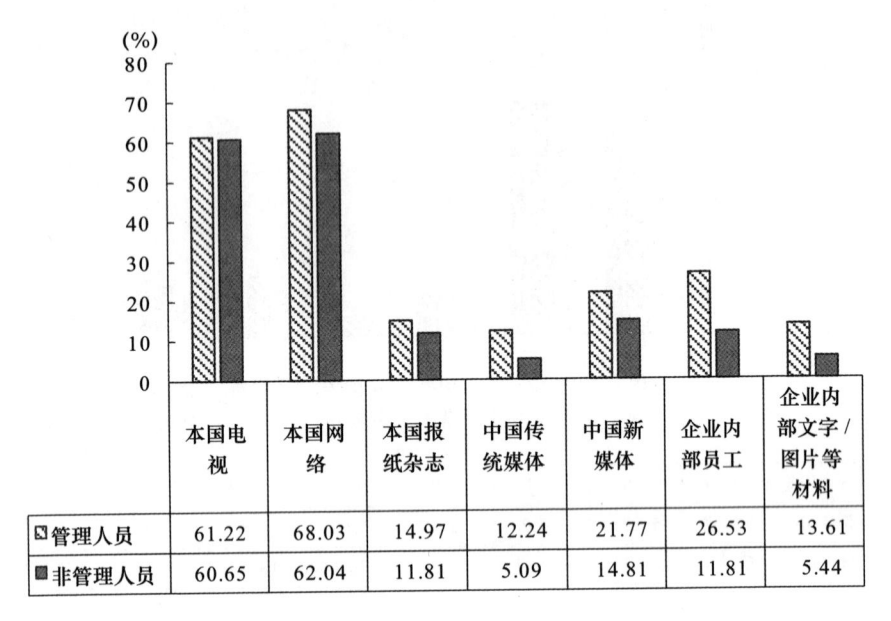

	本国电视	本国网络	本国报纸杂志	中国传统媒体	中国新媒体	企业内部员工	企业内部文字/图片等材料
管理人员	61.22	68.03	14.97	12.24	21.77	26.53	13.61
非管理人员	60.65	62.04	11.81	5.09	14.81	11.81	5.44

图 5-10　按是否管理人员划分的了解中国信息的渠道分布状况（N=1011）

理人员和 60.65% 的非管理人员选择该渠道。在其余的渠道中，管理人员选择较多的是企业内部员工（26.53%）、中国新媒体（21.77%）；而非管理人员继而选择的是中国新媒体（14.81%），企业内部员工和本国报纸杂志的渠道（11.81%）位列其后。中国传统媒体是两类员工选择最少的渠道，仅有 5.09% 的非管理人员选择。可以发现，管理人员在各个渠道中的占比均高于非管理人员，渠道选择更加多元。

二　泰国中资企业员工对中国品牌的认知

具有代表性、影响力的国家品牌是对外宣传国家形象的一个窗口。本部分先从是否知道中国产品品牌入手，把握基本认知情况，再对3个有代表性的中国产品品牌认知情况进行剖析。

图 5-11 显示，在 998 个有效样本中，远超六成（66.38%）的男性员工和接近七成（68.75%）的女性员工表示知道本企业以外的中国产品品牌，女性员工占比略高。这说明中国产品品牌在泰国男性和

· 230 ·

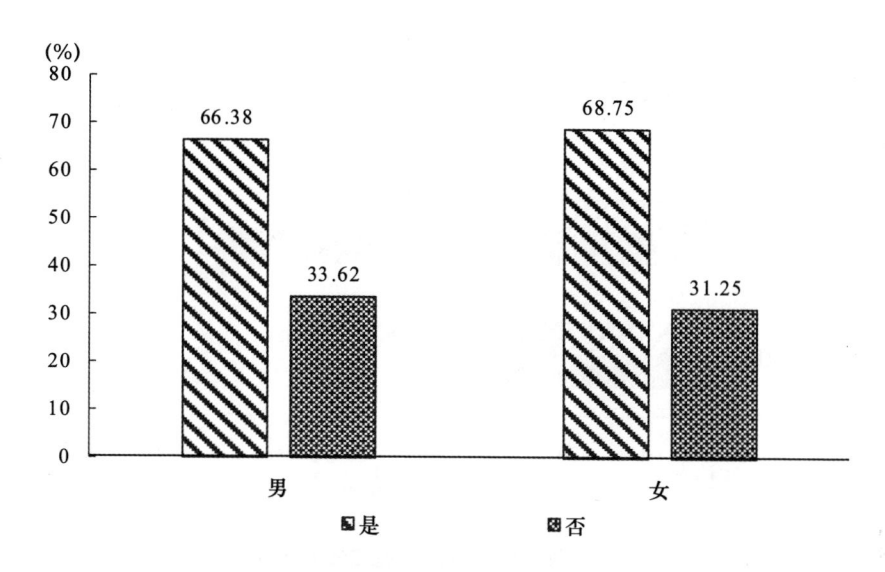

第五章 中国与泰国民心相通现状研究

```
(%)
80
          66.38                    68.75
70
60
50
40            33.62                      31.25
30
20
10
 0
            男                       女
         ▨是    ▩否
```

图 5-11 按性别划分的中资企业员工知道除本公司以外的
其他中国产品品牌的分布 (N=998)

女性员工中均有较高的认知度,性别差异较小。

如图 5-12 所示,收入越高,员工对中国其他产品品牌认知度越高。收入在 449 美元及以下员工有超过四成 (43.13%) 的人知道除公司以外的其他中国品牌,收入是 450—749 美元员工占比接近七成 (69.19%),比重最高的是收入 750 美元及以上员工 (82.69%),分别比收入在 450—749 美元和 449 美元及以下员工高出约 13 个和约 40 个百分点。

从受教育程度来看(图 5-13),受教育程度越高,则对中国其他产品品牌的认知度越高。小学及以下受教育程度员工中只有不到三成 (26.87%) 知道除本公司以外的中国产品品牌,初中/高中的员工占比则超过五成 (54.51%)。占比最高的是大学本科及以上受教育程度员工 (85.89%),分别比小学及以下受教育程度员工和初中/高中受教育程度员工高出约 59 个和约 31 个百分点。

下面将在总体以及性别、收入与受教育程度多个层面分析泰国中资企业员工对中国具体产品品牌的了解程度。

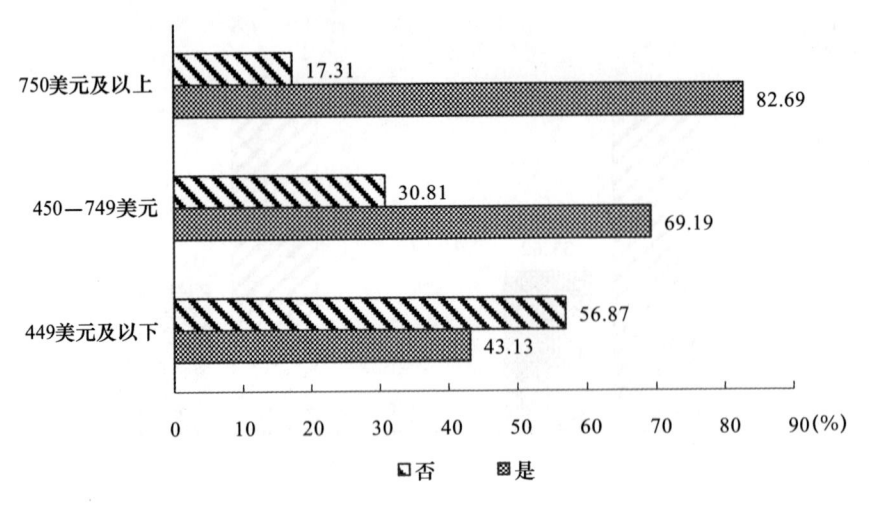

图 5-12 按收入划分的中资企业员工知道除本公司以外的其他中国产品品牌的分布（N=931）

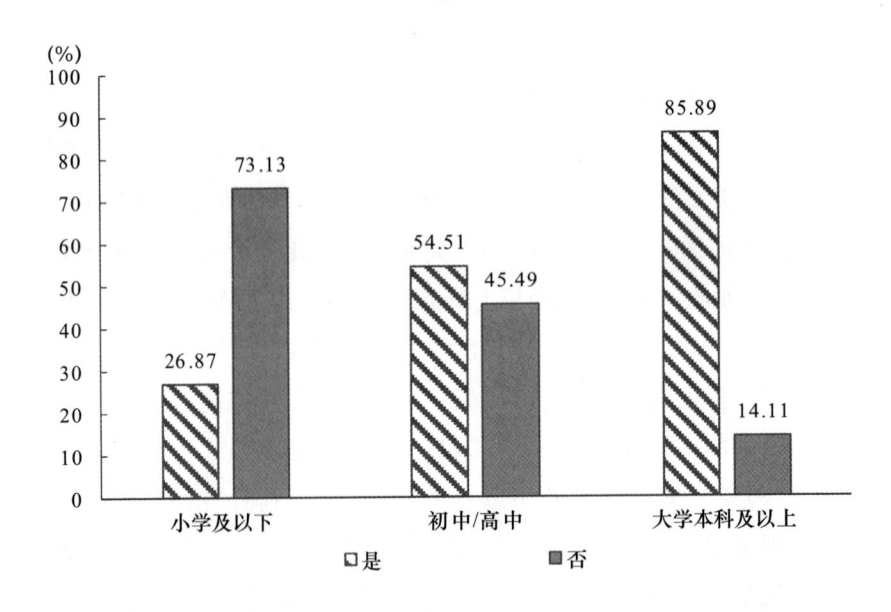

图 5-13 按受教育程度划分的中资企业员工知道除本公司以外的其他中国产品品牌的分布（N=997）

如表5-3所示，在1012个有效样本中有七成的员工完成填答，再次说明员工对中国品牌认知程度较高。首先，员工知晓程度最高的中国产品品牌是华为，占比近两成（17.89%）。其次是OPPO、小米和VIVO品牌，所占比例分别为5.83%、5.43%和2.6%。知道其他中国品牌的员工超过三成（35.08%）。总的来说，当前泰国中资企业员工对中国产品品牌的认知主要集中在电子通信产业品牌上。

表5-3　　中资企业员工所知道的3个中国产品品牌总的情况

（单位：个、%）

	未回答	华为	小米	OPPO	VIVO	其他	合计
频率	336	181	55	59	26	355	1012
占比	33.2	17.89	5.43	5.83	2.6	35.08	100

注：N=1012。

结合图5-14与图5-15可了解到，男性与女性员工所知道的具体中国产品品牌情况存在差异，但女性员工对于中国品牌的认知程度要高于男性员工。除知道VIVO的男性占比（2.59%）和女性占比（2.62%）非常相近外，知道华为的男性员工占比（17.19%）较女性（18.48%）少约1个百分点。同时了解OPPO和小米的女性员工均达到6%以上，男性员工都仅有4%多，男性较女性占比低约2个百分点。

按收入划分来看（见图5-16），总体上员工收入越高，对中国产品品牌认知度也更高。收入在449美元及以下的员工，有超两成（21.93%）知道其他中国品牌，知道华为约有一成（10.91%），其次则是OPPO（4.46%）、小米（2.97%）和VIVO（1.73%）。收入在450—749美元区间的员工中有超过三成（37.71%）听过其他品牌，超过一成（17.13%）的员工知道华为，选择OPPO（6.7%）、小米（4.75%）和VIVO（2.7%）占比较低。而收入在750美元及以上的员

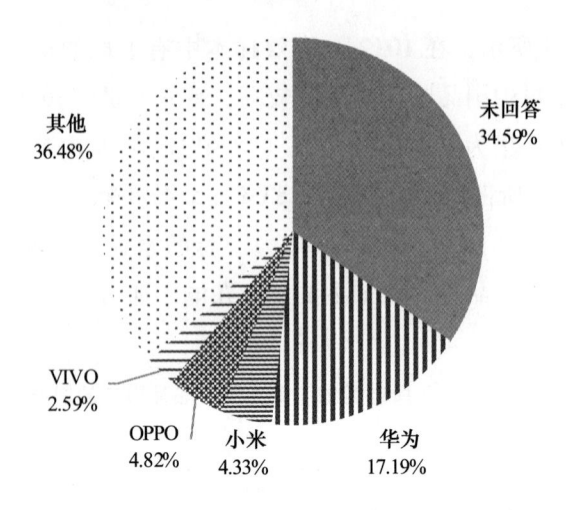

图 5-14　男性中资企业员工所知道的 3 个中国产品品牌的分布 (N=477)

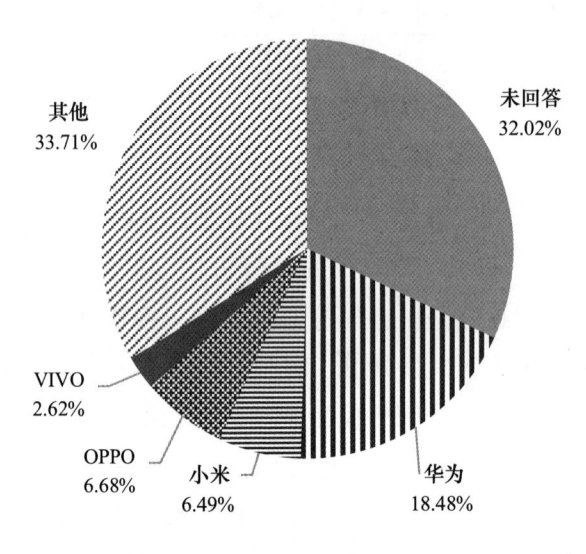

图 5-15　女性中资企业员工所知道的 3 个中国产品品牌的分布 (N=534)

工有超四成（41.3%）知道其他中国品牌，两成（23.25%）知道华为，而了解小米（7.79%）、OPPO（6.58%）和 VIVO（3.08%）占比同样较低。

图 5-17 显示，一方面，大学本科及以上受教育程度的员工有二

	未回答	华为	小米	OPPO	VIVO	其他
— 449美元及以下	57.99	10.91	2.97	4.46	1.73	21.93
⋯ 450—749美元	31.01	17.13	4.75	6.70	2.70	37.71
– – 750美元及以上	17.83	23.25	7.96	6.58	3.08	41.30

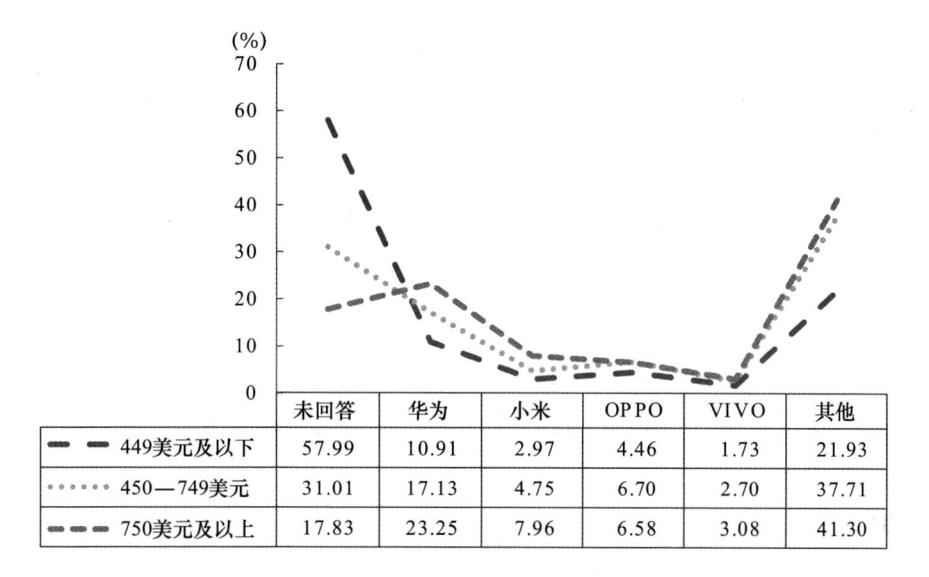

图 5-16 按收入划分的中资企业员工所知道的 3 个
中国产品品牌的分布（N=941）

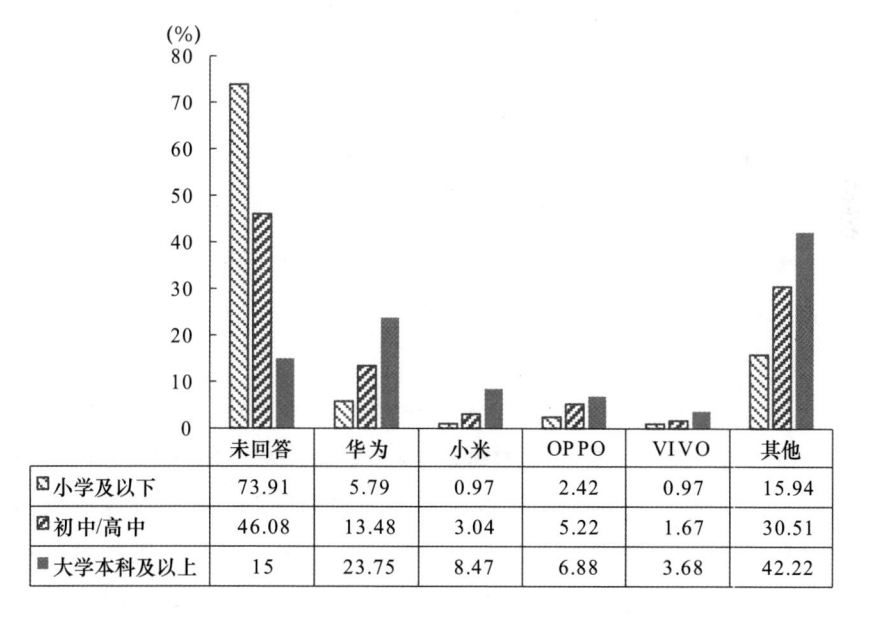

	未回答	华为	小米	OPPO	VIVO	其他
小学及以下	73.91	5.79	0.97	2.42	0.97	15.94
初中/高中	46.08	13.48	3.04	5.22	1.67	30.51
大学本科及以上	15	23.75	8.47	6.88	3.68	42.22

图 5-17 按受教育程度划分的中资企业员工所知道的
3 个中国产品品牌的分布（N=1009）

成（23.75%）知道华为，是小学及以下受教育程度员工（5.79%）4倍多，同样高于初中/高中教育的员工占比（13.48%）。另一方面，大学本科及以上受教育程度的员工知道OPPO、VIVO和小米的加总比例接近二成（19.03%），而初中/高中受教育程度员工加总比例将近一成（9.93%），小学及以下受教育程度员工仅有4.36%。由此可得，总体上华为品牌在所有类别受教育程度的员工中均有较高知名度，同时受教育程度越高，员工对中国品牌的认知程度越高。

第二节 泰国中资企业对中国的情感性评价

泰国中资企业员工对中国的情感性评价是中泰民心相通的情感基础，主要涉及对中国民众的社会交往意愿和对中国企业的主观评价两方面。本节将关注泰国中资企业员工对中国人的接纳程度、对中国企业的评价以及中资企业员工关于中国对本国影响力评价三部分内容。

一 泰国中资企业员工对中国人的接纳程度

泰国中资企业员工对中国人接纳程度的衡量，主要通过泰国中资企业员工是否愿意与中国人成为伴侣、成为朋友、成为邻居、成为同事、成为点头之交、生活在同一城市、生活在同一国家七个指标进行测量。进而从总体特征、性别、族群、受教育程度和入职时长分类别进行分析。

如图5-18所示，泰国的中资企业员工对中国人的接纳程度较高，愿意与中国民众构建更紧密的社会关系网络。在1011个调查对象中，有五成（51.14%）愿意与中国人成为伴侣，愿意成为朋友的占比上升至九成以上（95.35%），愿意与中国人成为邻居的更是达到97.13%；愿意成为同事、成为点头之交以及生活在同一城市的比例甚至超过99%，且所有员工都愿意与中国人生活在同一国家。

从性别来看，如图5-19所示，男女员工对中国民众的社交距离

	成为伴侣	成为朋友	成为邻居	成为同事	点头之交	生活在同一城市	生活在同一国家
泰国员工	51.14	95.35	97.13	99.01	99.41	99.51	100

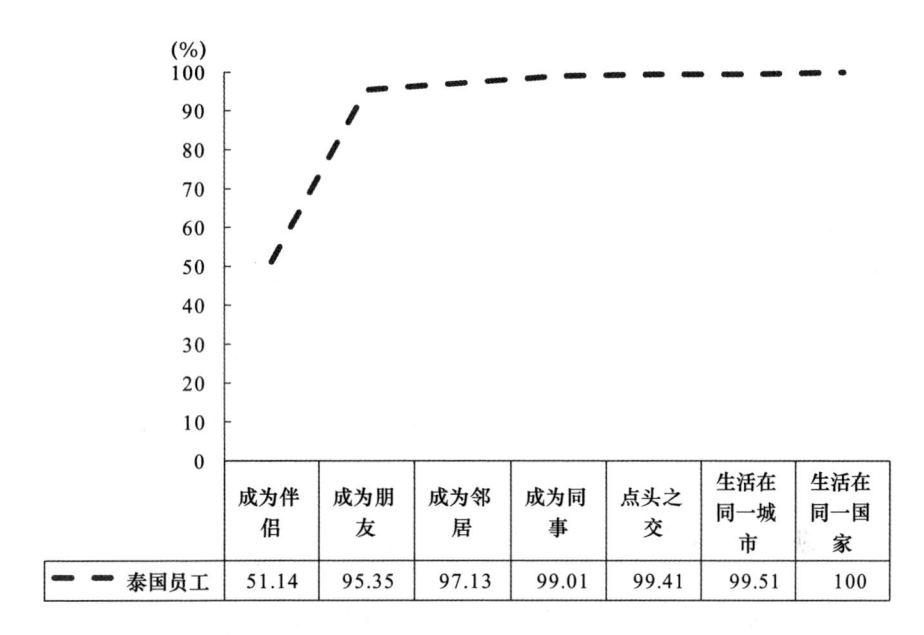

图 5-18 泰国中资企业员工与中国民众的社会距离分布（N=1011）

分布状况大致相似，仅在亲密社交关系建立上稍有差异。在愿意与中国人成为邻居、成为点头之交、生活在同一城市和同一国家方面，男女员工均表现出较高的接纳意愿。有98.69%的女性愿意与中国人成为同事，占比稍低于男性。另外，有超过四成（46.82%）女性愿意与中国人成为伴侣，而有远超五成（55.88%）的男性表示愿意，明显高于女性。总的来说，在亲密社会关系的建立上，男性的意愿要强于女性，但在一般性社会关系的建立上都表现出同样程度的接纳意愿。

从族群来看（见图5-20），泰国中资企业员工与中国民众的社交距离有一定的族群差异。五成左右（50.87%）的泰族员工愿意同中国人成为伴侣，而其他族群员工占比则接近六成（59.38%），体现出其他族群更高的亲密社会关系结成意愿。在其余选项上，泰族员工的占比均高于其他族群员工，可见泰族员工有较高的一般社会关系结成意愿。

	成为伴侣	成为朋友	成为邻居	成为同事	点头之交	生活在同一城市	生活在同一国家
男	55.88	95.38	97.06	99.37	99.58	99.58	100
女	46.82	95.32	97.19	98.69	99.25	99.44	100

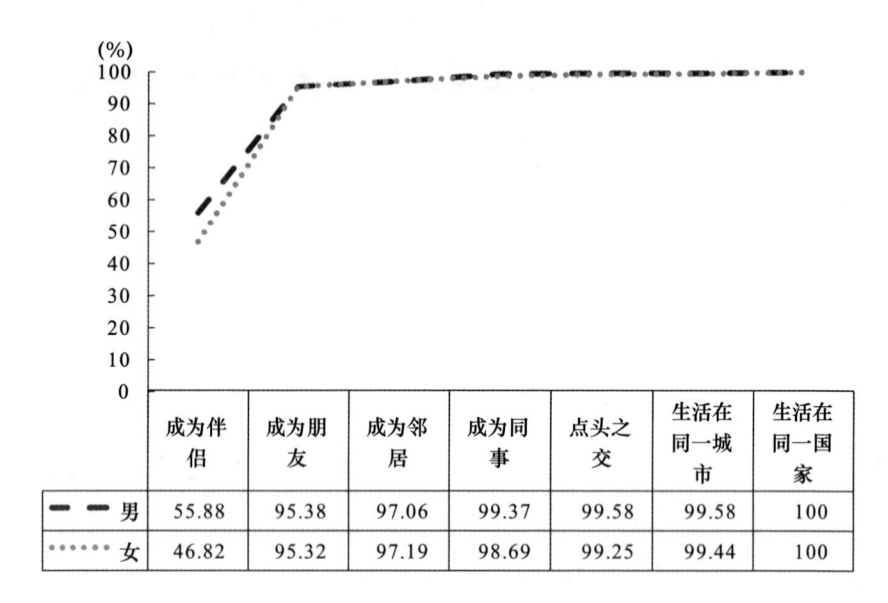

图 5–19　按性别划分的泰国中资企业员工与中国民众的社会距离分布（N=1010）

	成为伴侣	成为朋友	成为邻居	成为同事	点头之交	生活在同一城市	生活在同一国家
泰族	50.87	95.4	97.24	99.08	99.49	99.59	100
其他	59.38	93.75	93.75	96.88	96.88	96.88	100

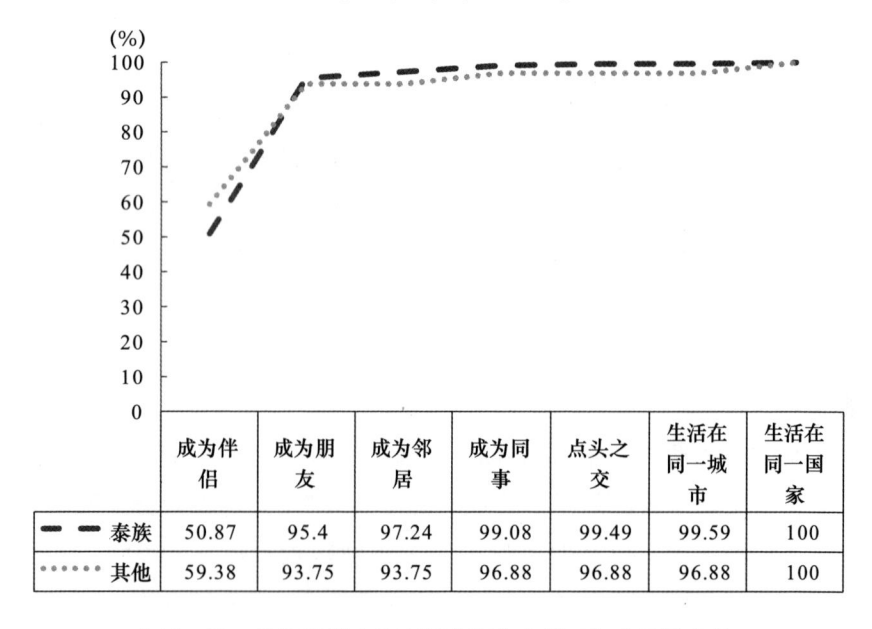

图 5–20　按族群划分的泰国中资企业员工与中国民众的社会距离分布（N=1011）

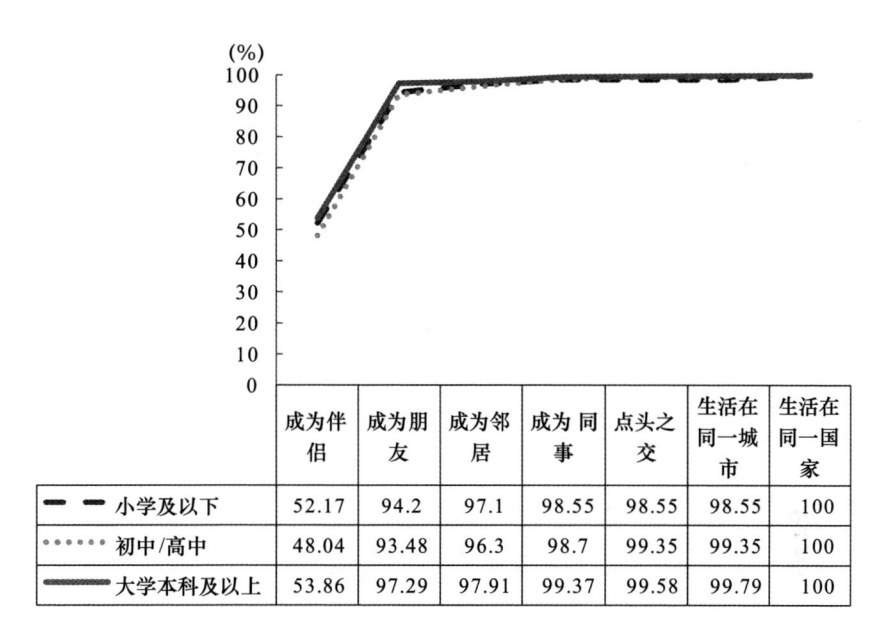

第五章 中国与泰国民心相通现状研究

	成为伴侣	成为朋友	成为邻居	成为同事	点头之交	生活在同一城市	生活在同一国家
小学及以下	52.17	94.2	97.1	98.55	98.55	98.55	100
初中/高中	48.04	93.48	96.3	98.7	99.35	99.35	100
大学本科及以上	53.86	97.29	97.91	99.37	99.58	99.79	100

图5-21 按受教育程度划分的泰国中资企业员工与中国民众的社会距离分布（N=1008）

从受教育程度来看（见图5-21），在1008个调查样本中，有五成（52.17%）小学及以下的员工愿意同中国人结成伴侣，不足五成（48.04%）的初中/高中员工表示愿意，而大学本科及以上的员工则有超过五成（53.86%）愿意与中国人成为伴侣。可见在亲近社会关系的结成上，大学本科及以上员工显示出较高意愿，而初中/高中员工意愿较低。在其余的由近至远的社会距离类型上，三类员工均表现出很高的意愿倾向，且占比基本保持随受教育程度升高而增加的趋势。

最后，从入职时长来看（见图5-22），如图不同入职时间员工与中国人之间的社会距离差异并不明显。有远超五成（55.59%）入职一年及以下的员工愿意与中国人结成伴侣，略超五成（51.33%）入职一年至三年的员工和不到五成（48.31%）入职三年以上的员工也表示愿意，此项差距较明显。在其余的选项中，三类员工的社交距离数据情况基本一致，占比均在95%以上。

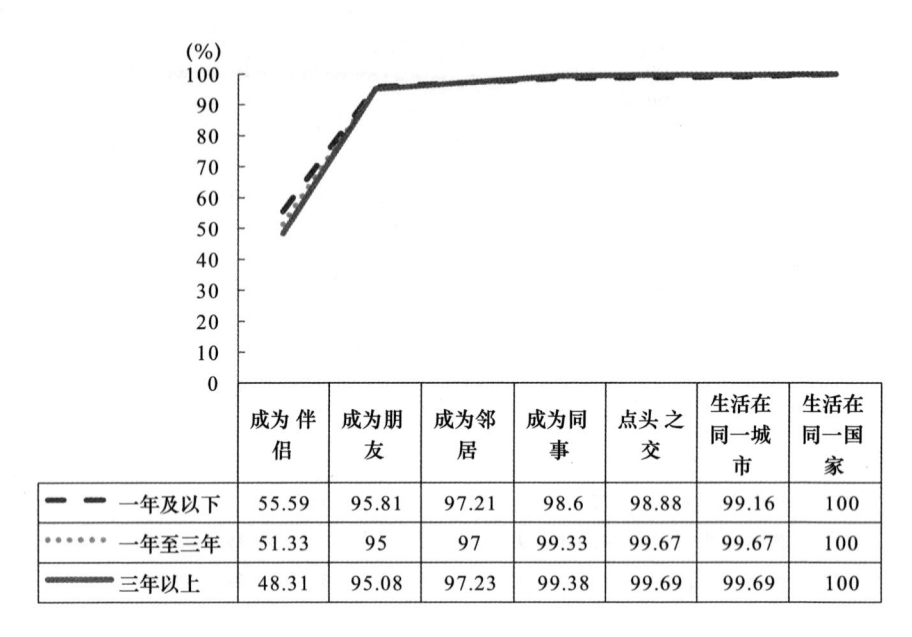

	成为伴侣	成为朋友	成为邻居	成为同事	点头之交	生活在同一城市	生活在同一国家
一年及以下	55.59	95.81	97.21	98.6	98.88	99.16	100
一年至三年	51.33	95	97	99.33	99.67	99.67	100
三年以上	48.31	95.08	97.23	99.38	99.69	99.69	100

图5-22 按入职时长划分的泰国中资企业员工与中国民众的社会距离分布（N=983）

二 泰国中资企业员工对中国企业的评价

泰国中资企业员工对企业的评价状况主要从中资企业对于泰国本地的风俗习惯和员工个人宗教信仰的尊重程度，及中资企业的作息时间安排以及中资企业内部中外员工晋升制度的一致性四个方面来测量。

从表5-4可看出总体上员工对中国企业的评价较高。具体来看，员工在尊重本地风俗习惯和宗教信仰上有较高的认同度，对企业作息时间安排基本认同，但在关于中外员工晋升一致性的问题上认同度较低。将"完全同意"和"基本同意"合并为"同意"项，合并"不同意"和"完全不同意"为"不同意"项统计可知，本企业尊重本地风俗习惯的同意项占比超过七成（72.74%）；同意企业尊重个人宗教信仰占比最高，达75.74%。员工对喜欢本企业作息时间安排，持同意态度的占比超过六成（67.13%），不同意占比为13.71%。最后，在中外员工晋升制度一致方面，仅有四成多（48.70%）的员工表示同意，表达不同意的远超二成（26.61%）。

表5-4　　　中资企业员工对中国企业评价的频率分布　　（单位:%）

	本企业尊重本地风俗习惯	本企业尊重员工的宗教信仰	喜欢本企业的作息时间规定	中外员工晋升制度一致
完全不同意	2.2	1.52	3.18	4.17
不同意	7.01	4.47	10.53	22.44
一般	18.04	18.27	19.17	24.69
基本同意	56.51	59.9	53.53	41.15
完全同意	16.23	15.84	13.6	7.55

注：N = 1007。

下面首先聚焦到泰国中资企业员工对企业是否尊重本地风俗习惯的议题，从性别、族群、收入、受教育程度、入职时长和是否为管理人员多维展现员工内部的差异情况。

如图5-23所示，男性员工对于本企业尊重本地风俗习惯的态度上，有超过五成（56.57%）的员工表示"基本同意"，有超过一成（16.10%）的员工表达了"完全同意"的态度，"不同意"和"完全不同意"企业尊重本地风俗习惯的占比不足一成。观测图5-24，相比之下，女性员工有超过五成（56.37%）的员工表示"基本同意"，也有超过一成（16.38%）的员工表达了"完全同意"的态度，表达"不同意"或"完全不同意"的女性员工同样不足一成。由此可见，两性对于企业在尊重当地风俗习惯上的态度占比趋于一致。

从族群划分来看（见表5-5），在998个有效样本中，泰族员工有超过五成（56.45%）表达了"基本同意"的态度，有超过一成（16.1%）的员工"完全同意"，而"完全不同意"和"不同意"的占比分别是2.27%和6.91%。其他族群的员工有也有超过五成（58.62%）表达了"基本同意"的态度，有两成（20.69%）表达了

· 241 ·

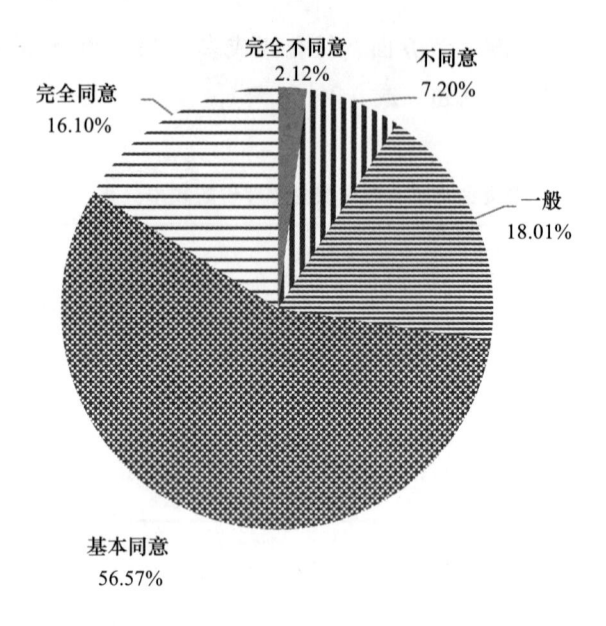

图 5-23　男性是否同意"本企业尊重本地风俗习惯"（N=472）

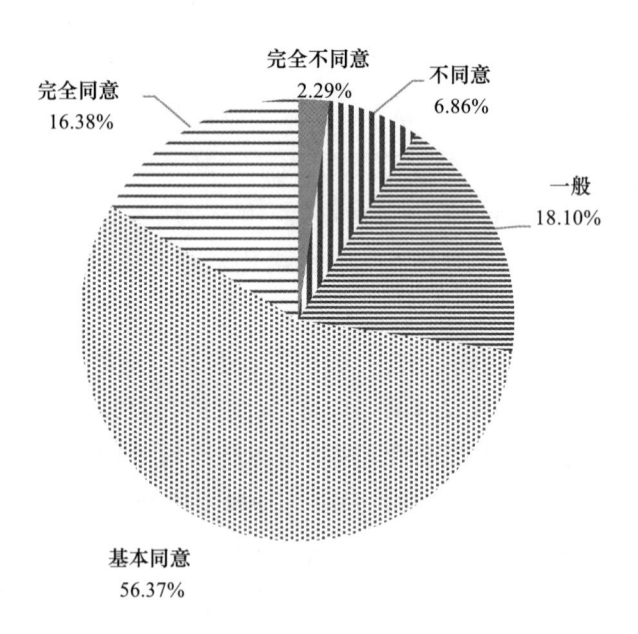

图 5-24　女性是否同意"本企业尊重本地风俗习惯"（N=525）

第五章 中国与泰国民心相通现状研究

"完全同意"的态度，两项占比均高于泰族；而选择"完全不同意"和"不同意"的其他族群员工占比分别是0%和10.34%。相比之下，其他族群员工对企业尊重当地风俗习惯的认同度高于泰族，极端负面评价较少。

表5-5　按族群划分的是否同意"本企业尊重本地风俗习惯"（单位:%）

族群	完全不同意	不同意	一般	基本同意	完全同意	合计
泰族	2.27	6.91	18.27	56.45	16.1	100
其他	0	10.34	10.34	58.62	20.69	100

注：N=998。

如图5-25所示，各个收入区间员工对企业尊重当地风俗习惯的评价集中于"基本同意"上。合计"完全同意"和"基本同意"发现，收入在449美元及以下的员工，占比接近八成（79.69%），高于收入在450—749美元员工（70.59%）和收入在750美元及以上员工（70.1%）。同时，加总"完全不同意"和"不同意"得到，收入在450—749美元的员工比重最大，为一成（10.36%）。总结下来，收入在449美元及以下的员工整体对企业尊重当地风俗习惯的认可度更高，相比之下收入在450—749美元的员工的认可度则有所下降，收入在750美元及以上的员工对此判断更多元。

图5-26显示，相较于其他受教育程度员工，小学及以下受教育程度的员工表现出程度更深的认可，且随着受教育程度的增加，员工对于企业的评价出现内部分化趋势。在995个有效样本中，小学及以下受教育程度的员工选择"基本同意"和"完全同意"的合计超过八成（83.34%），集中趋势明显；初中/高中受教育程度员工选择"基本同意"和"完全同意"总计远超七成（76.82%），但相比小学及以下受教育程度员工认可度下降。受教育程度是大学本科及以上的员工选择了"基本同意"和"完全同意"选项仅有六成（67.23%），

中国与湄公河五国民心相通研究

	完全不同意	不同意	一般	基本同意	完全同意
449美元及以下	1.53	5.75	13.03	62.07	17.62
450—749美元	1.68	8.68	19.05	56.58	14.01
750美元及以上	3.54	6.11	20.26	51.77	18.33

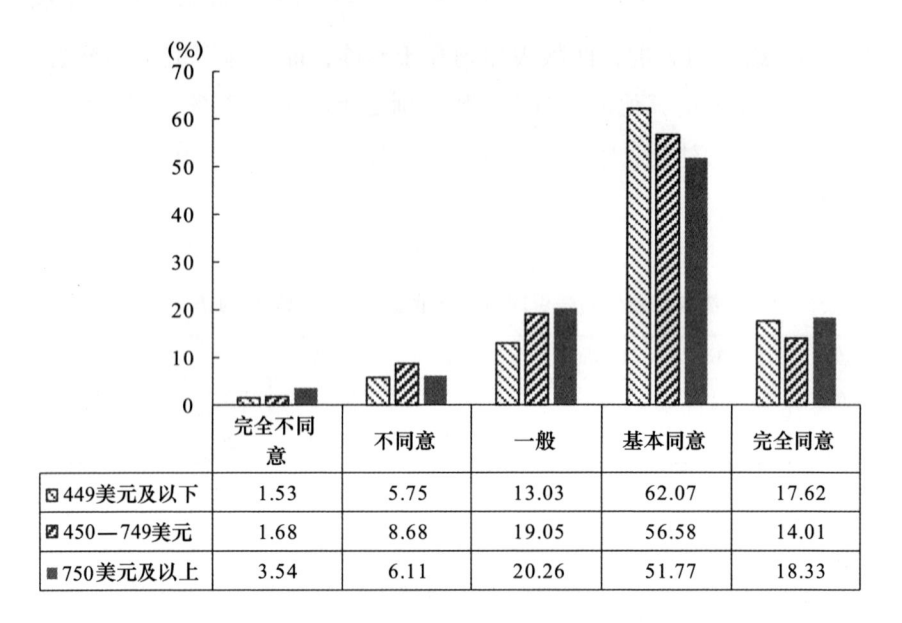

图 5-25　按收入划分的是否同意"本企业尊重本地风俗习惯"（N=929）

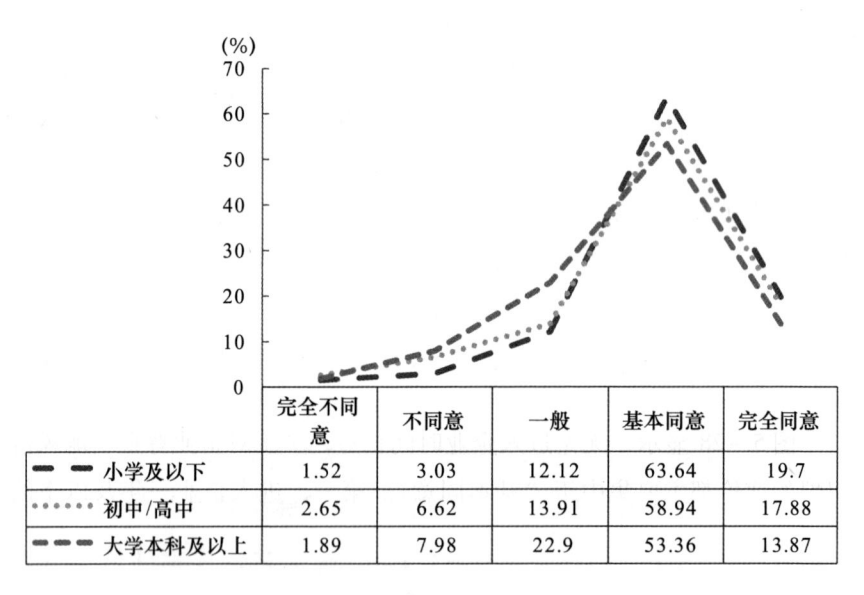

	完全不同意	不同意	一般	基本同意	完全同意
小学及以下	1.52	3.03	12.12	63.64	19.7
初中/高中	2.65	6.62	13.91	58.94	17.88
大学本科及以上	1.89	7.98	22.9	53.36	13.87

图 5-26　按受教育程度划分的是否同意"本企业尊重本地风俗习惯"分布（N=995）

两成多（22.9%）员工选择"一般"。

如图5-27所示，有超过五成（56.47%）非管理人员"基本同意"本企业尊重本地风俗习惯的说法，表达"完全同意"的占比为16%，选择"不同意"和"完全不同意"的占比总和接近一成（9.89%）。相比之下，管理人员选择"基本同意"和"完全同意"合计占比（74.15%）略高于非管理人员，而选择"不同意"和"完全不同意"占比总和（5.44%）比非管理人员少约4个百分点。由此可知，管理人员显示出对企业尊重当地风俗习惯的较高认可，而持负面态度的非管理人员相对较多。

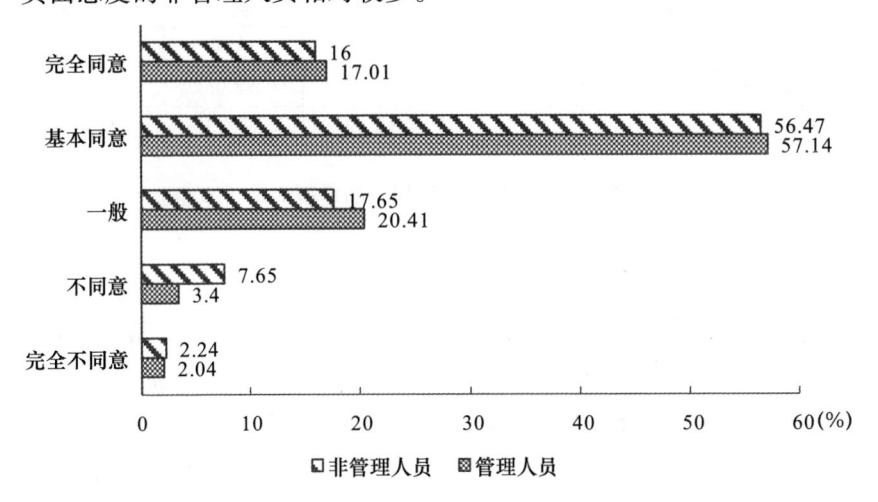

图5-27 按是否管理人员划分的是否同意"本企业尊重本地风俗习惯"分布（N=997）

图5-28显示，无论进入企业时间长短，员工对企业尊重当地风俗习惯的评价都主要集中于"基本同意"。第一，进入企业一年及以下的员工有超过五成（57.95%）选择了"基本同意"的态度选项，选择"完全同意"的员工有一成（17.33%），是该选项占比最高的员工类型，选择"完全不同意"和"不同意"的合计占比不足一成（6.25%），由此可以看出进入企业一年及以下的员工对企业认可度高。

· 245 ·

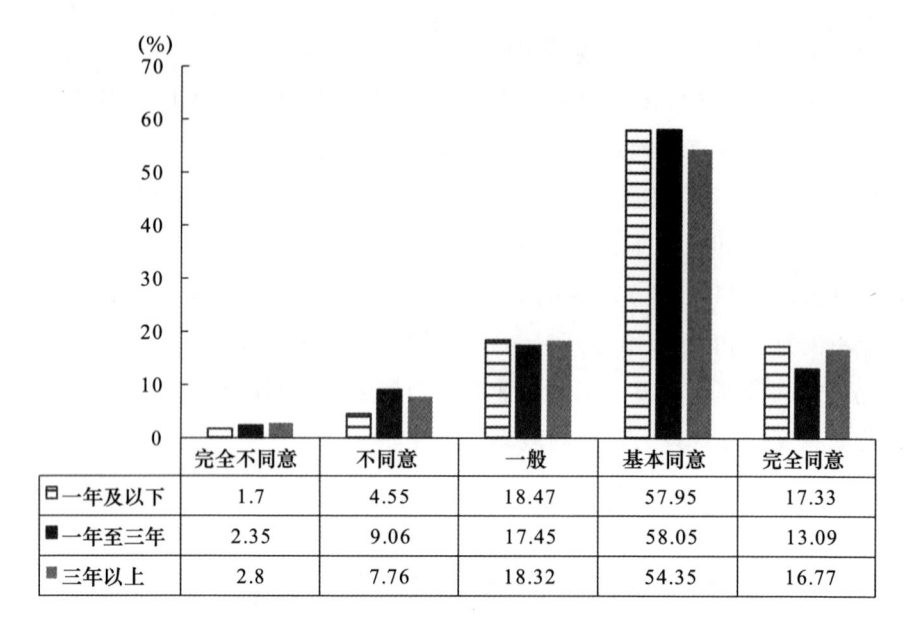

	完全不同意	不同意	一般	基本同意	完全同意
一年及以下	1.7	4.55	18.47	57.95	17.33
一年至三年	2.35	9.06	17.45	58.05	13.09
三年以上	2.8	7.76	18.32	54.35	16.77

图5-28 按进入中资企业时间划分的是否同意"本企业尊重本地风俗习惯"（N=972）

第二，进入企业一年至三年的员工选择"基本同意"和"完全同意"加总比例为71.14%，选择"不同意"和"完全不同意"的占比合计约为一成（11.41%）。第三，进入企业三年以上的员工有五成（54.35%）选择"基本同意"，16.77%员工选择"完全同意"，另有接近两成（18.32%）员工认为"一般"，"不同意"和"完全不同意"占比合计10.56%，与其他两类群体相比，各选项分布较为分散。

企业对员工个人宗教信仰的尊重是评判员工对企业评价的第二个考察议题，通过性别、族群、收入、受教育程度、是否为管理人员和进入企业的时间长短为划分标准进行探究。

首先从性别划分的角度来看（见图5-29），男女员工都对企业在尊重个人宗教信仰上持认可的态度，但男性较女性略高。合并"基本同意"和"完全同意"选项，女性员工占比（74.48%）略低于男性员工（77.1%）。而有接近两成（19.77%）女性员工选择"一般",比男性该项占比(16.33%)高约3个百分点。另外,女性员工"不同意"和"完全不同意"的占比合计为5.76%,低于男性员工合计占比(6.26%)。

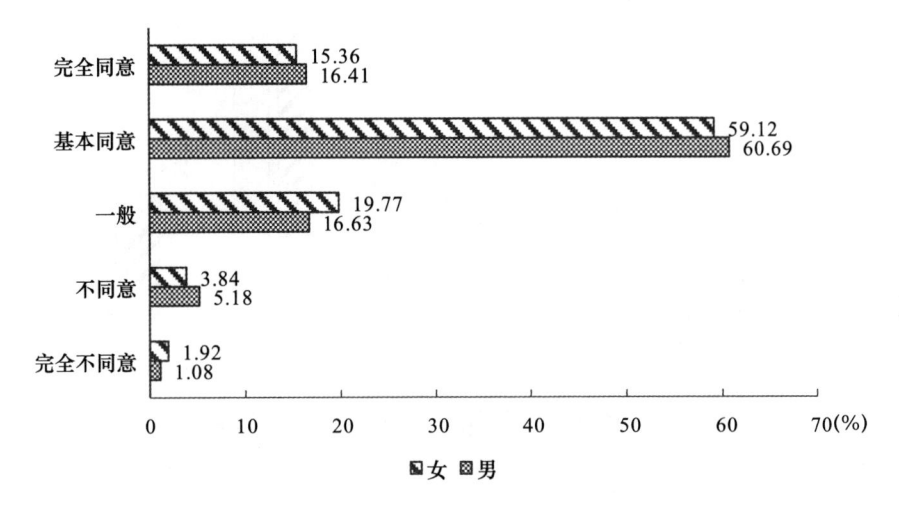

```
完全同意   15.36
           16.41
基本同意   59.12
           60.69
一般       19.77
           16.63
不同意      3.84
           5.18
完全不同意  1.92
           1.08
           0    10   20   30   40   50   60   70(%)
                      女   男
```

图 5-29 按性别划分中资企业员工是否同意"本企业尊重员工的宗教信仰"的分布(N=984)

从族群划分的角度看(见图 5-30),无论是泰族还是其他族群,对"本企业尊重员工的宗教信仰"这一说法的态度集中在"基本同意"选项,但其他族群认同程度略高。泰族员工选择"基本同意"和"完全同意"占比合计达75.75%;其他族群员工为75%,两类员工占比接近。但在"完全同意"一项,泰族员工(15.67%)比例较其他族群员工(21.43%)低出约6个百分点。

如图 5-31 所示,各个收入区间的员工总体上对该说法的认同度较高。详细来看,首先,收入在449美元及以下的员工选择"基本同意"(64.84%)和"完全同意"(15.23%)的合计占比超过八成,而无人选择"完全不同意",表现出较高的认同度。其次,收入在450—749美元员工分别有接近六成(59.66%)和远超一成(14.01%)员工选

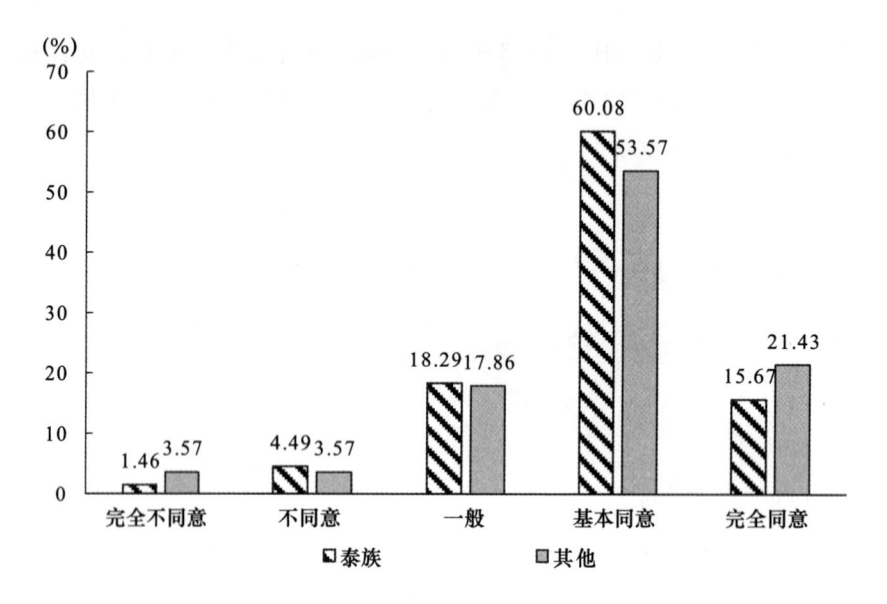

图 5-30　按族群划分的是否同意"本企业尊重员工的宗教信仰"（N=985）

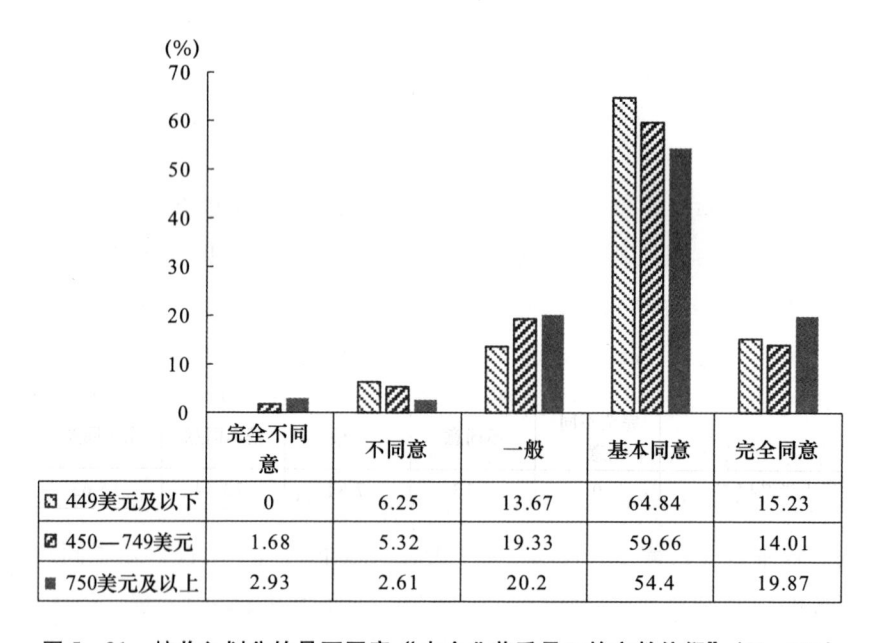

图 5-31　按收入划分的是否同意"本企业尊重员工的宗教信仰"（N=920）

	完全不同意	不同意	一般	基本同意	完全同意
449美元及以下	0	6.25	13.67	64.84	15.23
450—749美元	1.68	5.32	19.33	59.66	14.01
750美元及以上	2.93	2.61	20.2	54.4	19.87

择"基本同意"和"完全同意"。最后，收入在750美元及以上的员工有五成（54.4%）选择"基本同意"，接近两成（19.87%）选择"完全同意"，比例相对较高。

由图5-32可见，在982个有效样本中，各个受教育程度员工的态度分布呈现出总体上的一致性。具体来看，首先，持"基本同意"态度的占比随着受教育程度的提高而下降。小学及以下员工的占比超七成（73.44%），初中/高中受教育程度的员工为六成（62.86%），大学本科及以上的员工为五成（55.41%）。但在"完全同意"选项上各个教育背景的员工占比相近。可特别关注的是，小学及以下受教育程度的员工没有选择"完全不同意"的样本，相比于其他两个类型员工表现出更偏向于正面评价的态度。大学本科及以上的员工有两成多（22.93%）表达了"一般"的态度，是该选项中占比最高的员工类型。

	完全不同意	不同意	一般	基本同意	完全同意
小学及以下	0	3.13	7.81	73.44	15.63
初中/高中	1.79	4.7	14.99	62.86	15.66
大学本科及以上	1.49	4.46	22.93	55.41	15.71

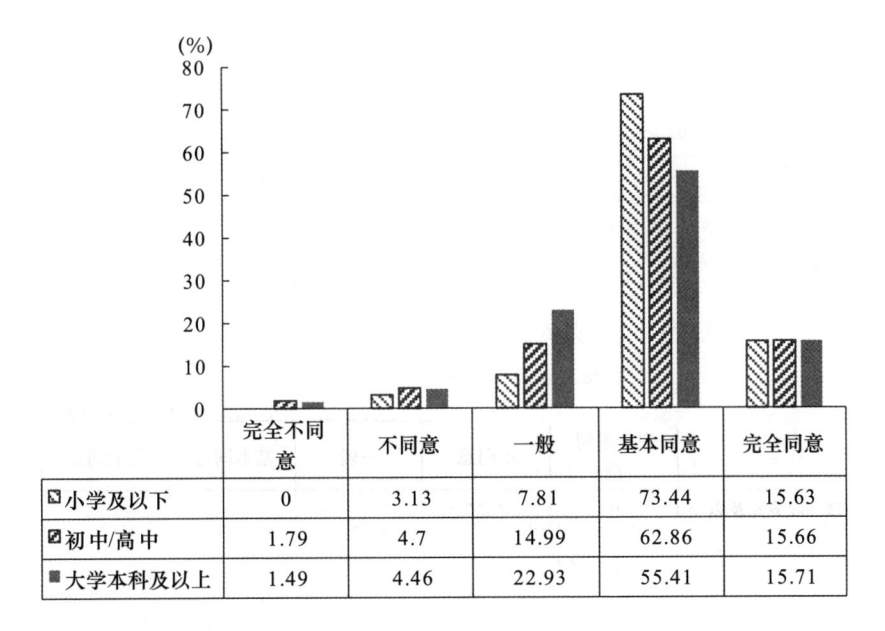

图5-32 按受教育程度划分的是否同意"本企业尊重员工的宗教信仰"分布（N=982）

从是否是管理人员的划分来看（见图 5-33），在 985 个有效样本中，管理人员选择"基本同意"和"完全同意"合计接近八成（77.93%）；非管理人员合计占比超过七成（75.36%）。另外，管理人员选择"完全不同意"和"不同意"合计仅有 2.07%，相比之下非管理人员选择以上两选项总计占到 6.67%。可见，管理人员比较非管理人员显示出更强烈的认同倾向。

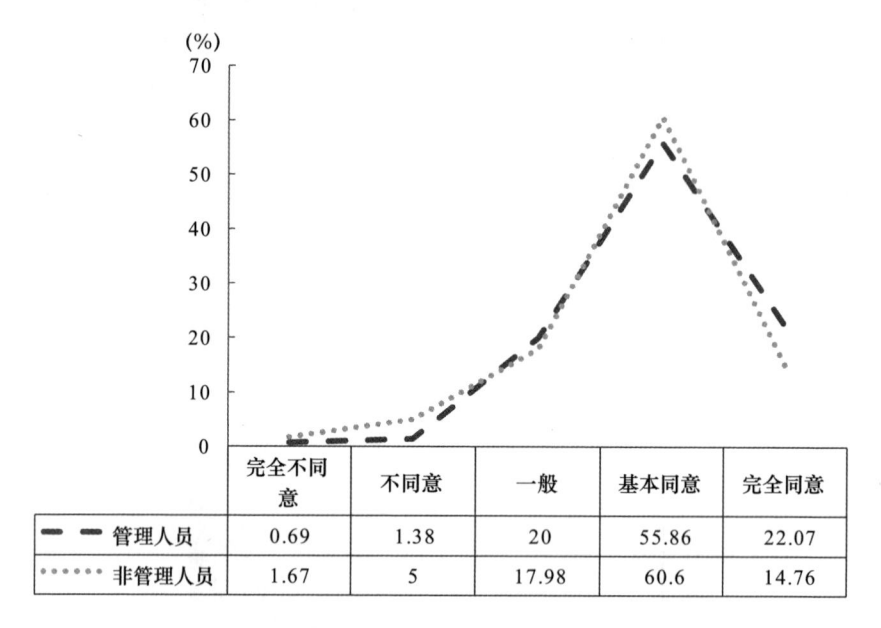

	完全不同意	不同意	一般	基本同意	完全同意
― ― 管理人员	0.69	1.38	20	55.86	22.07
……… 非管理人员	1.67	5	17.98	60.6	14.76

图 5-33　按是否管理人员划分的是否同意"本企业尊重员工的宗教信仰"分布（N=985）

图 5-34 所示，在 960 个有效样本中，总体上各类员工对企业给予了较高的评价，但从细节来看三类员工仍然有局部的差异。一方面，分别有约六成（60.35%）进入企业一年及以下的员工、超六成（61.49%）进入企业一年至三年的员工及超过五成（57.94%）的三年以上的员工表达了对企业尊重个人信仰"基本同意"的态度。另一方面，进入企业一年及以下的员工有超过一成

(17.49%)的人选择"完全同意"的选项,在三类员工中有更高的评价。此外,进入企业一年至三年的员工选择"完全不同意"、"不同意"和"基本同意"占比最高,显示出相对较低的评价倾向。

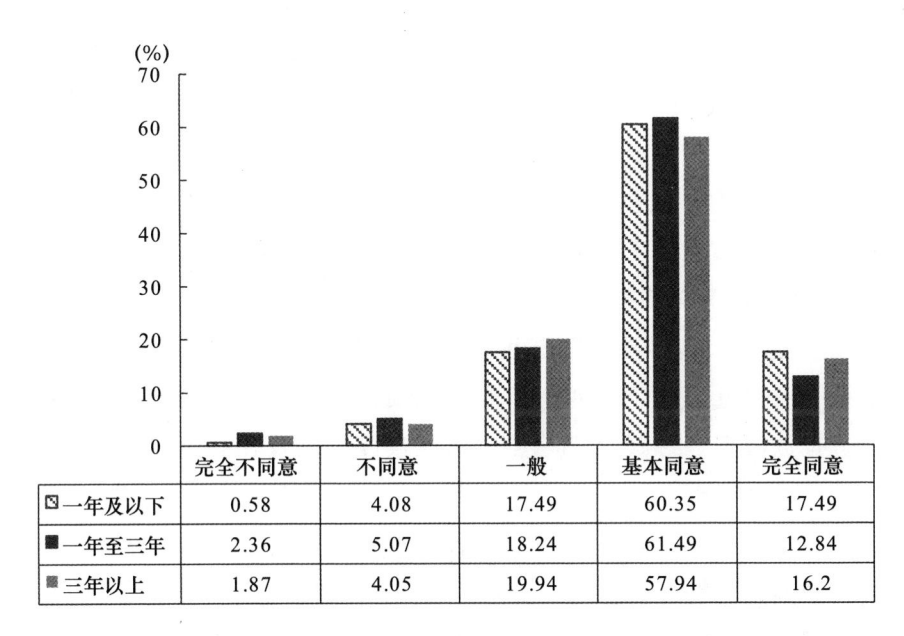

	完全不同意	不同意	一般	基本同意	完全同意
一年及以下	0.58	4.08	17.49	60.35	17.49
一年至三年	2.36	5.07	18.24	61.49	12.84
三年以上	1.87	4.05	19.94	57.94	16.2

图 5-34 按进入中资企业时间划分的是否同意"本企业尊重员工的宗教信仰"分布(N=960)

第三个将展现的议题为员工是否同意"喜欢本企业作息时间规定",同样从性别、族群等多个角度对此议题进行了分析。

首先从性别划分来看(见表5-6),有远超五成(57.77%)的男性员工和接近五成(49.81%)的女性员工选择了"基本同意",选择"完全同意"的男女员工非常接近。由此可见,员工总体上对企业的作息时间安排持正面的态度,但相比之下,女性对企业的作息时间喜爱度不如男性,这一点从选择"不同意"和"完全不同意"的女性占比均高于男性也能看出。

表5-6 按性别划分的是否同意"喜欢本企业作息时间规定"分布

（单位:%）

性别	完全不同意	不同意	一般	基本同意	完全同意
男	1.89	9.66	17.23	57.77	13.45
女	4.34	11.32	20.75	49.81	13.77

注：N=1006。

再从族群划分角度来看（见图5-35），总体上，各族员工的态度分布主要集中于"基本同意"，而泰族员工内部出现分化的趋势。有超五成（53.03%）的泰族员工和近七成（68.75%）的其他族群员工表达了"基本同意"态度，其他族群对该提法的认同度更高。另外，有接近两成（19.49%）的泰族员工选择了"一般"选项，相比其他族群高出约10个百分点，可见泰族员工较其他族群员工持中立态度的占比更多。而在"不同意"一项上，有一成（10.67%）的泰族员工和不足一成（6.25%）的其他族群员工选择，泰族员工持有的负面态度更为明显。

由图5-36显示，受教育程度更高的员工更倾向于对企业作出中立评价，而受教育程度较低的员工情感倾向更明显。小学及以下受教育程度的员工有接近七成（69.12%）表达了"基本同意"的态度，初中/高中受教育程度员工占比为接近六成（58.08%），大学本科及以上员工比重为46.86%。与此同时，三类员工选择"完全同意"的占比相差无几，可以看出随着受教育程度的提高，员工对喜爱本企业作息时间安排的认同度下降，对时间规定的态度越负面。

如图5-37所示，首先，收入在449美元及以下的员工主要集中选择"基本同意"（63.3%），仅有12.73%员工选择"不同意"和"完全不同意"。其次，收入在450—749美元的员工有五成（52.23%）选择"基本同意"，一成（11.45%）选择"完全同意"，总体上对企业作息时间持认同的态度；但该收入区间的员工选择"不

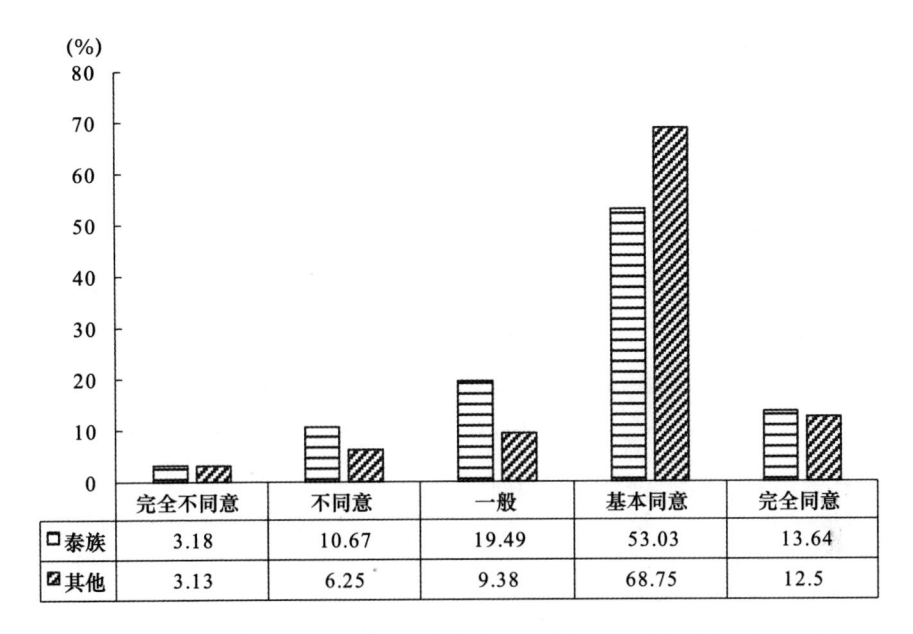

第五章 中国与泰国民心相通现状研究

	完全不同意	不同意	一般	基本同意	完全同意
泰族	3.18	10.67	19.49	53.03	13.64
其他	3.13	6.25	9.38	68.75	12.5

图 5-35 按族群划分的是否同意"喜欢本企业作息时间规定"（N=1007）

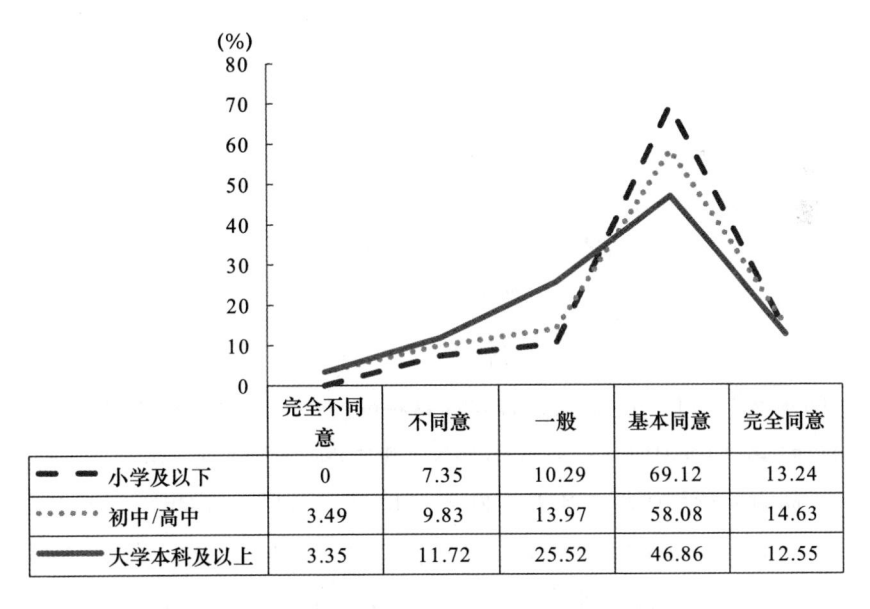

	完全不同意	不同意	一般	基本同意	完全同意
— — 小学及以下	0	7.35	10.29	69.12	13.24
······ 初中/高中	3.49	9.83	13.97	58.08	14.63
—— 大学本科及以上	3.35	11.72	25.52	46.86	12.55

图 5-36 按受教育程度划分的是否同意"喜欢本企业作息时间规定"（N=1004）

中国与湄公河五国民心相通研究

	完全不同意	不同意	一般	基本同意	完全同意
449美元及以下	1.87	10.86	11.24	63.3	12.73
450—749美元	5.87	9.22	21.23	52.23	11.45
750美元及以上	1.91	11.78	23.57	45.54	17.2

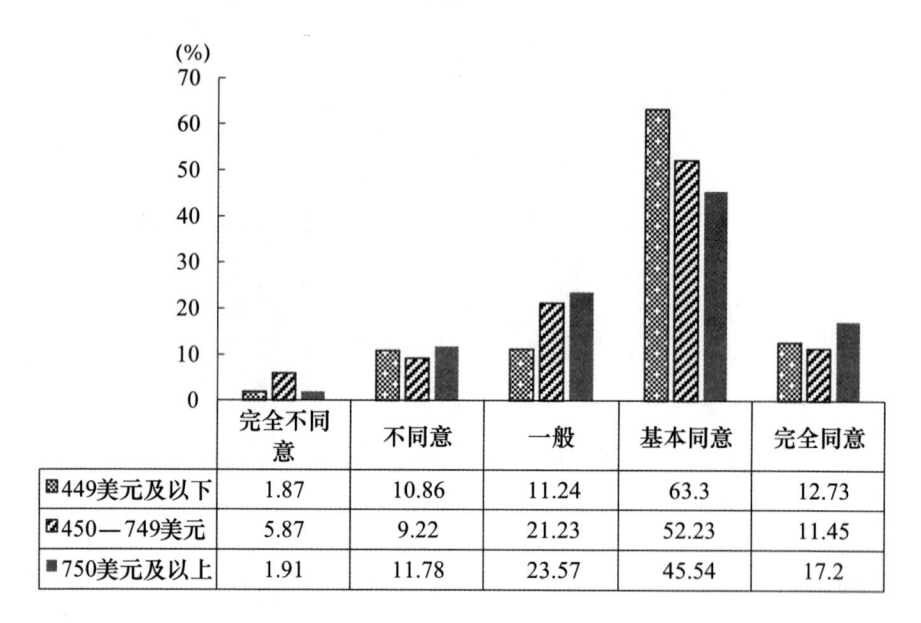

图 5-37 按收入划分的是否同意"喜欢本企业作息时间规定"（N=939）

同意"与"完全不同意"合计占比（15.09%）相比其他两类员工更高。最后，收入在750美元及以上的员工有超过四成（45.54%）持"基本同意"态度，超过一成（17.2%）表示"完全同意"，相较于其他两类员工同意度更高。

对比图 5-38 和图 5-39 可知，一方面，合并"基本同意"和"完全同意"两项发现，管理人员的比重为六成（63.7%），而非管理人员占比也超过六成（67.67%），非管理人员对企业作息时间持认同态度的占比稍高。另一方面，选择"一般"的非管理人员占比超过一成（18.26%），不及管理人员超两成（24.66%）占比。

最后，按员工进入中资企业时间的划分来看（见图 5-40），三类入职时长的员工均有超过五成员工表示"基本同意"，也均有超过一成员工表示"完全同意"。其中，工作三年以上员工分别有超过五成（56.21%）和一成（13.35%）选择"基本同意"和"完全同意"，较其他两类员工有稍高的认同度。

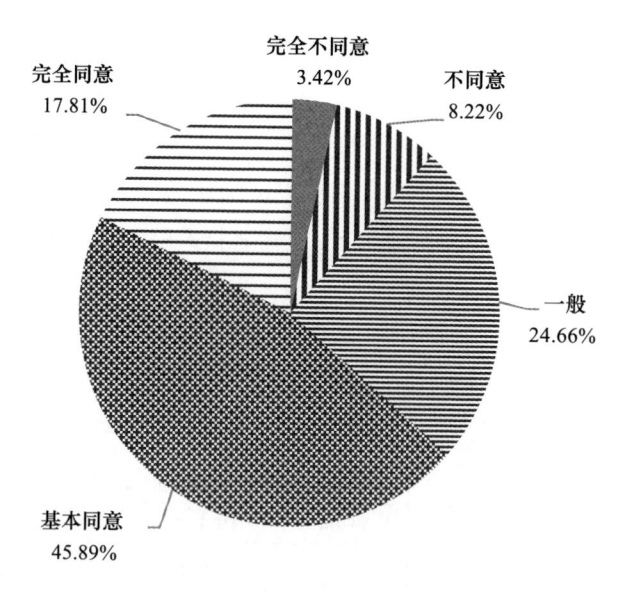

第五章　中国与泰国民心相通现状研究

图 5-38　管理人员是否同意"喜欢本企业作息时间规定"（N=146）

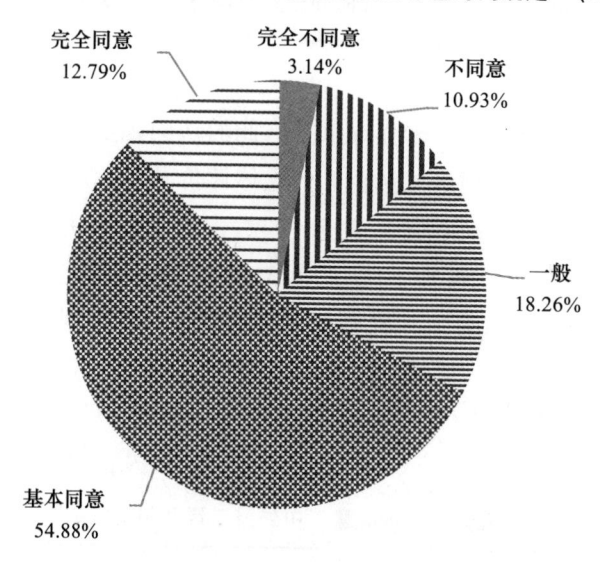

图 5-39　非管理人员是否同意"喜欢本企业作息时间规定"（N=860）

员工在企业中的晋升机会是影响企业评价的重要部分，这一部分在问卷里体现为"是否同意中外员工晋升制度一致"的问题设置，

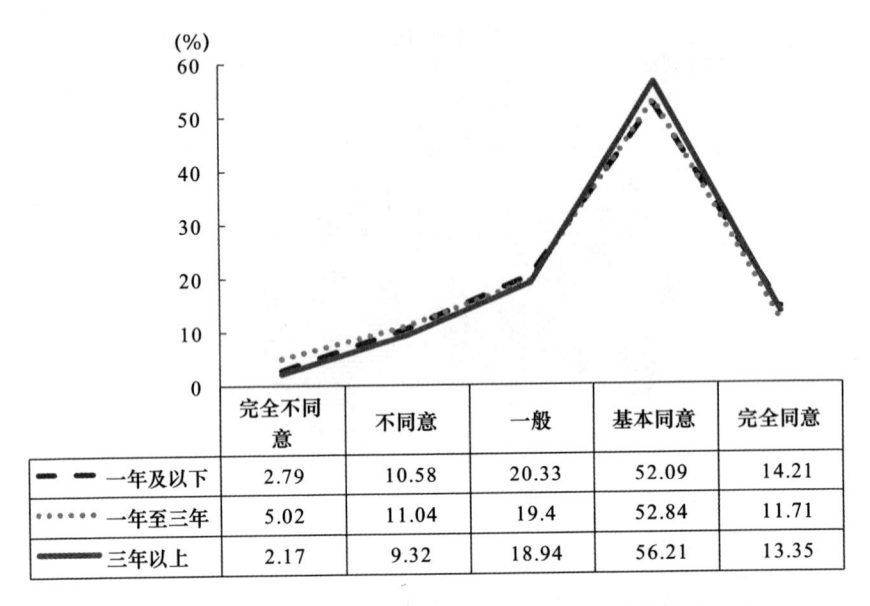

	完全不同意	不同意	一般	基本同意	完全同意
一年及以下	2.79	10.58	20.33	52.09	14.21
一年至三年	5.02	11.04	19.4	52.84	11.71
三年以上	2.17	9.32	18.94	56.21	13.35

图 5-40　按进入中资企业时间划分的是否同意"喜欢本企业作息时间规定"（N=980）

通过五个级别的态度选项来探寻员工对此的认同程度，进而通过多个分析角度更细致地展现员工对企业的立体评价及影响因素。

首先从性别角度来看（见表 5-7），一方面，合并"基本同意"和"完全同意"后，男性员工（51.31%）高出女性员工合计占比（46.35%）近 5 个百分点。可见女性员工对中外晋升制度的认可度更低。另一方面，合并"完全不同意"和"不同意"选项也能看出，女员工占比达 27.9%，高于男性占比（25.18%）。

表 5-7　按性别划分的是否同意"中外员工晋升制度一致"　（单位:%）

性别	完全不同意	不同意	一般	基本同意	完全同意
男	3.8	21.38	23.52	43.23	8.08
女	4.51	23.39	25.75	39.27	7.08

注：N=887。

如图 5-41 所示，在 887 个有效样本中，其他族群员工对中外员工晋升制度一致性的认可度比泰族员工更高。泰族员工中，有四成（40.74%）持"基本同意"态度，有 7.18% 的员工选择了"完全同意"选项，仅 4.05% 泰族员工选择"完全不同意"。其他族群的员工有超过五成（56.52%）的表示"基本同意"，两成多（21.74%）选择"完全同意"，其余选项占比均不足一成，尤其是选择"一般"的占比仅有 4.35%。

	完全不同意	不同意	一般	基本同意	完全同意
泰族	4.05	22.8	25.23	40.74	7.18
其他	8.7	8.7	4.35	56.52	21.74

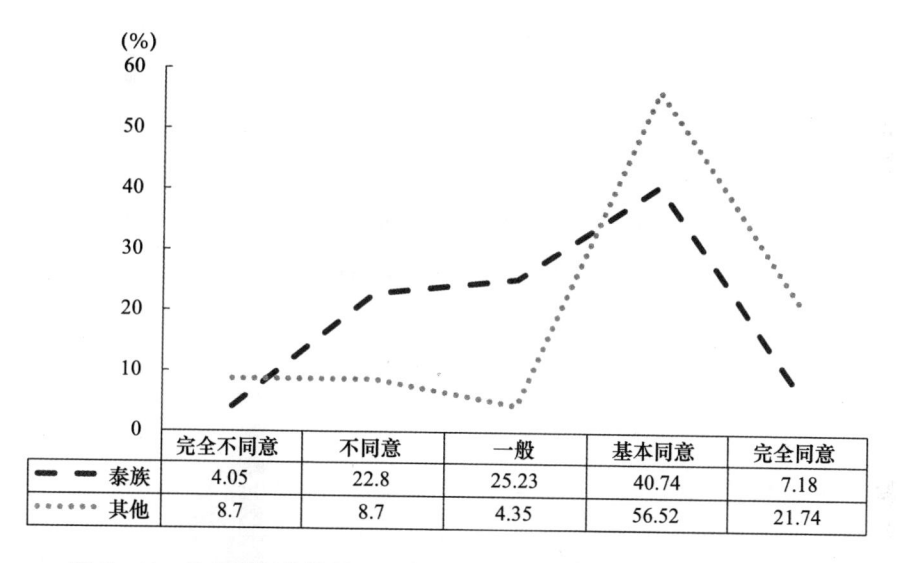

图 5-41 按族群划分的是否同意"中外员工晋升制度一致"（N=887）

另从受教育程度来看（如图 5-42），受教育程度越低，对中外员工晋升制度一致性的认同度越高。首先，小学及以下的员工表达"基本同意"和"完全同意"态度合计占比最高，远超过七成（75%），初中/高中受教育程度员工合计占比为五成多（57.07%）。相比之下，大学本科及以上的员工合计占比不足四成（37.08%）。

由图 5-43 发现，收入越高，员工对中外员工晋升制度一致性的认可度反而越低。在 838 个有效样本中，收入在 449 美元及以下的员工有五成（51.74%）"基本同意"，不到一成员工（9.57%）"完全

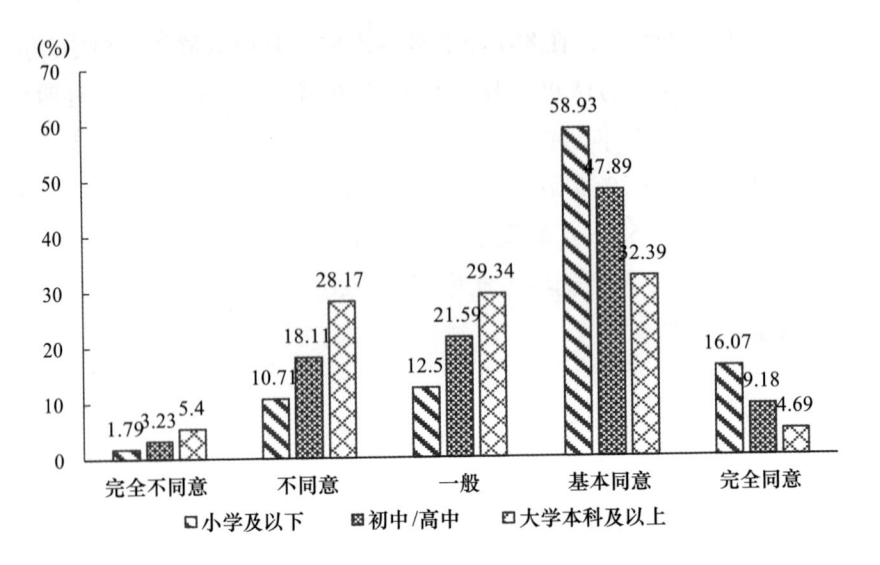

图 5-42 按受教育程度划分的是否同意"中外员工晋升制度一致"（N=885）

	完全不同意	不同意	一般	基本同意	完全同意
449美元及以下	2.61	19.13	16.96	51.74	9.57
450—749美元	4.28	22.02	26.61	39.45	7.65
750美元及以上	5.69	24.2	27.76	35.23	7.12

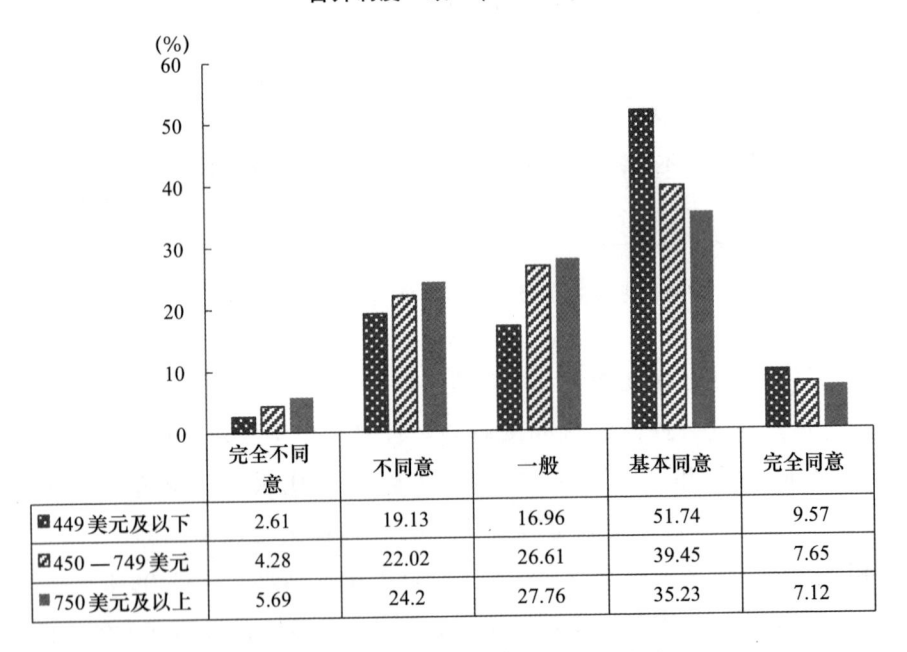

图 5-43 按收入划分的是否同意"中外员工晋升制度一致"（N=838）

同意",合计超过六成且最高;收入在450—749美元的员工的"基本同意"(39.45%)与"完全同意"(7.65%)合计占比不足半数。另外,在收入750美元及以上的员工中,选择"不同意"和"一般"选项的占比接近。

继续考察图5-44发现,在887个有效样本中,管理人员有约三成(31.54%)选择"基本同意",一成(10%)选择"完全同意",合计不足一半。而非管理人员有四成多(42.8%)选择"基本同意",不足一成(7.13%)选择"完全同意",两类员工选择"完全不同意"和"不同意"的占比接近。相比之下,非管理人员员工对晋升制度一致性的认可度稍高。

(%)	完全不同意	不同意	一般	基本同意	完全同意
是	4.62	23.08	30.77	31.54	10
否	4.1	22.32	23.65	42.8	7.13

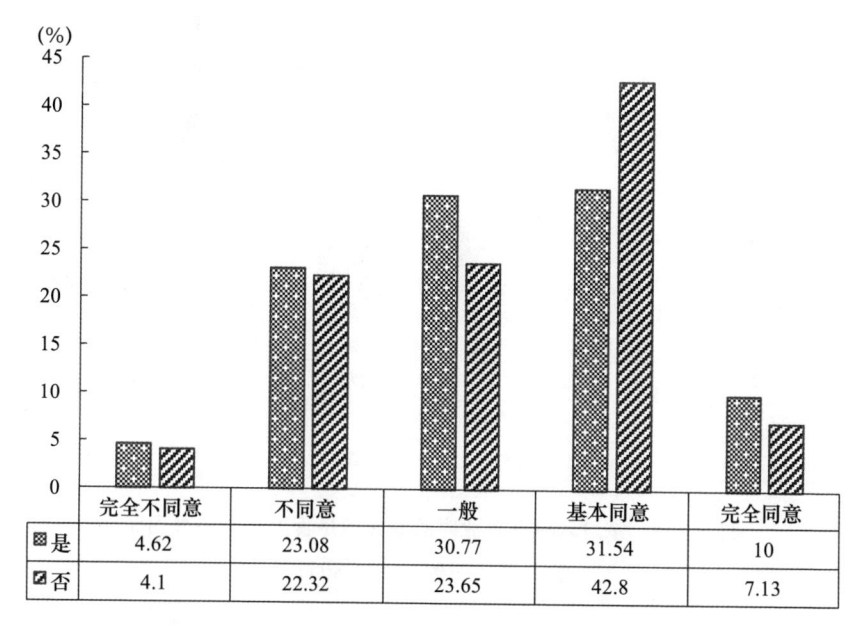

图5-44 按是否管理人员划分的是否同意"中外员工晋升制度一致"(N=887)

最后从员工进入中资企业的时间划分来看(见图5-45),进入企业一年及以下的员工有超过四成(44.33%)表示"基本同意",6.67%员工表示"完全同意",合计超过半数,认可较高。进入企业一年至三年员工超过三成（35.85%）的选择"基本同意"，但有接近一成（9.06%）的员工选择"完全同意"，合计占比略低于进入企业一年及以下的员工。进入企业三年以上的员工有四成（41.67%）选择"基本同意"，选择"完全同意"的占比是6.33%，持认同态度的不足半数；另有超过两成（25.67%）进入企业三年以上的员工表达了不同意的态度，呈现出态度两极分化的趋势，也较其他员工的同意度更低。

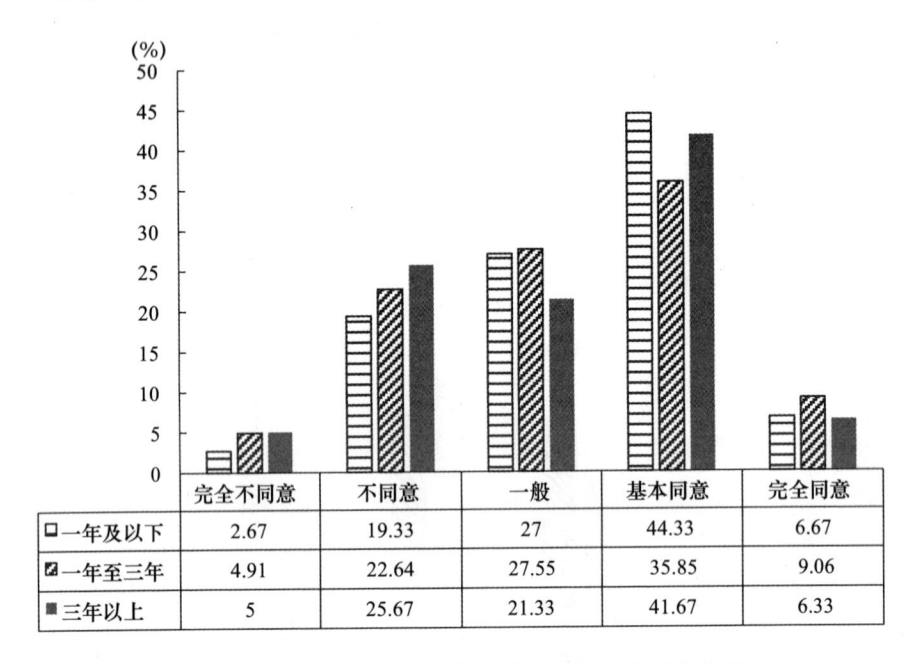

	完全不同意	不同意	一般	基本同意	完全同意
一年及以下	2.67	19.33	27	44.33	6.67
一年至三年	4.91	22.64	27.55	35.85	9.06
三年以上	5	25.67	21.33	41.67	6.33

图5-45 按进入中资企业时间划分的是否同意"中外员工晋升制度一致"（N=865）

三 泰国中资企业员工对中国影响力的评价

接下来的部分将继续通过性别、族群和受教育程度等多个角度剖析员工对中国影响力的评价状况，其中涉及中国对本国影响力大小、性质两方面内容。

从性别角度来看（见图5-46），在影响力程度上，男性员工认

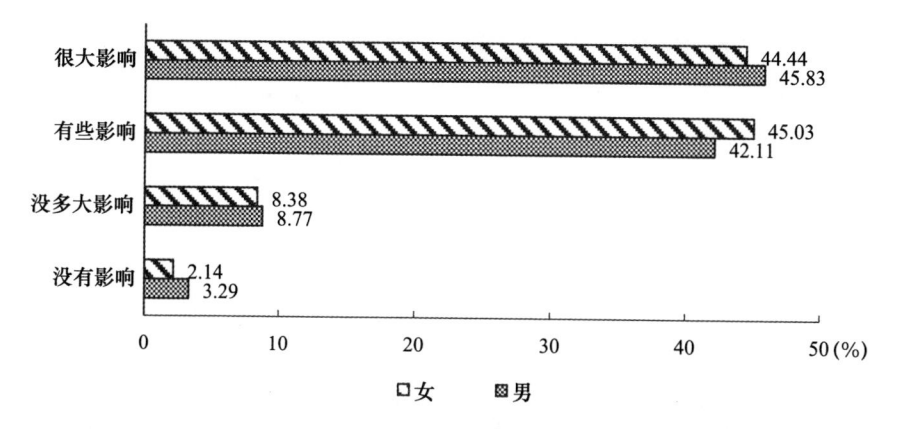

第五章 中国与泰国民心相通现状研究

图 5-46 按性别划分的认为"中国对本国影响力"大小 (N=969)

为的中国对本国影响力程度高于女性员工。超过四成（45.83%）的男性员工认为中国对本国有"很大影响"，比例较女性员工稍多；另有超过四成（45.03%）女性员工认为中国对本国"有些影响"，较男性员工占比高2.92个百分点。

图5-47显示，有超过四成（43.7%）的泰族员工认为中国对本国"有些影响"，还有四成（45.19%）则认为有"很大影响"，相比之下，其他族群的员工占比略低于泰族员工，但差距不大。

再从受教育程度来看，由图5-48可见，在967个有效样本中，各个受教育程度的员工都偏向认为中国对本国有一定程度的影响力，且受教育程度越高的员工，越倾向于认为影响力较大。详细来看，首先，受教育程度是小学及以下的员工有超五成的员工（54.24%）认为中国对本国"有些影响"，有超两成（25.42%）认为有"很大影响"，但同时该类员工亦有超过一成（15.25%）认为中国对本国"没有多大影响"，甚至认为"没有影响"的人占比达5.08%，相比其他两类员工占比均是选项内最高的。其次，受教育程度是初中/高中的员工有接近五成（48.74%）认为中国对本国"有些影响"，有远超三成（36.32%）认为有"很大影响"。最后，大学本科及以上的员工则有远超五成（55.81%）认为中国对本国有"很大影响"，

中国与湄公河五国民心相通研究

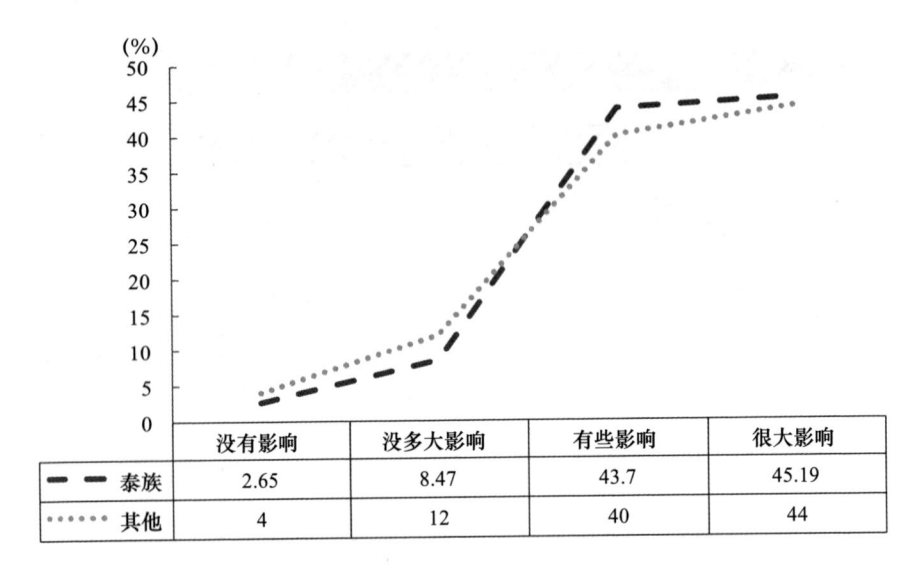

	没有影响	没多大影响	有些影响	很大影响
泰族	2.65	8.47	43.7	45.19
其他	4	12	40	44

图5-47 按族群划分的认为"中国对本国影响力"大小（N=970）

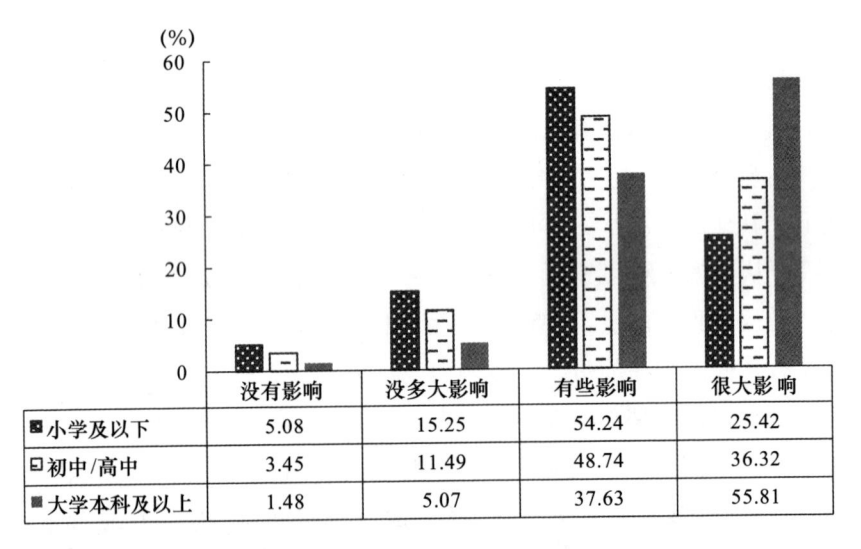

	没有影响	没多大影响	有些影响	很大影响
小学及以下	5.08	15.25	54.24	25.42
初中/高中	3.45	11.49	48.74	36.32
大学本科及以上	1.48	5.07	37.63	55.81

图5-48 按受教育程度划分的认为"中国对本国影响力"大小（N=967）

在三类员工中占比最高。

从收入划分的角度来看（见图5-49），总体上，收入越高的员工越倾向于认同中国对本国的影响很大。收入在449美元及以下的员

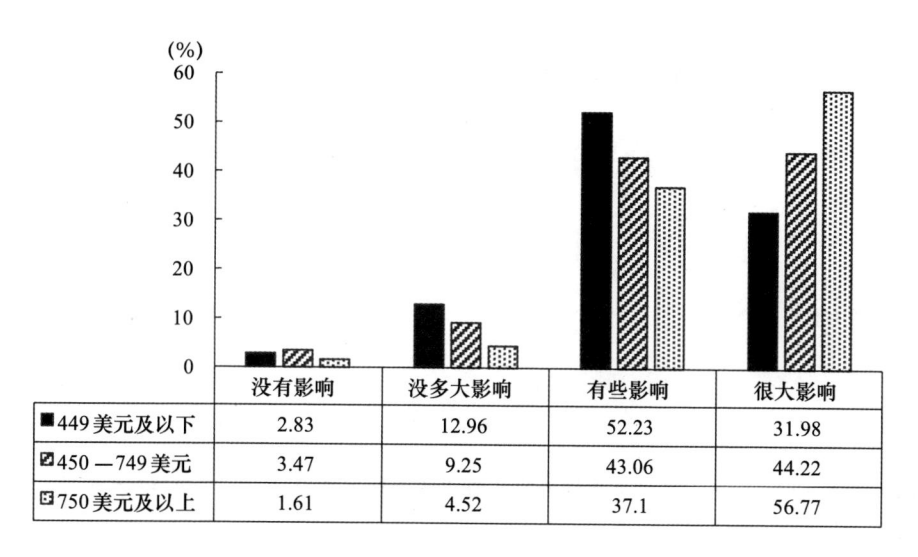

第五章 中国与泰国民心相通现状研究

	没有影响	没多大影响	有些影响	很大影响
■ 449美元及以下	2.83	12.96	52.23	31.98
▨ 450—749美元	3.47	9.25	43.06	44.22
▩ 750美元及以上	1.61	4.52	37.1	56.77

图5-49　按收入划分的认为"中国对本国影响力"大小（N=903）

工有五成多（52.23%）认为中国对本国"有些影响"，而有三成多（31.98%）认为有"很大影响"。收入在450—749美元的员工则有超四成（43.06%）认为中国对本国"有些影响"，同样有四成（44.22%）的人认为有"很大影响"，该类员工对中国影响力程度评价更高。最后，收入在750美元及以上的员工有超过三成（37.1%）的认为"有些影响"，认为有"很大影响"的远超五成（56.77%）。

从是否为管理人员来看（见图5-50），非管理人员认为中国影响力更小。有超过五成（52.08%）的管理人员认为中国对本国有"很大影响"，而持相同态度的非管理人员占比为四成多（43.88%），两者占比相差约8个百分点，可以看出管理人员认为中国对本国的影响更大。同时，非管理人员有接近一成（9.09%）认为中国对本国"没多大影响"，还有2.91%的认为"没有影响"，占比均高于管理人员。

最后如图5-51所示，进入企业一年至三年的员工和一年及以下员工认为中国对本国"有些影响"和有"很大影响"的比例较为接近，但进入企业一年及以下的员工有一成多（11.08%）认为中国对本国"没多大影响"。大致看来，员工进入中资企业时间越长对中国

·263·

中国与湄公河五国民心相通研究

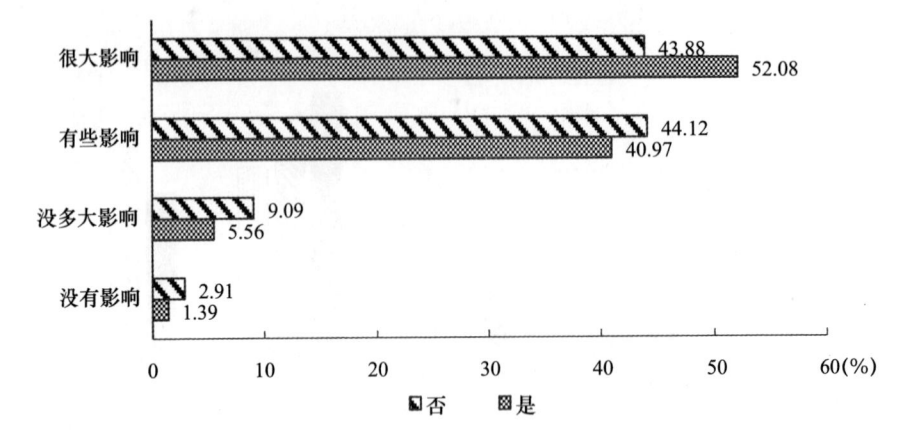

图 5-50 按是否管理人员划分的认为"中国对本国影响力"大小（N=969）

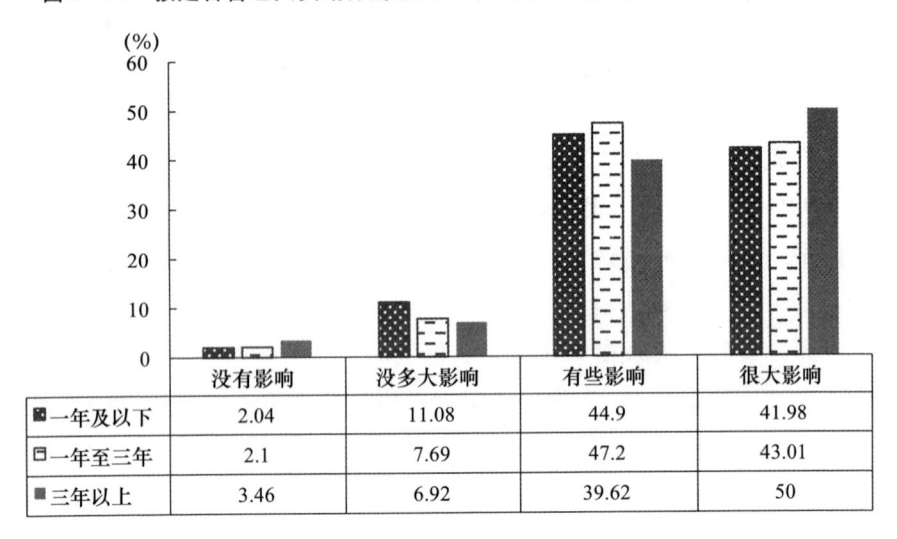

	没有影响	没多大影响	有些影响	很大影响
一年及以下	2.04	11.08	44.9	41.98
一年至三年	2.1	7.69	47.2	43.01
三年以上	3.46	6.92	39.62	50

图 5-51 按进入中资企业时间划分的认为"中国对本国
影响力"大小（N=947）

影响力判断越高。

除了影响力的大小，本章还依据性别、族群、受教育程度等多角度评估中国对本国的影响力性质。

首先，从总体特征上看（见表5-8），在959个有效样本中，有五成（52.76%）的员工认为中国对本国影响力是"正面"，其中认

·264·

为"非常正面"的占比达7.4%;持"相对正面"的占比接近三成(29.93%),而认为"相对负面"和"非常负面"的合计占比不足一成。由此可得,中资企业员工总体对中国影响力的评价偏向于正面。

表5-8 中资企业员工对"中国对本国影响力"评价分布　　(单位:个,%)

	非常负面	相对负面	相对正面	正面	非常正面	总计
样本量	16	79	287	506	71	959
频率	1.67	8.24	29.93	52.76	7.4	100

注:N=959。

如图5-52所示,在455个男性调查样本中,有超过五成(53.63%)男性员工认为中国对本国的影响"正面",有7.91%的认为"非常正面",合计占比达六成。而"相对负面"与"非常负面"的占比合计不足一成(9.23%),说明男性员工对中国影响力判断偏向于正面。

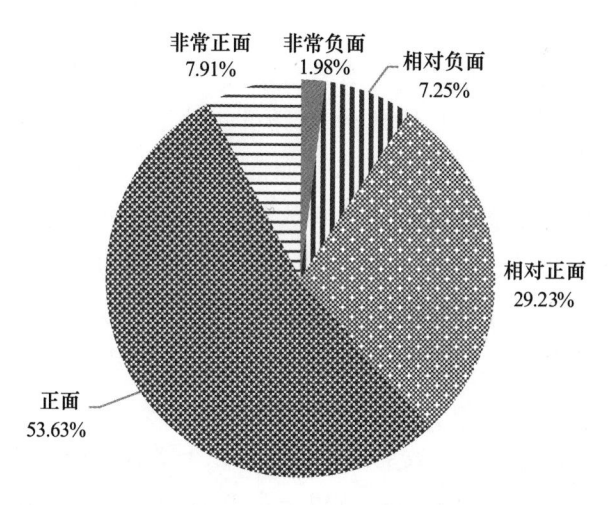

图5-52 男性中资企业员工对"中国对本国影响力"评价(N=455)

女性员工的评价情况如图5-53所示,有五成(51.88%)的女性员工认为中国对本国的影响"正面","非常正面"占比达6.96%,均低于男性员工;另外有三成(30.62%)认为中国影响"相对正面"。可以看出相比于男性,女性员工判断更倾向于中立、负面。

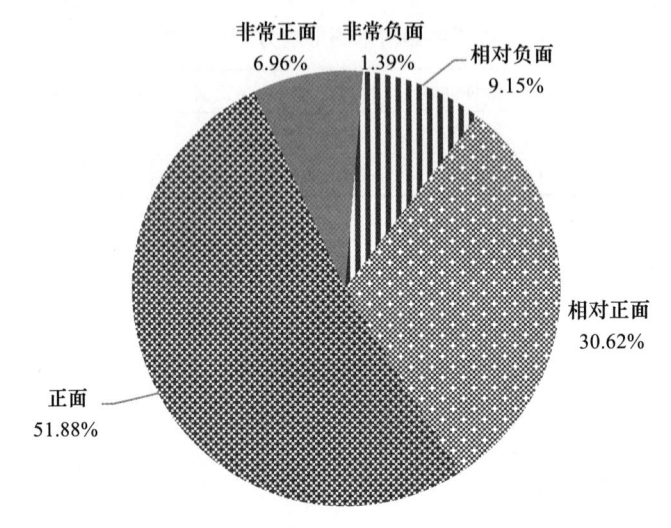

图5-53 女性中资企业员工对"中国对本国影响力"评价(N=503)

图5-54显示,在959个有效样本中,认为中国对本国影响力是"正面"的泰族员工和其他族群员工占比均超过五成,而有7.59%的泰族员工表达了"非常正面"的看法,其他族群员工则没有选择此项的样本。由此可得,泰族员工对中国影响力的正向判断倾向更明显。另外,有4.17%的其他族群员工认为中国对本国影响是"非常负面",高于泰族员工占比(1.6%)。总的来说,员工对中国的影响力认知偏向正向,其中泰族员工表现出更明显的正面评价倾向。

如图5-55所示,大致上说,小学及以下受教育程度的员工对中国影响力评价较高,大学本科及以上受教育程度的员工次之,而初中/高中受教育程度的员工有最高的负面评价倾向。有超过六成(64.29%)受教育程度为小学及以下员工判断为"正面",同时认为

·266·

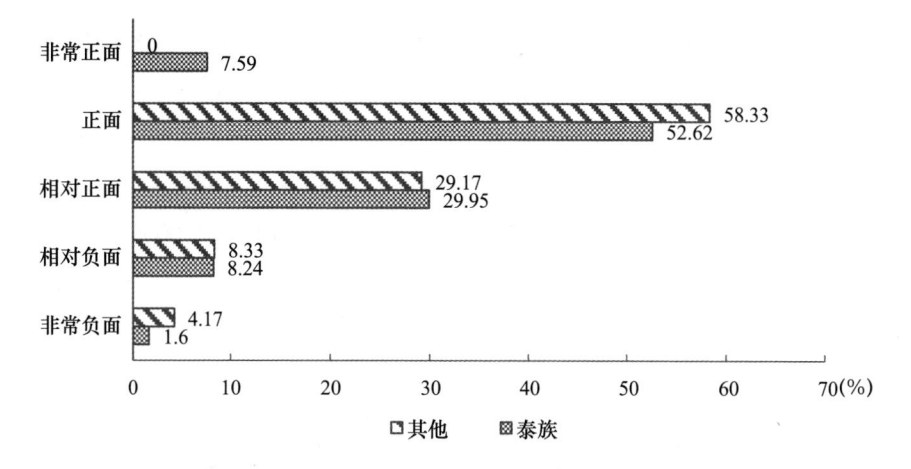

第五章　中国与泰国民心相通现状研究

图 5-54　按族群划分的对"中国对本国影响力"评价（N=959）

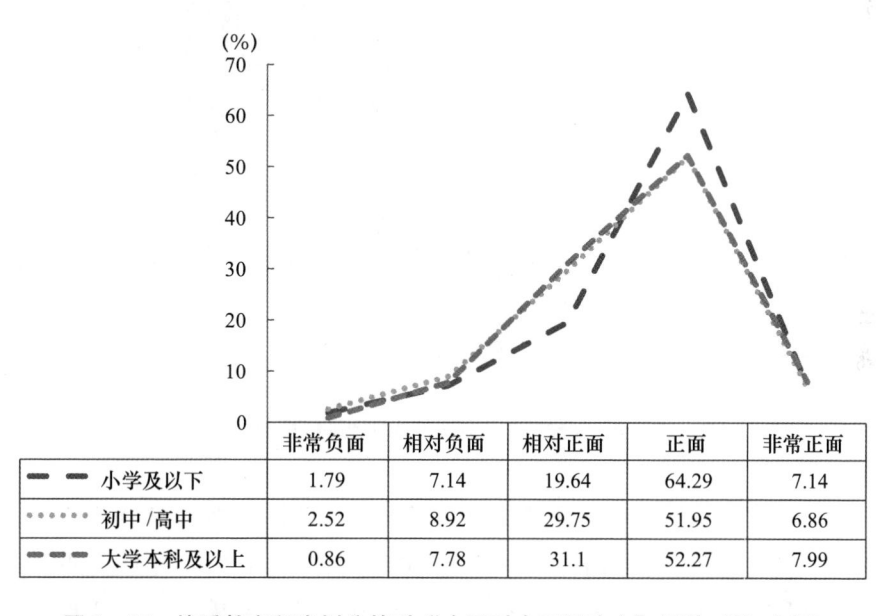

	非常负面	相对负面	相对正面	正面	非常正面
— — 小学及以下	1.79	7.14	19.64	64.29	7.14
……… 初中/高中	2.52	8.92	29.75	51.95	6.86
- - - 大学本科及以上	0.86	7.78	31.1	52.27	7.99

图 5-55　按受教育程度划分的对"中国对本国影响力"评价（N=956）

"非常正面"的占比达到 7.14%，显示出该类员工对中国影响力的显著正面评价倾向。同时，初中/高中受教育程度员工有 2.52% 的人认为中国对本国影响力非常负面，是本科及以上员工占比的约三倍。

· 267 ·

由图 5-56 可发现，各个收入组员工判断局部有细微差异。收入在 449 美元及以下的员工有超过五成（53.72%）的认为中国对本国影响"正面"。收入在 450—749 美元的员工与收入在 449 美元及以下员工相差无几，但在"相对负面"的选项中占比最高（9.88%）。收入在 750 美元及以上的员工也倾向于"正面"，但有三成（33.66%）的人选择"相对正面"。

	非常负面	相对负面	相对正面	正面	非常正面
449美元及以下	1.65	9.09	27.27	53.72	8.26
450—749美元	1.45	9.88	28.49	53.2	6.98
750美元及以上	2.29	6.21	33.66	49.35	8.5

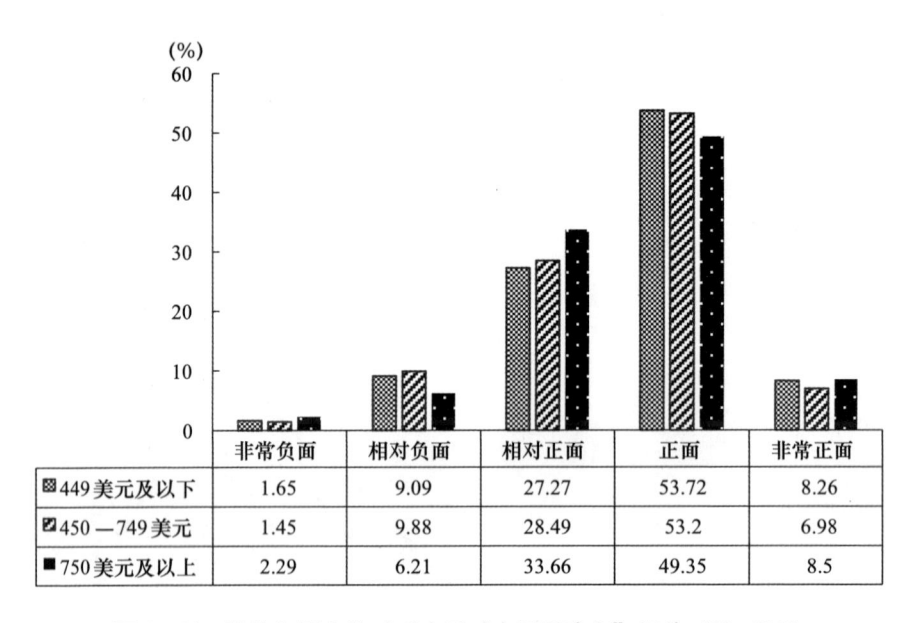

图 5-56　按收入划分的对"中国对本国影响力"评价（N=892）

如图 5-57 所示，有五成（53.73%）的非管理人员选择"正面"，认为"非常正面"占比达 6.85%；而管理人员有远超四成（46.81%）选择"正面"，一成（10.64%）认为影响"非常正面"。相比之下，管理人员对影响力评价更正面。

最后从员工进入中资企业的时间划分角度看（见图 5-58），总的来说，三类员工对中国影响力的评价均是偏向正面的，差异不大。具体来看，进入企业一年及以下的员工有超过三成（32.15%）

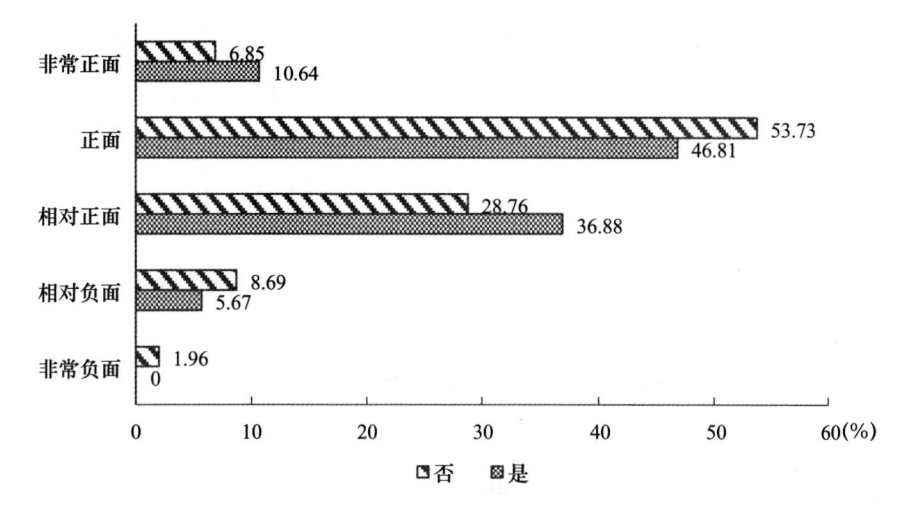

图 5-57 按是否管理人员划分的对"中国对本国影响力"评价（N=958）

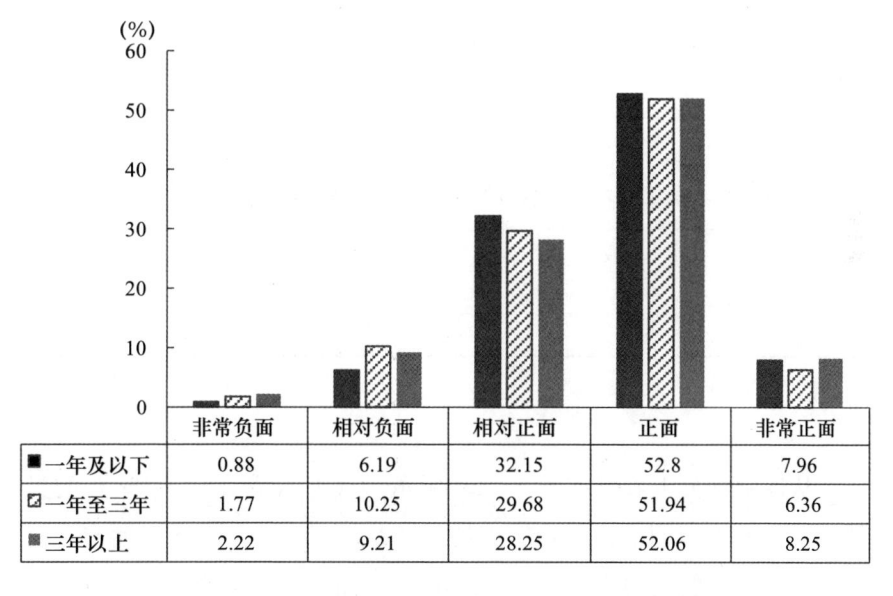

	非常负面	相对负面	相对正面	正面	非常正面
一年及以下	0.88	6.19	32.15	52.8	7.96
一年至三年	1.77	10.25	29.68	51.94	6.36
三年以上	2.22	9.21	28.25	52.06	8.25

图 5-58 按进入中资企业时间划分的对"中国对本国影响力"评价（N=937）

认为中国对本国影响力"相对正面",认为"正面"的员工占比超过五成(52.8%)。进入企业一年至三年的员工有一成(10.25%)认为中国影响"相对负面"。进入企业三年以上的员工有8.25%认为"非常正面",相反也有2.22%的认为中国影响"非常负面"。

第三节 泰国中资企业员工的行为倾向

一 泰国中资企业员工企业内拥有的中国朋友情况

此节关注的是泰国中资企业员工的行为倾向,具体了解的是泰国中资企业员工在企业内拥有中国朋友的数量、泰国中资企业员工对各国文化产品的消费行为,结果如下。

首先,从总体特征上看(见表5-9),1010位泰国中资企业员工有超过五成(53.86%)没有中国朋友,三成员工(32.08%)仅拥有1—5个中国朋友,而拥有6个及以上中国朋友的员工仅超过一成(14.06%)。

表5-9　　员工在本企业拥有的中国朋友数量及频率分布(单位:个,%)

	一个也没有	1—5个	6个及以上	合计
样本量	544	324	142	1010
频率	53.86	32.08	14.06	100

注:N=1010。

从性别划分上看,如图5-59所示,有近六成(59.87%)的男性员工没有中国朋友,不到三成员工(28.36%)有1—5个朋友,拥有6个及以上朋友的为一成(11.76%)。而一个中国朋友也没有的女性员工接近五成(48.41%),拥有1—5个中国朋友的超过三成(35.46%),有6个及以上的占比则远超一成(16.14%)。由此可得,男性没有中国朋友的占比远高于女性员工,且女性员工在拥有朋友的两个选项上占比均高于男性。

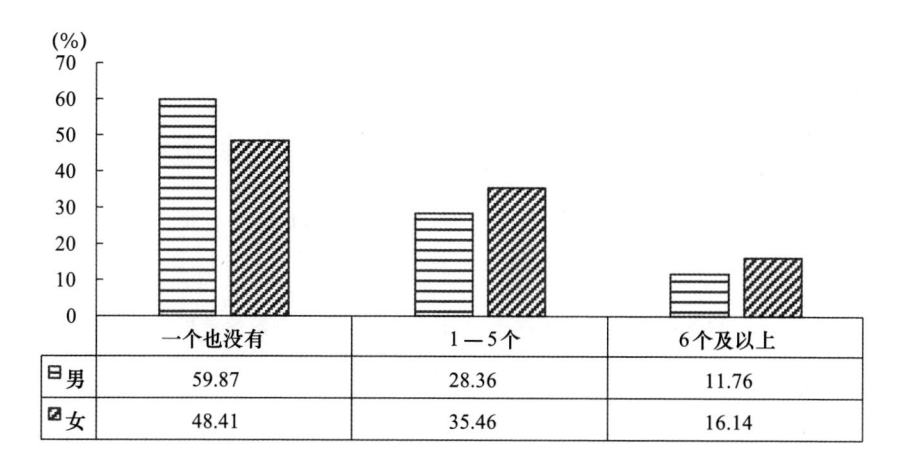

	一个也没有	1—5个	6个及以上
男	59.87	28.36	11.76
女	48.41	35.46	16.14

图5-59 按性别划分的员工在企业内拥有的中国朋友数量差异（N=1009）

然后从族群划分的角度看（见图5-60），泰族员工和其他族群员工在企业内拥有中国朋友数量的情况相差不大，但泰族员工的中国朋友数量要略高于其他族群。泰族和其他族群一个中国朋友也没有的占比均为五成；泰族员工有三成（32%）有1—5个中国朋友，比其他族群占比低约2个百分点；拥有6个及以上中国朋友的泰族员工占比超过一成（14.11%），比其他族群员工高近2个百分点。

如图5-61所示，一方面，在企业中没有中国朋友的情况中，收入在449美元及以下的员工占比远超七成（76.87%），收入在450—749美元的员工占比超过五成（55.87%），而收入在750美元及以上的员工仅有三成（31.63%）。另一方面，拥有1—5个中国朋友的收入在449美元及以下的员工不到两成（17.91%），收入在450—749的员工占比超过三成（34.92%），收入在750美元及以上的员工占比达四成（40.58%）。由此可得，收入越高，拥有的中国朋友更多。

从受教育程度的划分角度看，如图5-62所示，在一个中国朋友

· 271 ·

中国与湄公河五国民心相通研究

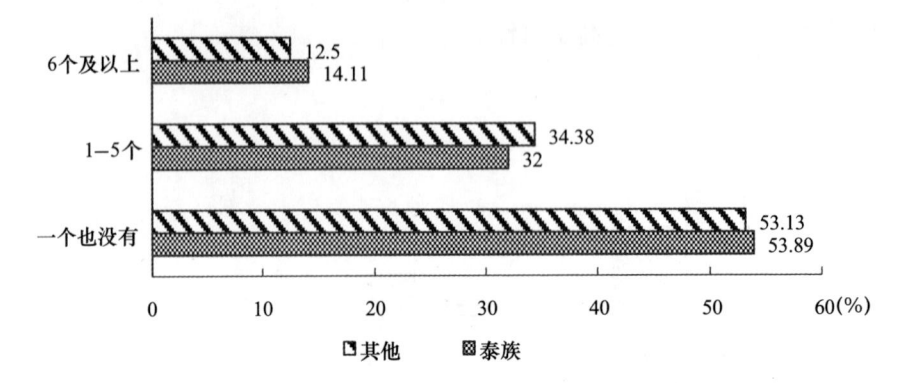

图5-60 按族群划分的员工在企业内拥有的中国朋友数量差异（N=1010）

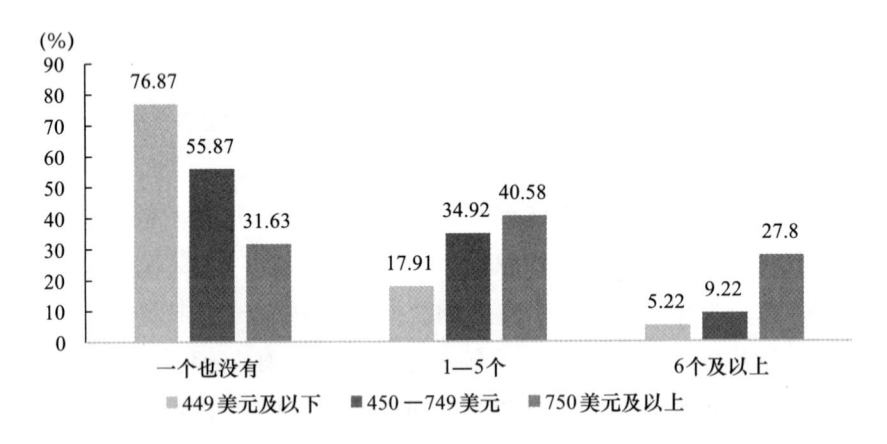

图5-61 按收入划分的员工在企业内拥有的中国朋友数量差异（N=939）

也没有的选项上，小学及以下受教育程度的员工占比近八成（78.26%），初中/高中的员工占比近七成（69.5%），大学本科及以上的员工占比超过五成（35.28%），可以看出受教育程度越低的员工在企业中拥有中国朋友数量越少。

图5-63显示，非管理人员有近六成（58.98%）没有中国朋友，而管理人员仅两成（23.97%）出现这种情况。管理人员有超过四成（47.26%）拥有1—5个中国朋友，非管理人员仅占比接近三成（29.43%）；有6个及以上中国朋友的管理人员接近三成（28.77%），

·272·

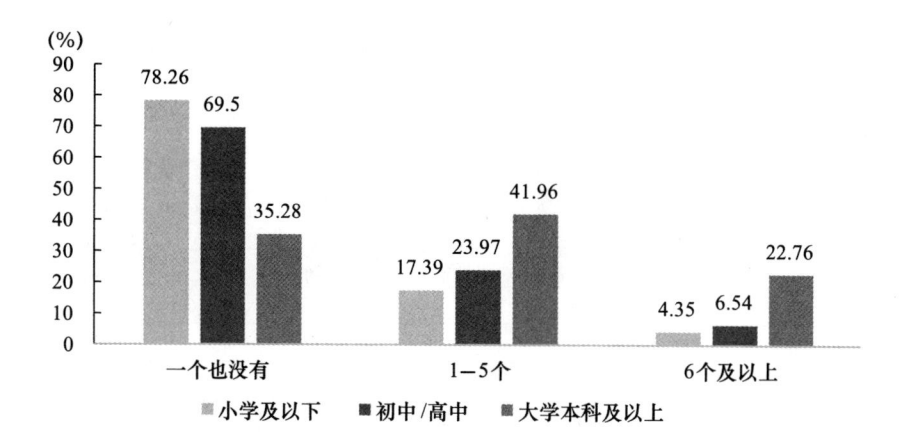

第五章 中国与泰国民心相通现状研究

图 5-62 按受教育程度划分的员工在企业内拥有的中国朋友数量差异

而非管理人员仅一成（11.59%），可以看出管理人员拥有的中国朋友远多于非管理人员。

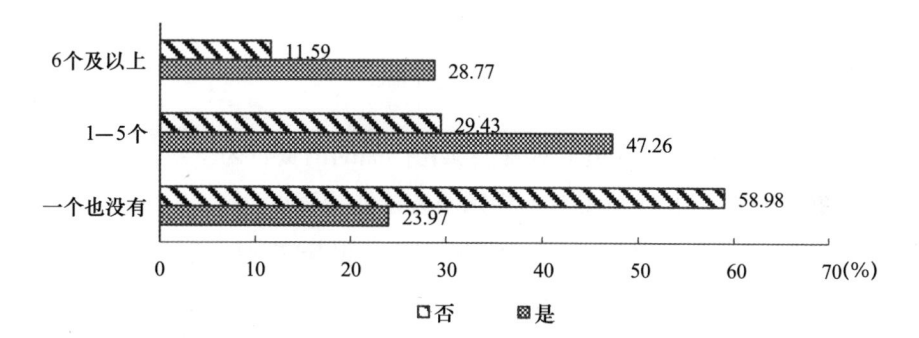

图 5-63 按是否管理人员划分的员工在企业内拥有的
中国朋友数量差异（N=1009）

最后，从员工进入企业的时间划分，如图 5-64 所示，进入企业一年及以下的员工有近六成（59.5%）在企业内没有中国朋友，一年至三年的员工此项占比近五成（47.67%），而进入企业三年以上的员工占比达五成（51.54%），可见进入企业一年及以下的员工拥有中国朋友的比例最小。而拥有 1—5 个中国朋友的员工中进入

· 273 ·

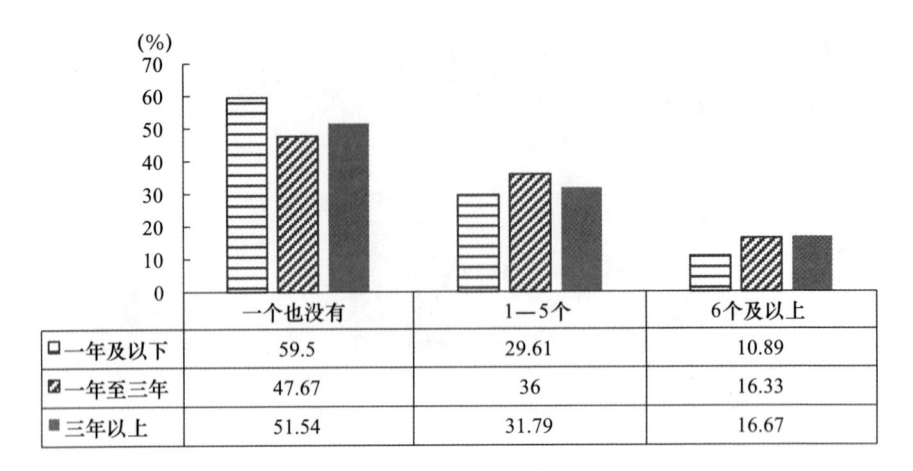

	一个也没有	1—5个	6个及以上
一年及以下	59.5	29.61	10.89
一年至三年	47.67	36	16.33
三年以上	51.54	31.79	16.67

图 5-64 按进入中资企业时间划分的员工在企业内拥有的中国朋友数量差异（N=982）

企业一年至三年的占比远超三成（36%），相比其他两类员工占比更多。总体上说，进入企业时间越长，在企业中拥有中国朋友数量越多。

二 泰国中资企业员工对各国文化产品的消费行为

1. 泰国中资企业员工对不同国家音乐喜爱程度

音乐是国家文化的重要表现形式之一，也是文化间交流沟通的桥梁。通过探究泰国中资企业中员工对其他国家文化产品的喜爱程度，可以更加明确中泰民心相通关系在国际局势中的定位。

如表 5-10 所示，泰国中资企业员工喜爱程度最高的是美国音乐，有五成（51.8%）表示"喜欢"，有一成（10.18%）表示"非常喜欢"。其次是华语音乐，有三成（34.31%）员工表示"喜欢"，更有5.28%的员工选择了"非常喜欢"。再次是韩国和日本，员工喜爱程度最低的音乐类型是印度音乐，有四成（41.8%）和一成（14.11%）的员工分别选择了"不喜欢"和"非常不喜欢"。

表 5-10　　　　员工对不同国家音乐喜爱程度的频率分布　　　（单位:%）

	非常喜欢	喜欢	一般	不喜欢	非常不喜欢
中国 N=985	5.28	34.31	43.55	14.21	2.64
日本 N=965	0.93	13.89	50.36	29.12	5.7
韩国 N=984	4.78	24.09	44.41	21.54	5.18
印度 N=964	0.83	5.6	37.66	41.8	14.11
美国 N=1002	10.18	51.8	24.45	11.38	2.2

在大概把握了泰国中资企业员工对各国文化产品的基本态度之后,接下来将从性别、受教育程度、族群、收入角度对不同员工对华语音乐的喜爱程度进行分析。首先从性别划分角度来看,如图5-65所示,有接近四成(37.57%)的女性员工表示"喜欢"华语音乐,选择"非常喜欢"的占比达到6.55%,在这两项的占比上均高于男性员工。

	非常喜欢	喜欢	一般	不喜欢	非常不喜欢
男	3.87	30.75	44.3	16.77	4.3
女	6.55	37.57	42.77	11.95	1.16

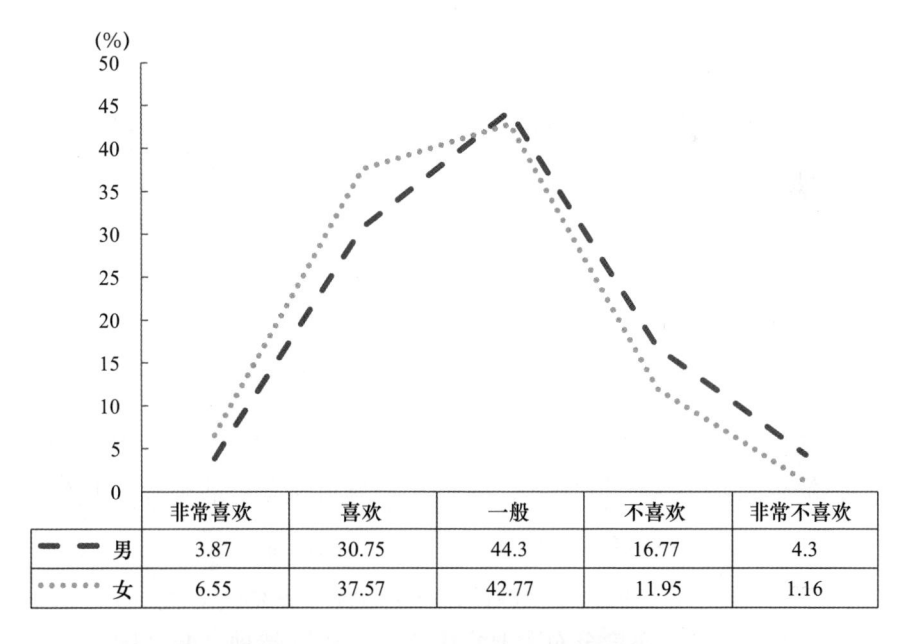

图 5-65　按性别划分的员工对华语音乐喜爱程度差异 (N=984)

由图 5-66 可见，各受教育程度的员工的大体态度主要集中在"一般"和"喜欢"选项中。但小学及以下的员工有远超一成（17.91%）的表示"不喜欢"华语音乐，甚至有 5.97% 的表示"非常不喜欢"，占比高于其他两类员工。同时，受教育程度是初中/高中的员工有四成（44.92%）选择"一般"，没有明显的态度倾向。此外，大学本科及以上的员工在"喜欢"一项上有远超三成（37.29%）的人选择，亦有 6.36% 的表示"非常喜欢"，体现了该类员工对华语音乐较高的喜爱程度。

	非常喜欢	喜欢	一般	不喜欢	非常不喜欢
小学及以下	5.97	28.36	41.79	17.91	5.97
初中/高中	4.06	31.6	44.92	16.7	2.71
大学本科及以上	6.36	37.29	42.8	11.44	2.12

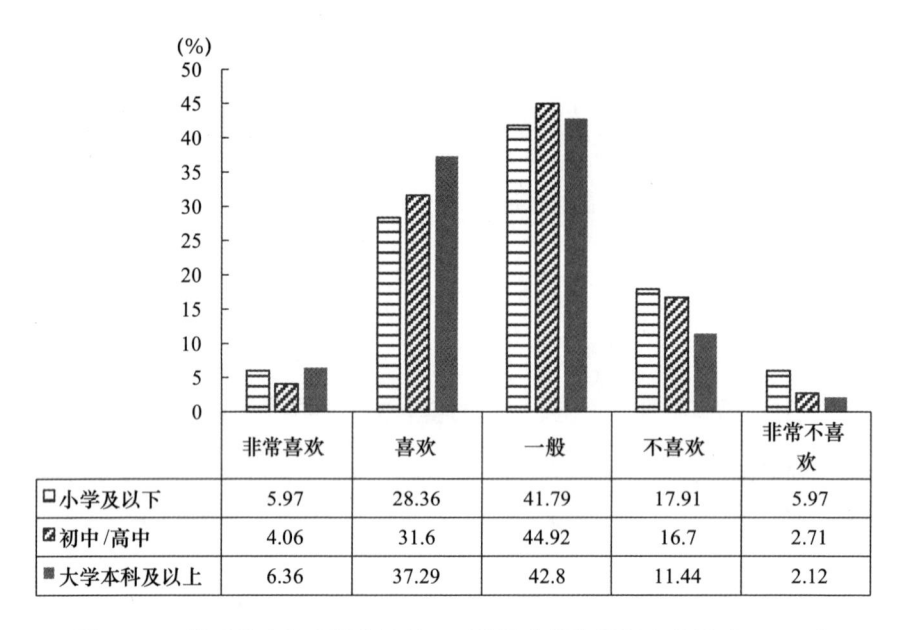

图 5-66 按受教育程度划分的员工对华语音乐喜爱程度差异（N=982）

接着从族群划分的角度来看，如图 5-67 所示，不同族群员工对华语音乐的喜爱程度差异明显。有接近五成（48.28%）的其他族群员工选择了"喜欢"，选择"非常喜欢"的占比达两成（20.69%），远高于泰族员工占比，说明其他族群员工对华语音乐喜爱程度明显高于泰族员工。泰族员工的态度分布主要集中于"一般"选项（44.14%），同时有超过一成员工（14.44%）表示"不喜欢"华语音乐。

第五章　中国与泰国民心相通现状研究

	非常喜欢	喜欢	一般	不喜欢	非常不喜欢
泰族	4.81	33.89	44.14	14.44	2.72
其他	20.69	48.28	24.14	6.9	0

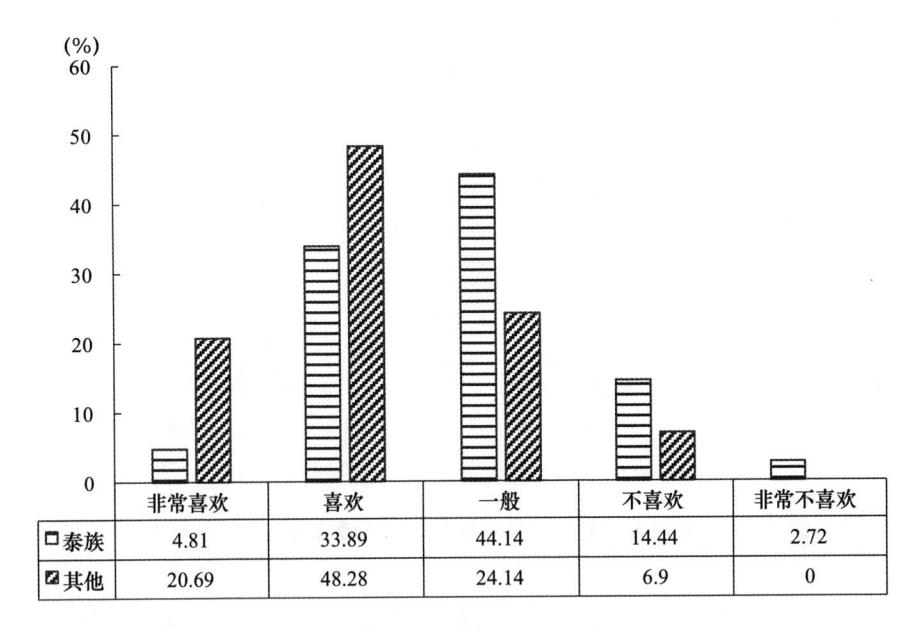

图 5-67　按族群划分的员工对华语音乐喜爱程度差异（N=985）

最后从员工的收入划分来看，如图 5-68 所示，总体上三类员工主要集中在"一般"和"喜爱"两个态度选项上。但收入在 449 美元及以下的员工在前三项的占比均为三类员工最低，且有 18.36% 和 4.69% 的员工选择了"不喜欢"和"非常不喜欢"。收入在 450—749 美元的员工有接近五成（47.31%）选择"一般"，三成（32.29%）选择"喜欢"，喜爱程度居于次位。收入在 750 美元及以上的员工，在"喜欢"和"非常喜欢"两项中占比最高。

2. 泰国中资企业员工观看华语电影/电视剧的频率

除了音乐这一表现形式，电影和电视剧也是当下跨国文化传播中的主要文化产品。下文首先将通过测量员工观看不同国家的影视作品频率来大体窥探泰国受众对各国文化产品的基本态度，接着再以华语电影/电视剧为焦点，多角度分析员工对中国文化产品的接受情况。

表 5-11 显示，美国的影视剧依然是最受泰国中资企业员工青睐的文化产品，有约三成（32.71%）和超过一成（15.71%）员工

中国与湄公河五国民心相通研究

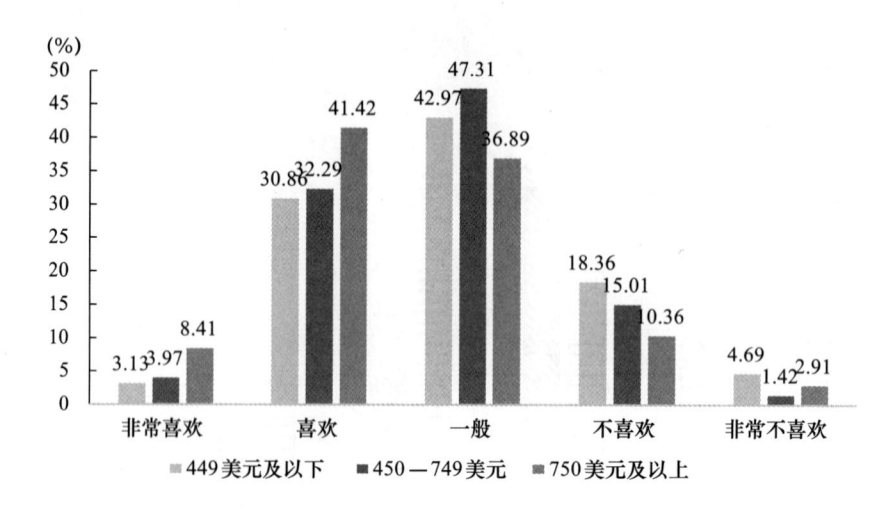

图 5-68　按收入划分的员工对华语音乐喜爱程度差异（N=918）

"经常"和"很频繁"观看，占比明显高于其他国家。其次是中国的影视剧作品，有四成（42.39%）的员工表示"有时"会看，接近两成员工（18.87%）表示"经常"看，"频繁"观看占比也达8.6%。另外，作为亚洲传统影视文化产业强国的韩国和日本紧随其后，而观看印度电影/电视剧频率则最低，有超过五成（54.55%）的员工表示从来没有观看过印度的影视剧。总的来说，美国仍然是对泰国观众影响最大的文化单位，但中国的文化影响力也不低。

表 5-11　员工观看不同国家的电影/电视剧的频率分布　（单位:%）

	从不	很少	有时	经常	很频繁
中国 N=1012	10.87	19.27	42.39	18.87	8.6
日本 N=1011	31.16	29.48	30.66	7.62	1.09
韩国 N=1011	25.22	20.87	32.74	16.22	4.95
印度 N=1012	54.55	24.41	17	2.67	1.38
美国 N=1012	11.07	10.38	30.14	32.71	15.71

按性别划分的角度来看（见图5-69），"有时"观看华语电

影/电视剧的女性员工占比远超四成（46.63%），男性员工则不足四成（37.14%）。与此同时，男性员工有一成（12.16%）"很频繁"观看，两成（22.01%）则"经常"观看，远超女性员工；另外，表示"从不"观看华语电影/电视剧的女性员工占比超一成（12.55%），高出男性员工近4个百分点。综上，相比于女性，男性员工接触华语电影/电视剧的频率更高。

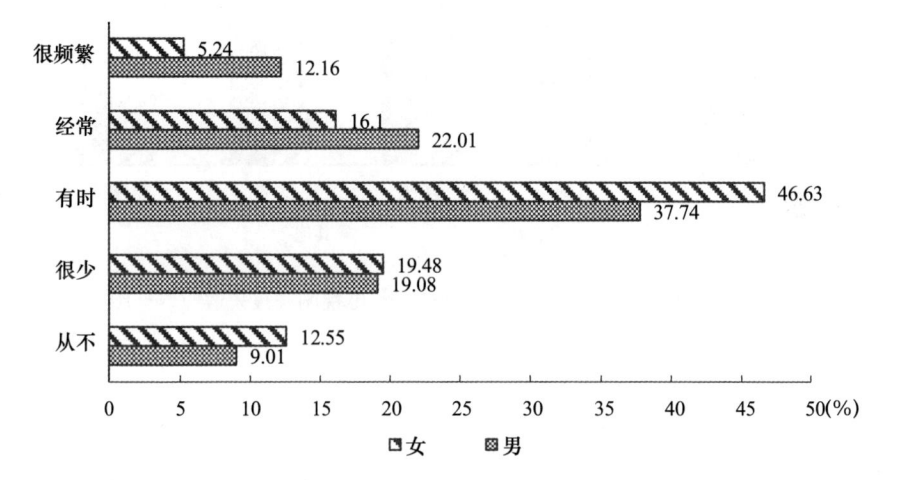

频率	女	男
很频繁	5.24	12.16
经常	16.1	22.01
有时	46.63	37.74
很少	19.48	19.08
从不	12.55	9.01

图5-69　按性别划分的员工观看华语电影/电视剧程度差异（N=1011）

从族群划分的角度来看（见图5-70），泰族员工超过四成（42.96%）表示"有时"看华语影视，远超其他族群占比近18个百分点。同时有接近两成（19.18%）表示"很少"看，一成（10.71%）"从不"看。而其他族群员工有接近三成（28.13%）集中于"经常"一项，还有超过两成（25%）表示"有时"会看华语电影/电视剧，其中接近一成（9.38%）表示观看"很频繁"。

从收入划分的角度来看（见图5-71），收入在449美元及以下员工有一成（13.01%）表示"从不"观看华语电影/电视剧，但也有一成（10.04%）表示观看"很频繁"。收入为450—749元的员工有四成（43.02%）表示"有时"观看，有两成（20.39%）表示"经常"观

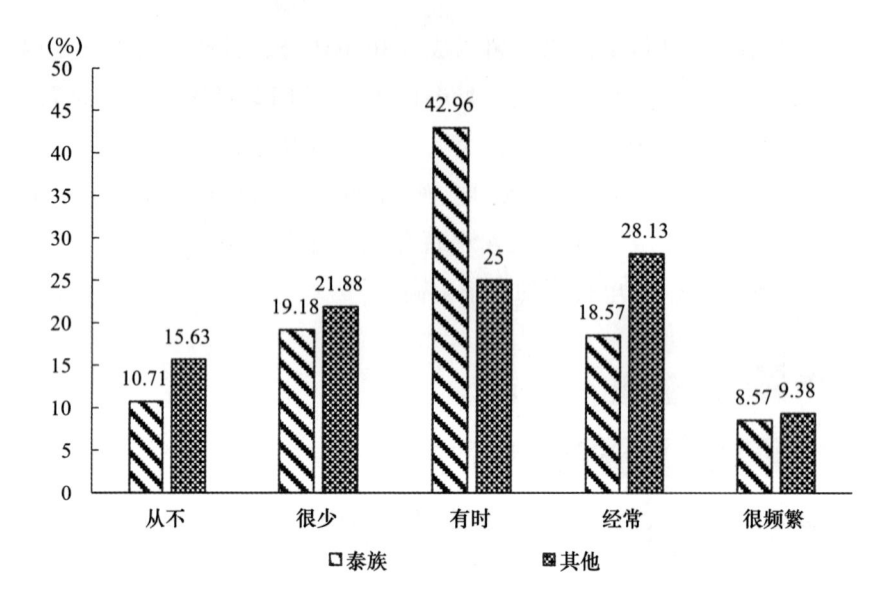

图 5-70 按族群划分的员工观看华语电影/电视剧程度差异（N=1012）

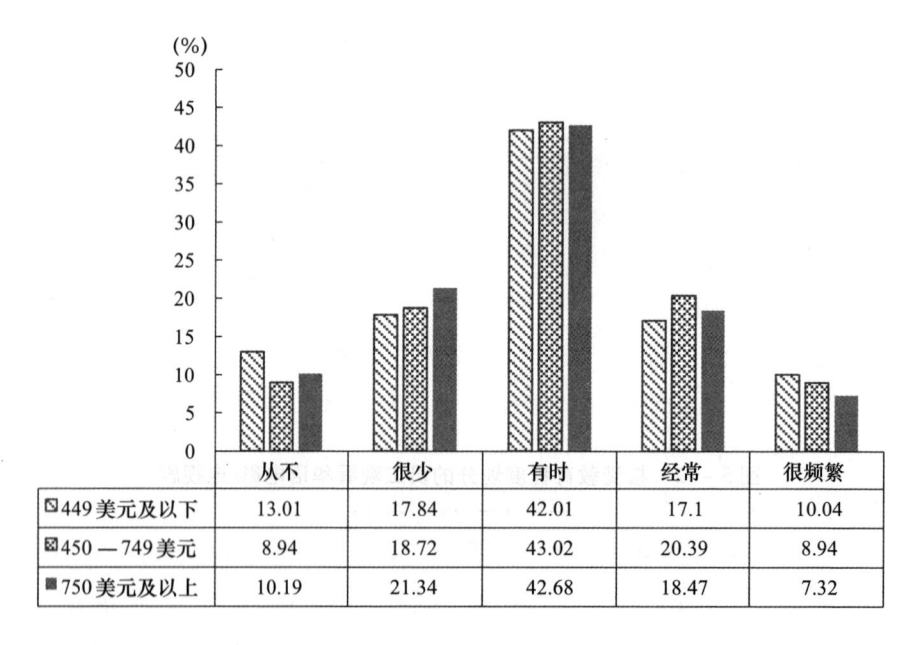

	从不	很少	有时	经常	很频繁
449美元及以下	13.01	17.84	42.01	17.1	10.04
450—749美元	8.94	18.72	43.02	20.39	8.94
750美元及以上	10.19	21.34	42.68	18.47	7.32

图 5-71 按收入划分的员工观看华语电影/电视剧程度差异（N=941）

看；而收入在750美元及以上员工有四成（42.68%）表示"有时"观看，同时还有两成员工（21.34%）表示"很少"观看。

从受教育程度划分角度出发，如图5-72所示，三种受教育程度员工观看华语电影/电视剧的频率分布差异也不明显。小学及以下的员工有超过两成（24.64%）"很少"观看华语电影/电视剧，一成（11.59%）"从不"观看，占比均高于同选项其他两组员工占比，可见其较低的观看频率。初中/高中受教育程度的员工在"很频繁"一项上占比达10%。而大学本科及以上的员工主要有超过四成（44.38%）集中于"有时"一项。

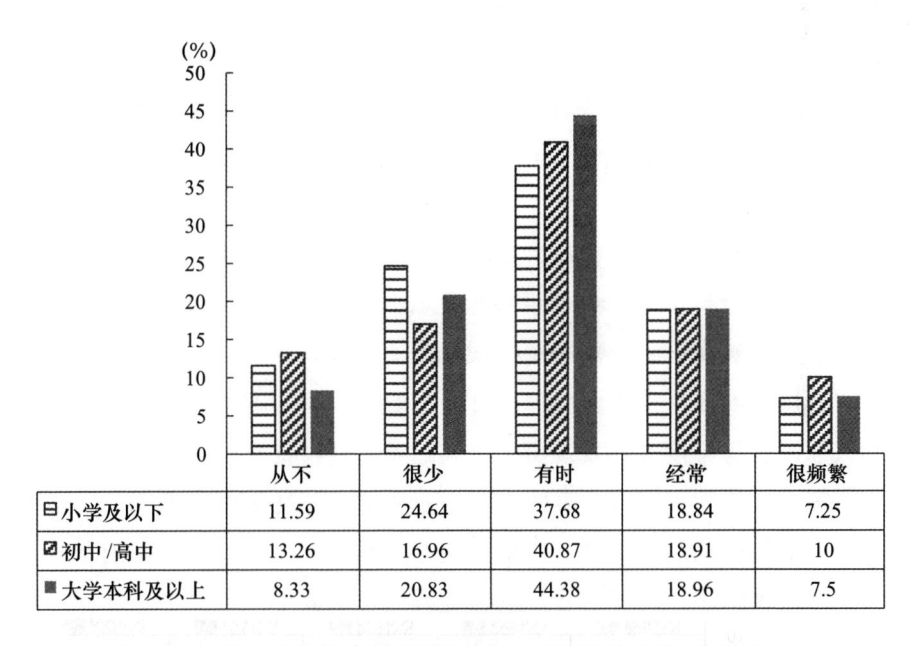

	从不	很少	有时	经常	很频繁
小学及以下	11.59	24.64	37.68	18.84	7.25
初中/高中	13.26	16.96	40.87	18.91	10
大学本科及以上	8.33	20.83	44.38	18.96	7.5

图5-72 按受教育程度划分的员工观看华语电影/电视剧
程度差异（N=1009）

本章小结

在中泰关系深入发展及中泰合作重要性日益凸显背景下，本章探究了泰国中资企业员工对中国的认知程度、情感性评和行为倾向三方面的民心相通情况，得出如下几点结论。

首先，中泰民心相通程度总体较高，这体现在以下方面。泰国中资企业员工对中国各方面的新闻了解情况较好，了解中国新闻的主要渠道为本国网络、电视及新媒体渠道。此外，泰国中资企业员工对除本企业以外的其他中国产品品牌有一定的知晓度，以电子通信产业为代表，其中华为的知名度最高，OPPO和小米品牌也显示出一定知名度。

其次，员工对中国的情感性评价总体倾向于正面。第一，除成为伴侣的意愿程度略低以外，泰国中资企业员工对与中国人成为朋友等社会关系的接受程度非常高。第二，在对本企业的评价方面，泰国中资企业员工的各方面评价总体较高。第三，在对中国的影响力评价方面，泰国中资企业员工认为中国对泰国的影响力程度较高，且偏向正面。

再次，在泰国中资企业员工的行为倾向方面，员工在企业内拥有中国朋友的数量不多，但对华语音乐和影视剧的喜爱程度较高，超过韩国、日本和印度，仅次于美国。

最后，本章从性别、族群、是否为管理人员、受教育程度、收入和入职时长等维度考察发现员工之间的差异性特征。

第一，从性别来看，泰国中资企业男性员工在更多方面与中国的民心相通程度略高于女性。但值得注意的是，女性在企业内拥有的中国朋友数量略多，对华语音乐的喜爱程度也略高于男性。

第二，从族群来看，泰族较其他民族与中国的民心相通程度稍低，但泰族对于中国的认知情况、对中国影响力的评价以及拥有中国朋友数量的情况更好。

第三，从是否是管理人员来看，管理人员在多数方面较非管理人员与中国的民心相通程度更高，但总体说与非管理人员情况相差不大。仅在"中外员工晋升制度一致"方面，非管理人员的评价高于管理人员评价。

第四，从受教育程度来看，整体上受教育程度高的员工与中国民心相通程度也较高。但在"企业尊重本地风俗文化"、"企业尊重员工宗教信仰"及"中外员工晋升制度一致"方面呈现相反的特征。

第五，从收入来看，整体上收入越高，与中国的民心相通程度越高。需要提出的是，在"中外员工晋升制度一致"的评价方面，收入越高，评价反而越低。

第六，从入职时长来看，入职时间越长的员工，对中国影响力程度的评价越高，而且在本企业拥有的中国朋友数量也越多。

第六章

中国与越南民心相通现状研究

中越双方作为具有战略意义的命运共同体，中越关系十分密切，相互依存。2020年1月18日，中共中央总书记、国家主席习近平同越共中央总书记、国家主席阮富仲就中越建交70周年互致贺电。习近平在贺电中指出，中越是具有战略意义的命运共同体。中越在"长期稳定、面向未来、睦邻友好、全面合作"十六字方针和"好邻居、好朋友、好同志、好伙伴"精神的指引下取得长足发展。阮富仲在贺电中表示，越方始终把发展对华关系置于外交政策的头等优先，坚信在两党两国领导人的直接关心和指导下，双方全面战略合作伙伴关系将不断提高到新的水平。[①] 2021年2月8日，习近平再次强调：中越两国是具有战略意义的命运共同体。中方愿同越方加快"一带一路"倡议和"两廊一圈"战略对接，推动两国跨境经济合作区建设，探索在医疗卫生、数字经济、人文等领域的交流合作。在当前国际形势复杂变化背景下，巩固和发展越中两党、两国、两国人民友好合作关系至关重要。

同时，越南国内的一些经济学家也指出，越南经济2021年的高

[①] 《习近平就中越建交70周年同越共中央总书记、国家主席阮富仲互致贺电 李克强同越南政府总理阮春福互致贺电》，2020年1月18日，新华社（http：//cpc.people.com.cn/n1/2020/0118/c64094-31554487.html）。

增长必须建立在中国经济高增长以及中越两国经贸深度融合的基础之上。① 越南的外贸的依存度（外贸占GDP比重）达到了200%，越南已成为严重依赖外资和外贸的外向型经济体。②

由此可见，中越作为山水相连、唇齿相依的社会主义邻邦，中越关系的深入发展对于中越双方重要性不言而喻。了解中越之间的民心相通情况，对于促进中越关系的良好发展，对推动"一带一路"建设有着重要的指导意义。

第一节 越南中资企业员工对中国的认知程度

越南中资企业员工对中国的认知程度，是越南民众认知中国的第一主观印象和评价。本节将对越南中资企业员工对中国的认知以及对中国品牌的认知进行描述和分析。

一 越南中资企业员工对中国的认知

越南中资企业员工对中国的认知主要是从了解中国相关新闻以及了解中国相关新闻的渠道这两个方面衡量。下面将从总体以及性别、族群、收入、受教育程度、是否管理人员来分类描述越南中资企业员工对于中国的认知。

1. 越南中资企业员工关注中国相关新闻现状

越南中资企业员工所了解的关于中国的新闻，主要是集中于中国与本国的双向输出的新闻内容，具体包括中国对于本国的捐赠和基础设施援建、文化展演以及本国的在华留学生。

越南中资企业员工通过国内媒体知道中国相关新闻的总体状况，由表6-1可知，在987个受访样本中，了解中国大使馆对本国的捐

---

① 程晓勇：《关系正常化以来中越关系的发展轨迹及其动因》，《中国—东盟研究》2019年第1期。
② 潘金娥：《越南社会主义定向的革新》，《人民论坛》2021年第Z1期。

赠占比接近四成（38.2%），了解中国援助本国修建道路、桥梁、医院和学校比例超四成（44.17%），知道中国的艺术演出占比为七成（72.24%），而本国学生前往中国留学占比最高，占到了八成（83.28%）。总体上，越南中资企业员工主要关注的是本国学生前往中国留学和中国艺术演出，其次是了解中国对于本国的基础设施援建，最后是关注中国大使馆对本国的捐赠。

表6-1　　　　　越南员工了解中国相关新闻分布　　　（单位：个，%）

	中国大使馆对本国的捐赠	中国援助本国修建道路、桥梁、医院和学校	本国学生前往中国留学	中国艺术演出
频次	377	436	822	713
百分比	38.2	44.17	83.28	72.24

注：N=987。

首先，从性别来看（见图6-1），男性通过国内媒体了解中国相关新闻比女性更多。男性和女性最关注本国学生前往中国留学的新闻，女性占比为八成（83.6%）比男性的比例（78.53%）高出约5个百分点。知道中国艺术演出的中国新闻中，男性和女性的占比都为七成（72.39%、71.19%）。男性和女性对中国大使馆对本国捐赠的新闻了解是最低的，男性和女性的占比接近四成（38.77%、37.86%）。

其次，从族群来看（见图6-2），总体上除了中国大使馆对本国的捐赠新闻，与其他族群相比，京族员工知道有关中国新闻的比例更高。关注本国学生前往中国留学，京族占比最高为八成（82.61%），比其他族群的中资企业员工占比（74.39%）高出约8个百分点。知道中国艺术演出新闻，京族的比例为七成（72%），其他族群的比例超六成（66.67%）。了解中国大使馆对本国的捐赠以及中国援建本国基础设施建设的新闻，所占比例都没达到五成。其中，京族占比最

第六章　中国与越南民心相通现状研究

中国艺术演出　71.19 / 72.39
本国学生前往中国留学　83.6 / 78.53
中国援助本国修建道路、桥梁、医院和学校　42.54 / 51.24
中国大使馆对本国的捐赠　37.86 / 38.77

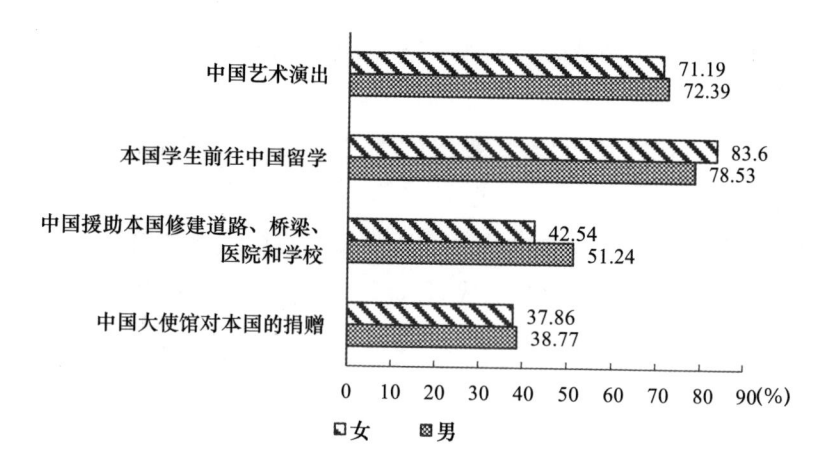

□女　☒男

图6-1　按性别划分的从国内媒体看到过有关中国的新闻分布（N=987）

	中国大使馆对本国的捐赠	中国援助本国修建道路、桥梁、医院和学校	本国学生前往中国留学	中国艺术演出
— — 京族	37.78	46.27	82.61	72
······ 其他	42.5	36	74.39	66.67

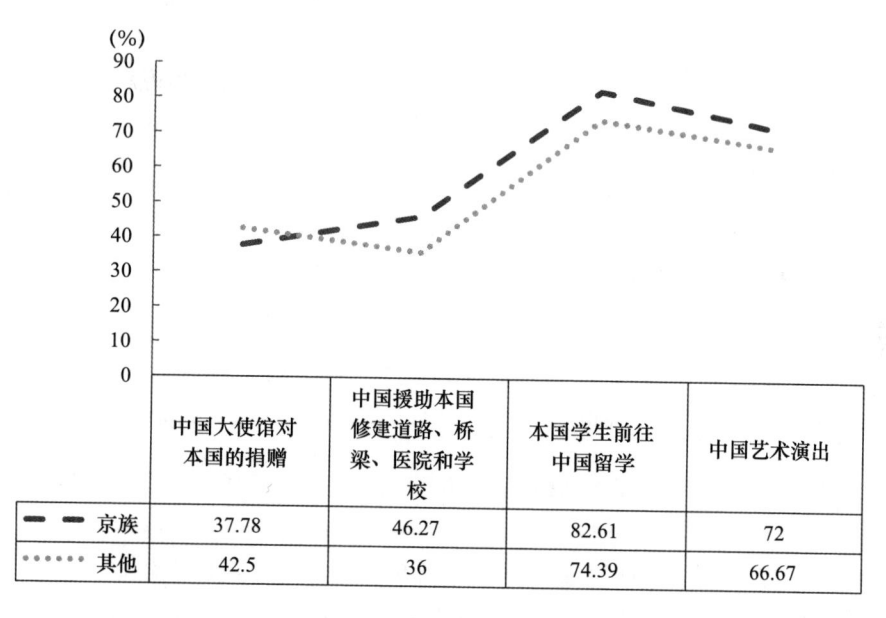

图6-2　按族群划分的从国内媒体看到过有关中国的新闻分布（N=986）

低的是关注中国大使馆对本国的捐赠，超过三成（37.78%）。所以京族员工了解相关中国新闻更多。

再次从收入来看（见图6-3），收入水平越高，从本国媒体知道

· 287 ·

中国相关新闻的比例越高。了解本国学生前往中国留学的新闻中，所有收入阶段的中资企业员工占比都是最高的，其中与219美元及以下收入的员工占比（75.72%）相比，350美元及以上收入的员工的比例接近九成（87.5%），高出近12个百分点。知道中国大使馆对本国捐赠的新闻，所有收入阶段的中资企业员工的比例都是最低的，219美元及以下收入员工占比仅三成（31.77%），比350美元及以上收入的中资企业员工的比例（46.01%）少约14个百分点。

	中国大使馆对本国的捐赠	中国援助本国修建道路、桥梁、医院和学校	本国学生前往中国留学	中国艺术演出
219美元及以下	31.77	39.02	75.72	65.58
220—349美元	38.27	44.3	82.4	71.78
350美元及以上	46.01	55.43	87.5	79.93

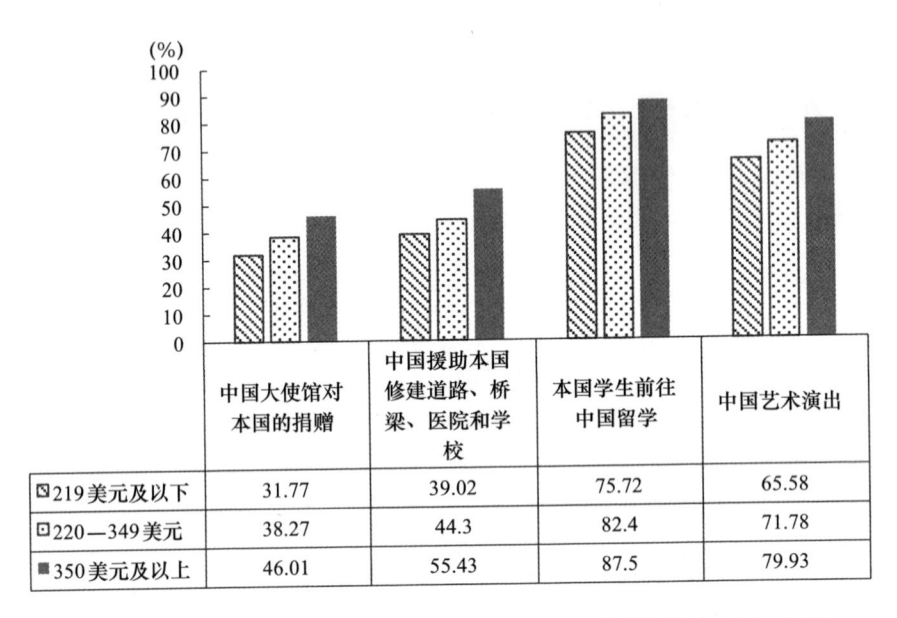

图6-3 按收入划分的从国内媒体看到过有关中国的新闻分布（N=942）

然后，从受教育程度来看（见图6-4），看过本国学生前往中国留学新闻的，无论初中/高中还是大学本科及以上学历员工的比例都是所有相关中国新闻中最高的，各自占比分别为78.42%和91.37%。小学及以下学历的员工，关注中国相关新闻占比最高的是中国艺术演出，占比为七成（70.83%）。随着受教育程度的提高，越南中资企业员工知道中国援建本国基础设施建设和本国学生前往中国留学的新闻的比例越高。了解中国大使馆对本国的捐赠和中国艺术演出新闻，占比最低的是初中/高中学历的员工，比例分别为37.96%和69.31%。由此可知，大学本科学历以上的员工从本国媒体了解中国相关新闻更多。

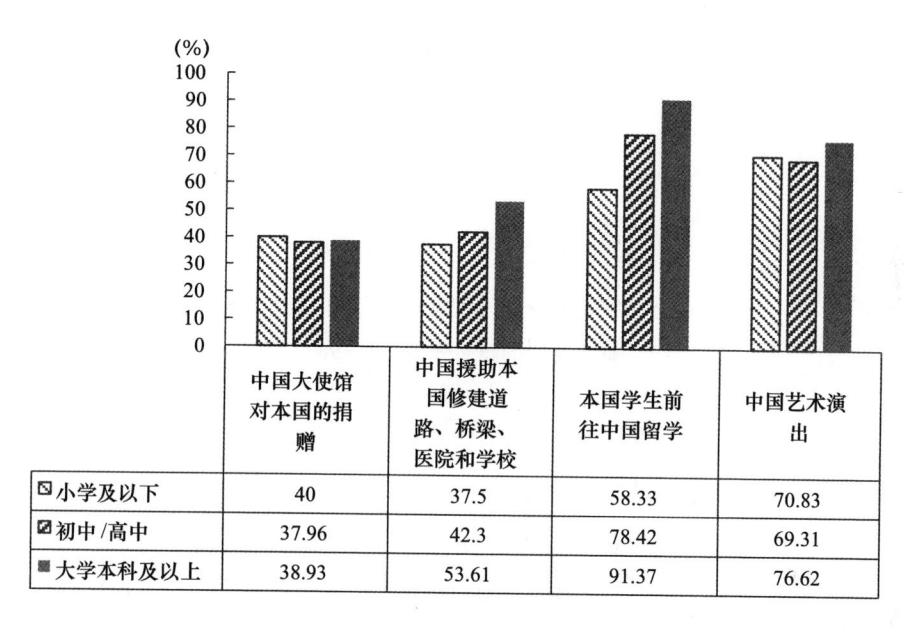

	中国大使馆对本国的捐赠	中国援助本国修建道路、桥梁、医院和学校	本国学生前往中国留学	中国艺术演出
小学及以下	40	37.5	58.33	70.83
初中/高中	37.96	42.3	78.42	69.31
大学本科及以上	38.93	53.61	91.37	76.62

图6-4 按受教育程度划分的从国内媒体看到过有关中国的新闻分布（N=978）

最后，从按是否为管理人员来看（见图6-5），管理人员比非管理人员看过关于中国的新闻要多。注意到最多关于中国的新闻是本国学生前往中国留学，管理人员占比接近九成（87.3%），比非管理人员的比例（80.71%）高出约7个百分点。其次是关于中国艺术演出的新闻，管理人员的占比接近八成（79.57%），非管理人员的比例接近七成（69.75%），相差近10个百分点。越南中资企业员工在本国媒体看到相关中国新闻最少的是中国大使馆对国内的捐赠新闻，管理人员的比例超四成（42.62%），非管理人员的比例不足四成（37.14%）。

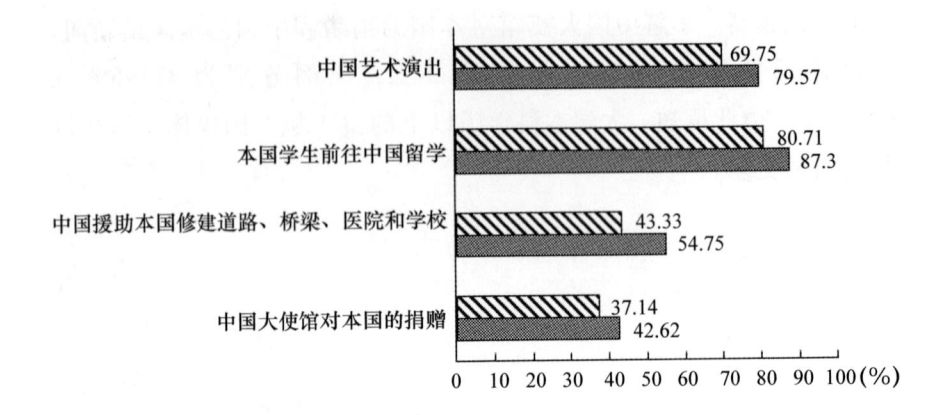

中国艺术演出 69.75 / 79.57
本国学生前往中国留学 80.71 / 87.3
中国援助本国修建道路、桥梁、医院和学校 43.33 / 54.75
中国大使馆对本国的捐赠 37.14 / 42.62

■非管理人员　■管理人员

图6-5　按是否管理人员划分的从国内媒体看到过
有关中国的新闻分布（N=987）

2. 越南中资企业员工了解中国信息的渠道现状

越南中资企业员工了解中国信息的渠道一般包括本国的媒体、中国的大众媒体以及中资企业内部的正式与非正式信息传播渠道。

据表6-2可见，越南中资企业员工了解中国信息的途径主要是依靠本国的大众媒体和中资企业内部的非正式渠道，通过中国的大众媒体和中资企业内部的正式渠道关注中国相关信息相对较少。在1025个受访员工中，员工了解中国信息的第一渠道是本国网络，所占比例超七成（76.49%）。本国电视是员工知道中国信息的第二渠道，占比达到五成（54.93%）。企业内部员工占比为三成（30.34%），本国报纸杂志占比为两成（25.07%），这两个渠道是越南中资企业员工了解中国有关信息的第三渠道。中国传统媒体占比仅有13.27%，中国新媒体的比例为15.22%，企业内部文字/图片等材料的比例达到16.49%，这三个渠道是越南中资企业员工关注中国信息最次要渠道。

表6-2 　　　越南中资企业员工了解中国信息的渠道分布 （单位：个，%）

	本国电视	本国网络	本国报纸杂志	中国传统媒体	中国新媒体	企业内部员工	企业内部文字/图片等材料
频次	563	784	257	136	156	311	169
占比	54.93	76.49	25.07	13.27	15.22	30.34	16.49

注：N=1025。

第一，从性别来看（见图6-6），男性员工在所列举的大多数渠道中的占比高于女性员工。通过本国网络了解中国相关信息，男性员工占比将近八成（79.7%），比女性员工的七成占比（74.93%）高出约5个百分点。通过本国电视关注中国，男性和女性员工所占比例都达到五成（54.33%、55.22%），两者占比很接近。从企业内部员工知道中国信息，男性员工占比为35.22%，比女性的比例27.97%多约7个百分点，两者差距最大。女性员工通过中国传统媒体了解中国的比例仅有11.45%，比男性员工占比（17.01%）少约6个百分点，是女性员工了解中国的渠道中占比最低的。男性员工通过中国新媒体知道中国信息占比最低为16.42%，但是比女性员工的比例（14.64%）多约2个百分点。

第二，从族群来看（见图6-7），京族员工通过本国电视、本国网络和本国报纸杂志了解中国的比例高于其他族群的员工；通过中国传统媒体、中国新媒体、企业内部员工和企业内部文字/图片等材料这四种途径认知中国的占比要低于其他族群员工。通过本国网络渠道知道中国相关信息，京族和其他族群的员工占比均最高，京族员工占比超七成（77.81%），比其他族群的六成占比（60.98%）高约17个百分点。从本国电视关注中国信息，京族和其他族群员工都是五成的比例（55.2%和52.44%），两者仅相差约3个百分点。京族员工了解中国信息的所有渠道中占比最低的是中国传统媒体，所占比例仅有12.95%，比其他族群员工（17.07%）少约4个百分点。

中国与湄公河五国民心相通研究

	本国电视	本国网络	本国报纸杂志	中国传统媒体	中国新媒体	企业内部员工	企业内部文字/图片等材料
男	54.33	79.7	28.06	17.01	16.42	35.22	16.72
女	55.22	74.93	23.62	11.45	14.64	27.97	16.38

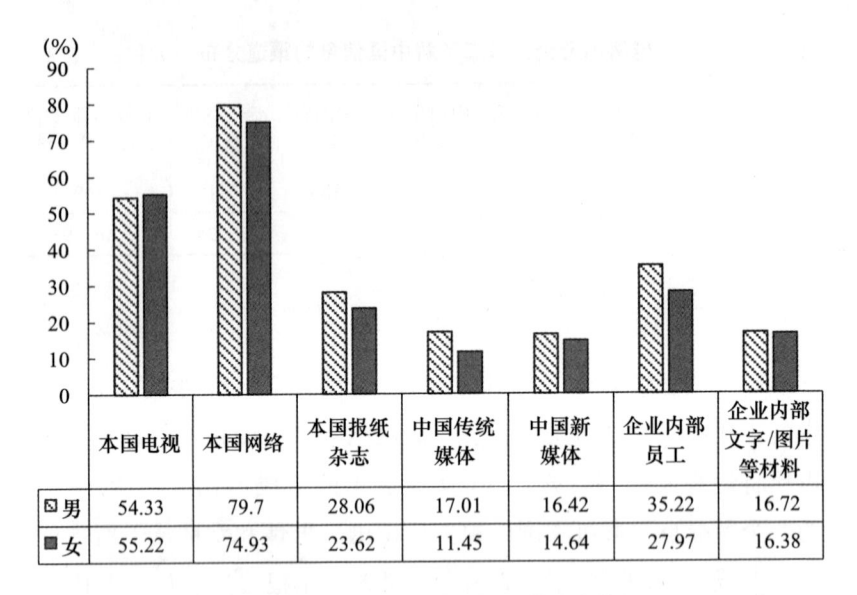

图 6-6 按性别划分的了解中国信息的渠道分布状况（N=1025）

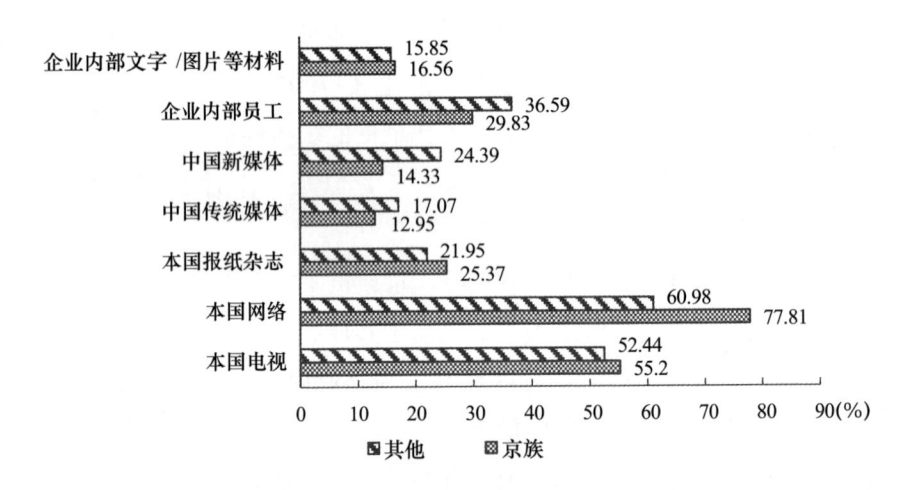

渠道	其他	京族
企业内部文字/图片等材料	15.85	16.56
企业内部员工	36.59	29.83
中国新媒体	24.39	14.33
中国传统媒体	17.07	12.95
本国报纸杂志	21.95	25.37
本国网络	60.98	77.81
本国电视	52.44	55.2

图 6-7 按族群划分的了解中国信息的渠道分布状况（N=1024）

第三，按收入来看（见图 6-8），总体上，除了本国电视和中国传统媒体渠道，其他五个渠道所占比例随着收入水平的提高而增加。首先，通过本国网络了解中国相关信息，所有收入水平的员工占比均

	本国电视	本国网络	本国报纸杂志	中国传统媒体	中国新媒体	企业内部员工	企业内部文字/图片等材料
219美元及以下	58.68	67.71	23.61	10.76	10.42	19.1	10.07
220—349美元	51.45	78.99	24.64	10.63	13.53	28.26	15.94
350美元及以上	56.04	82.05	27.47	20.51	23.08	46.15	24.18

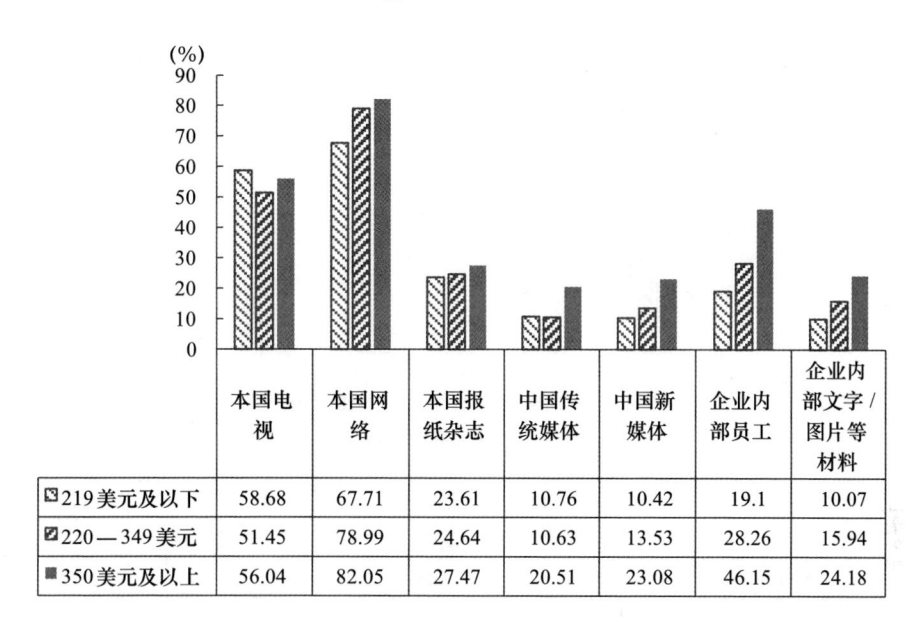

图6-8 按收入划分的了解中国信息的渠道分布状况（N=975）

最高，219美元及以下收入的员工占比超六成（67.71%），收入为220—349美元的员工占比接近八成（78.99%），350美元及以上收入的占比为八成（82.05%）。其次，从本国电视知道中国信息，占比最大的为219美元及以下收入的员工，为58.68%；收入220—349美元的员工占比最少，为51.45%，这两者相差约7个百分点。最后，企业内部文字/图片等材料是219美元及以下收入的员工了解中国占比最低的渠道，仅有10.07%；中国传统媒体是收入为220—349美元与350美元及以上的员工占比最低的渠道，分别为一成多（10.63%）和两成多（20.51%），两者相差近10个百分点。

第四，按受教育程度划分（见图6-9），总体上看，本国网络、中国新媒体、企业内部员工和企业内部文字/图片等材料这四个渠道的占比随着教育水平的提高而增加，本国电视渠道随着受教育程度的提高而降低，本国报纸杂志和中国传统媒体这两个渠道占比最高的是初中/高中教育水平的员工。首先，从本国网络关注中国有关信息，

中国与湄公河五国民心相通研究

	本国电视	本国网络	本国报纸杂志	中国传统媒体	中国新媒体	企业内部员工	企业内部文字/图片等材料
小学及以下	68	24	12	8	4	16	12
初中/高中	55.56	74.22	26.22	13.93	13.33	25.63	14.52
大学本科及以上	52.85	85.44	23.42	12.03	20.25	42.41	21.52

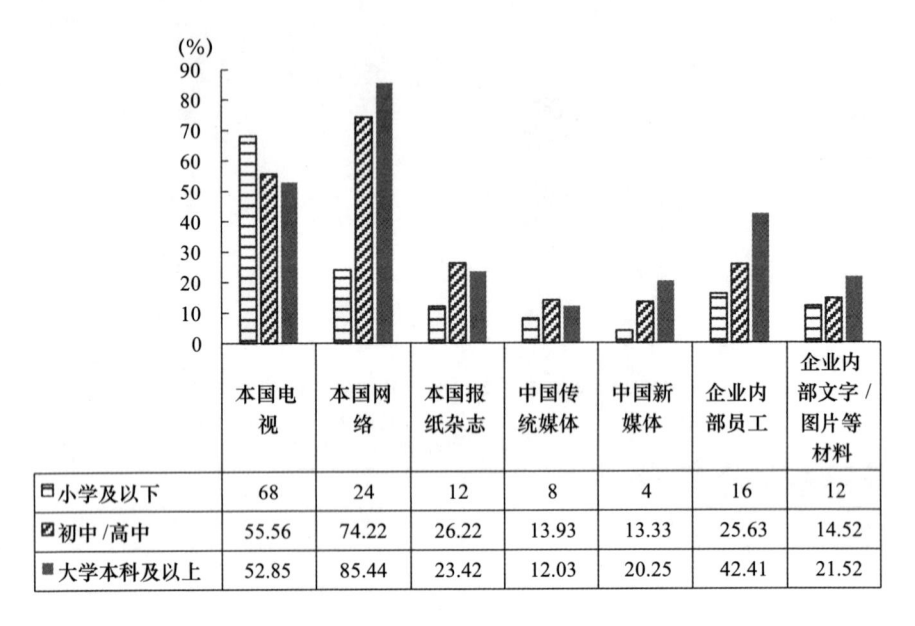

图6-9 按受教育程度划分的了解中国信息的渠道分布状况（N=1016）

小学及以下的员工占比最低，仅有两成多（24%），初中/高中教育的员工占比为七成多（74.22%），大学本科及以上学历的员工占比最高达到八成多（85.44%），最高和最低占比相差约61个百分点，占比相差最大；同时，本国网络是初中/高中与大学本科及以上学历员工占比最高的渠道。其次，通过本国电视知道中国信息的占比，随受教育程度的提高而变低，小学及以下教育程度的员工占比超六成（68%）比大学本科及以上的比例（52.85%）高出约15个百分点。最后，中国新媒体是小学及以下与初中/高中教育水平的员工了解中国占比最低的渠道，所占比例分别为4%和13.33%；中国传统媒体是大学本科及以上学历的员工占比最低的渠道，占比为12.03%。

第五，按是否为管理人员划分（见图6-10），总体而言，管理人员关注中国信息的渠道占比高于非管理人员。首先，通过本国网络了解中国信息的管理人员和非管理人员占比均最高，管理人员占比为超八成（85.26%），比非管理人员七成的占比（74.49%）高出约11

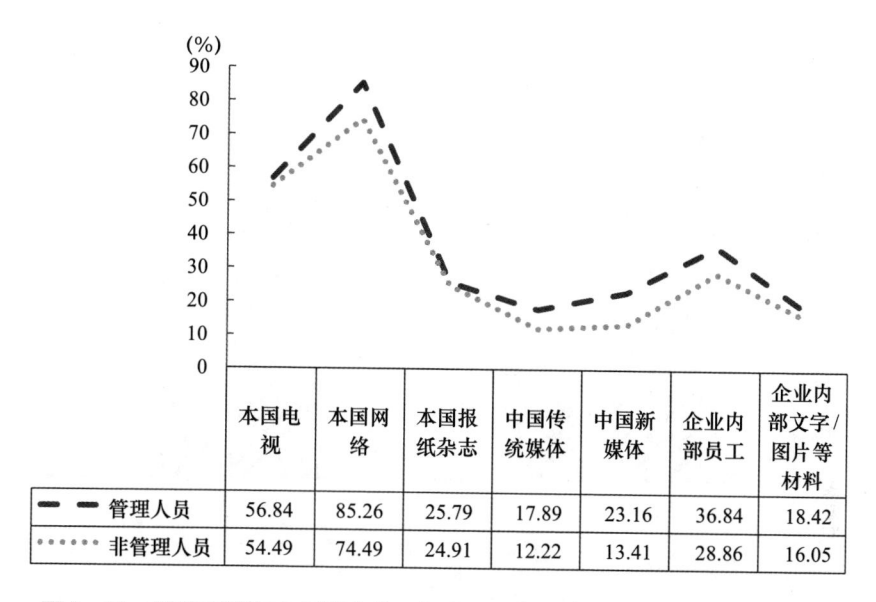

第六章 中国与越南民心相通现状研究

	本国电视	本国网络	本国报纸杂志	中国传统媒体	中国新媒体	企业内部员工	企业内部文字/图片等材料
—— 管理人员	56.84	85.26	25.79	17.89	23.16	36.84	18.42
⋯⋯ 非管理人员	54.49	74.49	24.91	12.22	13.41	28.86	16.05

图 6-10 按是否管理人员划分的了解中国信息的渠道分布状况（N=1025）

个百分点，两者间的差距最大。其次，通过本国电视知道中国相关信息的管理人员和非管理人员的比例都达到五成多（56.84%、54.49%），仅相差约2个百分点。最后，中国传统媒体是管理人员和非管理人员了解中国有关信息占比最低的渠道，占比分别为17.89%和12.22%，相差约6个百分点。

二 越南中资企业员工对中国品牌的认知

认知中国品牌是国外民众认识中国整体的一个途径。知道本企业之外的其他中国产品品牌以及所知道的具体中国产品品牌数量是衡量越南中资企业员工对中国品牌认知的指标。

下面从性别、收入和教育这三个维度分析越南中资企业员工了解非本企业的其他中国产品品牌情况。

按性别划分来看（见图6-11），在995名受访员工中，男性知道非本公司的其他中国品牌的比例超七成（75.68%），不知道的占24.32%。女性员工知道非本公司其他中国品牌占比超六成

· 295 ·

中国与湄公河五国民心相通研究

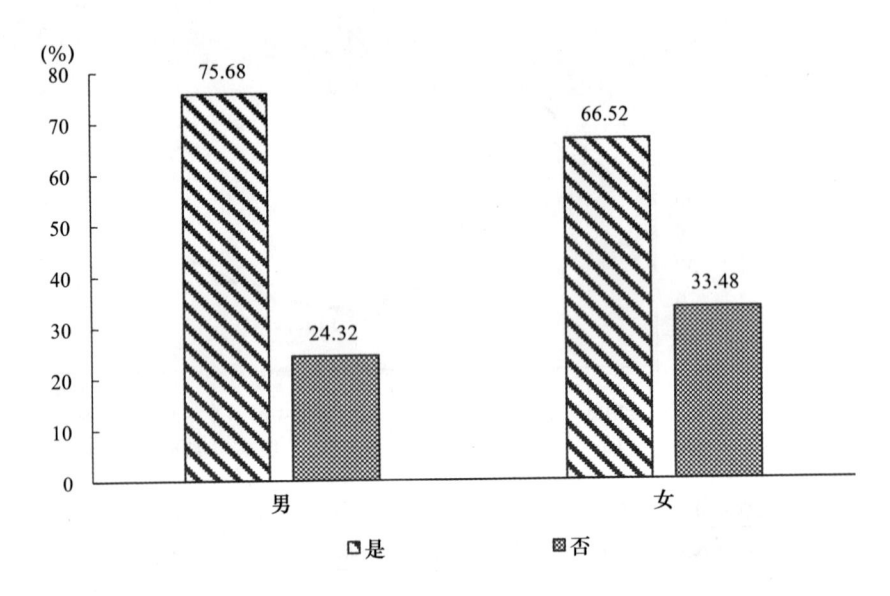

图6-11 按性别划分的越南中资企业员工知道除本公司以外的其他中国产品品牌的分布（N=995）

（66.52%），比男性少约9个百分点。以此可见，越南中资企业男性员工比女性员工更了解非本企业的其他中国产品品牌。

从收入来看（见图6-12），随着收入水平的提高，员工知道非本公司的其他中国产品品牌的比例也随之增加。知道其他中国产品品牌的员工中，收入为219美元及以下的员工占比接近六成（59.12%），220—349美元收入的员工超六成（66.33%），350美元及以上收入的员工达八成多（83.52%）。

从受教育程度来看（见图6-13），小学及以下教育水平的员工知道其他中国产品品牌仅占两成（25%），初中/高中教育水平的员工占比提升至六成（61.96%），大学本科及以上学历的员工的比例接近九成（88.71%），比小学及以下教育水平员工多约64个百分比。由此可见，受教育程度越高，员工对除本企业外的其他中国产品品牌的认知度就越高。

下面将从总体上、性别、收入和受教育程度多个维度分析越南中

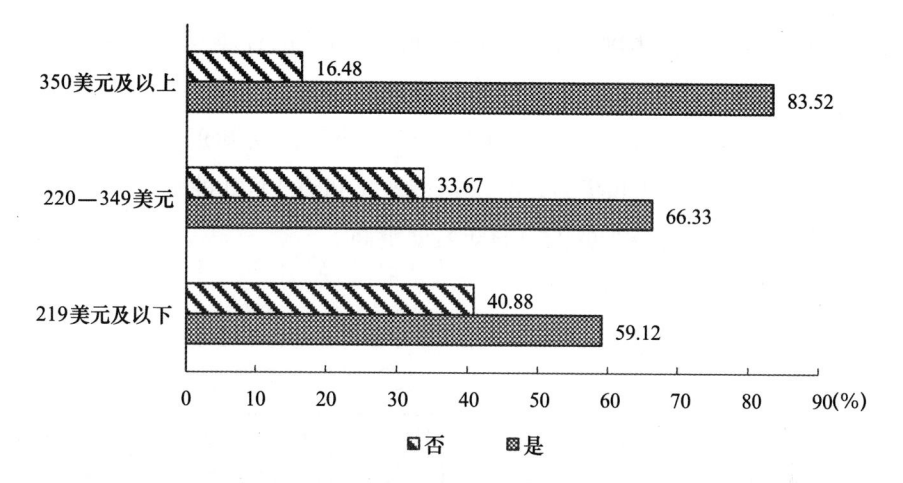

图6-12 按收入划分的越南中资企业员工知道除本公司以外的其他中国产品品牌的分布（N=945）

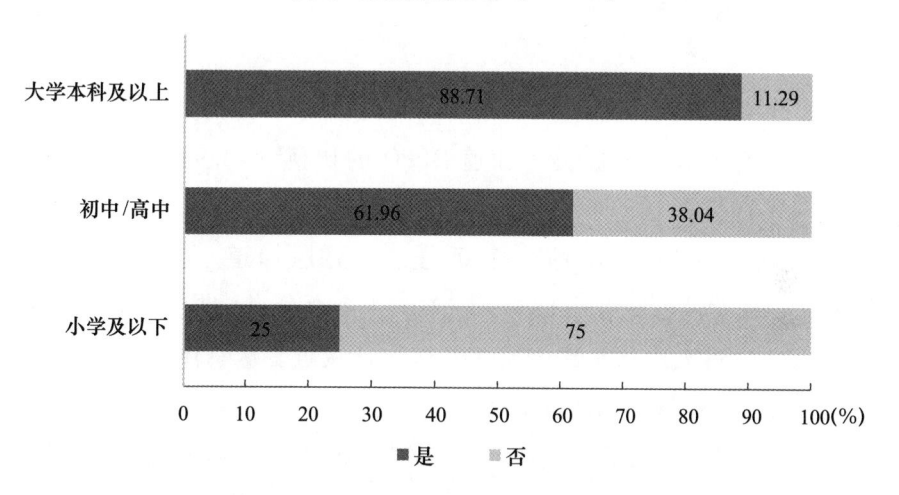

图6-13 按受教育程度划分的越南中资企业员工知道除本公司以外的其他中国产品品牌的分布（N=986）

资企业员工知道具体中国产品品牌的情况。

越南中资企业员工知道具体的中国品牌分布，由表6-3可知，受访的1025名员工中，知道华为的样本量为116人，比例为11.32%；知道小米的样本量为76人，占比为7.41%；知道OPPO的样本量为128人，比例为12.49%；知道VIVO的样本量仅有40人，比例为3.9%；知道其他中国产品品牌的样本量有332人，比例达到三成（32.39%）。以此可见，越南中资企业员工所知道的具体中国品牌最多的是OPPO和华为，其次是小米，知道VIVO的较少。OPPO和华为在越南中资企业员工中的知名度更高。

表6-3 越南中资企业员工所知道的3个中国产品品牌总的情况

（单位：个,%）

	未回答	华为	小米	OPPO	VIVO	其他	合计
频率	333	116	76	128	40	332	1025
占比	32.49	11.32	7.41	12.49	3.9	32.39	100

注：N=1025。

结合图6-14与图6-15可知，男女员工所知道的具体中国产品品牌情况有差异。男性员工知道OPPO的比例（13.93%）比女性（11.74%）高2.19个百分点。男性知道华为的比例为13.03%，比女性占比10.48%高出约3个百分点。男性知道小米的比例为9.95%，而女性占比为6.18%，相差约4个百分点。男性知道VIVO的占比（3.38%）和女性占比（4.11%）接近。从总体上看，男性比女性知道的中国产品品牌更多。

从收入来看（见图6-16），收入为219美元及以下的员工了解具体的中国产品品牌占比最少，收入为350美元及以上的员工知道的具体中国产品品牌最多。总体上来看，收入为350美元及以上的员工，知道OPPO和华为的占比接近（16.97%和16.36%），知道小米的占比也达到一成（11.23%），知道VIVO的比例仅有4.03%，知道其他具体中国品牌的占比为34.92%。收入为220—349美元的员工，知道VIVO的占比最低，比占比最高的219美元及以下收入的员工少近1个百分点。

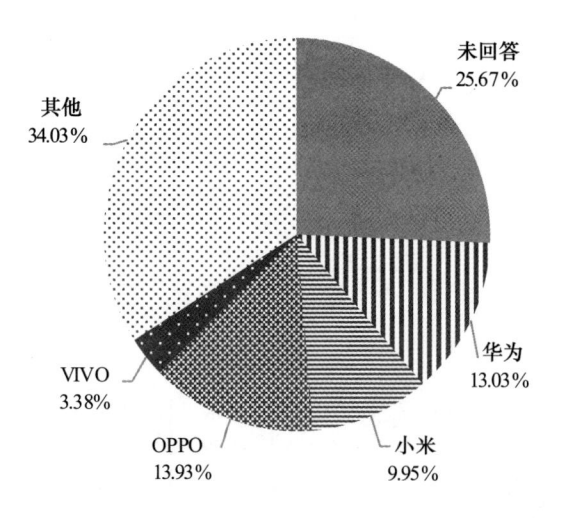

图6-14 男性越南中资企业员工所知道的3个中国产品品牌的分布（N=335）

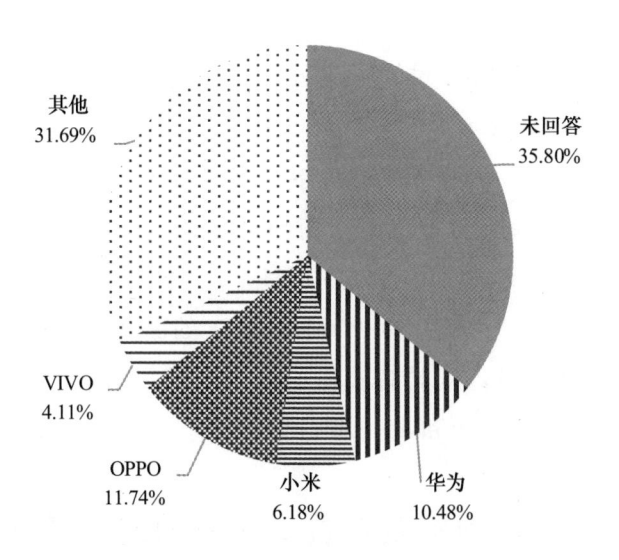

图6-15 女性越南中资企业员工所知道的3个中国产品品牌的分布（N=690）

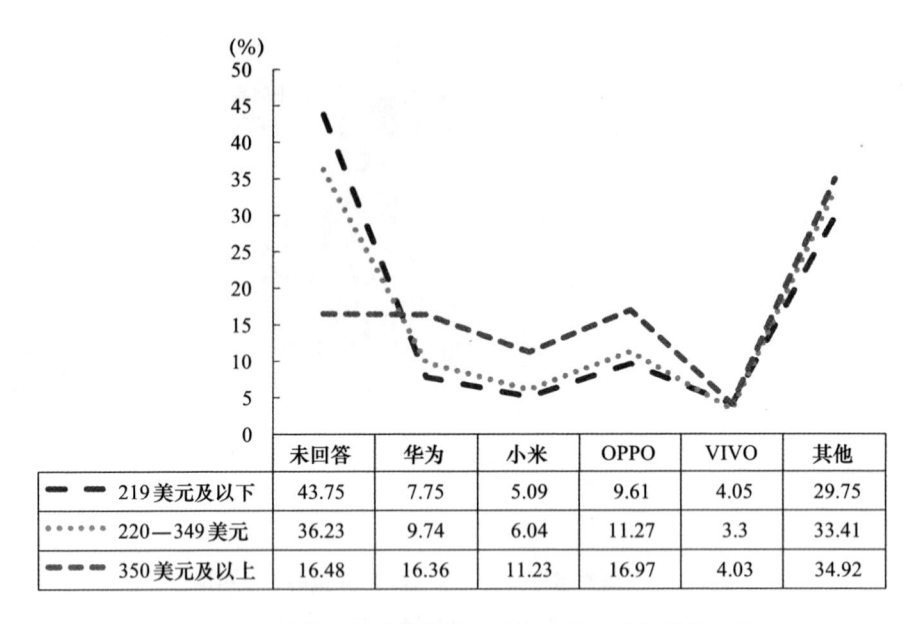

	未回答	华为	小米	OPPO	VIVO	其他
— — 219美元及以下	43.75	7.75	5.09	9.61	4.05	29.75
······ 220—349美元	36.23	9.74	6.04	11.27	3.3	33.41
- - - 350美元及以上	16.48	16.36	11.23	16.97	4.03	34.92

图6-16 按收入划分的越南中资企业员工所知道的3个中国产品品牌的分布（N=975）

按受教育程度划分来看（见图6-17），受教育程度越高，知道具体的中国产品品牌越多。大学本科及以上学历的员工，知道华为的占比达到17.72%，比小学及以下教育的员工（1.33%）高出约16个百分点。大学本科及以上学历的员工知道华为、小米、OPPO和VIVO的加总比例达到五成（50.73%）。初中/高中教育水平的员工，知道华为、小米、OPPO和VIVO的加总比例接近三成（28.89%）。小学及以下教育水平的员工知道华为和OPPO的比例都为1.33%，知道小米和VIVO占比为0%。

第二节 越南中资企业员工对中国的情感性评价

越南中资企业员工对中国的情感性评价，主要是指越南中资企业员工与中国民众的社会交往意愿及其对本国中资企业的主观性评价。

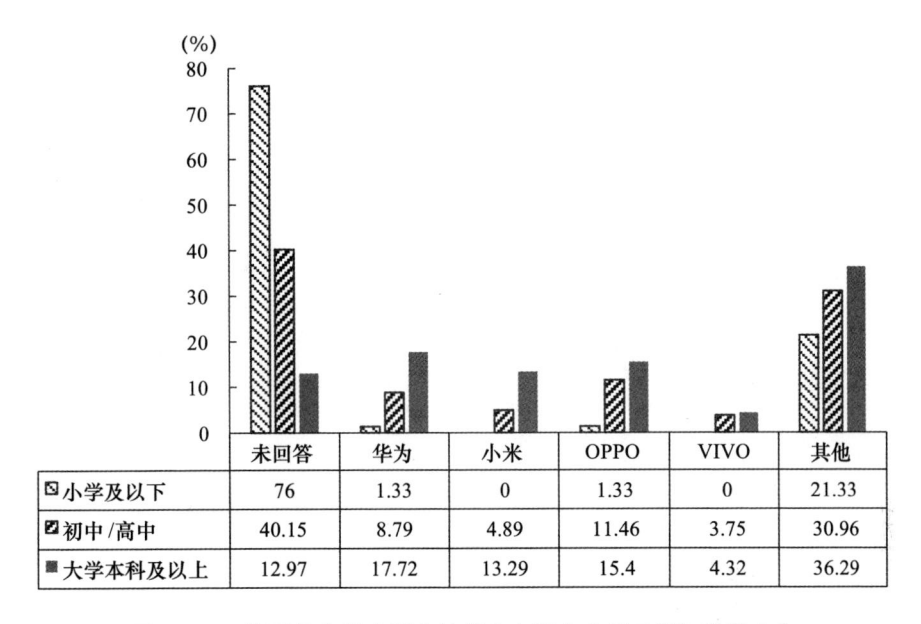

第六章　中国与越南民心相通现状研究

(%)	未回答	华为	小米	OPPO	VIVO	其他
小学及以下	76	1.33	0	1.33	0	21.33
初中/高中	40.15	8.79	4.89	11.46	3.75	30.96
大学本科及以上	12.97	17.72	13.29	15.4	4.32	36.29

图 6-17　按受教育程度划分的越南中资企业员工所知道的 3 个
中国产品品牌的分布（N=1016）

越南中资企业员工对中国的情感性评价，是推进越南中资企业员工与中国民众民心相通的民意基础。本节主要描述和分析越南中资企业员工对中国人的接纳程度、中资企业员工对中国企业的评价以及中资企业员工关于中国对本国影响力的评价三部分内容。

一　越南中资企业员工对中国人的接纳程度

越南中资企业员工对中国人的接纳程度可以用员工愿意与中国民众保持的社会距离来测量。以下从整体、性别、族群、受教育程度和入职时长来分别描述越南中资企业员工对中国人的接纳程度。

越南中资企业员工与中国民众的社会距离整体分布，由图 6-18 可见，越南员工与中国民众的社会距离由亲密到疏远，所占的比例不断增加。在受访的 1023 位员工中，愿意与中国人成为伴侣员工接近六成（59.92%），愿意成为朋友的比例提升到九成（94.53%），愿意与中国人成为邻居、同事、点头之交的，或生活在同一城市的比例都在96%以上，愿意与中国人生活在同一国家的比例则接近十成（99.41%）。

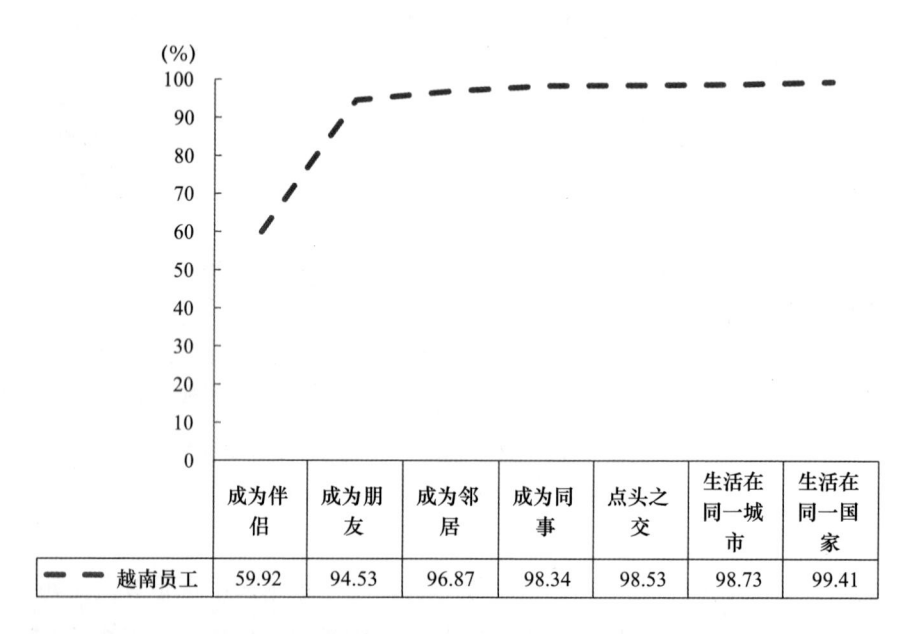

	成为伴侣	成为朋友	成为邻居	成为同事	点头之交	生活在同一城市	生活在同一国家
---- 越南员工	59.92	94.53	96.87	98.34	98.53	98.73	99.41

图6-18 越南中资企业员工与中国民众的社会距离分布（N=1023）

从性别来看（见图6-19），总体而言，在建立亲近社会关系方面，男性员工交往意愿更强；而在构建一般性社会关系方面，女性和男性员工的交往意愿则差异不大。愿意与中国民众成为伴侣方面，男性员工占比超过七成（77.25%），比女性员工五成（51.52%）高约1.5倍。愿意与中国民众成为朋友的男性员工比例为97.31%，比女性员工占比（93.18%）多约4个百分点。愿意与中国民众成为邻居的男性员工比例为98.5%，女性员工比例为96.08%，相差约2个百分点。男性员工愿意与中国人成为同事、点头之交、生活在同一城市以及同一国家的比例都是99.4%，女性员工在上述几项的比例是不断增加的。

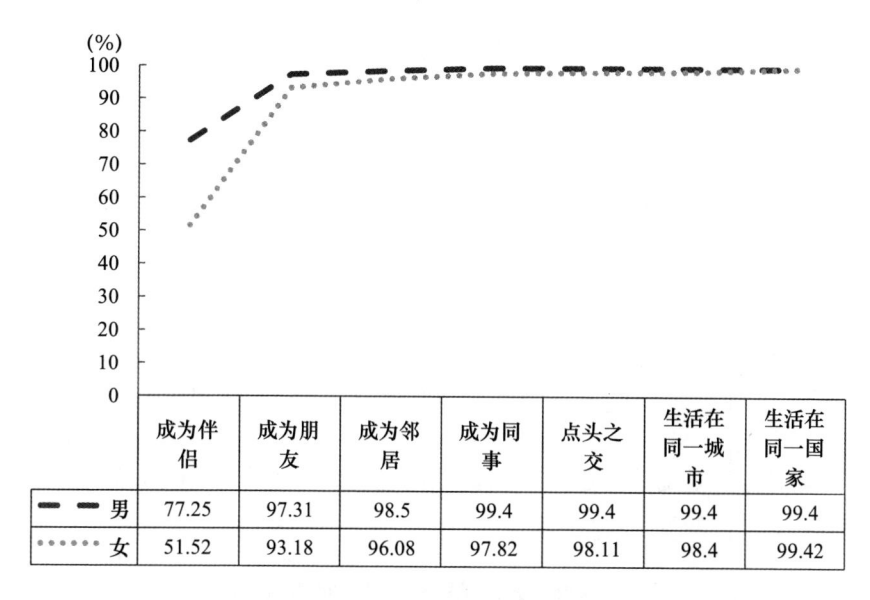

第六章 中国与越南民心相通现状研究

	成为伴侣	成为朋友	成为邻居	成为同事	点头之交	生活在同一城市	生活在同一国家
— — 男	77.25	97.31	98.5	99.4	99.4	99.4	99.4
······ 女	51.52	93.18	96.08	97.82	98.11	98.4	99.42

图 6-19 按性别划分的越南中资企业员工与中国民众的
社会距离分布（N=1023）

从族群来看（见图 6-20），总体上其他族群员工对中国民众的接纳程度高于京族员工。愿意与中国人成为伴侣的京族员工占比（58.94%）较其他族群员工比例（70.73%）少了近12个百分点，两者间的差异最明显。愿意与中国人成为朋友、邻居、同事和点头之交的，及愿意生活在同一城市、同一国家的京族员工与其他族群员工比例接近，都在90%以上，相差在2个百分点内。同时，随社会距离由近及远，京族员工对中国民众的接纳意愿不断提高，愿意生活在同一国家的占到99.36%；其他族群员工愿意与中国人成为同事、点头之交，及生活在同一城市、同一国家的比例都为100%。

按受教育程度划分来看（见图 6-21），愿意与中国人成为伴侣的员工中，小学及以下教育水平员工占比最高，接近七成（68%）；大学本科及以上学历员工占比最低，不到六成（56.37%），与前者相差约12个百分点。愿意与中国人成为朋友、邻居、同事和点头之交，以及生活在同一城市、同一国家的占比都在90%以上，且随着

· 303 ·

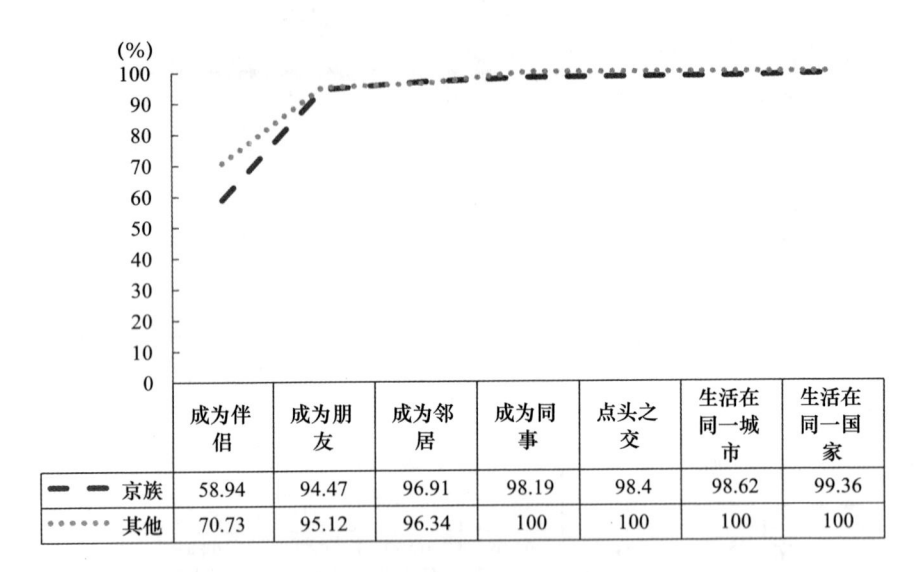

	成为伴侣	成为朋友	成为邻居	成为同事	点头之交	生活在同一城市	生活在同一国家
— — 京族	58.94	94.47	96.91	98.19	98.4	98.62	99.36
······ 其他	70.73	95.12	96.34	100	100	100	100

图 6-20　按族群划分的越南中资企业员工与中国民众的社会距离分布（N=1022）

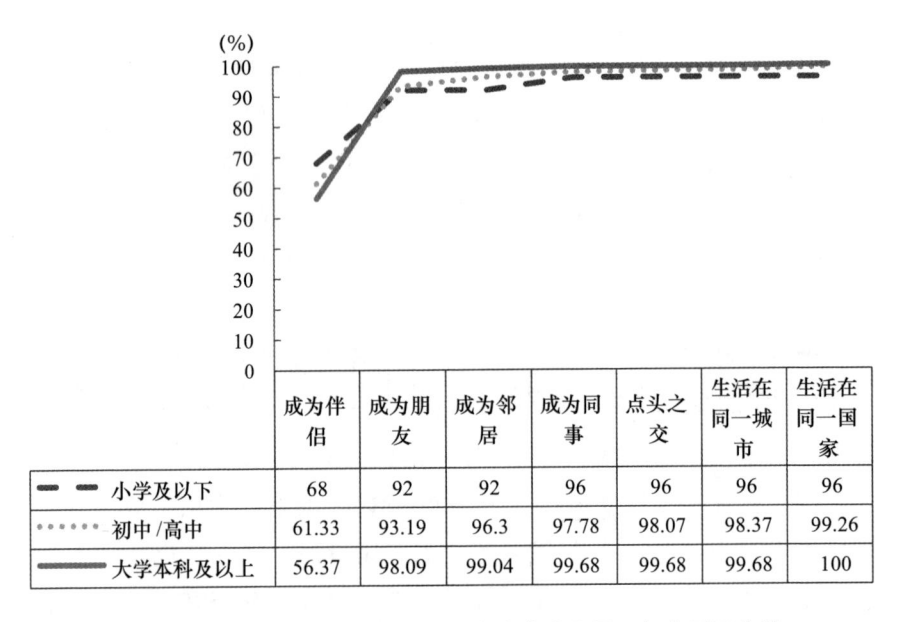

	成为伴侣	成为朋友	成为邻居	成为同事	点头之交	生活在同一城市	生活在同一国家
— — 小学及以下	68	92	92	96	96	96	96
······ 初中/高中	61.33	93.19	96.3	97.78	98.07	98.37	99.26
—— 大学本科及以上	56.37	98.09	99.04	99.68	99.68	99.68	100

图 6-21　按受教育程度划分的越南中资企业员工与中国民众的社会距离分布（N=1014）

受教育程度的提高而提高。大学本科及以上的员工愿意与中国民众成为朋友的占到98.09%，愿意与中国人生活在同一国家的更是达到100%。由此可知，在建立亲密关系方面，受教育水平越高，越南中资企业员工与中国民众的社交意愿越低；而在一般社会关系构建中，受教育水平越高，越南中资企业员工的社会交往意愿就越高。

按入职时长划分来看，由图6-22可知，无论越南中资企业员工的入职时间长短，其都非常愿意与中国民众建立一定社会关系网络，且入职半年至两年的员工对中国民众社交意愿高于其他员工。愿意与中国人成为伴侣的员工中，入职半年至两年的占比最高，为六成（62.72%）；入职两年以上的员工占比最低，为57.43%，两者相差约5个百分点，差距最明显。愿意与中国人成为朋友、邻居、同事和点头之交，及生活在同一城市、同一国家的各类员工占比都在94%以上。

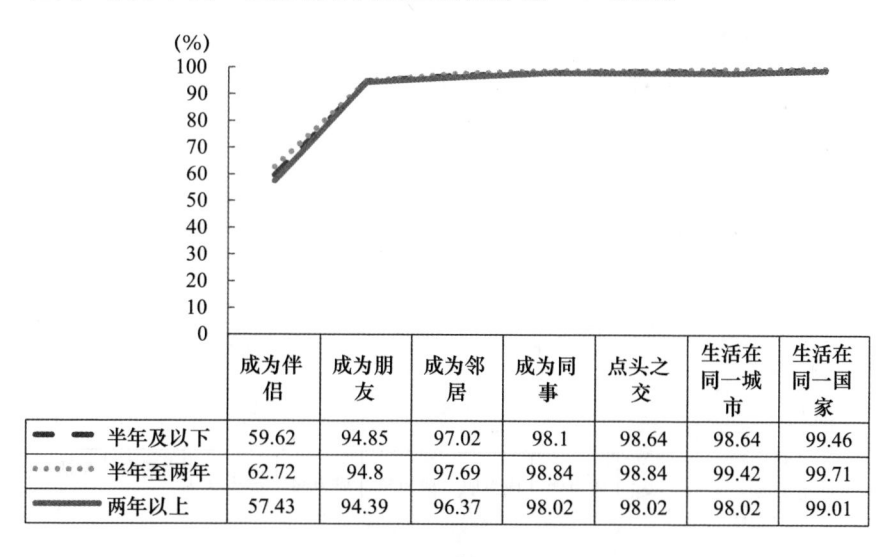

	成为伴侣	成为朋友	成为邻居	成为同事	点头之交	生活在同一城市	生活在同一国家
半年及以下	59.62	94.85	97.02	98.1	98.64	98.64	99.46
半年至两年	62.72	94.8	97.69	98.84	98.84	99.42	99.71
两年以上	57.43	94.39	96.37	98.02	98.02	98.02	99.01

图6-22　按入职时长划分的越南中资企业员工与中国民众的社会距离分布（N=1018）

二　越南中资企业员工对中国企业的评价

中资企业对于越南本地的风俗习惯和员工宗教信仰的尊重程度，

中资企业的作息时间安排，以及中资企业内部中外员工晋升制度的一致性，这些方面的评价一定程度上可体现员工对中资企业，乃至整个中国的评价。

总体上，越南中资企业员工对中国企业评价的频率分布，由表6-4可知，在974名受访员工中，合并"完全不同意"和"不同意"为"不同意"项，合并"基本同意"和"完全同意"为"同意"项，3.63%员工不同意中资企业尊重本地风俗习惯，9.21%员工认为中资企业尊重本地风俗习惯一般，87.16%员工同意中资企业尊重本地风俗习惯。中资企业尊重员工的宗教信仰的主观评价有超过86%员工同意，认为一般的占10.76%，只有3.04%员工不同意。喜欢本企业的作息时间安排评价显示，同意的占76.59%，认为一般的员工占17.83%，不同意的仅占5.58%。中外员工晋升制度一致的评价为，有16.04%员工不同意，认为一般员工有15.8%，同意的员工有68.16%。由此可见，越南中资企业员工对中资企业在尊重风俗习惯和宗教信仰、作息时间安排以及中外员工晋升制度一致性的评价整体上较高。

表6-4　　越南中资企业员工对中国企业评价的频率分布　　（单位:%）

	本企业尊重本地风俗习惯	本企业尊重员工的宗教信仰	喜欢本企业的作息时间规定	中外员工晋升制度一致
完全不同意	2.06	1.52	1.86	1.85
不同意	1.57	1.52	3.72	14.19
一般	9.21	10.76	17.83	15.8
基本同意	56.9	55.74	52.89	49.71
完全同意	30.26	30.46	23.7	18.45
合计	100	100	100	100

注：N=974。

下面从性别、族群、收入、受教育程度、是否为管理人员和入职时长这六个维度描述和分析越南中资企业员工对中国企业尊重本地风俗习惯的同意程度。

首先，按性别划分来看（见图 6-23），整体上男性和女性员工对于中资企业尊重本地风俗习惯的主观性评价差异不明显。"完全不同意"和"不同意"的加总比例上，男性（3.28%）与女性员工（3.79%）差距很小。认为尊重本地风俗习惯"一般"的男性占比为 9.85%，比女性占比（8.89%）高出约 1 个百分点。合并"基本同意"和"完全同意"后，男性占 86.87%，和女性占比 87.31% 基本一致。

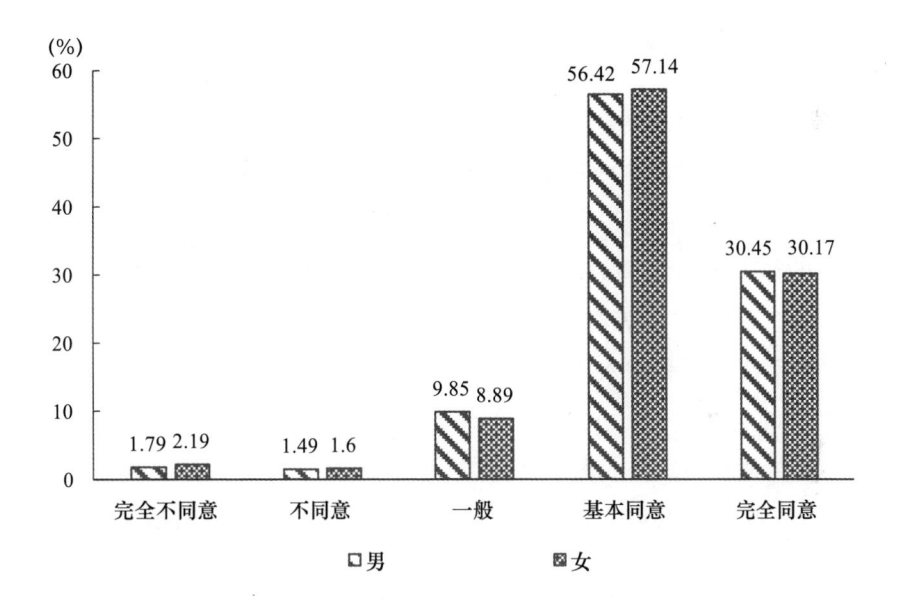

图 6-23 按性别划分的是否同意"本企业尊重本地风俗习惯"分布（N=1021）

其次，按族群划分来看（见表 6-5），京族员工对于中资企业尊重本地风俗习惯的情感性评价略高于其他族群。合并"完全不同意"和"不同意"，京族员工占 3.73% 比其他族群员工（1.23%）高出约 3 个百分点。认为本企业尊重本地风俗习惯为"一般"的京族员工占比为 8.95%，比其他族群的比例（12.35%）少约 3 个百分点。"基本同意"和"完全同意"的加总比例上，京族员工占到87.32%，其他族群占86.42%，仅相差约1个百分点。

表6-5 按族群划分的是否同意"本企业尊重本地风俗习惯"分布

（单位：%）

族群	完全不同意	不同意	一般	基本同意	完全同意
京族	2.13	1.6	8.95	57.08	30.24
其他	0	1.23	12.35	55.56	30.86

注：N=1020。

再次，按收入划分来看（见图6-24），随着收入的提高，越南中资企业员工对本企业尊重本地风俗习惯的评价也提高。合并"完全不同意"和"不同意"，收入越高，不同意的比例越低，219美元及以下的员工占4.55%，350美元及以上的员工占3.31%，相差约1个百分点。认为本企业尊重本地风俗习惯"一般"的员工中，收入为219美元及以下和收入220—349美元的员工占比相差很小，350美元及以上的员工达到一成（13.24%）。合并"基本同意"和"完全同意"，收入为219美元及以下和220—349美元的员工占比都在88%左右，350美元及以上的员工（83.46%）与其他收入阶段的员工相差约5个百分点。

接下来，从受教育程度来看，由图6-25可见，员工评价本企业尊重本地风俗习惯存在教育差异。加总"完全不同意"和"不同意"，受教育程度提高，不同意的比例降低，小学及以下学历的员工占4%，大学本科及以上学历的员工只占3.17%。认为本企业尊重本地风俗习惯"一般"的员工中，不同受教育程度的员工评价差异最大，小学及以下学历的员工仅占4%，初中/高中学历的员工占到8.63%，本科及以上学历的员工占比最高为一成（10.79%），最低和最高占比相差约7个百分点。加总"基本同意"和"完全同意"，

第六章 中国与越南民心相通现状研究

	完全不同意	不同意	一般	基本同意	完全同意
— — 219美元及以下	1.75	2.8	7.34	67.13	20.98
······ 220—349美元	1.94	1.45	7.75	56.17	32.69
— — 350美元及以上	2.57	0.74	13.24	47.43	36.03

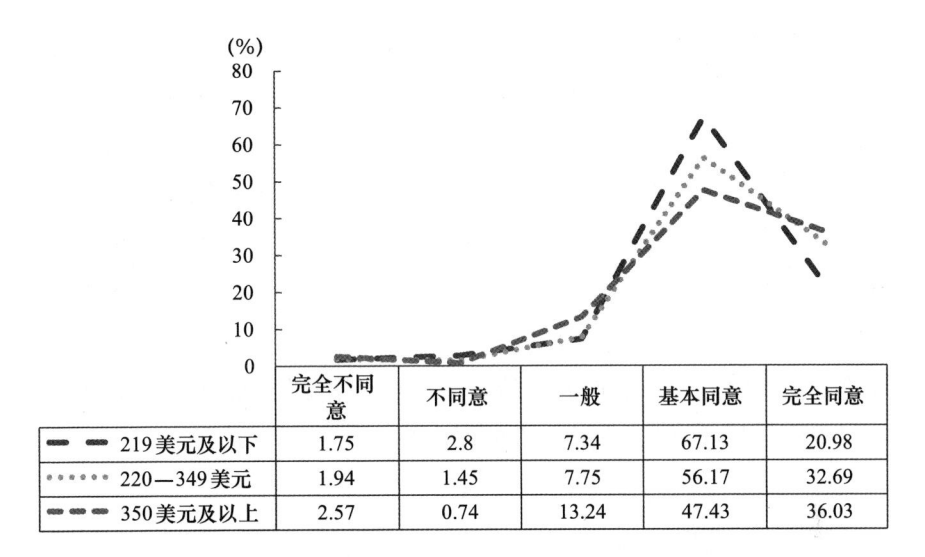

图6-24 按收入划分的是否同意"本企业尊重本地风俗习惯"分布（N=971）

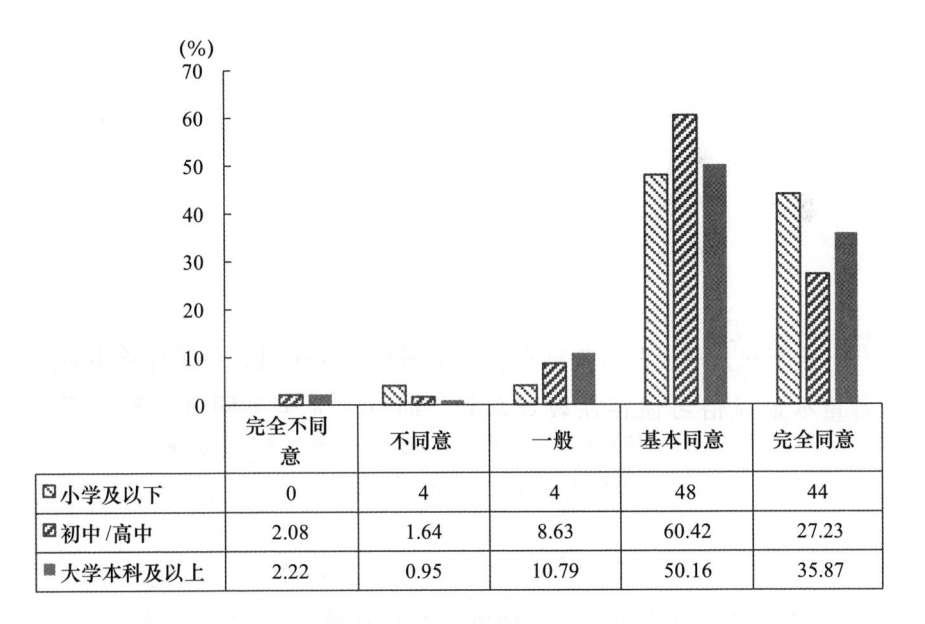

	完全不同意	不同意	一般	基本同意	完全同意
小学及以下	0	4	4	48	44
初中/高中	2.08	1.64	8.63	60.42	27.23
大学本科及以上	2.22	0.95	10.79	50.16	35.87

图6-25 按受教育程度划分的是否同意"本企业尊重本地风俗习惯"分布（N=1012）

小学及以下学历的员工占比达到九成（92%），初中/高中学历的员工占87.65%，本科及以上学历的员工的比例为86.03%。

然后，按是否为管理人员划分来看（见图6-26），加总"完全不同意"和"不同意"后，管理人员仅占1.58%，比非管理人员的比例（4.1%）少约3个百分点。认为本企业尊重本地风俗习惯"一般"的管理人员占一成（10.53%）比非管理人员的比例（8.9%）略高。合并"基本同意"和"完全同意"来看，管理人员占比为87.89%，非管理人员占比为87%，两者间的差异较小。据此知道，总体上管理人员对于本企业尊重本地风俗习惯的评价高于非管理人员。

	完全不同意	不同意	一般	基本同意	完全同意
管理人员	1.05	0.53	10.53	53.68	34.21
非管理人员	2.29	1.81	8.9	57.64	29.36

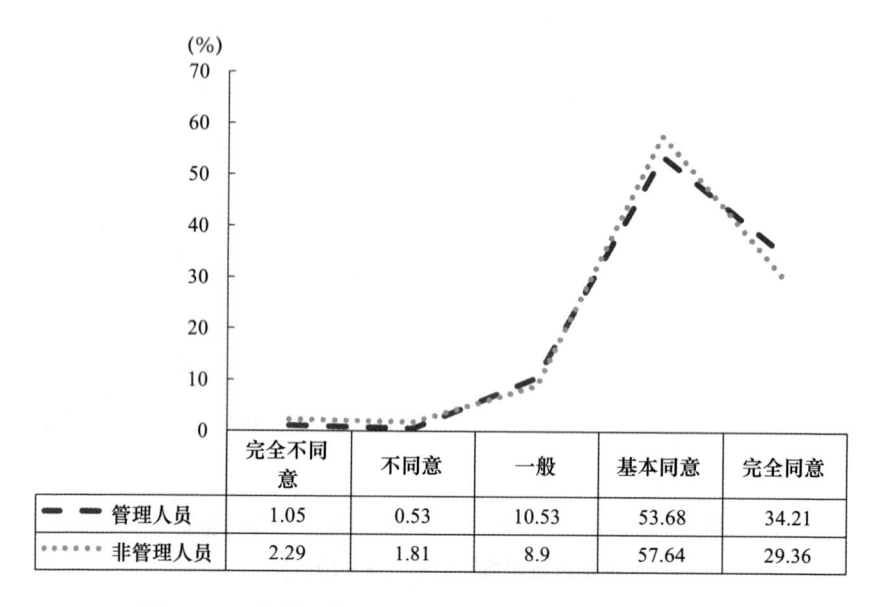

图6-26 按是否管理人员划分的是否同意"本企业尊重本地风俗习惯"分布（N=1021）

最后，从进入中资企业的时间看（见图6-27），总体上所有入职时长的员工对本企业尊重本地风俗习惯的评价都偏高，且越南中资企业员工对本企业尊重本地风俗习惯的评价在一定的入职时长后，由高转向低。加总"完全不同意"和"不同意"之后，入职半年至两年的占比最低为3.18%，入职两年以上的占比最高为4.29%。认为本企业"一般"尊重本地风俗习惯的占比随入职时间的增加而增加，入职半年及以下的员工仅占8.2%，入职两年以上的占一成（10.23%），相差约3个百分点。合并"基本同意"和"完全同意"后来看，入职时间越长占比越低，入职半年及以下的员工比例最高为88.25%，入职半年至两年占87.28%，入职两年以上的占比最低为85.47%，最高和最低比例相差约3个百分点。

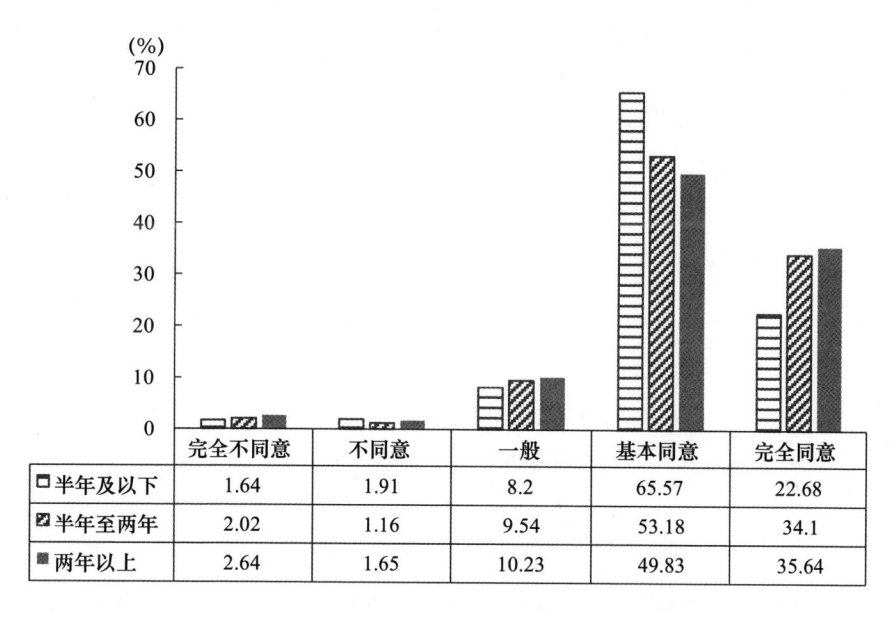

	完全不同意	不同意	一般	基本同意	完全同意
半年及以下	1.64	1.91	8.2	65.57	22.68
半年至两年	2.02	1.16	9.54	53.18	34.1
两年以上	2.64	1.65	10.23	49.83	35.64

图6-27 按入职时长划分的是否同意"本企业尊重本地风俗习惯"分布（N=1015）

以下将从性别、族群、收入、受教育程度、是否为管理人员和入职时长这六个维度描述和分析越南中资企业员工对中资企业尊重员工的宗教信仰的情感性评价。

第一，按性别划分看（见图6-28），男性员工对于中资企业尊重员工的宗教信仰的情感性评价比女性员工略低。加总"完全不同意"和"不同意"后,男性员工占3.39%,女性员工仅占2.87%。认为本企业尊重员工的宗教信仰"一般"的男性和女性员工占比都为一成(11.11%、10.59%),差异很小。合并"基本同意"和"完全同意"后,男性占85.49%比女性的比例(86.54%)少约1个百分点。

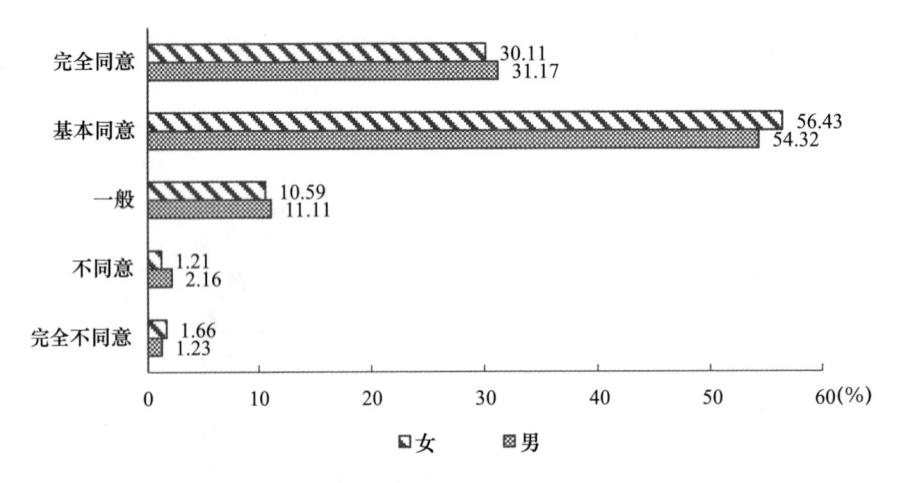

```
完全同意    30.11
            31.17
基本同意    56.43
            54.32
一般        10.59
            11.11
不同意      1.21
            2.16
完全不同意  1.66
            1.23
            0   10   20   30   40   50   60(%)
                      □ 女    ▨ 男
```

图6-28 按性别划分的是否同意"本企业尊重员工的
宗教信仰"的分布(N=985)

第二,从族群角度看(见图6-29),京族员工对于中资企业尊重员工的宗教信仰的情感性评价比其他族群员工高。合并"完全不同意"和"不同意"后,京族员工仅占2.86%,比其他族群员工占比(3.84%)低约1个百分点。认为本企业尊重员工的宗教信仰一般的京族和其他族群员工占比都为一成(10.82%、10.26%),相差很小。合并"基本同意"和"完全同意"来看,京族员工占比86.31%,与其他族群占比(85.9%)相差很小。

第三,按收入划分来看(见图6-30),合并"完全不同意"和"不同意"后,收入越高所占比例越低,收入为219美元及以下的员工占4%,收入为350美元及以上的员工仅占2.69%。认为本企业尊

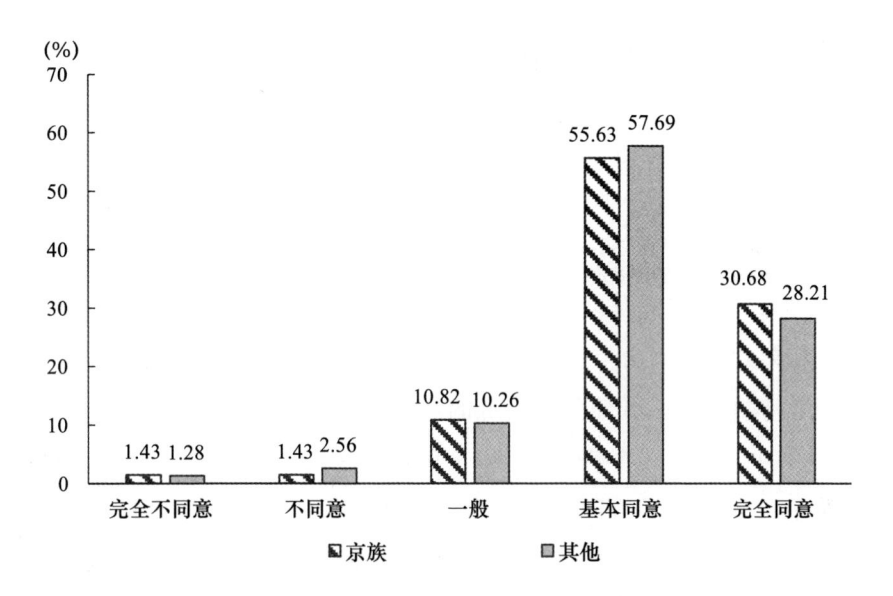

图 6-29 按族群划分的是否同意"本企业尊重员工的宗教信仰"分布（N=984）

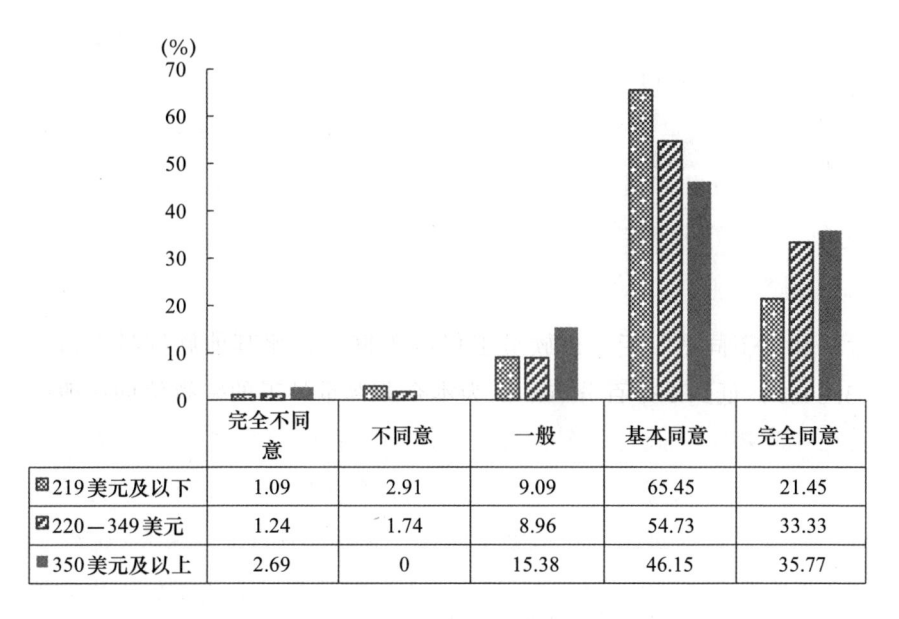

图 6-30 按收入划分的是否同意"本企业尊重员工的宗教信仰"分布（N=937）

	完全不同意	不同意	一般	基本同意	完全同意
219美元及以下	1.09	2.91	9.09	65.45	21.45
220—349美元	1.24	1.74	8.96	54.73	33.33
350美元及以上	2.69	0	15.38	46.15	35.77

重员工的宗教信仰是"一般"程度的，219美元及以下和220—349美元收入的员工占比接近（9.09%、8.96%），350美元及以上收入的员工占到一成（15.38%），与其他收入阶段的员工占比相差约6个百分点。合并"基本同意"和"完全同意"来看，收入为219美元及以下的员工占86.9%；220—349美元的员工比例最高，为88.06%；350美元及以上的员工占比最低，为81.92%，最高和最低占比相差约6个百分点。总体上看，收入越高，越南中资企业员工对本企业尊重员工宗教信仰评价低的越少。

第四，从受教育程度来看（见图6-31），总合"完全不同意"和"不同意"可见，小学及以下学历的员工占比最高，为4%；大学本科及以上学历的员工占比最低，为2.65%。认为本企业尊重员工的宗教信仰"一般"的员工中，小学及以下教育的员工的比例最高，为20%；初中/高中教育的员工占比最低，仅占9.4%，相差约11个百分点。合并"基本同意"和"完全同意"后，小学及以下教育的员工仅占七成（76%），初中/高中教育的员工占比最高为87.51%，大学本科及以上学历的员工占84.44%，最低和最高占比相差约12个百分点。由此可知，总体上看，受教育程度越低，越南中资企业员工对于中资企业尊重员工的宗教信仰的评价越低。

第五，由图6-32所示，是否为管理人员存在差异。加总"完全不同意"和"不同意"发现，管理人员仅占1.14%，比非管理人员占比（3.46%）低约2个百分点。认为本企业尊重员工的宗教信仰"一般"，管理人员与非管理人员的占比（10.8%、10.75%）几乎一致。总和"基本同意"和"完全同意"来看，管理人员占88.07%比非管理人员占比（85.78%）高出约2个百分点。由此可见，与非管理人员相比，管理人员对于中资企业尊重员工的宗教信仰的情感性评价更高。

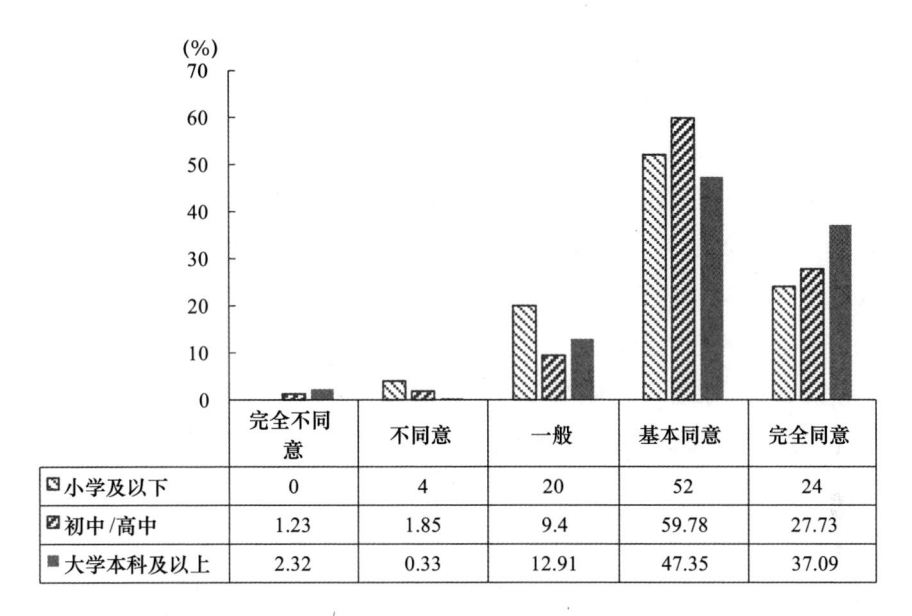

第六章 中国与越南民心相通现状研究

	完全不同意	不同意	一般	基本同意	完全同意
小学及以下	0	4	20	52	24
初中/高中	1.23	1.85	9.4	59.78	27.73
大学本科及以上	2.32	0.33	12.91	47.35	37.09

图6-31 按受教育程度划分的是否同意"本企业尊重员工的宗教信仰"分布（N=976）

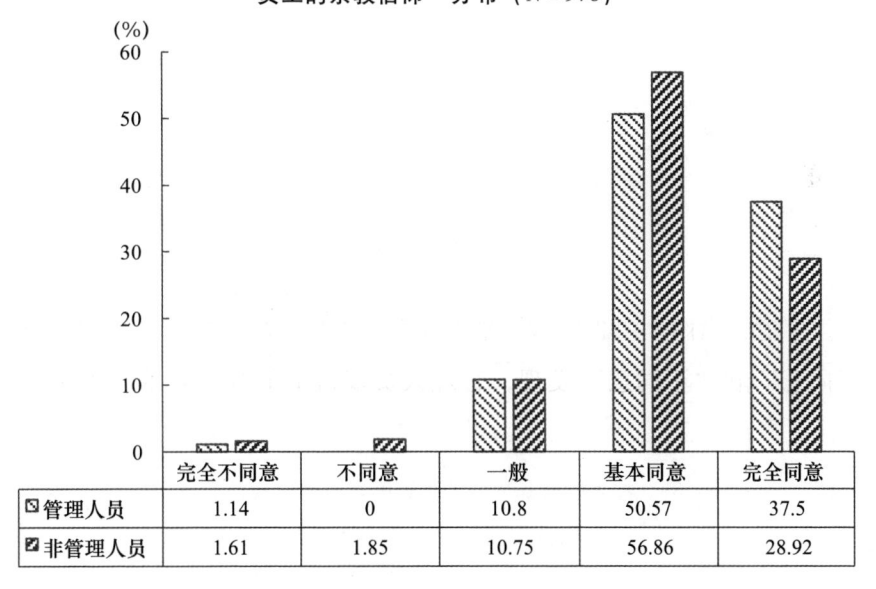

	完全不同意	不同意	一般	基本同意	完全同意
管理人员	1.14	0	10.8	50.57	37.5
非管理人员	1.61	1.85	10.75	56.86	28.92

图6-32 按是否管理人员划分的是否同意"本企业尊重员工的宗教信仰"分布（N=985）

第六，按入职时长划分来看（见图6-33），总体上，所有入职时长的越南中资企业员工对于中资企业尊重员工的宗教信仰的情感性评价比较高。加总"完全不同意"和"不同意"后，入职时间为半年及以下的员工的比例最高（3.62%）；入职半年至两年的员工占比最低，仅为2.38%。认为本企业尊重员工的宗教信仰是"一般"的，入职半年至两年的员工占比最高（11.94%），入职半年及以下和入职两年以上的占比接近（10.03%、10.53%）。总和"基本同意"和"完全同意"来看，入职半年及以下的员工占86.35%，入职半年至两年的占比为85.67%，入职两年以上的占86.31%，不同入职时长的员工比例相差很小。

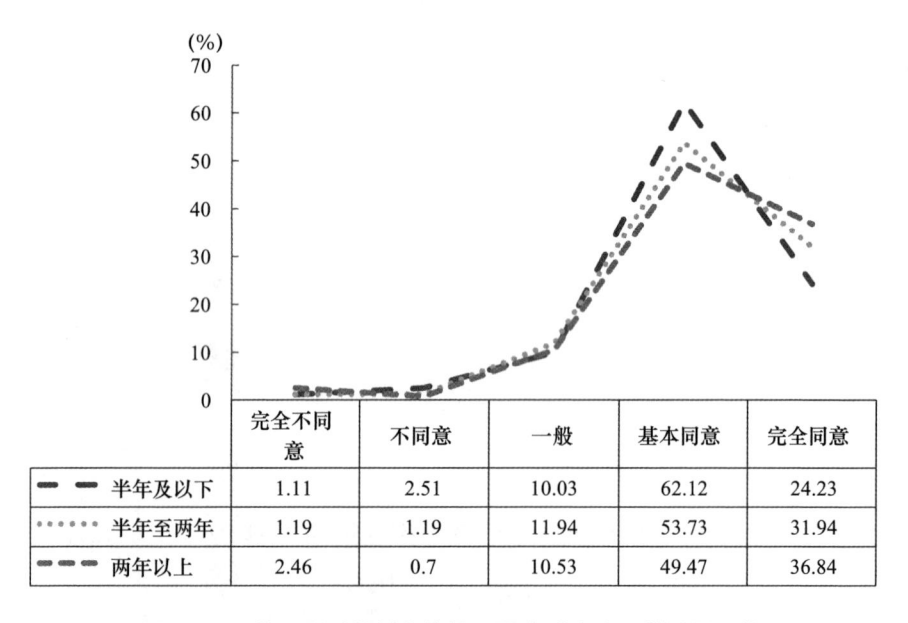

	完全不同意	不同意	一般	基本同意	完全同意
半年及以下	1.11	2.51	10.03	62.12	24.23
半年至两年	1.19	1.19	11.94	53.73	31.94
两年以上	2.46	0.7	10.53	49.47	36.84

图6-33 按入职时长划分的是否同意"本企业尊重员工的宗教信仰"分布（N=979）

下面部分将从性别、族群、受教育程度、是否为管理人员、收入入职时长多个角度出发，分析不同类别员工对"喜欢本企业作息时间规定"的同意程度。

首先，对不同性别员工分析，从表6-6可看到，一方面，合并"完全同意"及"基本同意"两选项统计可知，女性合计占比（77.65%）较男性（74.4%）仅高出约3个百分点。另一方面，合并"完全不同意"与"不同意"两选项统计可知，男性（6.03%）比女性（5.37%）高出不足1个百分点。由此发现，不同性别之间对"喜欢本企业作息时间规定"的同意程度差异并不明显。

表6-6　　按性别划分的是否同意"喜欢本企业作息时间规定"　（单位:%）

性别	完全不同意	不同意	一般	基本同意	完全同意
男	1.51	4.52	19.58	52.11	22.29
女	2.03	3.34	16.98	53.27	24.38

注：N=1021。

其次，对不同族群进行分析，从图6-34可知，一方面，合并"完全同意"及"基本同意"两选项统计可知，京族合计占比（77.61%）较其他族群（64.63%）高出13个百分点。另一方面，合并"完全不同意"与"不同意"两选项统计可知，京族（5.01%）比其他民族（12.2%）低出超7个百分点。由此可认为，京族较其他族群对"喜欢本企业作息时间规定"的同意程度更高。

再次，从受教育程度进行分析（见图6-35），一方面，合并"完全同意"及"基本同意"两选项统计可知，初中/高中组合计占比（78.99%）较本科及以上合计占比（73.41%）高出约6个百分点。同时本科及以上合计占比较小学及以下合计占比（68%）高出超5个百分点。另一方面，统计"一般"选项可知，初中/高中组合计占比（16.54%）与本科及以上占比（18.99%）相差不大。然而，小学及以下占比（28%）却较本科及以上占比（18.99%）高9.01个百分点。据此可知，初中/高中组员工对"喜欢本企业作

中国与湄公河五国民心相通研究

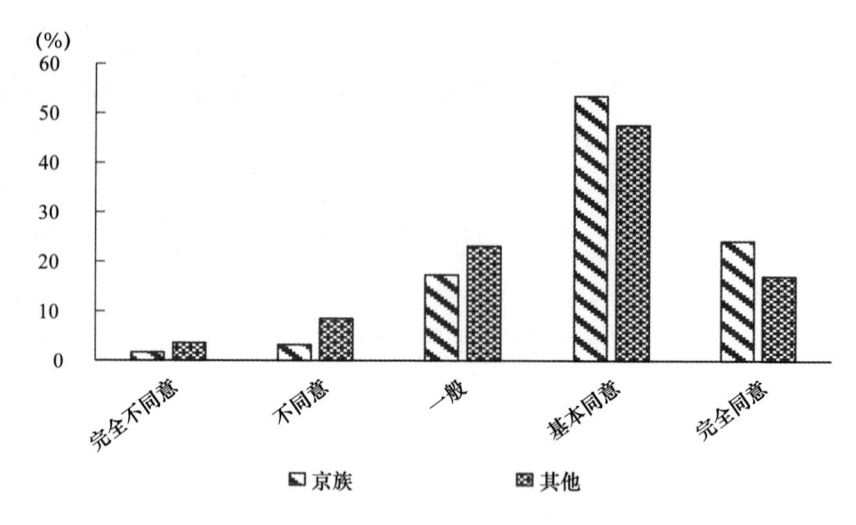

图6-34 按族群划分的是否同意"喜欢本企业作息时间规定"（N=1020）

息时间规定"的同意程度最高，其次为本科及以上员工，小学及以下受教育程度员工同意度最低。

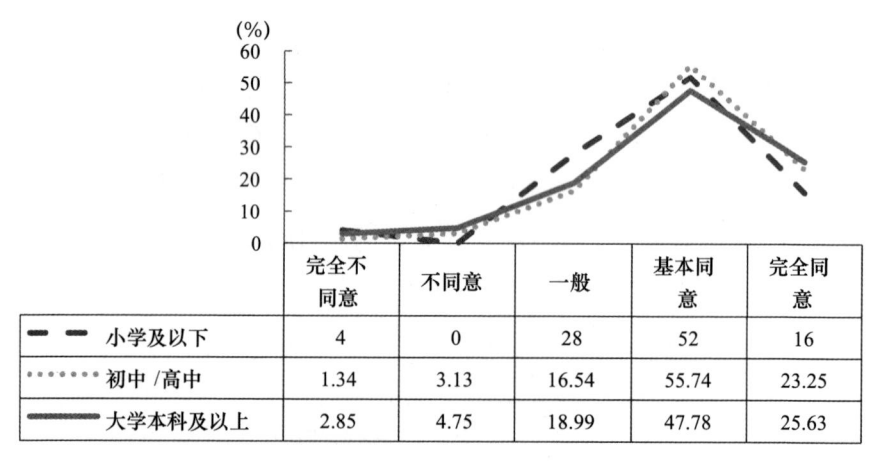

	完全不同意	不同意	一般	基本同意	完全同意
— — 小学及以下	4	0	28	52	16
······ 初中/高中	1.34	3.13	16.54	55.74	23.25
—— 大学本科及以上	2.85	4.75	18.99	47.78	25.63

图6-35 按受教育程度划分的是否同意"喜欢本企业作息时间规定"（N=1012）

下面从是否为管理者角度来看，对比图6-36与图6-37可知，一方面，合并"完全同意"及"基本同意"两选项统计可知，非管

·318·

理人员合计占比（77.73%）较管理人员（71.58%）高出超6个百分点。另一方面，合并"完全不同意"与"不同意"两选项统计可知，管理人员（8.43%）较非管理人员占比（4.94%）高出超3个百分点。显见，非管理人员较管理人员对"喜欢本企业作息时间规定"的同意程度略高。

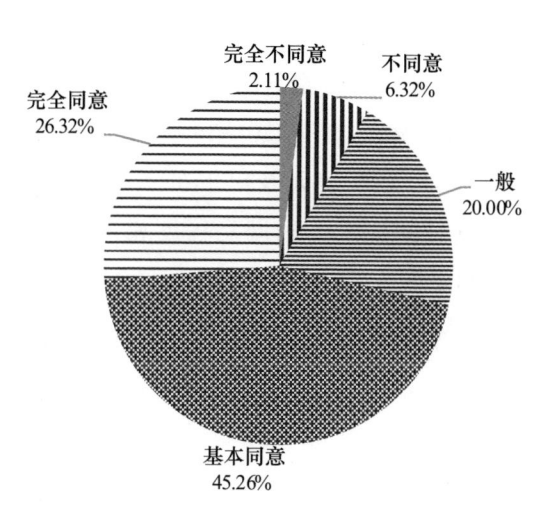

图6-36 管理人员是否同意"喜欢本企业作息时间规定"（N=190）

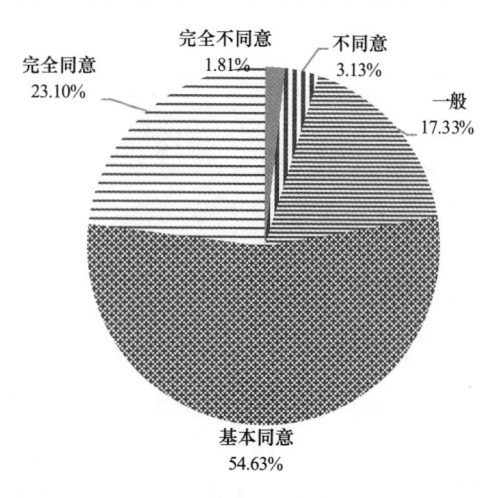

图6-37 非管理人员是否同意"喜欢本企业作息时间规定"（N=831）

接下来对不同收入组进行分析（见图6-38），一方面，合并"完全同意"及"基本同意"两选项统计可知，219美元及以下员工合计占比（79.1%）较220—349美元员工合计占比（77.97%）仅高出约1个百分点。但220—349美元员工合计占比却比350美元及以上员工合计占比（69.23%）高8.74个百分点。另一方面，统计"一般"选项易知，220—349美元员工占比（17.43%）较219美元及以下员工占比（14.98%）仅高出约2个百分点。然而，350美元及以上员工占比（23.81%）却较220—349美元员工占比高出超6个百分点。据此可了解到，219美元及以下员工与220—349美元员工对"喜欢本企业作息时间规定"的同意程度相差不大，而350美元及以下员工同意度则更低。

	完全不同意	不同意	一般	基本同意	完全同意
219美元及以下	2.09	3.83	14.98	60.98	18.12
220—349美元	1.94	2.66	17.43	54	23.97
350美元及以上	1.83	5.13	23.81	40.66	28.57

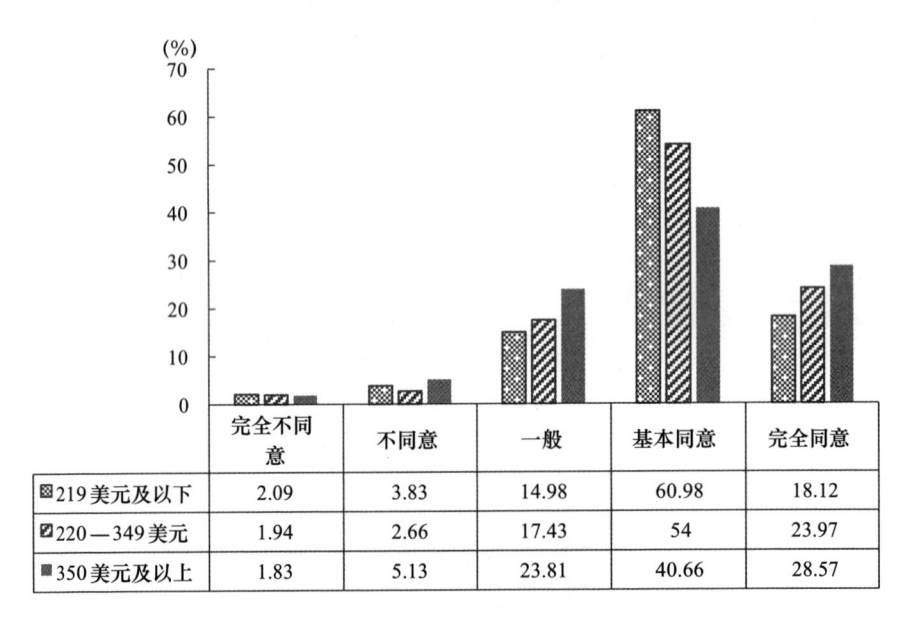

图6-38 按收入划分的是否同意"喜欢本企业作息时间规定"（N=973）

最后，从入职时长进行分析，从表6-7中可知，一方面，合并"完全同意"及"基本同意"两选项统计可知，进入企业半年及以下员工合计占比（81.52%）较进入企业半年至两年员工合计占比（74.79%）高出超6个百分点，但进入企业半年至两年员工合计占比却与进入企业两年以上员工合计占比（72.85%）相差仅不到2个百分点。另一方面，统计"一般"选项易知，进入企业半年至两年员工合计占比（19.42%）与进入企业两年以上员工合计占比（20.2%）相差不到1个百分点。然而，进入企业两年以上员工合计占比较进入企业半年及以下员工合计占比（14.4%）高出近6个百分点。但总体而言，进入企业半年及以下员工对"喜欢本企业作息时间规定"的同意程度略高。

表6-7 按入职时长划分的是否同意"喜欢本企业作息时间规定"

（单位：%）

进入中资企业时间	完全不同意	不同意	一般	基本同意	完全同意
半年及以下	1.09	2.99	14.4	61.68	19.84
半年至两年	2.03	3.77	19.42	49.28	25.51
两年以上	2.65	4.3	20.2	46.03	26.82

注：N=1015。

在对不同员工的"喜欢本企业作息时间规定"同意程度考察完之后，下面也将继续从性别、族群、受教育程度、是否为管理人员、收入、进入企业时长这6个角度对不同类型员工间对"中外员工晋升制度一致"同意程度的差异或一致情况进行考察。

首先，从性别角度出发（见图6-39），一方面，合并"完全同意"及"基本同意"两选项统计可知，女性合计占比（68.63%）较男性（67.24%）高出1个百分点。另一方面，合并"完全不同意"与"不同意"两选项统计可知，男性（19.31%）比女性（14.39%）高出约5个百分点。由此发现，女性较男性对"中外员工晋升制度一致"的同意程度略高。

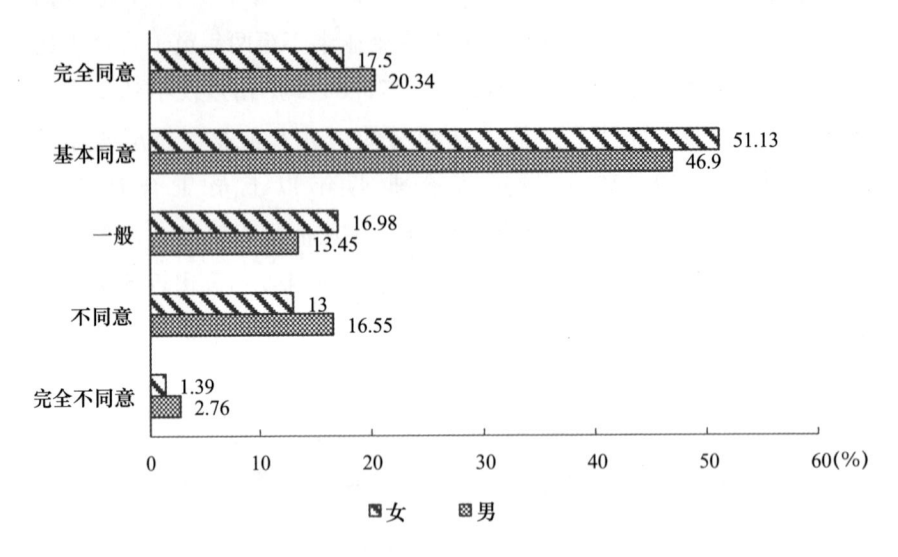

图表数据:
- 完全同意: 女 17.5, 男 20.34
- 基本同意: 女 51.13, 男 46.9
- 一般: 女 16.98, 男 13.45
- 不同意: 女 13, 男 16.55
- 完全不同意: 女 1.39, 男 2.76

图 6-39 按性别划分的是否同意"中外员工晋升制度一致"（N=867）

其次，对不同族群进行分析，从图 6-40 可知，一方面，合并"完全同意"及"基本同意"两选项统计可知，京族合计占比（68.17%）与其他族群合计占比（68.11%）几乎吻合。另一方面，合并"完全不同意"与"不同意"两选项统计可知，京族（15.92%）与其他民族（17.39%）相差不到 2 个百分点。据此表明，京族与其他族群对"中外员工晋升制度一致"的同意程度基本保持一致。

继续从受教育程度看，从图 6-41 发现，一方面，合并"完全同意"及"基本同意"两选项统计可知，初中/高中组员工合计占比（73.33%）较本科及以上组员工合计占比（58.82%）高出约 15 个百分点。但本科及以上组员工合计占比与小学及以下组员工合计占比（55.55%）相差仅 3 个百分点。另一方面，合并"完全不同意"与"不同意"两选项统计可知，初中/高中组员工合计占比（13.16%）较本科及以上组员工占比（21.69%）低出近 9 个百分点。小学及以

第六章 中国与越南民心相通现状研究

	完全不同意	不同意	一般	基本同意	完全同意
京族	1.63	14.29	15.91	49.12	19.05
其他	4.35	13.04	14.49	56.52	11.59

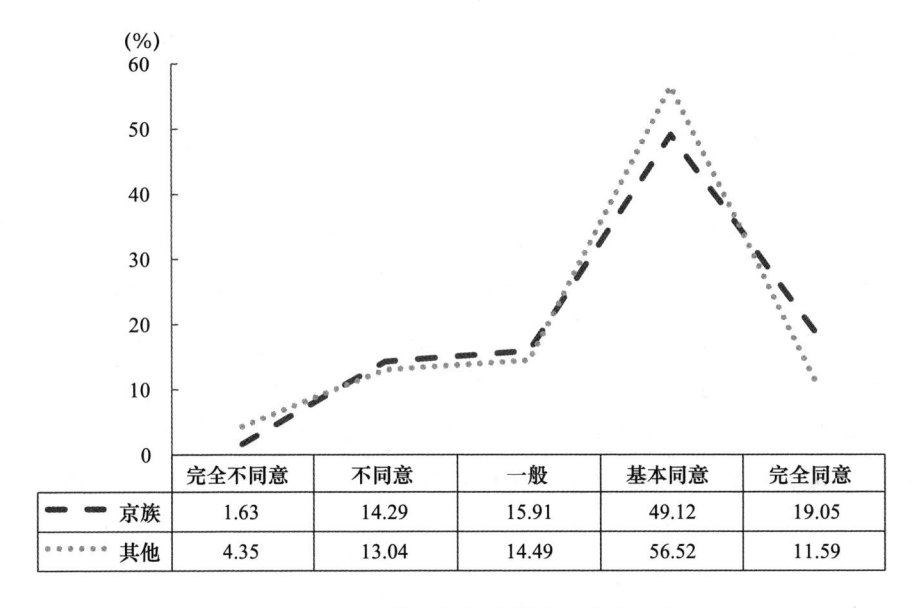

图 6-40 按族群划分的是否同意"中外员工晋升制度一致"（N=867）

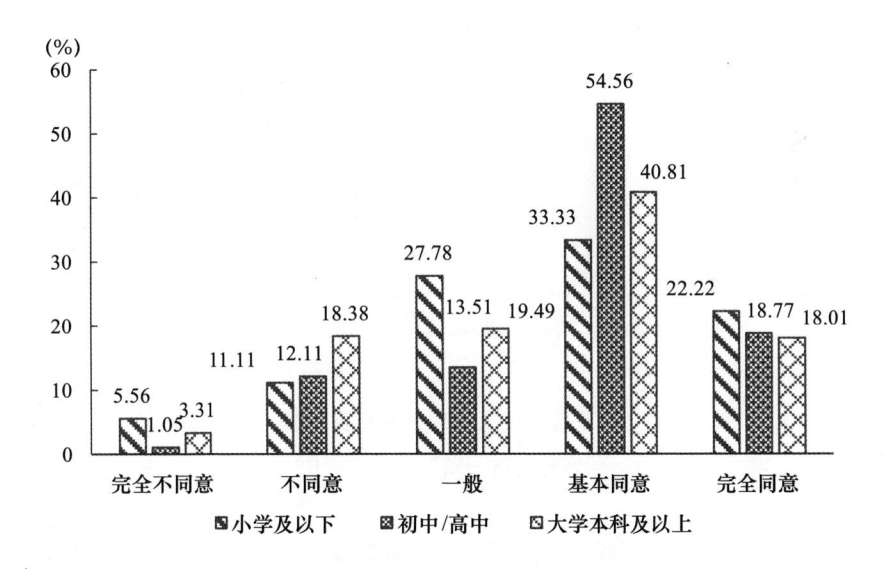

图 6-41 按受教育程度划分的是否同意"中外员工晋升制度一致"（N=860）

小学及以下：完全不同意 5.56，不同意 11.11，一般 27.78，基本同意 33.33，完全同意 22.22
初中/高中：完全不同意 1.05，不同意 12.11，一般 13.51，基本同意 54.56，完全同意 18.77
大学本科及以上：完全不同意 3.31，不同意 18.38，一般 19.49，基本同意 40.81，完全同意 18.01

· 323 ·

下组员工占比（16.67%）较本科及以上组员工（21.69%）低出约5个百分点。据此可认为，初中/高中组员工对"中外员工晋升制度一致"的同意程度最高，本科及以上员工与小学及以下受教育程度员工同意度相差不大。

进一步从是否为管理人员看，由图6-42可看到，一方面，合并"完全同意"及"基本同意"两选项统计可知，非管理人员合计占比（70.25%）较管理人员（59.53%）高约11个百分点。另一方面，合并"完全不同意"与"不同意"两选项统计可知，管理人员（20.84%）较非管理人员占比（14.88%）高出约6个百分点。显见，非管理人员对"中外员工晋升制度一致"的同意程度较管理人员更高。

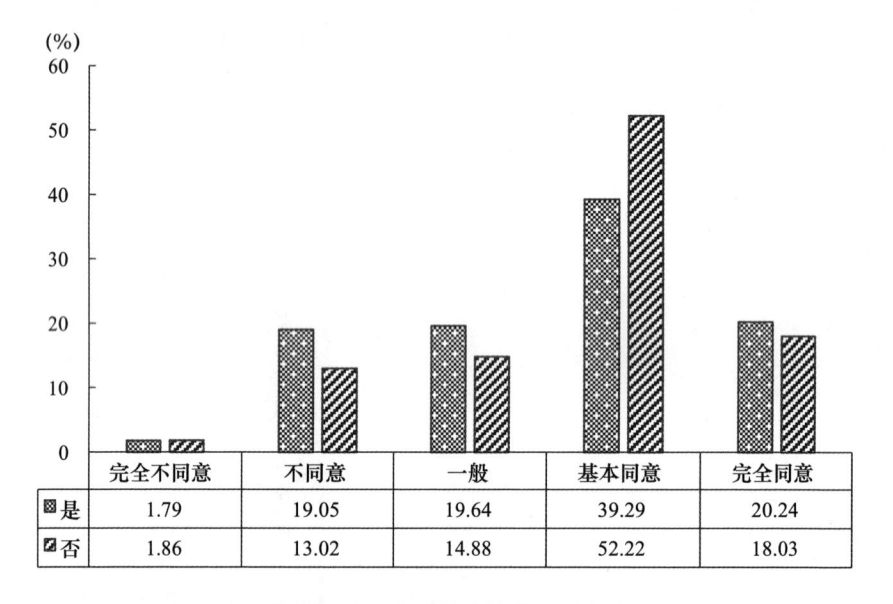

	完全不同意	不同意	一般	基本同意	完全同意
是	1.79	19.05	19.64	39.29	20.24
否	1.86	13.02	14.88	52.22	18.03

图6-42 按是否管理人员划分的是否同意"中外员工晋升制度一致"（N=867）

接下来，对不同收入组员工进行考察可了解到（见图6-43），一方面，合并"完全同意"及"基本同意"两选项统计可知，219美元及以下员工合计占比（74.68%）较220—349美元员工合计占比

（69.07%）高出约 6 个百分点，220—349 美元员工合计占比又较 350 美元及以上员工合计占比（60.56%）高出近 9 个百分点。另一方面，合并"完全不同意"与"不同意"两选项统计可知，350 美元及以上员工占比（20.32%）较 220—349 美元员工占比（15.02%）高出约 5 个百分点。220—349 美元员工占比又较 219 美元及以下员工占比（13.31%）高出近 2 个百分点。据此可了解，员工对"中外员工晋升制度一致"的同意程度随收入的增加反而降低。

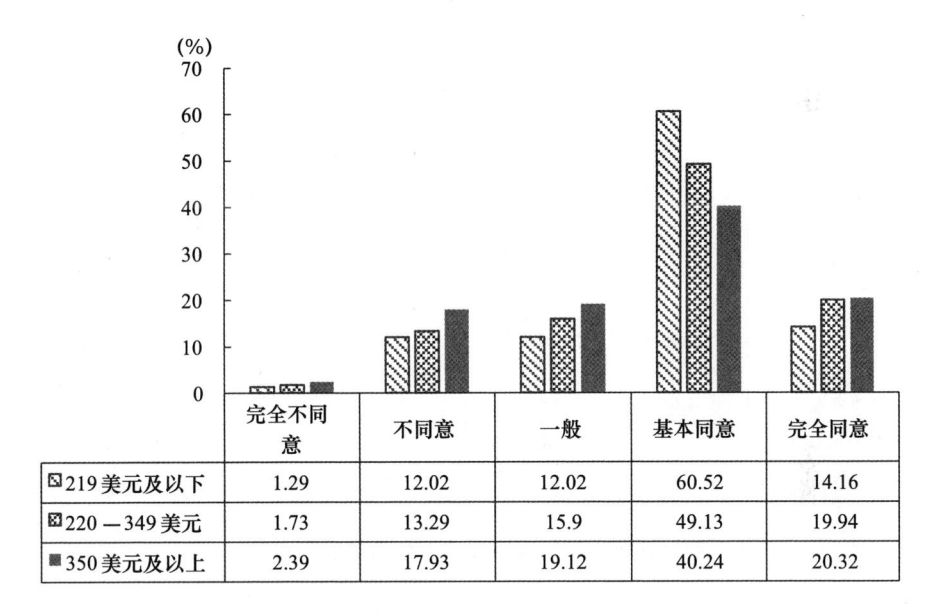

	完全不同意	不同意	一般	基本同意	完全同意
219 美元及以下	1.29	12.02	12.02	60.52	14.16
220—349 美元	1.73	13.29	15.9	49.13	19.94
350 美元及以上	2.39	17.93	19.12	40.24	20.32

图 6-43　按收入划分的是否同意"中外员工晋升制度一致"（N=830）

最后，从进入企业时长来看，图 6-44 显示，一方面，合并"完全同意"及"基本同意"两选项统计可知，进入企业半年及以下员工合计占比（73.4%）较进入企业半年至两年员工合计占比（68.79%）高出近 5 个百分点，进入企业半年至两年员工合计占比较进入企业两年以上员工合计占比（61.56%）高出约 7 个百分点。另一方面，合并"完全不同意"与"不同意"两选项统计可知，进入企业两年以上员工合计占比（20.52%）较进入企业半年及以下员工合计占比（15.15%）高出约5个百分点。进入企业半年及以下员工合计占比较进入企业半年至两年员工占比（13.08%）高出约2个百分点。由此表明，进入企业半年及以下员工对"中外员工晋升制度一致"的同意程度最高，其次为进入企业半年至两年员工，进入企业两年以上员工同意程度最低。

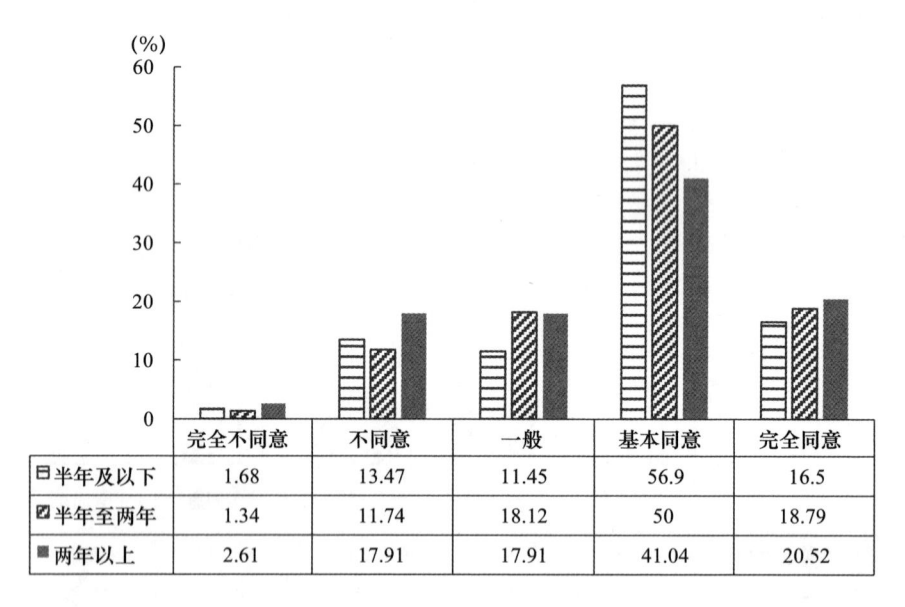

	完全不同意	不同意	一般	基本同意	完全同意
半年及以下	1.68	13.47	11.45	56.9	16.5
半年至两年	1.34	11.74	18.12	50	18.79
两年以上	2.61	17.91	17.91	41.04	20.52

图6-44 按入职时长划分的是否同意"中外员工晋升制度一致"（N=863）

三 越南中资企业员工对中国影响力的评价

本部分先对员工对中国（对本国）影响力大小评价进行考察，再对员工对中国影响力的正面及负面评价情况进行探究。

首先，由表6-8可知，总体上员工对于"中国对本国影响力"大小评价较高。一方面，在903个样本之中，有808个样本认为中国对本国的影响力为有"很大影响"或"有些影响"，占比近九成（89.48%）。另一方面，认为中国对本国"没有影响"占比仅约5个百分点。

表6-8 越南中资企业员工认为"中国对本国影响力"大小分布

（单位：个，%）

	没有影响	没多大影响	有些影响	很大影响	合计
样本量	49	46	367	441	903
频率	5.43	5.09	40.64	48.84	100

注：N=903。

从性别划分看（见图6-45），总体而言男性认为的中国对越南影响力较女性略高。合并"有些影响"和"很大影响"统计可以发现，男性合计百分比（91.16%）较女性合计百分比（88.67%）高出超2个百分点。其中，认为中国对越南"很大影响"的男性占比（51.7%）高出女性占比（47.45%）约4个百分点。

	没有影响	没多大影响	有些影响	很大影响
男	6.12	2.72	39.46	51.7
女	5.09	6.24	41.22	47.45

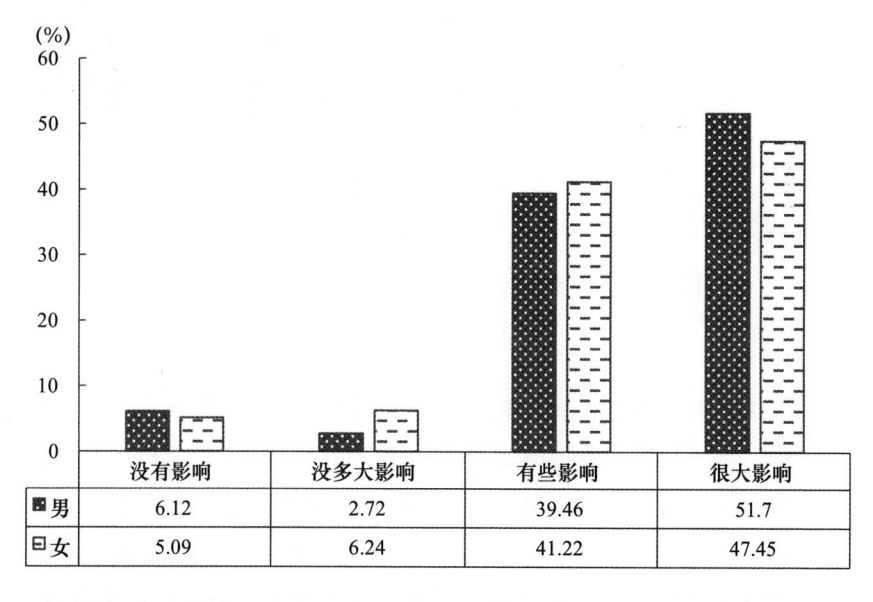

图6-45 按性别划分的认为"中国对本国影响力"大小（N=903）

继续从是否为管理人员角度分析,由图6-46可发现,管理人员对"中国对本国影响力"的同意程度高于非管理人员。具体来看,合并"有些影响"、"很大影响"两项统计可知,管理人员合计比例(94.23%)较非管理人员(88.49%)高出近6个百分点。其中,认为中国对越南有"很大影响"的管理人员占比(57.69%)高出非管理人员占比(46.99%)约11个百分点。

	没有影响	没多大影响	有些影响	很大影响
是	2.56	3.21	36.54	57.69
否	6.02	5.49	41.5	46.99

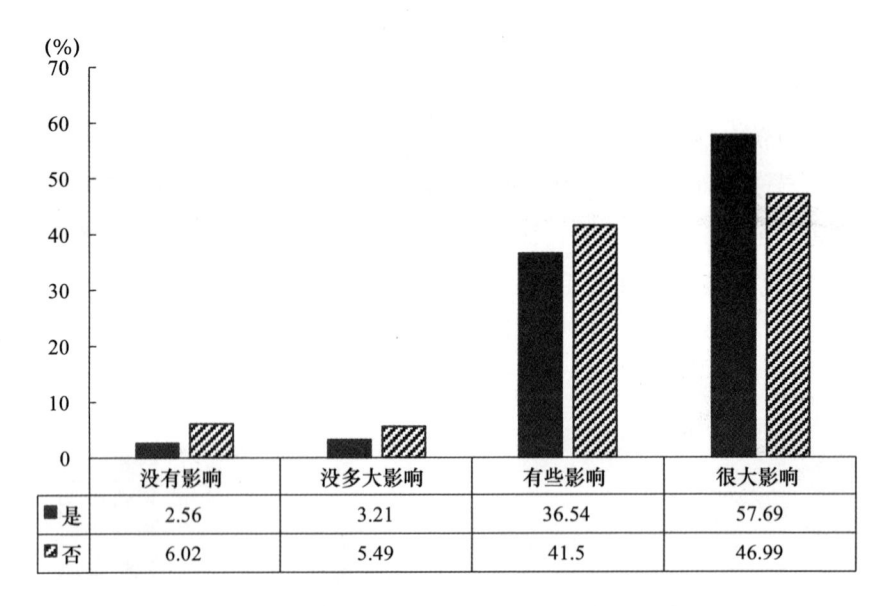

图6-46 按是否管理人员划分的认为"中国对本国影响力"大小(N=903)

再从收入划分看,通过图6-47显示。合并"有些影响"、"很大影响"两项统计可知,收入在350美元及以上的员工合计占比最高(91.08%),高出收入在220—349美元间的员工合计占比(89.43%)近2个百分点。同时,收入在220—349美元间的员工合计占比高出收入在219美元及以下员工合计占比(88.3%)约1个百分点。其中,统计认为中国有"很大影响"占比可发现,收入在350美元及以上的员工占比也最高(53.13%),高出收入在220—349美元间的员工占比（49.86%）约3个百分点。同时，收入在220—349美元间的员工占比高出收入在219美元及以下员工占比（44.53%）约5个百分点。据此可认为，对"中国对本国影响力"大小评价随收入的增加而提高。

	没有影响	没多大影响	有些影响	很大影响
219美元及以下	7.55	4.15	43.77	44.53
220—349美元	5.15	5.42	39.57	49.86
350美元及以上	3.57	5.36	37.95	53.13

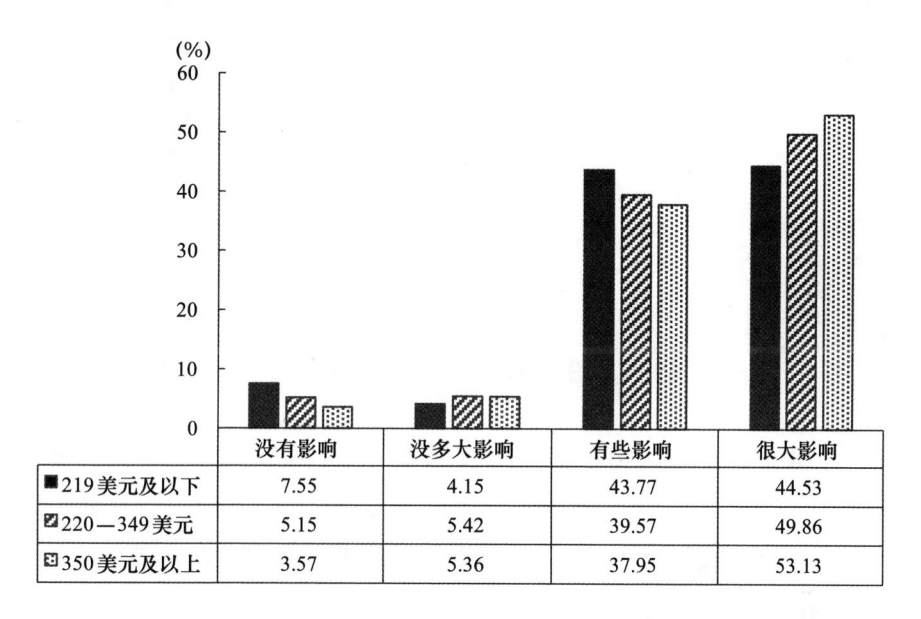

图6-47　按收入划分的认为"中国对本国影响力"大小（N=858）

最后，从进入企业时长来看，图6-48显示，总体而言，不同进入企业时长的员工对"中国对本国影响力"大小评价差异并不明显。合并"有些影响"、"很大影响"两项可发现，进入企业时间两年以上的员工合计比例（88.05%）与进入企业半年至两年间员工合计占比（90.2%）相差约2个百分点。同时，与进入企业半年及以下员工合计占比（89.71%）相比不足2个百分点。

上面部分是对员工对"中国对本国影响力"大小的分析，下面部分将对员工对"中国对本国影响力"评价进行分析。由表6-9可知，整体而言，"中国对本国影响力"评价更倾向于正面。具体情况如

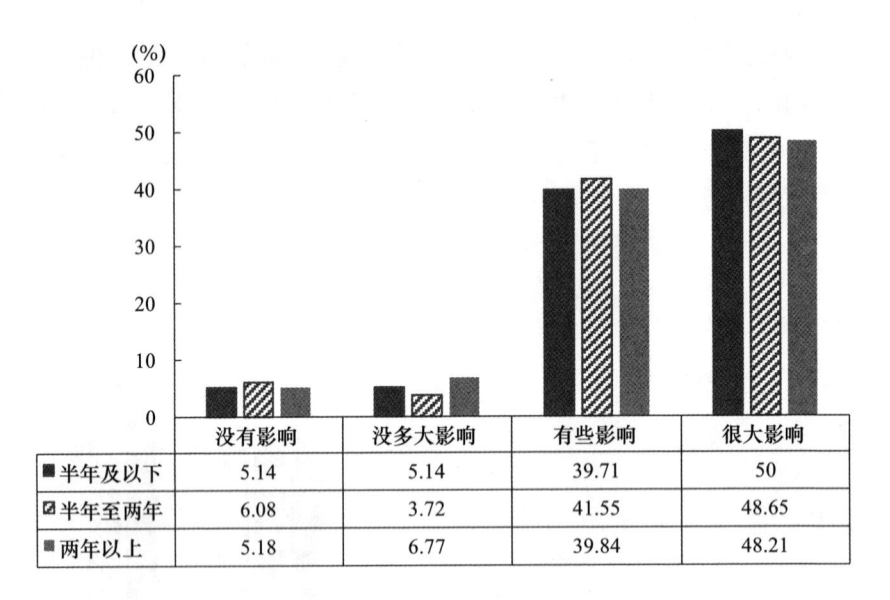

```
        (%)
         60
         50
         40
         30
         20
         10
          0
               没有影响      没多大影响      有些影响       很大影响
■ 半年及以下     5.14          5.14         39.71         50
▨ 半年至两年     6.08          3.72         41.55         48.65
■ 两年以上       5.18          6.77         39.84         48.21
```

图6-48 按入职时长划分的认为"中国对本国影响力"大小（N=897）

下，858个样本中认为中国对本国影响"非常正面"、"正面"或"相对正面"的员工累计达756个样本，合计占比近九成（88.11%）。除此以外，认为中国对本国影响"非常负面"的样本量仅13个，占比1.52%。

表6-9 越南中资企业员工对"中国对本国影响力"评价分布

（单位：个，%）

	非常负面	相对负面	相对正面	正面	非常正面
样本量	13	89	325	397	34
频率	1.52	10.37	37.88	46.27	3.96

注：N=858。

下面将具体从性别、族群、受教育程度、是否为管理人员、收入、进入企业时长六个角度对员工对于"中国对本国影响力"评价进行差异性分析。首先，图6-49与图6-50揭示，一方面，合并"非常正

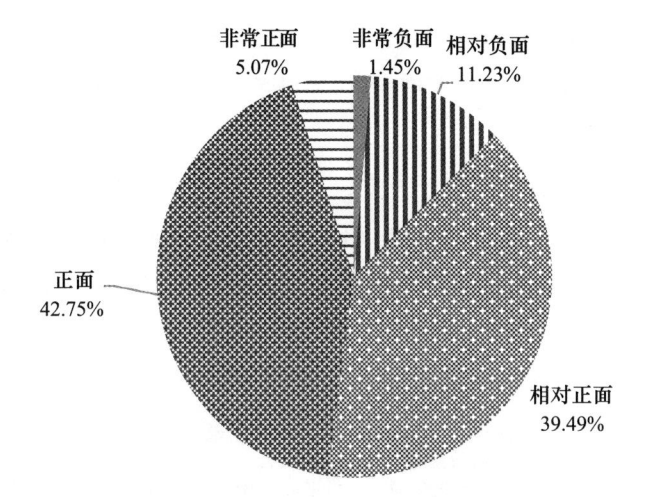

第六章 中国与越南民心相通现状研究

图 6-49 男性中资企业员工对"中国对本国影响力"评价（N=276）

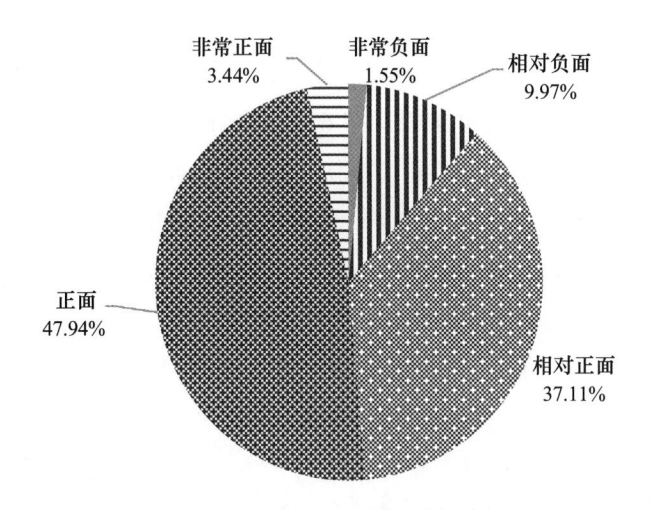

图 6-50 女性中资企业员工对"中国对本国影响力"评价（N=858）

面"、"正面"选项，女性合计占比（51.38%）较男性（47.82%）高出近 4 个百分点。另一方面，合并"相对负面"和"非常负面"两选项，男性合计占比（12.68%）较女性合计占比（11.52%）高出超 1 个百分点。综上可认为，女性对中国影响力的评价较男性略高。

接下来从族群角度看，由表 6-10 可以看到，一方面，合并"非常正面"、"正面"选项统计可知，京族合计占比（50.49%）较其他族群（44.68%）高出约 6 个百分点。另一方面，合计"相对负面"和"非常负面"两选项统计可知，京族合计占比（11.61%）较其他族群合计占比（17.03%）低出超 5 个百分点。显见，不同族群员工对中国对越南影响力评价存在些许差异，表现为京族对中国对越南影响力评价高于其他族群。

表 6-10　　按族群划分的对"中国对本国影响力"评价　　（单位:%）

	非常负面	相对负面	相对正面	正面	非常正面
京族	1.36	10.25	37.9	46.42	4.07
其他	4.26	12.77	38.3	42.55	2.13

注：N = 857。

进一步从受教育程度来看，图 6-51 显示，一方面，合并"非常正面"、"正面"选项统计可知，初中/高中合计占比（52.46%）高出本科及以上员工合计占比（46.25%）约 6 个百分点。同时本科及以上合计占比高出小学及以下员工合计占比（43.75%）约 3 个百分点。另一方面，合计"相对负面"和"非常负面"两选项统计可知，初中/高中员工合计占比（12.63%）高出本科及以上合计占比（9.78%）不足 3 个百分点。同时小学及以下员工合计占比（12.5%）高出本科及以上合计占比约 3 个百分点。由此可知，初中/高中员工对中国对越南影响力的评价最高，其次为本科及以上员工，评价最低为小学及以下员工。

图 6-52 显示，一方面，合并"非常正面"、"正面"选项统计可知，非管理人员合计占比（50.56%）较管理人员合计占比（48.68%）之间差距不到 2 个百分点。另一方面，合计"相对负面"和"非常负面"两选项统计可知，非管理人员合计占比（12.18%）与管理人员合

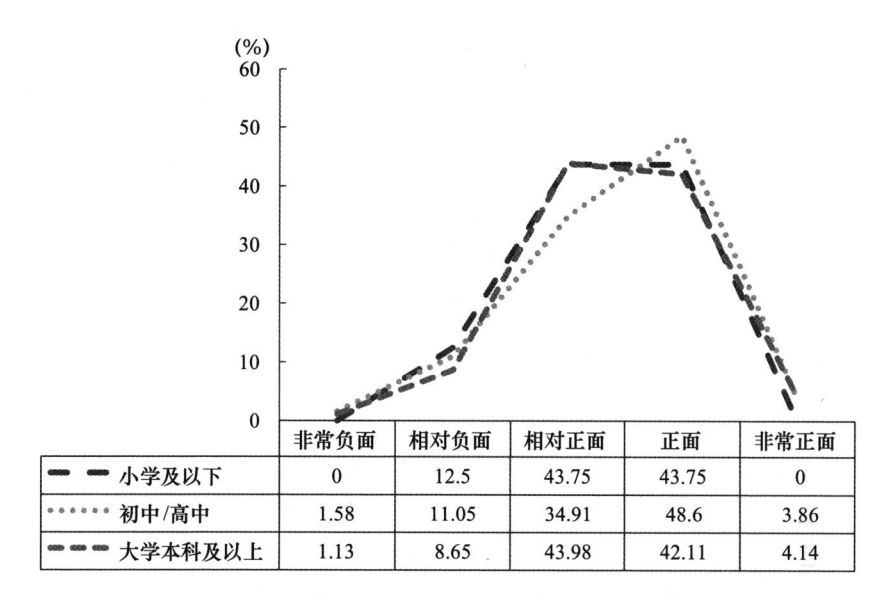

第六章 中国与越南民心相通现状研究

	非常负面	相对负面	相对正面	正面	非常正面
—— 小学及以下	0	12.5	43.75	43.75	0
······ 初中/高中	1.58	11.05	34.91	48.6	3.86
--- 大学本科及以上	1.13	8.65	43.98	42.11	4.14

图 6-51　按受教育程度划分的认为"中国对本国影响力"评价（N=852）

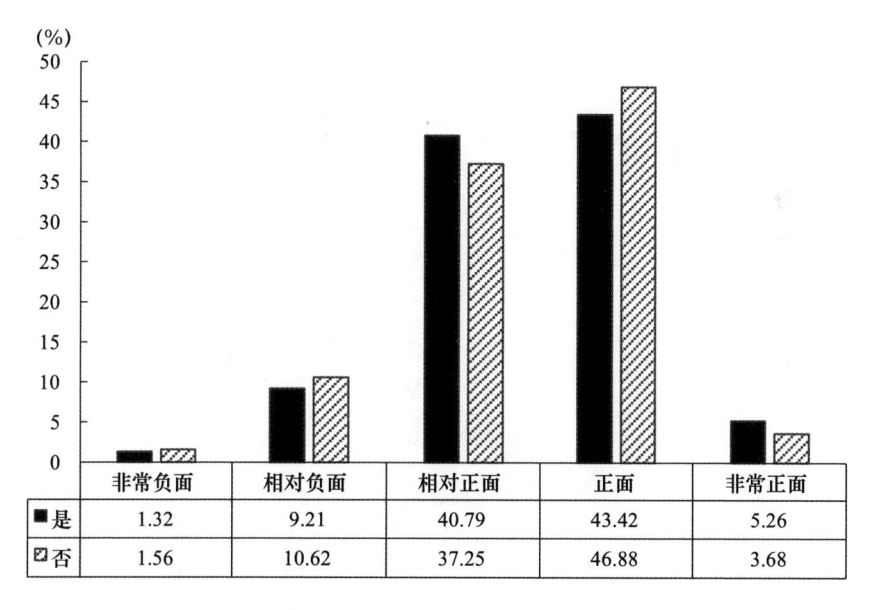

	非常负面	相对负面	相对正面	正面	非常正面
■ 是	1.32	9.21	40.79	43.42	5.26
▨ 否	1.56	10.62	37.25	46.88	3.68

图 6-52　按是否管理人员划分的认为"中国对本国影响力"评价（N=858）

计占比（10.53%）之间差距同样也不足 2 个百分点。由此可认为，"中国对本国影响力"评价几乎不存在是否为管理人员的差异。

继续对不同收入员工群体分析，据图 6-53 可知，对"中国对本国影响力"评价由高到低依次为收入在 219 美元及以下员工、220—349 美元范围内收入员工、350 美元及以上员工。一方面，合并"非常正面"、"正面"选项统计可知，收入在 219 美元及以下员工合计占比（56.46%）高出 220—349 美元范围内收入员工合计占比（51.69%）近 5 个百分点。同时，220—349 美元范围内收入员工合计占比高出 350 美元及以上员工合计占比（40.93%）约 11 个百分点。另一方面，合并"相对负面"和"非常负面"两选项统计可知，220—349 美元范围内收入员工合计占比（10.17%）较收入在 219 美元及以下员工合计占比（13.3%）低出约 3 个百分点。同时，收入在 219 美元及以下员工合计占比与 350 美元及以上员工合计占比（13.49%）基本保持一致。

最后，对进入企业时长不同的员工进行分析，由图 6-54 可发

	非常负面	相对负面	相对正面	正面	非常正面
——— 219美元及以下	1.61	11.69	30.24	54.44	2.02
······ 220—349美元	1.13	9.04	38.14	46.89	4.8
- - - 350美元及以上	1.86	11.63	45.58	36.28	4.65

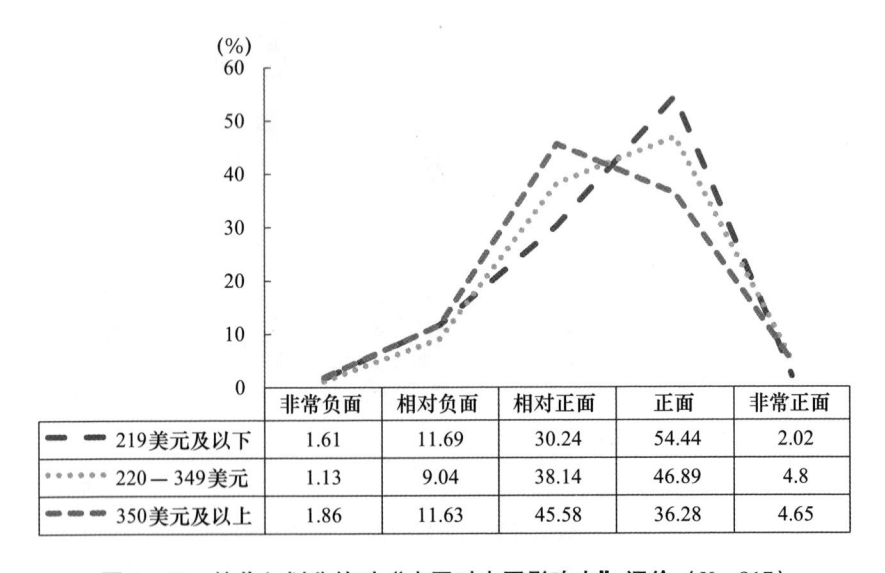

图 6-53 按收入划分的对"中国对本国影响力"评价（N=817）

现，一方面，合并"非常正面"、"正面"选项统计可知，进入企业半年及以下的员工合计占比（53.08%）高出进入企业半年至两年员工合计占比（48.92%）约4个百分点。同时进入企业半年至两年员工合计占比仅高出进入企业超两年员工合计占比（47.68%）约1个百分点。另一方面，合并"相对负面"和"非常负面"两选项统计可知，进入企业半年及以下的员工合计占比（12.32%）略高出进入企业半年至两年员工合计占比（11.15%）1个百分点。同时，进入企业半年至两年员工合计占比与进入企业超两年员工合计占比（11.81%）基本吻合。因此可认为，对"中国对本国影响力"评价最高为进入企业时长为半年及以下员工。

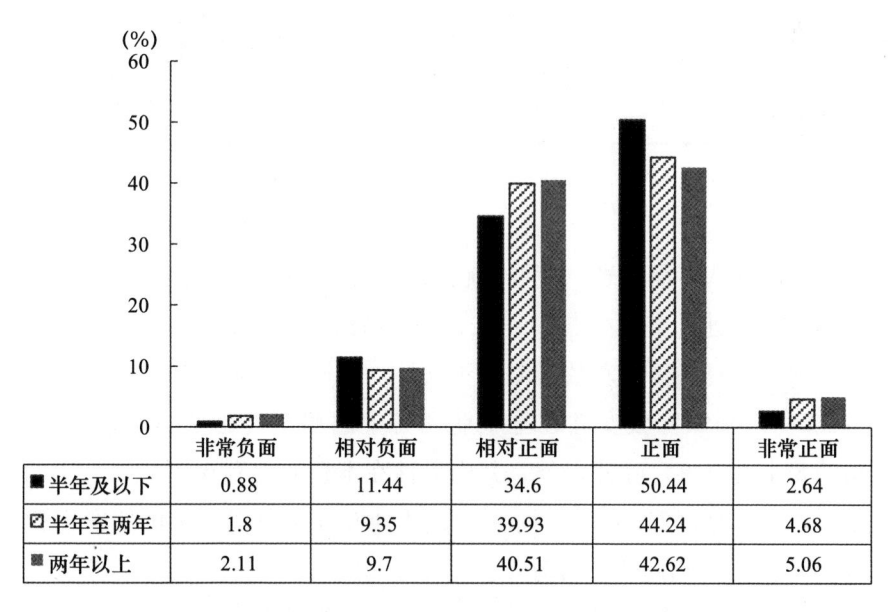

	非常负面	相对负面	相对正面	正面	非常正面
半年及以下	0.88	11.44	34.6	50.44	2.64
半年至两年	1.8	9.35	39.93	44.24	4.68
两年以上	2.11	9.7	40.51	42.62	5.06

图6-54 按入职时长划分的对"中国对本国影响力"评价（N=856）

第三节 越南中资企业员工的行为倾向

一 越南中资企业员工企业内拥有的中国朋友状况

本部分主要关注越南中资企业员工在本企业内拥有的中国朋友数

量。首先，可对在企业内拥有的中国朋友数量的总体水平进行了解。由表6-11可知，总体而言，越南员工在企业内的中国朋友数量较少。一方面，1021个样本中有超一半员工（589人）表示在企业内部一个中国朋友也没有（57.69%）。另一方面，仅有近300员工（278人）表示拥有1—5个企业内部中国朋友（27.23%）。但表示在本企业拥有6个及以上中国朋友的员工仅占15.08%。可以窥见，越南员工在本企业拥有的中国朋友数量整体较少。

表6-11 越南中资企业员工在本企业拥有的中国朋友数量分布

（单位：个，%）

	一个也没有	1—5个	6个及以上	合计
样本量	589	278	154	1021
频率	57.69	27.23	15.08	100

注：N=1021。

下面将从不同性别、族群、收入等角度对群体在本企业拥有的中国朋友数量进行交叉分析。首先从性别划分看，从图6-55可以看出，男性拥有中国朋友数量略多于女性。男性在本企业拥有中国朋友占比（47.45%）较女性在本企业拥有中国朋友占比（39.82%）高出约8个百分点。除此以外，其中男性在本企业拥有6个及以上中国朋友占比（18.62%）较女性在本企业拥有6个及以上中国朋友占比（13.37%）高出超5个百分点。

再按族群进行分析，图6-56显示，京族员工在本企业拥有的中国朋友数量较其他民族更少。其他族群在本企业拥有中国朋友占比（51.22%）较京族在本企业拥有中国朋友占比（41.48%）高约10个百分点。

进一步按不同受教育程度进行考察。据图6-57可了解到，一方面，在本企业内拥有中国朋友在本科及以上员工组中占比

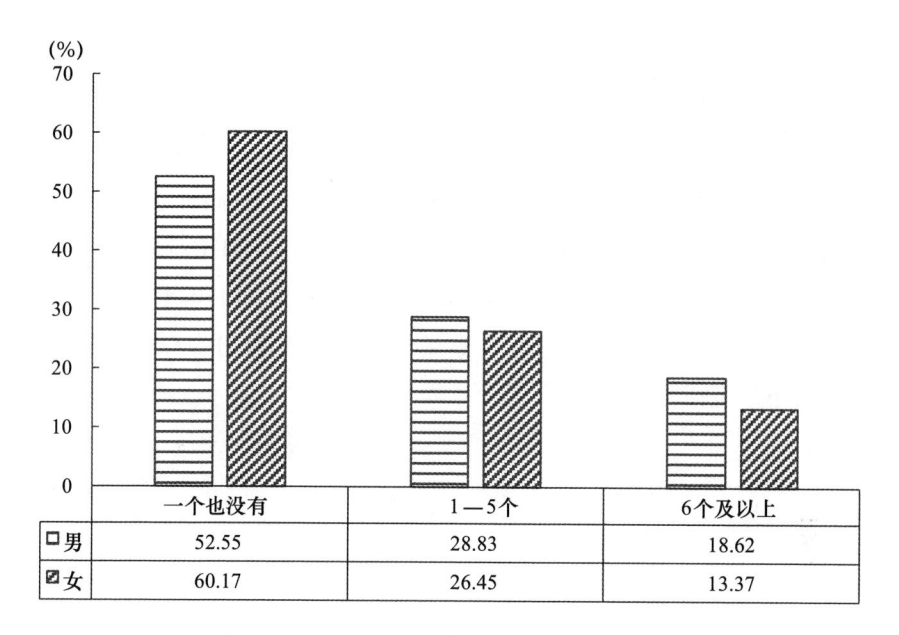

第六章 中国与越南民心相通现状研究

	一个也没有	1—5个	6个及以上
男	52.55	28.83	18.62
女	60.17	26.45	13.37

图 6-55 按性别划分的员工在企业内拥有的中国朋友数量差异（N=1021）

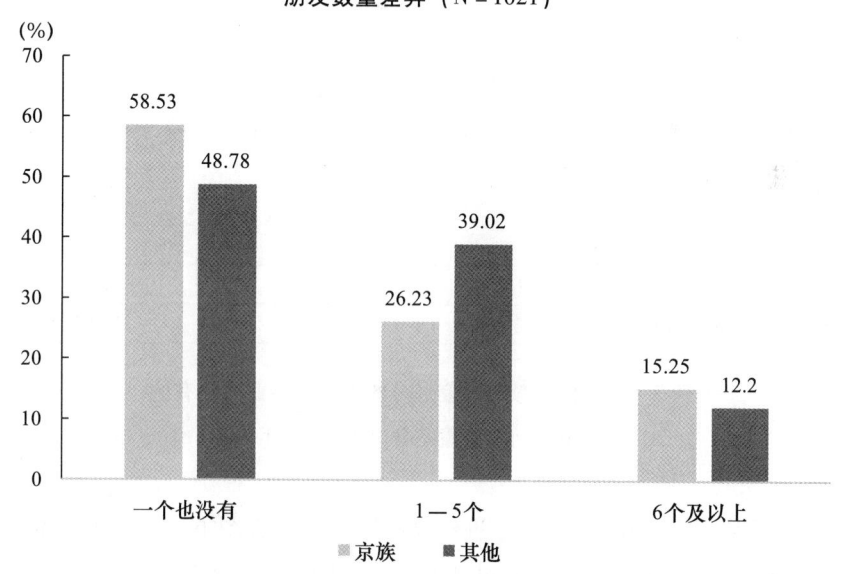

图 6-56 按族群划分的员工在企业内拥有的中国朋友数量差异（N=1020）

京族：一个也没有 58.53，1—5个 26.23，6个及以上 15.25
其他：一个也没有 48.78，1—5个 39.02，6个及以上 12.2

(65.93%)最高,较初中/高中员工组(32.24%)高约34个百分点。同时,初中/高中员工组较小学及以下员工组有中国朋友的占比(24%)高约8个百分点。另一方面,受教育程度为本科及以上的员工在本企业内拥有6个及以上朋友占比(23.57%)同样也远高于受教育程度为初中/高中的员工(11.29%)。同时,初中/高中占比与小学及以下员工占比(12%)相差不大。由此可知,本科及以上员工组在本企业内拥有的中国朋友数量最多,其次为初中/高中员工组,最后为小学及以下员工组。

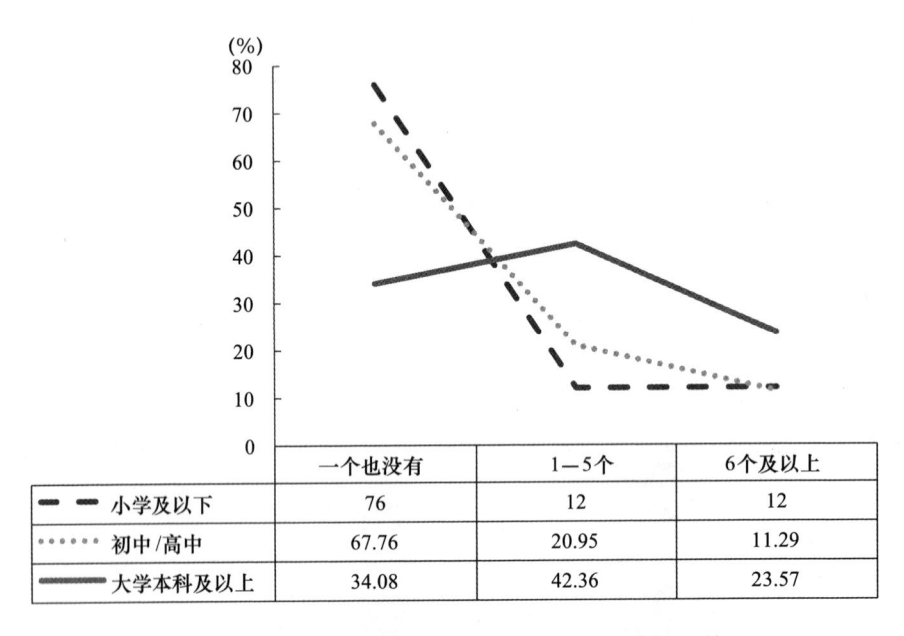

	一个也没有	1—5个	6个及以上
小学及以下	76	12	12
初中/高中	67.76	20.95	11.29
大学本科及以上	34.08	42.36	23.57

图6-57 按受教育程度划分的员工在企业内拥有的中国朋友数量差异(N=1012)

继续对是否为管理人员进行差异分析。从图6-58中不难发现,管理人员在企业内拥有的中国朋友数量多于非管理人员。一方面,非管理人员在企业内一个朋友也没有的占比(65.43%)是管理人员(23.4%)的近3倍。另一方面,在企业内拥有6个及以上朋友的非管理人员占比（9.72%）仅为管理人员占比（38.83%）的约1/4。

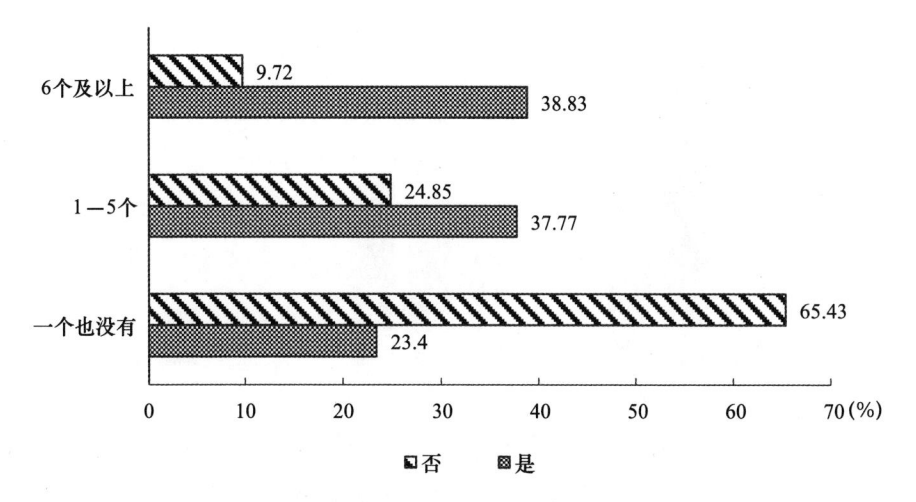

图中数据：
- 6个及以上：9.72 / 38.83
- 1—5个：24.85 / 37.77
- 一个也没有：65.43 / 23.4
- 图例：否、是

图6-58 按是否管理人员划分的员工在企业内拥有的中国朋友数量差异（N=1021）

接着，从收入阶段来看，图6-59显示，总体而言，在企业内拥有的中国朋友数量随收入的增加而增加。具体表现如下，一方面，在本企业内拥有中国朋友的员工在收入为350美元及以上员工中的占比（71.22%）最高，较收入在220—349美元范围内的员工占比（41.07%）高约30个百分点。同时，收入在220—349美元范围内的员工占比较收入在219美元及以下占比（16.38%）高约25个百分点。另一方面，在本企业内拥有6个及以上中国朋友的员工在收入为350美元及以上员工中的占比（30.63%）同样也最高，较收入在220—349美元范围内的员工占比（12.08%）高约19个百分点。同时，收入在220—349美元范围内的员工占比较收入在219美元及以下占比（4.53%）高出约8个百分点。

最后按进入企业时长进行分析，据图6-60可知，首先，在本企业内拥有中国朋友的进入企业超两年员工占比（63.12%）最高，高

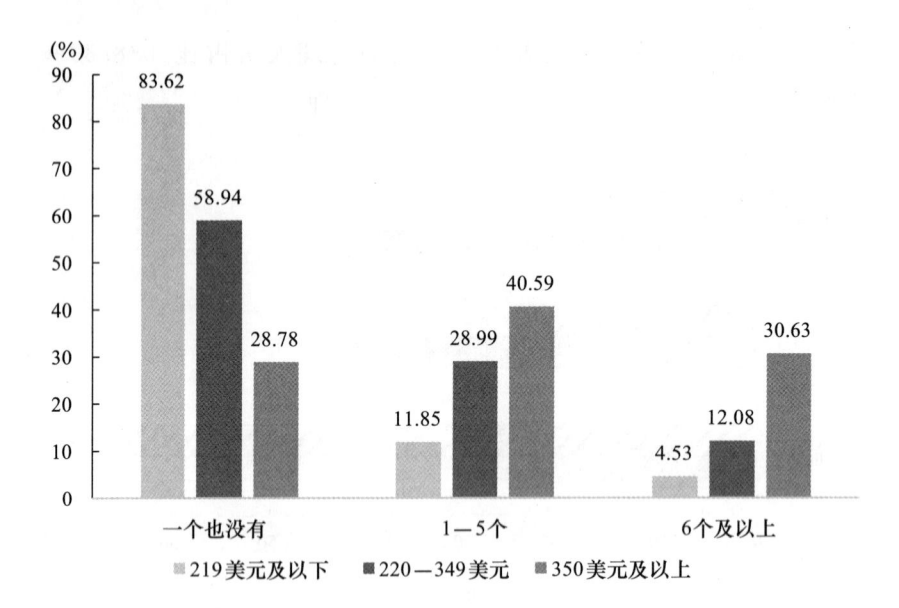

图 6-59　按收入划分的员工在企业内拥有的
中国朋友数量差异（N=972）

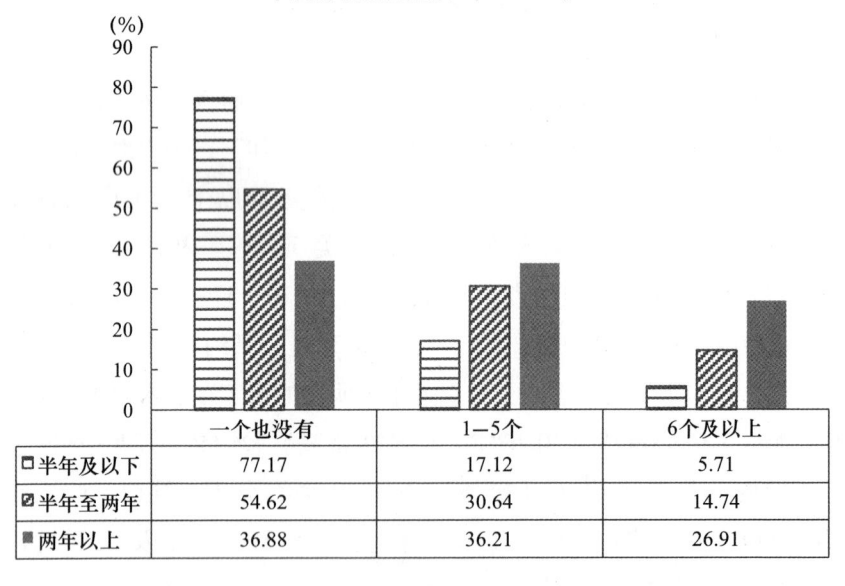

	一个也没有	1—5个	6个及以上
半年及以下	77.17	17.12	5.71
半年至两年	54.62	30.64	14.74
两年以上	36.88	36.21	26.91

图 6-60　按入职时长划分的员工在企业内拥有的
中国朋友数量差异（N=1015）

出进入企业半年至两年的员工占比（45.38%）约 18 个百分点。同时，进入企业半年至两年的员工占比高出进入企业半年及以下的员工（22.83%）约 23 个百分点。其次，在本企业内拥有 6 个及以上中国朋友的员工在进入企业超两年员工中的占比（26.91%）同样也最高，较进入企业半年至两年员工占比（14.74%）高约 12 个百分点。同时，进入企业半年至两年员工中占比较进入企业半年以下员工中占比（5.71%）高约 9 个百分点。不难发现，在本企业拥有的中国朋友数量随进入企业时间的增加而增加。

二 越南中资企业员工对各国文化产品的消费行为

1. 越南中资企业员工对不同国家音乐喜爱程度

通过对员工对不同国家音乐喜爱程度差异分析，可直接反映员工对于华语音乐的喜爱程度。从表 6-12 中不难发现，总体而言，越南员工对华语音乐的喜爱程度显然更高。合并"非常喜欢"、"喜欢"两选项进行统计可发现，华语音乐合计比例最高，比例接近七成（68.56%）。而其他国别的所占比例均不足一半，由高到低依次为：韩国（42.84%）、美国（31.43%）、日本（13.45%）、印度（8.72%）。

表 6-12　　员工对不同国家音乐喜爱程度的频率分布　　（单位:%）

	非常喜欢	喜欢	一般	不喜欢	非常不喜欢
中国 N=1018	24.85	43.71	23.38	7.56	0.49
日本 N=997	1.71	11.74	27.78	55.27	3.51
韩国 N=1013	4.64	38.2	29.52	26.55	1.09
印度 N=998	0.6	8.12	16.83	67.84	6.61
美国 N=1012	3.56	27.87	25.69	41.11	1.78

接下来，将从性别、族群、受教育程度、收入角度对不同员工对华语音乐的喜爱程度进行分析。首先，从性别角度考察，从图 6-61

来看，不同性别员工对华语音乐的喜爱程度相近。合并"非常喜欢"、"喜欢"两选项进行统计可发现，男性合计比例（68.17%）与女性所占比例（68.76%）几乎吻合。另外，合并"非常不喜欢"、"不喜欢"两项进行统计可知，男性合计占比（8.11%）与女性合计占比（8.03%）也保持高度一致。

	非常喜欢	喜欢	一般	不喜欢	非常不喜欢
男	22.22	45.95	23.72	7.51	0.6
女	26.13	42.63	23.21	7.59	0.44

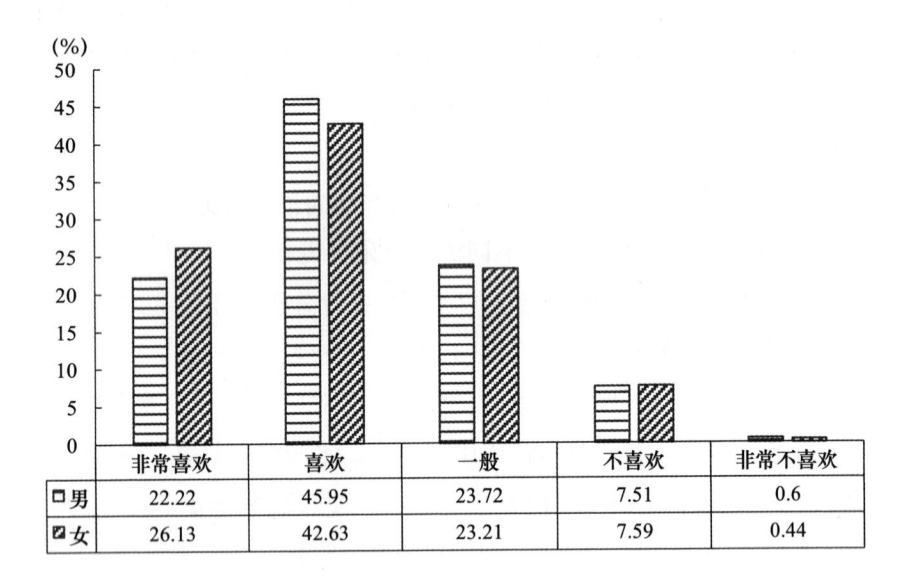

图 6-61　按性别划分的员工对华语音乐喜爱程度差异（N=1018）

进一步从族群角度探究，从图 6-62 易知，京族对华语音乐的喜爱程度略高于其他族群。一方面，合并"非常喜欢"、"喜欢"两选项进行统计可发现，京族的合计占比（68.81%）较其他族群合计占比（66.67%）高出约 2 个百分点。另一方面，合并"非常不喜欢"、"不喜欢"两项进行统计可知，其他族群合计占比（12.35%）较京族的合计占比（7.69%）高出近 5 个百分点。

再从不同受教育程度来看，从图 6-63 中可以发现，员工对华语音乐的喜爱程度随受教育水平上升而上升。第一，合并"非常喜欢"和"喜欢"两项后，本科及以上员工组合计所占比例（72.61%）高

第六章 中国与越南民心相通现状研究

	非常喜欢	喜欢	一般	不喜欢	非常不喜欢
京族	25.43	43.38	23.5	7.16	0.53
其他	18.52	48.15	20.99	12.35	0

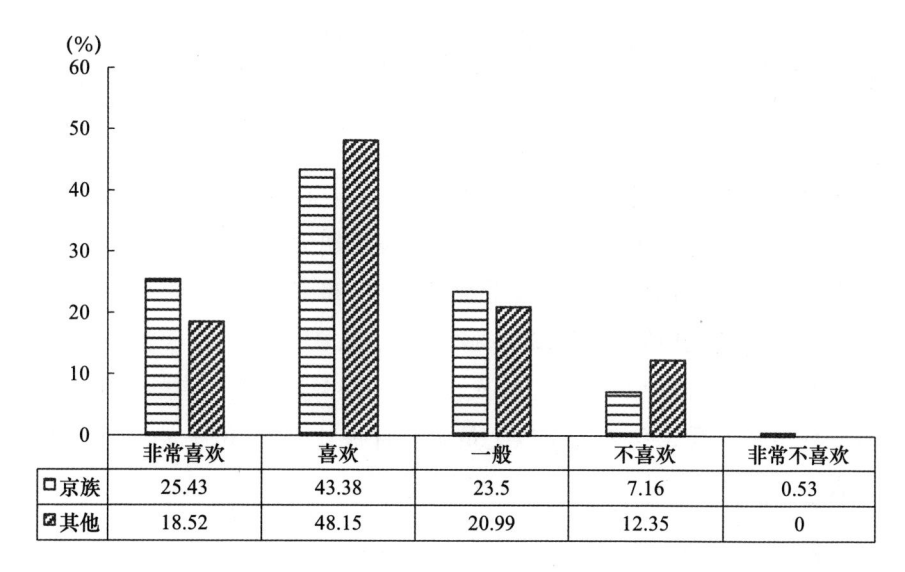

图6-62 按族群划分的员工对华语音乐喜爱程度差异（N=1017）

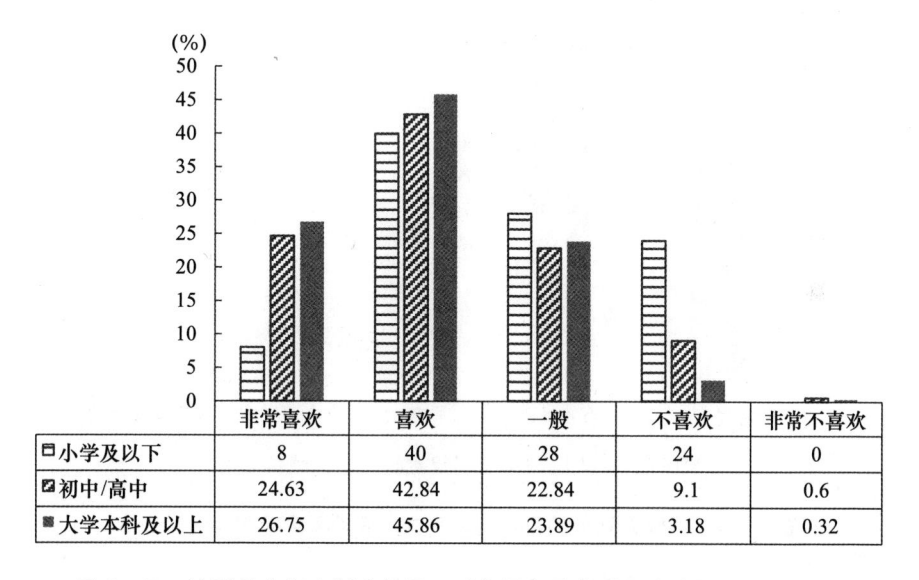

	非常喜欢	喜欢	一般	不喜欢	非常不喜欢
小学及以下	8	40	28	24	0
初中/高中	24.63	42.84	22.84	9.1	0.6
大学本科及以上	26.75	45.86	23.89	3.18	0.32

图6-63 按受教育程度划分的员工对华语音乐喜爱程度差异（N=1009）

出初中/高中员工组（67.47%）约5个百分点。同时，初中/高中员工组比例高出小学及以下员工组比例（48%）约19个百分点。第二，合并"非常不喜欢"和"不喜欢"两项后，初中/高中员工组合计比

· 343 ·

例（9.7%）高出本科及以上员工组（3.5%）约6个百分点。而小学及以下员工组合计占比（24%）高出初中/高中员工组合计比例约14个百分点。

最后从收入角度出发（见图6-64），总体而言，员工对华语音乐的喜爱程度随收入的增加而上升。具体表现为，收入为219美元及以下员工对华语音乐表示"非常喜欢"和"喜欢"的合计占比（57.89%）低出收入在220—349美元范围内的员工合计占比（70.87%）约13个百分点，收入在220—349美元范围内的员工合计占比低出收入为350美元及以上员工合计占比（75.65%）近5个百分点。

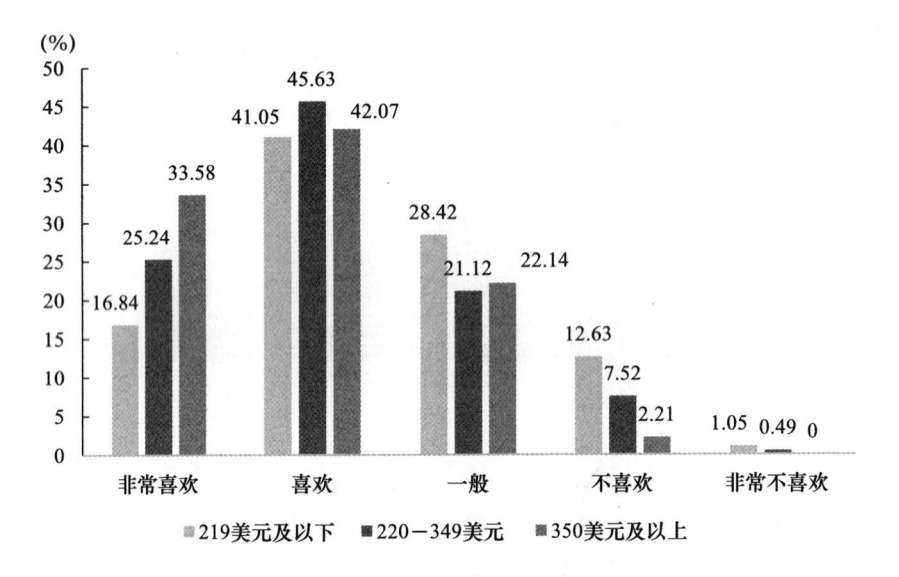

图6-64 按收入划分的员工对华语音乐喜爱程度差异（N=968）

2. 越南中资企业员工观看华语电影/电视剧的频率

通过对员工观看不同国家的电影/电视剧的频率差异分析，可直接反映出员工对于华语电影/电视剧的喜爱程度。从表6-13中易知，合并"经常"观看和"很频繁"观看两类占比可以发现，员工对于华语电影/电视剧的占比在这两项中最高（59.91%），超第二喜爱的韩国占比（28.39%）约32个百分点。其余三国的合计占比则更低，由高到低依次为：美国（23.31%）、日本（7.9%）、印度（5.76%）。与之相对应，合并"很少"和"从不"观看两类占比可发现，员工不喜爱观看中国电影/电视剧相关合计占比最低，仅为15.12个百分点。而其他国家占比远高于中国，按比例由低到高依次为：韩国（36%）、美国（46.54%）、日本（74.53%）、印度（78.44%）。综上，总体员工观看华语电影/电视剧的频率更高。

表6-13　　员工观看不同国家的电影/电视剧的频率分布　　（单位:%）

	从不	很少	有时	经常	很频繁
中国 N=1025	3.12	12	24.98	43.71	16.2
日本 N=1025	31.41	43.12	17.56	7.02	0.88
韩国 N=1025	10.44	25.56	35.61	24.39	4
印度 N=1025	47.51	30.93	15.8	5.27	0.49
美国 N=1025	22.15	24.39	30.15	21.07	2.24

首先，从性别角度看，由图6-65可知，合并"很频繁"观看和"经常"观看两项进行统计可发现，男性合计比例（64.17%）较女性（57.82%）高6.35个百分点。与之相对应，合并"很少"观看和"从不"观看两项可得到女性合计比例（15.94%）同样比男性比例（13.44%）高出约3个百分点的结果。由此可知，在观看华语电影/电视剧的频率方面，男性略高于女性。

进一步从族群角度进行探究，从图6-66易知，京族观看华语电影/电视剧的频率略高于其他族群。一方面，合并"很频繁"观看和"经常"观看两选项进行统计可发现，京族的合计占比（60.41%）较其他族群合计占比（53.65%）高出约7个百分点。另一方面，合并"很少"观看和"从不"观看两项进行统计可知，其他族群合计

中国与湄公河五国民心相通研究

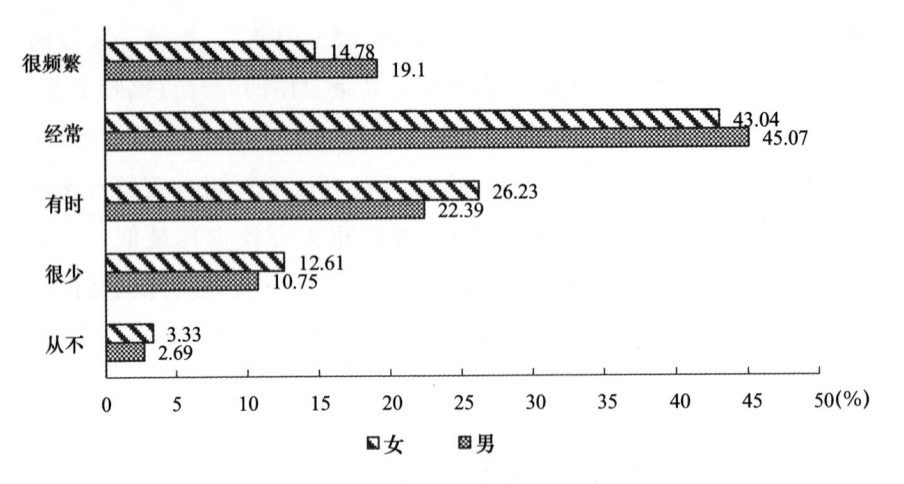

图 6-65 按性别划分的员工观看华语电影/电视剧程度差异（N=1025）

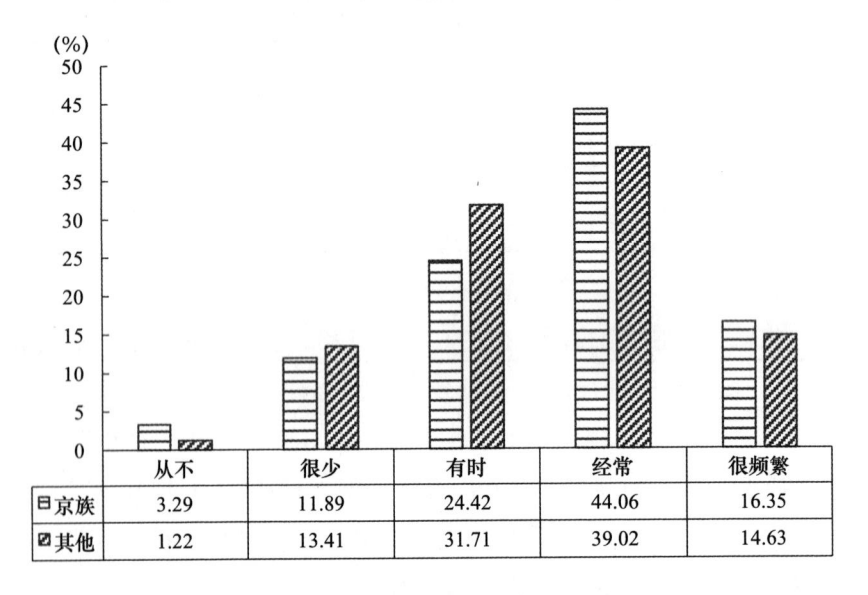

	从不	很少	有时	经常	很频繁
京族	3.29	11.89	24.42	44.06	16.35
其他	1.22	13.41	31.71	39.02	14.63

图 6-66 按族群划分的员工观看华语电影/电视剧程度差异（N=1024）

占比（14.63%）与京族的合计占比（15.18%）差异不大，不足1个百分点。

接着，从不同受教育程度看，从图6-67可知，初中/高中员工组观看频率最高，其次为本科及以上员工组，最后为小学及以下员工

· 346 ·

组。合并"很频繁"和"经常"观看两项进行统计，初中/高中员工组占比（62.82%）较本科及以上员工组的合计占比（54.43%）高出约8个百分点。同时，受教育程度在本科及以上员工的合计占比较受教育程度为小学及以下的员工占比（48%）高出约6个百分点。

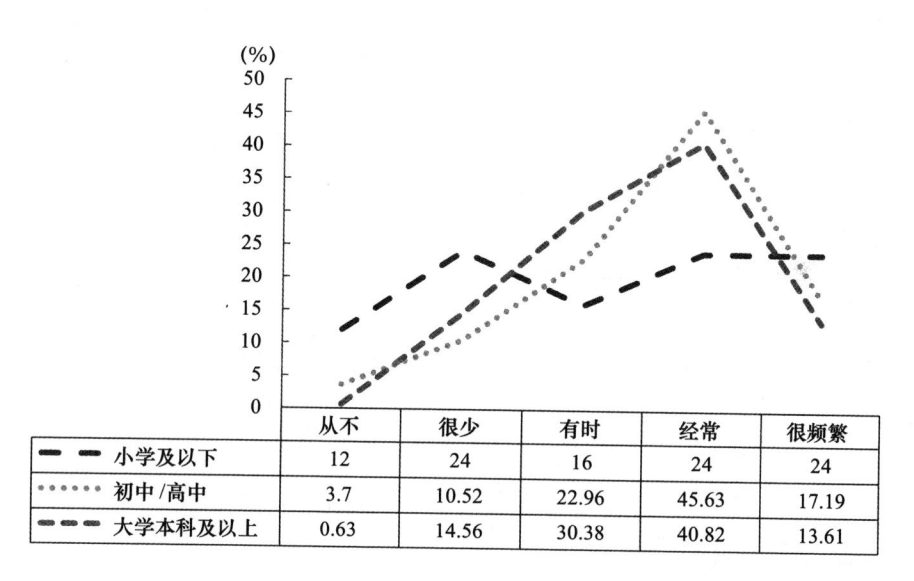

	从不	很少	有时	经常	很频繁
小学及以下	12	24	16	24	24
初中/高中	3.7	10.52	22.96	45.63	17.19
大学本科及以上	0.63	14.56	30.38	40.82	13.61

图6-67　按受教育程度划分的员工观看华语电影/电视剧程度差异（N=1016）

最后从收入角度考量，由图6-68可发现，总体而言，对华语电影/电视剧的观看频率，各收入组员工的观看频率水平基本一致，仅有略微差异。一方面，合并"很频繁"和"经常"观看两项进行统计可知，收入在220—349美元范围内的员工合计占比（61.84%）略高出收入在350美元及以上的员工占比（59.71%）约2个百分点。同时，收入在350美元及以上的员工占比亦比收入在219美元及以下的员工比例（57.99%）高出近2个百分点。另一方面，合并"很少"观看和"从不"观看两项可得到以下结果，收入在219美元及以下的员工比例（17.01%）较收入在220—349美元范围内的员工合

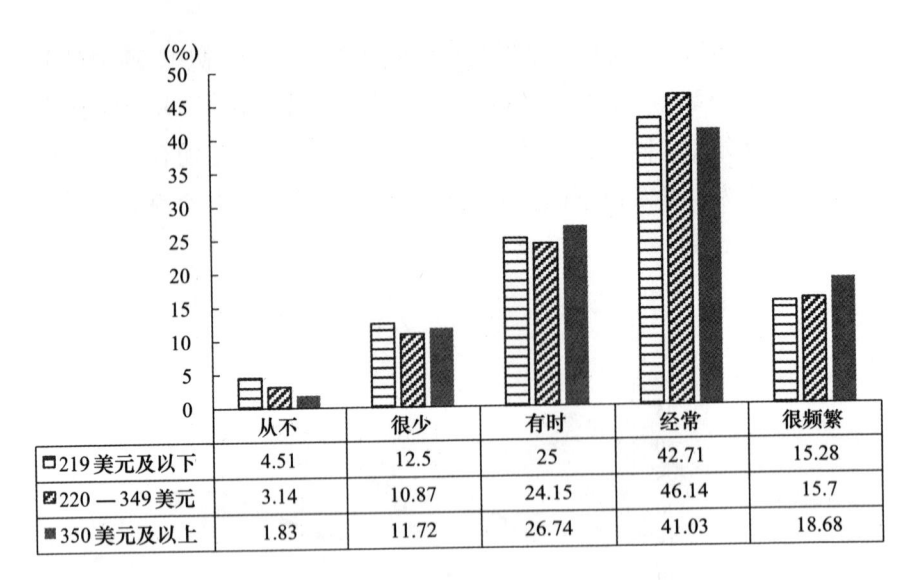

	从不	很少	有时	经常	很频繁
▢ 219美元及以下	4.51	12.5	25	42.71	15.28
▨ 220—349美元	3.14	10.87	24.15	46.14	15.7
▬ 350美元及以上	1.83	11.72	26.74	41.03	18.68

图6-68 按收入划分的员工观看华语电影/电视剧程度差异（N=975）

计比例（14.01%）仅高出3个百分点。除此以外，收入在220—349美元范围内的员工合计比例与收入在350美元及以上的员工合计比例（13.55%）几乎一致。

本章小结

本章从越南中资企业员工视角出发，描述和分析了越南中资企业员工对中国的认知程度、情感性评价和行为倾向三方面的民心相通情况，得出如下几点结论。

总体来看，中越民心相通程度一般，主要体现在行为倾向方面。

首先，越南中资企业员工对中国的认知方面，一方面，越南中资企业员工对中国各方面新闻的了解情况较好，且了解中国新闻的主要渠道为本国网络、电视及通过企业内部的员工。另一方面，员工对除本企业以外的其他中国产品品牌有一定的知晓度，且手机品牌是提及率最高的类型，其中又以OPPO和华为手机品牌知晓度最高为特征。

其次，越南中资企业员工对中国的情感性评价方面，第一，除成为伴侣的意愿程度略低以外，越南中资企业员工对与中国人成为朋友等方面的接受程度皆非常高。第二，在对本企业的评价方面，员工对企业各方面评价同样较高。第三，在对中国的影响力评价方面，员工认为中国对越南的影响力较高，且倾向于正面。

最后，在越南中资企业员工的行为倾向方面，虽然员工所拥有的企业内中国朋友数量总体较少，但对华语音乐及电影/电视剧的喜爱程度却都高于对美国、韩国、印度、日本各国音乐及电影/电视剧。

本章从性别、族群、是否为管理人员、受教育程度、收入和进入中资企业时长等角度出发，发现以下差异。

第一，从性别来看，越南中资企业男性员工在更多方面与中国的民心相通程度略高于女性。但值得注意的是，女性对"本企业尊重员工的宗教信仰"、"中外员工晋升制度一致"和"中国对本国影响力评价"方面的评价较男性更高。

第二，从族群来看，京族较其他民族与中国的民心相通程度更高。

第三，从是否为管理人员来看，管理人员在多数方面较非管理人员与中国的民心相通程度更高。但在对本企业的评价方面，特别是对本企业的"作息时间规定"、"中外员工晋升制度一致"方面，非管理人员的评价高于管理人员评价。

第四，从受教育程度来看，整体上越南中资企业员工与中国的民心相通程度随受教育程度的提升而增加。但在"喜欢本企业的作息时间规定"、"中外员工晋升制度一致"、"中国对本国影响力"的评价和"观看华语电影/电视剧频率"四个方面，初中/高中受教育程度的越南中资企业员工的评价或观看频率最高。

第五，从收入来看，整体上收入越高的越南中资企业员工与中国的民心相通程度越高。但需要注意的是，在"中外员工晋升制度一致"的评价方面，收入越高，评价反而越低；对中国对本国的影响评价方面，收入越高，评价越倾向于负面。

第六，进入企业不同时长对员工对多数内容评价差异不大，但进入企业时长不足半年的员工对本企业的"作息时间规定"、"中外员工晋升制度一致"、"中国对本国影响力"评价最高。这表明要提高中资企业员工对企业的归属感和对中国的认同感，需要不断加强在职员工的属地化管理。

第七章

推进中国与湄公河五国民心相通的对策建议

澜湄次区域是一个多元文化与宗教与融合的区域，有佛教、伊斯兰教和天主教等不同宗教信仰和文化理念，各国政治制度也不尽相同。2021年是澜沧江—湄公河合作成立5周年。澜湄合作经历了培育期、快速拓展期，迈入了全面发展新阶段，为各国发展注入了"源头活水"，为构建人类命运共同体树立了典范。[1] 澜湄合作机制与"一带一路"倡议具有高度的契合性，深化民心相通是促进澜湄合作长期纵深发展的关键。[2] 在新冠肺炎疫情蔓延背景下，澜湄六国认真落实第三次领导人会议和第五次外长会共识，实施《澜湄合作五年行动计划》，大力开展抗疫合作，携手推动经济复苏，不断深化人文交流，澜湄合作保持了高水平发展态势，澜湄合作打造了"领导人引领，全方位覆盖、各部门参与"的合作框架。[3] 但不可忽视的是，澜湄合作与湄公河地区的既有制度长期共存的"制度拥堵"现状是澜

---

[1] 王毅：《奋楫五载结硕果，继往开来再扬帆——纪念澜沧江—湄公河合作启动五周年》2021年3月23日，人民网—人民日报（http://paper.people.com.cn/rmrb/html/2021-03/23/nw.D110000renmrb_20210323_1-06.htm）。

[2] 《徐勤贤、张津京：以新发展理念为指引，推动"一带一路"高质量发展》2021年1月21日，中华人民共和国国家发展和改革委员会。（https://www.ndrc.gov.cn/xxgk/jd/wsdwhfz/202101/t20210121_1265449.html?code=&state=123）。

[3] 《王毅谈疫情背景下澜湄合作新进展》2021年6月8日，外交部。（https://www.fmprc.gov.cn/web/wjbzhd/t1882251.shtml）。

澜湄合作长期面临的困境。① 同时当前新冠肺炎疫情仍在全球起伏反复,次区域各国经济复苏和可持续增长面临新的挑战。②

前几章从认知程度、情感性评价和行为倾向三个维度详细考察了中国与湄公河各国民心相通现状。本章将在对比分析中国与湄公河五国民心相通现状基础上,提出促进中国与湄公河五国民心相通建设的对策与建议。

第一节 中国与湄公河五国民心相通的比较分析

本节通过对比分析湄公河五国中资企业员工对中国的认知程度、情感性评价和行为倾向,从而比较中国与湄公河五国的民心相通现状。

一 中资企业员工对中国的认知程度

湄公河五国中资企业员工对中国的认知程度差异,主要体现为对中国相关新闻的关注程度、获取中国信息的渠道以及对中国产品品牌认知差异。

1. 对中国相关新闻的关注

如表 7-1 所示,缅甸、泰国和越南的中资企业员工关注较多的有关中国新闻为本国学生前往中国留学和中国艺术演出,各自占比均超过五成。老挝和柬埔寨的中资企业员工关注较多的是中国援建本国基础设施和本国学生前往中国留学新闻,其中老挝员工的占比均超过八成(80.35%和83.71%),柬埔寨员工占比均超过七成(70.79%和72%)。其次,老挝和柬埔寨中资企业员工对中国大使馆对本国的捐赠与中国援建本国基础设施新闻的关注占比均超过一半。据此可

---

① 卢光盛、金珍:《超越拥堵:澜湄合作机制的发展路径探析》,《世界经济与政治》2020年第7期。
② 《李克强出席大湄公河次区域经济合作第七次领导人会议并发表讲话》,2021年9月9日,中国政府网(http://www.lmcchina.org/2021-09/09/content_41670204.htm)。

知，总体上老挝和柬埔寨中资企业员工对中国相关新闻的关注度较高，且集中在对捐助和援助方面；而缅甸、泰国和越南中资企业员工对中国相关新闻整体的关注度较低，主要集中在前往中国留学和中国艺术演出方面。

表7-1　　　　　中资企业员工了解中国相关新闻分布　　　　（单位：%）

	中国大使馆对本国的捐赠	中国援助本国修建道路、桥梁、医院和学校	本国学生前往中国留学	中国艺术演出
缅甸	32.46	37.19	61.99	53.83
老挝	69.71	80.35	83.71	73.83
柬埔寨	56.65	70.97	72	54.84
泰国	34.87	31.87	89.91	84.52
越南	38.2	44.17	83.28	72.24

2. 了解中国相关信息的渠道

通过表7-2可见，除互联网普及率较低的缅甸外，本国网络是五国中资企业员工获取中国信息的首要渠道。其中越南中资企业员工通过本国网络获取中国信息占比最高，超过七成（76.49%）。其次是本国电视，老挝、泰国和越南中资企业员工通过本国电视获取中国信息占比均超过一半。与此相反，员工从企业内部文字/图片等材料途径了解中国的占比最低。总体而言，在所有了解中国信息的渠道中，越南员工获取中国信息的渠道更具全面性；而缅甸员工了解中国信息的渠道相对单一，关注度不高。

表7-2　　　　　中资企业员工了解中国信息的渠道分布　　　　（单位：%）

	本国电视	本国网络	本国报纸杂志	中国传统媒体	中国新媒体	企业内部员工	企业内部文字/图片等材料
缅甸	39.28	16.98	7.99	3.24	5.9	13.45	2.81
老挝	61.06	62.58	14.75	16.81	9.87	8.68	6.4

续表

	本国电视	本国网络	本国报纸杂志	中国传统媒体	中国新媒体	企业内部员工	企业内部文字/图片等材料
柬埔寨	48.39	54.08	13.74	7.43	8.66	6.93	2.85
泰国	60.77	62.85	12.25	6.19	15.81	13.93	6.62
越南	54.93	76.49	25.07	13.27	15.22	30.34	16.49

3. 对中国产品与品牌的认知

图7-1反映了湄公河五国中资企业员工对企业之外的其他中国产品品牌的认知状况。越南员工了解的中国产品品牌更多，占比接近七成（69.55%）；其次是泰国、老挝和柬埔寨；而缅甸中资企业员工对企业之外其他中国产品品牌了解最少（35.35%）。

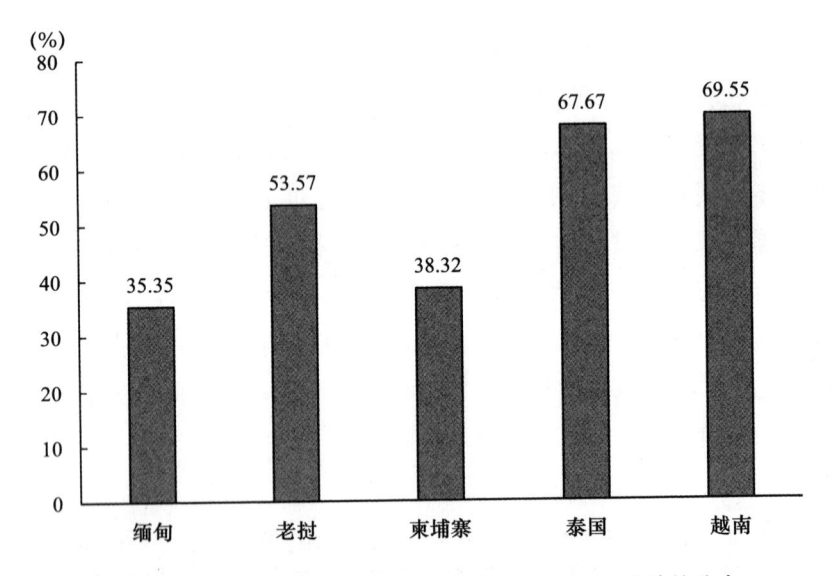

图7-1 中资企业员工知道企业之外其他中国产品品牌的分布

进一步分析中资企业员工对具体中国产品品牌的认知度（见表7-3）可以发现，整体上五国员工认知度最高的中国产品品牌都是手机类品牌，依次是华为、OPPO、小米和VIVO。具体而言，泰国员工对华为品牌的认知度最高（17.86%），老挝和越南的员工次之（11.39%和11.32%），均超过了一成。其次，越南员工对OPPO品牌的认知度最高（12.49%），其余国家员工对OPPO的认知度都很低。最后，五国员工对小米和VIVO的认知度都较低，基本不足5个百分点。总体上看，越南员工对中国产品品牌了解更多，缅甸中资企业员工的了解最少。

表7-3　　中资企业员工对具体中国产品品牌认知度的分布　　（单位：%）

	华为	OPPO	小米	VIVO	其他
缅甸	6.04	3.45	4.49	2.55	19.11
老挝	11.39	4.23	2.06	3.47	32.32
柬埔寨	6.68	5.69	1.36	3.22	18.56
泰国	17.89	5.83	5.43	2.6	35.08
越南	11.32	12.49	7.41	3.9	32.39

二　中资企业员工对中国的情感性评价

湄公河五国中资企业员工对中国的情感性评价的差异性主要包括对中国人的接纳程度、对中国企业的评价和对中国对本国影响力的评价三方面。

1. 对中国人的接纳程度

湄公河五国中资企业员工对中国民众的接纳程度差异，体现了这五国中资企业员工与中国民众的社会交往意愿。由图7-2可见，整体上五国员工与中国人的社会距离都比较近。其中泰国员工与中国人的社会距离最近，愿意与中国人成为伴侣的占比虽低于越南和老挝，但仍超过了一半（51.14%），同时在其它选项上的占比均列于各国首位。其次是越南员工，有59.92%的越南员工愿意与中国人成为伴侣，同时在其他选项上的占比也均在九成以上。再次是老挝和柬埔寨员工。而缅甸员工与中国人的社会距离最远，对中国人的接纳程度最低。

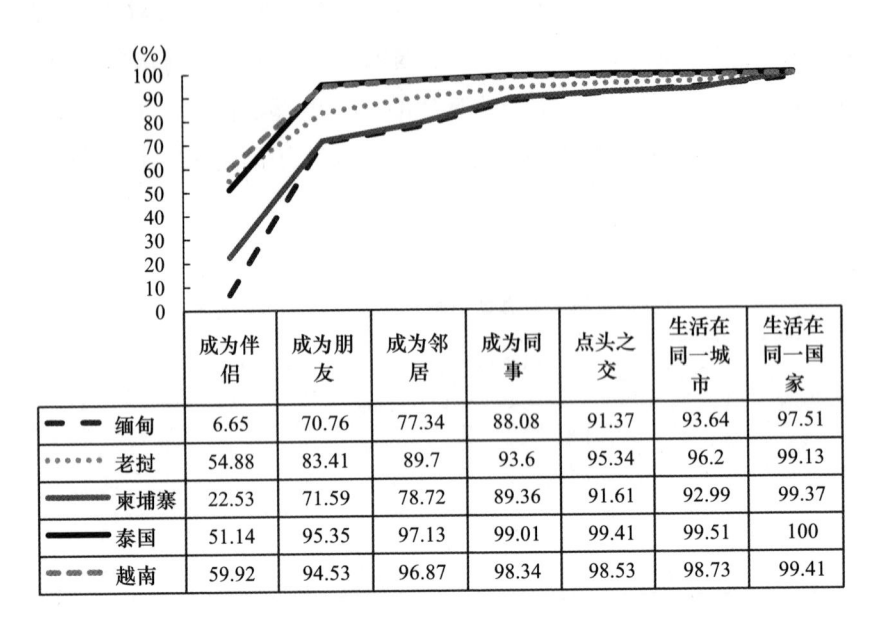

	成为伴侣	成为朋友	成为邻居	成为同事	点头之交	生活在同一城市	生活在同一国家
缅甸	6.65	70.76	77.34	88.08	91.37	93.64	97.51
老挝	54.88	83.41	89.7	93.6	95.34	96.2	99.13
柬埔寨	22.53	71.59	78.72	89.36	91.61	92.99	99.37
泰国	51.14	95.35	97.13	99.01	99.41	99.51	100
越南	59.92	94.53	96.87	98.34	98.53	98.73	99.41

图7-2 中资企业员工与中国民众的社会距离分布

2. 对中国企业的评价

图7-3展现了湄公河五国中资企业员工对中国企业评价的分布状况。整体上越南和泰国员工对中国企业在属地化管理水平方面的评价较高，缅甸和老挝员工次之，而柬埔寨对中国企业在属地化管理水平方面的评价最低。这表明柬埔寨中国企业的属地化管理需要加以改进以提升员工的满意度水平。具体而言，泰国和越南员工对于本企业尊重本地风俗习惯（87.16%、72.74%）和员工的宗教信仰（86.2%、75.74%）的认同度最高；其次是喜欢本企业的作息时间规定。而无论哪个国家，员工对中外员工晋升制度一致性的评价在各项评价中均为最低，这表明中国企业属地化管理的核心问题在于为外籍员工提供合理和晋升通道。

第七章 推进中国与湄公河五国民心相通的对策建议

	同意本企业尊重本地风俗习惯	同意本企业尊重员工的宗教信仰	喜欢本企业的作息时间规定	同意中外员工晋升制度一致
缅甸	61.02	65.03	65.99	43.82
老挝	55.74	52.51	57.66	44.28
柬埔寨	35.51	30.06	39.72	22.88
泰国	72.74	75.74	67.13	48.7
越南	87.16	86.2	76.59	68.16

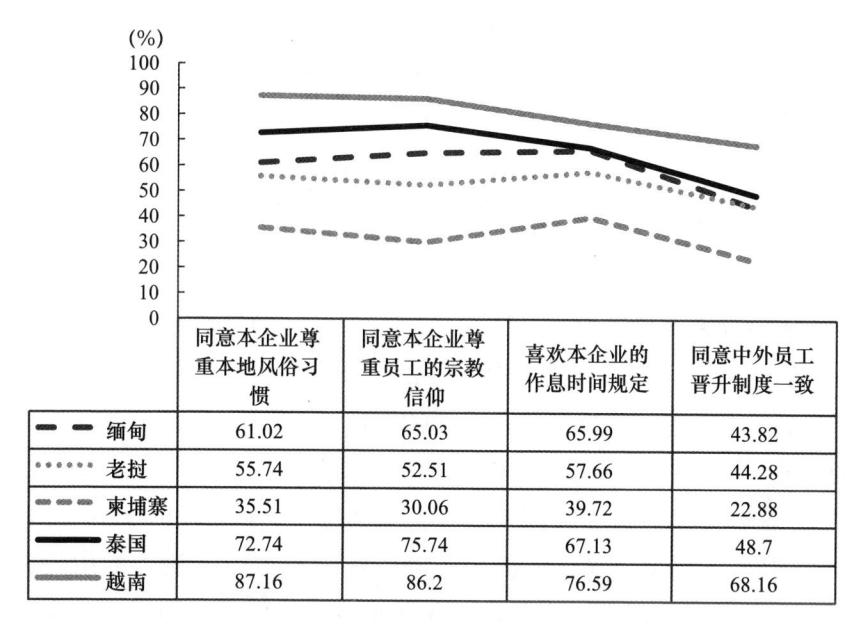

图7-3 中资企业员工对中国企业属地化管理表示"同意"的比例分布①

3. 中国对本国的影响力评价

在中资企业员工对"中国对本国影响力"的大小评价方面（见表7-4），各国员工的评价具有很高的一致性，即认为有"很大影响"和"有些影响"的占比均超过四成。将"很大影响"和"有些影响"两项加总后，越南员工占比最高，接近九成（89.48%），其次为泰国（88.76%）、缅甸（87.31%）、柬埔寨（86.12%）和老挝（82.54%）。

表7-4 中资企业员工对"中国对本国影响力"大小评价分布

（单位：%）

	没有影响	没多大影响	有些影响	很大影响
缅甸	4.48	8.21	42.92	44.39
老挝	8.3	9.17	41.27	41.27

---

① 注："同意"占比由"基本同意"和"完全同意"两项占比加总计算而成。

续表

	没有影响	没多大影响	有些影响	很大影响
柬埔寨	8.36	5.52	43.63	42.49
泰国	2.68	8.56	43.61	45.15
越南	5.43	5.09	40.64	48.84

在中资企业员工对"中国对本国影响力"的正负评价方面（见表7-5），不同国家对此评价差异较大。合并"非常正面"与"相对正面"两项后，泰国合计占比（60.01%）最高，略高于排名第二的老挝（56.28%）；之后是柬埔寨（51.07%）与越南（50.23%）。而缅甸的合计占比（29.54%）最低，与泰国相差约三成（30.62%）。由此可见，泰国和老挝中资企业员工所认为的中国影响力更大且更倾向于正面，其次是柬埔寨和越南员工的评价基本正面，而缅甸对中国员工对"中国对本国影响力"更倾向于负面评价。由此可见，在湄公河五国中，中国更应注重对缅甸员工树立良好正面的中国形象。

表7-5　中资企业员工对"中国对本国影响力"评价分布　（单位：%）

	非常负面	相对负面	相对正面	正面	非常正面
缅甸	7.64	16.84	45.98	23.93	5.61
老挝	7.21	6.67	29.84	42.62	13.66
柬埔寨	8.96	8.96	31.01	40.97	10.1
泰国	1.67	8.24	29.93	52.76	7.4
越南	1.52	10.37	37.88	46.27	3.96

三　中资企业员工对中国的行为倾向

1. 拥有的中国朋友数

从表7-6中可知，整体上各国员工中有至少五成的人在所在企业并没有中国朋友，这表明一半以上的外籍中资企业员工在企业内其实并没有中国朋友,中外双方的私人交流较少;大概两成至三成左右的员工有 1—5 个中国朋友;而拥有 6 个及以上中国朋友的数量较少,各国均在两成以下。具体而言,在企业内拥有的中国朋友数量较多(6 人及以上)的是越南(15.08%)和泰国员工(14.06%),而老挝(10.26%)、缅甸(9.21%)和柬埔寨员工(7.59%)则相对较少。

表 7-6　中资企业员工在本企业拥有的中国朋友数量的频率分布（单位:%）

	一个也没有	1—5 个	6 个及以上
缅甸	68.6	22.2	9.21
老挝	61.24	28.49	10.26
柬埔寨	73.23	19.18	7.59
泰国	53.86	32.08	14.06
越南	57.69	27.23	15.08

2. 对各国文化产品的消费偏好

在对外国音乐的喜好方面（见图 7-4）,首先,除泰国员工"喜欢"华语音乐的占比(39.59%)低于美国音乐(61.98%)外,剩余湄公河四国员工对华语音乐的"喜欢"占比都高于其他四国音乐。其中老挝员工对华语音乐表示"喜欢"的占比最高(73.21%),接着依次为越南(68.56%)和柬埔寨(53.28%)。占比最低为缅甸(31.9%),且缅甸员工对其他各国音乐"喜欢"占比都普遍最低。其次,除越南员工第二喜欢的音乐为韩国音乐(42.84%)外,老挝(17.13%)、柬埔寨(14.1%)、越南员工(8.72%)对美国音乐的喜爱程度略高于其他三国音乐,但仍低于对华语音乐的喜爱程度。最后,各国员工对日本和印度两国音乐喜爱程度普遍偏低。

中国与湄公河五国民心相通研究

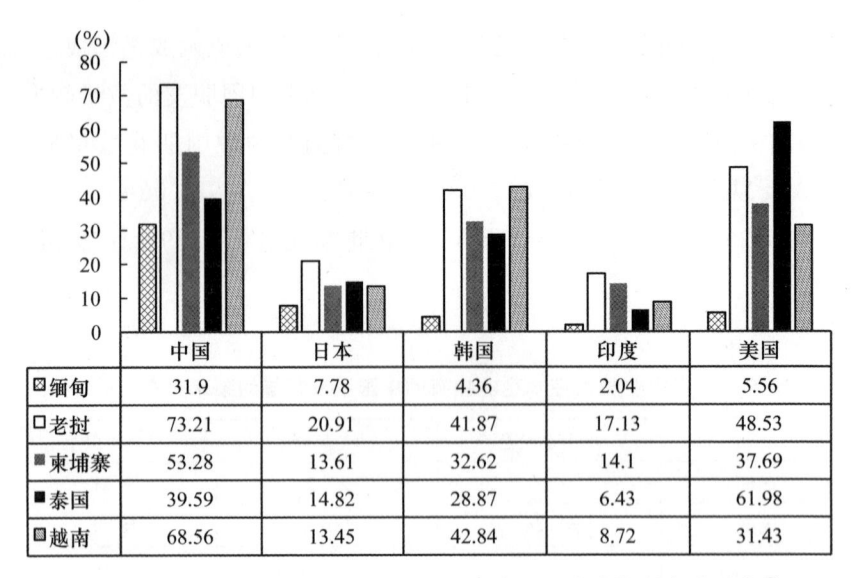

	中国	日本	韩国	印度	美国
缅甸	31.9	7.78	4.36	2.04	5.56
老挝	73.21	20.91	41.87	17.13	48.53
柬埔寨	53.28	13.61	32.62	14.1	37.69
泰国	39.59	14.82	28.87	6.43	61.98
越南	68.56	13.45	42.84	8.72	31.43

图 7-4 中资企业员工对不同国家音乐表示"喜欢"的频率分布①

在外国电影/电视剧的观看方面（见图 7-5），首先，除泰国员工（48.42%）更"经常"观看美国电影/电视剧外，其他各国员工主要"经常"观看的电影/电视剧都为中国电影/电视剧。其中越南（59.91%）占比最高，柬埔寨（45.78%）次之，老挝（29.94%）和缅甸（24%）占比略低。其次，美国电影/电视剧虽在四国的受欢迎程度都低于中国电影/电视剧，但受欢迎程度也相对较高，依次为柬埔寨（27.06%）、老挝（23.78%）、越南（23.31%）、缅甸（19.61%）。最后，各国员工同样在观看日本和印度两国电影/电视剧方面占比最低。

综合图 7-4 和图 7-5 来看，除泰国员工对美国音乐、电影/电视剧的喜爱程度高于中国及其他国家外，其他四国中资企业员工对中国音乐、电影/电视剧的喜爱程度都最高。另外，美国在五国文化产品市场中也占有相对较高份额。值得一提的是，缅甸员工对各国音

---

① 注："喜欢"由合并"非常喜欢"和"喜欢"两个选项合计加总而成。

第七章　推进中国与湄公河五国民心相通的对策建议

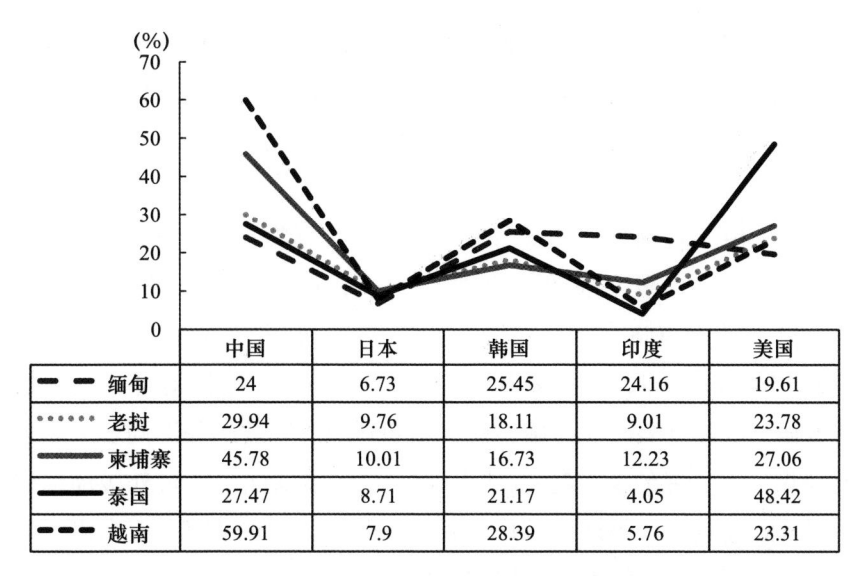

	中国	日本	韩国	印度	美国
缅甸	24	6.73	25.45	24.16	19.61
老挝	29.94	9.76	18.11	9.01	23.78
柬埔寨	45.78	10.01	16.73	12.23	27.06
泰国	27.47	8.71	21.17	4.05	48.42
越南	59.91	7.9	28.39	5.76	23.31

图7-5　中资企业员工"经常"观看不同国家的电影/电视剧的频率分布①

乐、电影/电视剧文化产品的接收程度普遍较低。

第二节　对策与建议

从中资企业东道国员工视角来看，中国与湄公河五国民心相通存在既有区域的同质性，也表现出一些具体的国别差异。推进中国与湄公河五国的民心相通应重点关注以下几个方面。

第一，加强中国对外援助与援建的对外传播，并加大在缅甸、泰国和越南的传播力度。

根据前文表7-1可见，相较于本国学生前往中国留学和中国艺术演出两类新闻，整体上湄公河五国对中国对外援助与援建方面的新闻关注较少。尤其是缅甸、泰国和越南三国的中资企业员工对中国援助与援建新闻整体关注度较低（占比均不足五成）。对湄公河次区域

---

① 注："经常"由"很频繁"和"经常"两项加总计算而成。

国家进行援助与援建是中国履行大国责任，塑造负责任大国形象的重要途径。① 尤其是在全球性重大公共危机时刻，对外援助行为宣传可作为援助国传播文化与价值观、彰显文化魅力、唤起感召力的重要手段。②

中国国务院新闻办公室 2016 年发表的《发展权：中国的理念、实践与贡献》白皮书表明，60 多年来，中国共向 166 个国家和国际组织提供了近 4000 亿元人民币援助，为发展中国家培训各类人员 1200 多万人次，派遣 60 多万援助人员。③ 然而，中国对外援助与援建方面的实际进展与受援国民众所感知到的援助效果并不同步，表现出"做的多、说的少"特点。④ 因此，中国须增强中国对外援助援建的对外宣传意识，把握对湄公河五国援助叙事的主动权。应在以下方面加强中国对湄公河五国的援助信息传播。

首先，深度报道中国对湄公河国家的对外援助与援建重大项目的建设进展与成效。可借鉴其他国家在此方面的有效经验模式。如日本在宣传重点援助与援建信息方面形成具有特色的深度报道模式。⑤ 突出中国对外援助与援建的开放性、合作性和沟通性，从而提升中国对外援助与援建对湄公河五国民众的接受程度。

其次，避免过于宏大的援助与援建叙事，持续报道凸显"人类命运共同体"价值观的中国特色援助故事。让湄公河五国民众，特别是低学历、中低收入水平和少数民族群体，通过感同身受的"移情"体验，进一步了解中国援助与援建的目的和真实意图。

---

① 卢光盛、熊鑫：《中国对大湄公河次区域国家的援助》，《公共外交季刊》2011 年第 4 期。

② 范红、黄丽丽：《重大公共危机事件中的对外援助与国家形象塑造》，《对外传播》2021 年第 6 期。

③ 《发展权：中国的理念、实践与贡献》，2016 年 12 月 1 日，新华社（http://www.gov.cn/zhengce/2016-12/01/content_5141177.htm）。

④ 胡澎：《日本非政府组织的对外援助活动及对我国的启示》，《国外社会科学》2019 年第 5 期。

⑤ 毕世鸿：《日本对湄公河地区经济合作的援助政策》，《东南亚》2007 年第 2 期。

最后，以缅甸、越南和泰国为重点国家，加强中国对外援助与援建内容的传播。一方面，对缅甸和越南的宣传应以加强抗灾减灾、基础设施建设、公共卫生、减贫、促进就业等民生领域相关援助项目宣传为重点，通过凸显越南、缅甸两国民众从中国援助与援建的民生项目的直接获益性，提高两国民众对中国援助援建新闻信息的关注度。另一方面，对泰国的援助宣传应突出合作型重点项目。如在全球重大危机背景下，可加大中国对泰国在卫生医学方面的技术合作型援助与援建新闻宣传，以适应泰国民众的关键发展需求。

第二，积极塑造中国品牌形象，注重提升中国品牌在缅甸、柬埔寨和老挝的知名度。

中国的产品与品牌是中国对外传播的重要文化符号产品。由图7-1和表7-3可知，一方面湄公河五国员工都只知道科技类大众消费品中的手机品牌，对中国其他行业品牌提及率非常低，如建筑业、制造业等。截至2019年末，中国企业对亚洲国家和地区投资最为集中的5个行业领域，依次为租赁和商务服务业（41.5%）、批发和零售业（15.0%）、金融业（12.8%）、制造业（8.2%）以及采矿业（5.5%）。[1] 另一方面，相比泰国和越南，缅甸、柬埔寨和老挝员工知道企业之外其他中国产品和品牌占比较低。因此，除手机品牌之外，其他各行业中国企业都应积极塑造中国品牌形象；在湄公河区域尤其应提升中国品牌在缅甸、柬埔寨和老挝的知名度。

首先，各行业中国企业在进行投资和业务活动时，应重视在环保、社区建设和扶贫救灾方面的企业社会责任履行，注重对本企业以及当地的女性、低学历和中低收入水平群体的社会关怀。可借鉴中铝在秘鲁中国品牌的成功塑造经验，[2] 构建良好的中国品牌形象。

其次，各行业中国企业应将企业文化和中国传统文化元素融入中

---

[1] 《中国对外投资合作发展报告2020》，2021年2月，中华人民共和国商务部（http://images.mofcom.gov.cn/fec/202102/20210202162924888.pdf），第65页。
[2] 张超：《新时代中国品牌形象的对外传播》，《对外传播》2019年第8期。

国品牌形象文化塑造中，设计和使用具有企业文化特性的品牌符号，提高品牌形象的忠诚度，增强品牌的附加值和品牌受众的粘度。[①]

最后，注重提升中国品牌在缅甸、柬埔寨和老挝的知名度。通过参与展会、媒体广告、社会活动等多种方式增加展现企业形象与产品品牌的机会，提高民众对中国品牌的认知度和品牌联想度，营造良好的中国企业形象和中国形象。

第三，构建新媒体传播体系，并加强企业内部传播。

由前文表7-2可见，除缅甸外，其余四国中资企业员工了解中国信息的渠道中本国网络的占比最高；同时缅甸、柬埔寨、泰国和越南的中国新媒体占比也超过了传统新闻媒体，互联网已成为最主要的传播渠道。另一方面，员工通过企业内部文字/图片等渠道了解中国的占比均较低，除越南外占比均不足一成，应进一步加强企业内部传播。

首先，在互联网普及率较高的柬埔寨、泰国和越南，应积极构建新媒体传播体系。柬埔寨1997年就引入了互联网服务，截至2018年，柬埔寨互联网普及率达到75%以上。[②] 越南拥有6400万互联网用户，互联网渗透率约为67%。[③] 泰国互联网普及率达80%以上。[④] 而老挝、缅甸互联网普及率不足50%。[⑤] 因此应积极推进柬埔寨、泰国和越南新媒体传播体系的构建。一方面，充分运用这三国的本国网络数字媒体，通过在流量大的本地网站和数字媒体平台的主页、信息滚动条等发布和推送有关中国信息的网页新闻，扩大中国信息的传播力度。另一方面，结合这三国的语言环境，设置包含中文与本国母语

[①] 张超：《新时代中国品牌形象的对外传播》，《对外传播》2019年第8期。
[②] 《柬互联网普及率达75%》2018年9月6日，柬单网（https://www.58cam.com/thread-101768-1-1.html）。
[③] 《东南亚电商市场报告：越南篇》，2021年9月22日，搜狐网（https://www.sohu.com/a/491277714_121119225）。
[④] 《数字泰国2019 | 泰国互联网/社交媒体/手机/电商分析》，2019年12月9日，雨果网（https://baijiahao.baidu.com/s?id=1652442649081631758）。
[⑤] 李强：《携手共建"数字丝绸之路"》，《广西日报》2021年1月19日。

的双语版中国信息推送,采访和刊登本国学者、企业家、社会活动家对中国信息的相关论述。这样既贴近湄公河国家民众的母语使用习惯,又可以增加普通民众学习中文、了解中国文化的机会,减少民众对中国新媒体报道的排斥。

其次,应加强企业内部传播。通过企业公众号、企业培训、企业内部环境等立体化方式加强企业内部传播。中资企业需要制作双语版的宣传文字资料,减少员工阅读方面的语言文字障碍。此外,中资企业可以结合企业对员工的例行会议、培训会、团建活动等实地讲解企业文化,传播有关中国信息,增进员工对中资企业文化和中国信息的理解。

最后,少数民族、低学历和中低收入水平民众,存在知识水平有限、获取外界信息成本较高、信息接收能力较弱的特点。网络新媒体在向其推送中国信息时,应以通俗易懂、图文并茂的传播方式为主。

第四,优化中资企业外籍员工的晋升通道,合理安排员工工作时间。

根据前文图7-3可见,一方面各国员工普遍认同企业能够尊重本地风俗习惯和员工的宗教信仰以及本企业的作息时间规定,但对"中外员工晋升制度一致"的认同度较低,柬埔寨员工占比仅为两成(22.88%)。另一方面,从国别差异来看,柬埔寨中资企业员工对企业属地化管理水平四个方面的评价均明显低于其他四国。因此,柬埔寨中资企业员工对企业的评价亟待改善。具体政策建议如下:

首先,优化中资企业外籍员工的晋升通道,加强其企业认同感。随着中国企业国际化发展发展步伐加快,各国中资企业都需要考虑员工属地化管理中的外籍员工职业晋升问题,设置良好的外籍员工晋升通道,可以增进对中资企业的认可度和企业发展,降低人员流动性。

其次,因地制宜合理安排员工工作时间,并加强对外籍员工作息时间规定的培训与管理。要熟悉各国的劳动法及相关法规,根据企业特征为员工设置合理的工作时间,尽量减少或避免超时劳动。同时也需要加强对外籍员工适应企业作息时间的培训与管理。

最后,柬埔寨中资企业应需大力提升属地化管理水平。特别关注非管理人员、收入水平低和受教育水平较低的员工的属地化管理。

第五,促进中资企业内部中外员工交往,增加缅甸、柬埔寨中外员工交往机会。

根据前文的表 7-6 可知,一半以上的外籍中资企业员工在企业内没有中国朋友,且缅甸、柬埔寨两国的外籍中资企业员工在企业内与中国员工间的交友圈最小。这表明五国尤其是缅甸、柬埔寨两国中资企业内的中外员工交友圈需要进一步拓展。具体可从以下两方面进行拓展:

一方面,鼓励中资企业营造良好的两国员工交往环境,增加中外员工交友机会。一是倡导中资企业围绕促进中外员工互动目标开展多样化的中外员工面对面交往活动,推动中外员工交友机会的增加。二是鼓励中资企业提供轻松愉快的共同工作、生活环境,为加深中外员工彼此间了解、互动打下基础。通过在日常工作、生活中增进彼此持续交流沟通,推动两国员工从交流交往到交心交友,进一步提升企业内部中外员工的凝聚力。

另一方面,在缅甸、柬埔寨两国中资企业内部,针对非管理人员、低收入及入职时间较短的外籍员工创造更广泛的交友空间。一是针对非管理人员、低收入、新入职外籍员工,组织各类互助、志愿的企业集体活动,帮助其克服与中国员工交往过程中的障碍困难,促进中外员工的相互沟通。二是中方管理者应增加与非管理人员、低收入、新入职外籍员工的接触,了解他们的切实需求和想法,推动外籍员工增加对企业的认同感。

第六,重视提高缅甸和柬埔寨民众对中国民众的接纳程度。

根据前文图 7-2 可见,整体上泰国、越南和老挝中资企业员工与中国员工的社会距离较近,而缅甸和柬埔寨中资企业员工对中国人的接纳程度较低。两国员工愿意"成为朋友"和"成为邻居"的占比均低于八成。由此可推知,要重视缅甸和柬埔寨中资企业员工对中国民众的社会接纳程度。

具体应以缅甸和柬埔寨为重点,以企业所在社区为基础,定期举办具有中国文化符号特征的文化或慈善活动,积极宣传良好正面的中国故事,促进当地民众对中国民众的接纳程度。

第七,亟须提升缅甸民众对中国的好感度。

在湄公河五国中资企业员工对"中国对本国影响力"大小评价中,认为有"很大影响"和"有些影响"的占比均超过四成(见表7-4)。另一方面,泰国、老挝、柬埔寨和越南四国中资企业员工对"中国对本国影响力"更倾向于正面评价,而缅甸中资企业员工更倾向于负面评价(见表7-5)。因此亟需提升缅甸员工和民众对中国的好感度,树立"可信、可爱、可敬"的中国形象。

一方面,主动掌握国际话语权,引导国际舆论。由于中国在缅甸大型资源型项目较多并深受西方舆论的影响,使得"资源掠夺论"、"生态破坏论"一度充斥缅甸各大媒体。中国有必要整合向缅甸中资企业员工展示的正面中国形象。这要求作为"前沿者"的中资企业增强向缅甸员工讲好中国故事的意识,成为积极中国形象的传播者和建设者。也需要中国其他相关机构、民众在对缅涉华信息传播方面做出更多努力。通过开展与缅甸互惠互利的合作,突出合作共赢,提升缅甸民众对中国的信任度。通过"你中有我、我中有你"的命运共同体实践,推动缅甸民众对中国正面形象的认识。

另一方面,针对女性、中低收入、低学历、非管理人员中资员工加大宣传力度。重点了解其利益诉求,在中缅合作实践中注重体现中国善意和大国责任。推动更多缅甸民众了解到一个亲和亲切的中国,进一步提升缅甸民众对中国的认知度和认可度。

第八,增强中国文化产品在泰国、缅甸的影响力。

比较湄公河五国中资企业员工对中国、美国等五国文化产品的接受度可以了解到,泰国对于美国文化产品的接受度高于对中国文化产品的接受度，而缅甸中资企业员工对包括中国在内的各国文化产品的接受度都较低（见图7-4和图7-5）。为增加中国文化产业在泰国、缅甸的影响力，具体措施如下：

一方面，积极关注美国文化产品在泰国的传播动态，并借鉴美国在泰国的文化传播经验，深挖中国文化产品在泰国的相对竞争优势，制定具有中国特色的文化产品传播策略，提升中国文化产品在泰国的传播竞争力。同时可以借助大数据和"互联网思维"推动一批高质量中国优秀文化产品"抱团入泰"。[①] 逐步形成具有中国特色、中国影响的多维度文化产品传播模式，促进中国文化产品在泰传播。

另一方面，深入了解缅甸民众接受外国文化产品的渠道和消费习惯，制定符合缅甸民众需求的文化产品传播策略。同时应考虑到相比泰国，缅甸民众受教育程度较低、收入水平不高的特征，应提供免费的面向缅甸大众的中国文化产品，并减少中国文化产品在缅甸传播的"文化折扣"现象。

---

① 詹成大：《"一带一路"新语境下的影视文化对外传播策略》，《新闻战线》2019年第24期。

主要参考文献

《推动共建丝绸之路经济带和 21 世纪海上丝绸之路的愿景与行动》，人民出版社 2015 年版。

北京大学"一带一路"五通指数研究课题组：《"一带一路"沿线国家五通指数报告》，经济日报出版社 2017 年版。

菲利普·津巴多、迈克尔·利佩：《影响力心理学》，人民邮电出版社 2008 年版。

郭业洲：《"一带一路"民心相通报告》，人民出版社 2018 版。

国家信息中心"一带一路"大数据中心：《"一带一路"大数据报告》，商务印书馆 2018 年版。

李煜：《上海市民调查报告 2014》，上海社会科学院出版社 2014 年版。

卢光盛、段涛、金珍：《澜湄合作的方向、路径与云南的参与》，社会科学文献出版社 2018 年版。

王俊秀、杨宜音：《2011 年中国社会心态研究报告》，社会科学文献出版社 2011 年版。

杨辉：《民心相通——"一带一路"建设的社会根基》，经济日报出版社 2018 年版。

毕世鸿：《日本对湄公河地区经济合作的援助政策》，《东南亚》2007

年第 2 期。

陈德芳、耿一、贺丹萍等：《海外投资项目"属地化管理＋本地化运营"五方共赢新模式》，《创新世界周刊》2021 年第 3 期。

陈欧阳、喻发胜：《大国博弈背景下中国企业在公共外交中的贡献能力——以中国企业在美国的传播为例》，《湖北大学学报》（哲学社会科学版）2021 年第 4 期。

程晓勇：《关系正常化以来中越关系的发展轨迹及其动因》，《中国—东盟研究》2019 年 12 月 31 日。

范红、黄丽丽：《重大公共危机事件中的对外援助与国家形象塑造》，《对外传播》2021 年第 6 期。

方文：《中老经济走廊建设论析》，《太平洋学报》2019 年第 3 期。

郭宪纲、姜志达：《"民心相通"：认知误区与推进思路—试论"一带一路"建设之思想认识》，《和平与发展》2015 年第 5 期。

胡澎：《日本非政府组织的对外援助活动及对我国的启示》，《国外社会科学》2019 年第 5 期。

黄端、陈俊艺：《民心相通是"一带一路"建设取得成功的关键点和落脚点》，《发展研究》2017 年第 5 期。

贾婕：《浅析新媒体环境下的对外传播策略——以云南野象北迁报道为例》，《视听》2021 年第 11 期。

李路路、王鹏：《转型中国的社会态度变迁 2005—2015》，《中国社会科学》2018 年第 3 期。

李诗和、徐玖平：《以"忠恕之道"实现"一带一路"建设的民心相通》，《青海社会科学》2016 年第 6 期。

李向阳：《一带一路的高质量发展与机制化建设》，《世界经济与政治》2020 年第 5 期。

李潇潇、史俊、吴上春：《构建"一带一路"可持续发展境外合作区——以中白工业园为例》，《可持续发展经济导刊》2021 年第 10 期。

李自国:《"一带一路"愿景下民心相通的交融点》,《新疆师范大学学报》(哲学社会科学版) 2016 年第 3 期。

卢光盛、金珍:《超越拥堵:澜湄合作机制的发展路径探析》,《世界经济与政治》2020 年第 7 期。

卢光盛、熊鑫:《中国对大湄公河次区域国家的援助》,《公共外交季刊》2011 年第 4 期。

潘金娥:《越南社会主义定向的革新》,《人民论坛》2021 年 2 月中下合刊。

施国庆:《"一带一路":中国社会学发展新空间》,《清华社会学评论》2017 年第 1 期。

宋万:《老挝民众对"一带一路"倡议的态度及对策建议—基于对老挝进行的实证调研分析》,《西部学刊》2020 年 7 月上半月刊。

孙飞红:《"一带一路"沿线国家与中国民心相通程度分析》,《中国经贸导刊(中)》2020 年第 11 期。

孙伟:《民心相通研究纲要:以中国与东南亚为例》,《吉林省教育学院学报》2016 年第 2 期。

孙喜勤:《云南参与推动中缅经济走廊民心相通的路径研究》,《学术探索》2020 年第 9 期。

王毅:《奋楫五载结硕果,继往开来再扬帆——纪念澜沧江—湄公河合作启动五周年》,《重庆与世界》2021 年第 4 期。

吴磊、曹峰毓:《云南对外开放的历史透视、问题与出路》,《思想战线》2018 年第 3 期。

徐绍华、李海樱、蔡春玲:《从心开始:中国与东南亚 南亚国家民心相通的对策思路》,《创新》2017 年第 2 期。

翟崑、王丽娜:《一带一路背景下的中国—东盟民心相通现状实证研究》,《云南师范大学学报》(哲学社会科学版) 2016 年第 6 期。

詹成大:《"一带一路"新语境下的影视文化对外传播策略》,《新闻战线》2019 年第 24 期。

张超:《新时代中国品牌形象的对外传播》,《对外传播》2019 年第 8 期。

张广兴、张晗、张盈盈:《"民心相通":推进"一带一路"战略的社会根基》,《河北师范大学学报》(哲学社会科学版)2017 年第 2 期。

张胜军:《民心相通:新时代中国特色大国外交的理论特质和重要原则》,《当代世界》2019 年第 5 期。

张艳秋:《数字公共外交与中国国际传播——以民营媒体企业为例》,《对外传播》2018 年第 10 期。

张玉容、李永胜、李乐洋:《"一带一路"背景下跨文化媒体传播效能研究——基于"丝绸之路万里行"的案例分析》,《传媒》2021 年第 23 期。

赵可金:《"一带一路"民心相通的理论基础、实践框架和评估体系》,《当代世界》2019 年第 5 期。

赵楠:《讲好中国故事的符号传播叙事研究》,《今传媒》2021 年第 10 期。

周方冶:《东南亚国家政治多元化及其对"一带一路"建设的影响》,《东南亚研究》2017 年第 4 期。

庄礼伟:《中国式"人文交流"能否有效实现"民心相通"?》,《东南亚研究》2017 年第 6 期。

庄严、郭员子:《"一带一路"倡议下跨国电视纪录片国际传播实践研究——以纪录片〈中越友谊家庭纪事〉为例》,《对外传播》2017 年第 7 期。

陈光德:《中资企业在越南跨国经营的现状与对策研究》,硕士学位论文,广西大学,2017 年。

李蕊含:《"一带一路"沿线五国互联互通评价研究》,硕士学位论文,东华大学,2017 年。

刘亚敏：《中国与湄公河国家民心相通现状实证分析》，硕士学位论文，广西民族大学，2018年。
孙静：《中国对柬埔寨直接投资的贸易效应研究》，硕士学位论文，云南财经大学，2019年。
王嘉奕：《中国与柬埔寨贸易深化发展研究》，硕士学位论文，广西大学，2019年。

习近平：《弘扬人民友谊 共创美好未来——在纳扎尔巴耶夫大学的演讲》，《人民日报》2013年9月8日第3版。
习近平：《携手建设中国—东盟命运共同体——在印度尼西亚国会的演讲》，《人民日报》2013年10月4日第2版。
卢光盛：《全方面推进澜湄国家命运共同体建设》，《中国社会科学报》2020年7月9日第1963期。

Ajzen, "Attitude Structure and Behavior", in A. R. Pratkanis, S. J. Bresckler and A. G. Greenwals, eds., *Attitude Structure and Function*, Hillsdale, NJ: Erlbaum, 1989.
E. R. Hilgard, "The Trilogy of Mind: Cognition, Affection, and Conation", *Journal of the History of the Behavioral Sciences*, Vol. 16, No. 2, 1980.
W. J. McGuire, "The Structure of Individual Attitudes and Attitude Systems", in A. R. Pratkanis, S. J. Breckler and A. G. Greenwald, eds., *Attitude Structure and Function*, Hillsdale, NJ: Erlbaum, 1989.

《习近平就中老建交60周年 同老挝党中央总书记、国家主席通伦互致贺电 李克强同老挝政府总理潘坎互致贺电》，2021年4月25日，人民网—中国共产党新闻网（http://cpc.people.com.cn/GB/http:/cpc.people.com.cn/n1/2021/0425/c6409 4-32087635.html）。
《习近平就中越建交70周年同越共中央总书记、国家主席阮富仲互致贺

电 李克强同越南政府总理阮春福互致贺电》，2020年1月18日，新华社（http：//cpc. people. com. cn/n1/2020/0118/c64094 - 31554487. html）。

《习近平同泰国总理巴育通电话》，2020年7月14日，人民网（http：//cpc. people. com. cn/n1/2020/0714/c64094 -31783436. html）。

《习近平主席访缅推进命运共同体建设》，2020年1月17日，理论—人民网（http：//theory. people. com. cn/n1/2020/0117/c40531 - 31553033. html）。

《李克强出席大湄公河次区域经济合作第七次领导人会议并发表讲话》，2021年9月9日，中国政府网（http：//www. lmcchina. org/2021 - 09/09/content_ 41670204. htm）。

《王毅：做好"六个提升"，构建澜湄国家命运共同体》，2017年12月16日，中国新闻网（https：//www. chinanews. com/gn/2017/12 - 16/8401718. shtml）。

《王毅出席庆祝中国老挝建交60周年招待会》，2021年4月21日，中国新闻网（http：//www. chinanews. com/gn/2021/04 - 21/9460542. shtml）。

《王毅会见越南副总理兼外长范平明》，2017年12月15日，外交部网站（http：//www. fmpre. gov. cn/web/wjbzhd/t1519831. Shtml）。

《王毅谈疫情背景下澜湄合作新进展》，2021年6月8日，外交部（https：//www. fmprc. gov. cn/web/wjbzhd/t1882251. shtml）。

《东南亚电商市场报告：越南篇》，2021年9月22日，搜狐网（https：//www. sohu. com/a/491277714_ 121119225）。

《对外投资合作国别（地区）指南——缅甸（2020年版）》，中华人民共和国商务部（http：//www. mofcom. gov. cn/dl/gbdqzn/upload/miandian. pdf）。

《发展权：中国的理念、实践与贡献》，2016年12月1日，新华社（http：//www. gov. cn/zhengce/2016 - 12/01/content_ 51411 77. htm）。

《柬互联网普及率达75%》，2018年9月6日，柬单网（https：//www.58cam.com/thread-101768-1-1.html）。

《澜沧江—湄公河合作首次外长会举行 澜湄合作机制正式建立》，《世界知识》2015年第23期。

《澜沧江—湄公河合作五年行动计划（2018—2022）》，2018年1月11日，中国政府网（http：//www.gov.cn/xinwen/2018-01/11/content_5255599.htm）。

《商务部合作司负责人解读〈对外投资备案（核准）报告暂行办法〉》，2018年1月25日，中华人民共和国商务部，（http：//fec.mofcom.gov.cn/article/ywzn/dwtz/zcfg/201801/20180102703963.shtml）。

《数字泰国2019 | 泰国互联网/社交媒体/手机/电商分析》，2019年12月9日，雨果网（https：//baijiahao.baidu.com/s？id=1652442649081631558）。

《徐勤贤、张津京：以新发展理念为指引，推动"一带一路"高质量发展》，2021年1月21日，中华人民共和国国家发展和改革委员会（https：//www.ndrc.gov.cn/xxgk/jd/wsdwhfz/202101/t20210121_1265449.html？code=&state=123）。

《云南：建好辐射中心 服务一带一路》，2020年1月19日，人民网（http：//yn.people.com.cn/n2/2020/0119/c378439-33728430.html）。

《中国对外投资合作发展报告2020》，2021年2月，中华人民共和国商务部（http：//images.mofcom.gov.cn/fec/202102/20210202162924888.pdf）。

《中国援建柬埔寨国家体育场竣工验收》，2021年8月18日，国务院国有资产监督管理委员会，（http：//www.sasac.gov.cn/n2588025/n2588124/c20250773/content.html）。

后　记

　　2021年是中国与东盟建立对话伙伴关系的第三十年，也是澜湄合作机制建立的第五年。短短五年时间内，秉持着共商共建共享原则，澜湄合作不断深化，合作成果逐步惠及流域内中国、柬埔寨、老挝、缅甸、泰国和越南六国超16亿民众。2021年12月3日建成通车的中老铁路就是"一带一路"倡议在老挝率先落地见效和澜湄合作的重要成果。澜湄合作机制已然成为次区域最具活力和潜力的合作机制之一。在助力东盟共同体建设和区域一体化进程、对接"一带一路"倡议方面作用愈加凸显。

　　澜湄国家地缘相接、人文相亲，在民心相通方面有着天然优势。如何更好地发挥澜湄合作良好的民众基础，开展更加切实有效的人文交流，增强六国民众的"澜湄认同感"，成为打造澜湄流域经济发展带、建设澜湄国家命运共同体的重要内容。云南大学主动融入"一带一路"倡议，于2018—2019年顺利开展"中国海外企业与员工调查"。该调查数据覆盖了包括湄公河五国在内的东南亚、南亚、中东、非洲等"一带一路"沿线地区的18个国家。其中，涉及湄公河国家的中资企业员工样本约5000份。有关中资企业员工的调查内容涵盖员工收支、社会交往及态度、对中资企业社会责任评价、与中国的民心相通状况等众多内容。该调查数据为笔者了解中国与湄公河五国民心相通程度、促进中国与湄公河五国民心相通建设的思考提供了完整

后 记

的、高质量的数据资源。

本书由许庆红负责全书的结构框架设计、统稿、修改、更新与完善。第一章由许庆红、农惠婷、丁定芹共同完成，第二章由黄小丽完成，第三章由农惠婷完成，第四章由梁艳完成，第五章由张楠茜完成，第六章由丁定芹完成，第七章由许庆红、农惠婷、丁定芹共同完成。

本书属于云南大学 2021 年度本科校级教学成果奖培育项目、云南大学 2022 年度研究生校级优质课程的阶段性成果。感谢云南大学社科处杨绍军处长、陈小华副处长在研究过程中的悉心指导与付出；感谢云南大学"中国海外企业与员工调查"项目组提供数据支持；特别感谢中国社会科学出版社马明老师认真负责的编校工作。正因为他们的热心帮助与大力支持，本书才能如期出版。但限于课题组成员理论知识水平、实践经验以及客观条件限制，本书难免存有缺陷疏漏，有待各位专家学者和读者批评指正。

许庆红

2022 年 3 月 21 日

于云南大学东陆园